Programmer en ADA

John Barnes

SPL International

Programmer en ADA

Texte français de Vincent Amiot, Alsys

ADDISON-WESLEY EUROPE

InterEditions

L'édition originale de cet ouvrage a été publiée aux Etats-Unis et en Grande-Bretagne par Addison-Wesley, Reading, Mass. et Londres, sous le titre *Programming in Ada.*

ISBN 2-7296-0216-X

Table des matières

AVANT-PROPOS

En mai 1979, fut annonçée officiellement l'adoption d'Ada (le langage Vert) par le High Order Language Working Group.

Toute notre équipe s'y attendait. Nous n'avons donc pas été surpris, mais l'annonce était véritablement un énorme plaisir pour chacun de nous. A l'époque nous considérions tous la version préliminaire d'Ada comme parfaite. Cela peut sembler bizarre, si l'on considère la masse de révision qui a été opérée dans les quinze mois qui ont précédé la définition d'Ada de juillet 80. Il y a pourtant une explication simple. Pour concevoir quoi que ce soit vous devez croire à ce que vous faites, vous devez constamment faire des recoupements de toutes les caractéristiques. Certes, beaucoup de décisions sont le fruit de compromis entre des objectifs antagonistes, mais en reprenant encore et encore les arguments qui y mènent vous finissez par les incorporer dans les hypothèses de base de votre architecture. Par conséquent, il n'est que modérément surprenant que le résultat apparaisse comme la réponse parfaite.

A l'évidence, tout progrès ne peut alors passer que par la reconsidération des suppositions à la base de certains compromis. D'une part, on ne peut obtenir une intégration harmonieuse de plusieurs propriétés qu'en s'immergeant complètement dans la logique des éléments existants ; c'est le seul moyen d'arriver à une combinaison parfaite. D'autre part, ce sentiment de perfection, et l'acceptation implicite de certaines suppositions inconscientes, entraveront tout nouveau progrès.

Dans la conception d'Ada, John Barnes a sans aucun doute fait montre d'une capacité unique à passer de l'acceptation à l'examen critique. En mai 1979, John était aussi fier que chacun d'entre nous de cette réussite. Cependant, début juin, il prenait du recul, portait un regard acéré et même sévère sur le modèle de tâches d'Ada comme s'il n'avait pas pris part à sa conception. Il a signé la première note, d'une série de deux cents, d'étude sur le langage (LSN) intitulée "Problèmes concernant les tâches". La note mettait en relief dix problèmes majeurs observés dans le mécanisme des tâches de l'Ada préliminaire. Ces problèmes ont fait travailler notre équipe pendant plusieurs mois lors de la révision d'Ada, et des solutions satisfaisantes ont pu alors être données à ces dix points dans la version finale d'Ada. En ce qui me concerne, il m'a fallu beaucoup plus de temps pour me détacher de l'Ada préliminaire et j'ai été, au début, fâché du sacrilège de John. Cependant, avec le temps j'ai appris à apprécier grandement ce genre d'interaction avec lui.

Programmer en Ada est donc écrit par l'un des membres clefs de l'équipe de conception du langage Ada, par quelqu'un qui comprend toutes les facettes de cette conception, d'une manière à la fois constructive et critique. Je suis sûr que - avec son humour habituel - l'enthousiame et la compréhension de l'esprit du langage que possède John se transmettront aux lecteurs de ce livre.

Jean D. Ichbiah

PRÉFACE DE LA DEUXIEME EDITION ANGLAISE

La deuxième édition de ce livre est liée à la publication de la norme ANSI pour Ada en janvier 1983.

De nombreux changements ont eu lieu pour Ada à la suite du processus de normalisation, et j'ai revu le texte pour qu'il soit conforme à la fois aux détails et à l'esprit de la nouvelle norme. L'objet général de ce livre reste inchangé, mais quelques détails et quelques exemples supplémentaires ont été ajoutés en certains endroits.

J'ai aussi profité de l'occasion pour corriger diverses erreurs qui se sont glissées dans la première édition. Les commentaires de nombreux lecteurs m'ont beaucoup aidé ; je voudrais particulièrement remercier Randall Barron, Theodore Chaplin, Donald Clarson, Edward Colbert, Ian Mearns, Angel Rodriguex, Mike Tedd et Jo Whitfield pour leurs critiques constructives et exhaustives.

Reading
Octobre 1983

J.G.P. Barnes

PRÉFACE DE LA PREMIERE EDITION ANGLAISE

Ce livre présente Ada, un langage de programmation nouveau et puissant développé à l'origine pour le Ministère américain de la Défense et destiné aux systèmes "embarqués" : contrôle de processus, guidage de missiles ou même contrôle d'un lave-vaisselle. Dans le passé ces systèmes ont été programmés dans des langages tels que JOVIAL, CORAL 66 et RTL/2.

Tirant ses racines de Pascal, Ada est le premier langage industriel incorporant des caractéristiques importantes telles que l'abstraction des données, le multi-tâche, le traitement des exceptions, les paquetages et les génériques. Bien qu'initialement prévu pour les systèmes embarqués, Ada est un langage général et peut, avec le temps, prendre le pas sur FORTRAN et même COBOL. Les forces politiques et techniques existant derrière Ada permettent de penser qu'il sera un langage important pour les années 80.

Mon but, en écrivant ce livre, est de présenter une description complète d'Ada. Une connaissance des principes de la programmation est indispensable et une familiarité avec Pascal serait utile, mais pas à proprement parler nécessaire. Le livre est écrit sous forme didactique, avec de nombreux exemples et exercices. J'ai aussi essayé d'expliquer les raisons du choix de beaucoup des caractéristiques du langage ; en effet, cela éclaire la discussion et dans le même temps facilite la mémorisation. Chaque fois que c'était possible, j'ai essayé d'utiliser des exemples qui ne supposent pas d'environnement particulier ; ils sont généralement dérivés de situations de la vie courante qui, après tout, sont la clef de voûte des sciences et de l'ingénierie. J'espère que le lecteur ne trouvera pas déplacée une pointe d'humour occasionnelle ; l'apprentissage d'un langage de programmation peut être pénible, et tout moyen d'alléger le fardeau semble être le bienvenu.

Je voudrais profiter de l'occasion pour remercier ceux qui, directement ou indirectement, m'ont aidé à écrire ce livre. Tout d'abord, je dois remercier le Ministère américain de la Défense de m'avoir autorisé à reproduire des extraits du Manuel de référence du langage de programmation Ada. Je dois également remercier Jean Ichbiah et Robert

Firth, avec qui j'ai eu le plaisir de donner des cours d'Ada en divers point du globe. Ces cours m'ont permis de prendre un certain recul vis-à-vis du langage dans son ensemble ; ils ont en outre été la source de quelques-uns des exemples. Merci à Andrew McGettrick, qui a produit un grand nombre de commentaires sur la première épreuve et qui est venu à mon aide par ses nombreuses suggestions jusqu'à la fin. Je dois aussi remercier mes collègues de l'UK Ada Study pour leurs précieux commentaires. Enfin, je suis profondément reconnaissant envers ma femme pour sa coopération lors de la frappe du manuscrit ; sans elle le travail aurait été beaucoup plus long.

Reading
Avril 1981

J.G.P. Barnes

Chapitre 1 INTRODUCTION

Ada est un langage de programmation de haut niveau qui a initialement reçu le soutien du Ministère américain de la Défense (DoD) pour être utilisé dans le domaine des systèmes embarqués. (Un système embarqué est un système dans lequel l'ordinateur fait partie intégrante d'un système plus grand tel qu'une usine de produits chimiques, un missile, ou un lave-vaisselle.) Dans ce chapitre d'introduction, nous passons brièvement en revue l'historique du développement d'Ada, sa place dans le monde des langages de programmation et la structure du reste de ce livre.

1.1 Historique

L'histoire d'Ada remonte environ à 1974, date à laquelle le Ministère américain de la Défense s'est rendu compte qu'il dépensait beaucoup trop d'argent pour ses logiciels. Il entreprit une étude détaillée de la répartition des coûts dans les différents domaines d'application et découvrit que plus de la moitié de ceux-ci étaient à mettre directement au compte des systèmes embarqués.

Une étude plus détaillée a ensuite été menée sur les langages de programmation utilisés dans les différents domaines. On découvrit que COBOL était le langage universel pour le traitement des données et que FORTRAN remplissait le même rôle pour les applications scientifiques et techniques. Malgré leur manque de modernité, le fait qu'on les utilisait uniformément dans leurs domaines respectifs avait pour effet d'éviter une duplication inutile et coûteuse.

La situation des systèmes embarqués était en revanche relativement différente. Le nombre de langages utilisés était considérable. Non contentes d'avoir chacune leurs langages favoris, les trois armes utilisaient aussi de nombreux assembleurs. De plus, les langages de haut niveau avaient donné naissance à des variantes. Il semblait que des contrats successifs avaient encouragé le développement de versions sur mesure pour chaque application. L'effet global était que beaucoup d'argent était dépensé sur un nombre excessif de compilateurs. A cela venaient s'ajouter des coûts de formation et d'entretien dus à ce manque de normalisation.

On se rendit compte alors qu'une normalisation était nécessaire dans le domaine des systèmes embarqués si l'on voulait tenter de maîtriser les coûts. Le but ultime étant bien sûr d'aboutir à un langage unique. A court terme une liste provisoire de langages dûment avalisés fut introduite. Elle comprenait CMS-2Y, CMS-2M, SPL/1, TACPOL, JOVIAL J3, JOVIAL J73 et bien sûr COBOL et FORTRAN pour les autres domaines.

Le premier pas vers le développement d'une norme unique a été l'élaboration d'un document regroupant les spécifications. Sa première version a pris le nom de "Strawman" et a été publiée en 1975. Après la prise en compte de commentaires émanant de diverses sources, le document a été modifié et rebaptisé "Woodenman". Un tour supplémentaire a produit "Tinman" en juin 1976. C'était un document assez précis identifiant les fonctionnalités requises par le langage.

On a alors comparé beaucoup de langages existants à "Tinman", en partie pour voir si l'un d'eux pouvait servir de norme finale et en partie pour tester ce processus d'évaluation. Comme on pouvait s'y attendre, aucun des langages présents ne s'est trouvé convenir ; en revanche on se rendit compte que l'on pouvait développer un langage unique fondé sur des concepts récents pour répondre à ces spécifications.

L'évaluation a permis de classer les langages existants en trois catégories, que l'on peut caractériser comme suit :

"pas appropriés" — Ces langages avaient veilli ou n'étaient pas adaptés au domaine qu'ils couvraient. Ils n'ont pas été considérés plus avant. Cette catégorie comprenait FORTRAN et CORAL 66.

"pas inappropriés" — Ces langages n'étaient pas non plus satisfaisants mais possédaient des caractéristiques intéressantes qui méritaient d'être notées pour pouvoir s'en inspirer par la suite. Cette catégorie comprenait RTL/2 et LIS.

"bases recommandées" Ceux-ci étaient les trois langages Pascal, PL/1 et Algol 68. On les a considérés comme des points de départ possibles pour la conception du langage final.

A ce stade, le catalogue des spécifications a été revu et réorganisé pour donner naissance à "Ironman". Un appel d'offres a été lancé pour la conception d'un nouveau langage prenant comme point de départ l'une des bases recommandées. Dix-sept propositions ont été reçues et quatre retenues pour une mise en compétition. Les quatre concurrents, avec leur code de couleur, étaient CII Honeywell Bull (vert), Intermetrics (rouge), Softech (bleu) et SRI International (jaune). Les codes de couleur ont été introduits pour préserver l'anonymat des conceptions initiales et, par conséquent, pour éviter tout parti pris.

Les conceptions initiales ont été livrées début 1978 et ont été soumises à l'oeil critique de beaucoup de groupes à travers le monde. Le DoD jugea que les conceptions vert et rouge offraient plus de promesses que les bleu et jaune, qui furent éliminées.

Le développement entra alors dans une deuxième phase et une année fut donnée aux deux contractants pour améliorer leur produit. Les spécifications furent revues à la lumière des réactions aux premières conceptions et devinrent le document final appelé "Steelman"[1].

Le choix final du langage eut lieu le 2 mai 1979 et porta sur le langage vert développé chez CII Honeywell Bull par une équipe internationale dirigée par Jean Ichbiah.

Le DoD annonça alors que le langage prendrait désormais le nom d'Ada, en l'honneur d'Augusta Ada Byron, comtesse de Lovelace (1815-1852). Ada, fille de Lord Byron, était l'assistante et la protectrice de Charles Babbage et travailla sur sa machine analytique mécanique. Elle fut par conséquent le premier programmeur au monde.

Le développement d'Ada entra alors dans une troisième phase. Le but de celle-ci était de soumettre le langage à un échantillon significatif d'utilisateurs finals pour leur permettre de faire des commentaires sur la pertinence de ce langage vis-à-vis de leurs besoins. Divers cours furent donnés tant en Europe qu'aux Etats-Unis et de nombreuses équipes se consacrèrent à l'évaluation du langage. Quelque quatre-vingts rapports furent élaborés et présentés à une conférence à Boston en octobre 1979. La conclusion générale était qu'Ada convenait mais que certains domaines devaient être revus. De plus, près d'un millier de rapports techniques furent reçus. Après examen de ces rapports, la conception d'Ada préliminaire fut revue et donna en juillet 1980 la première version précise du langage. Elle fut alors soumise à l'ANSI (American National Standard Institute) pour être approuvée en tant que norme.

Le processus de normalisation ANSI prit plus de deux ans et eut pour effet l'introduction d'un certain nombre de modifications d'Ada. La plupart d'entre elles étaient limitées, mais souvent d'une importance significative pour le concepteur de compilateur. Le *Manuel de référence* de la norme ANSI du langage (MR) a été publié en janvier 1983 (sa version française et la norme ISO le furent en février 1987[2]) ; c'est cette édition qui constitue le sujet de ce livre[3].

Cependant, il ne faut pas considérer Ada comme un langage de programmation de plus. On s'est aussi rendu compte que le langage n'est qu'un élément, important il est vrai, d'un ensemble d'outils que tout programmeur devrait avoir à sa disposition. On sentit donc que des avantages supplémentaires pourraient être obtenus si l'on pouvait établir un environnement de programmation uniforme. Par conséquent, parallèlement à la conception du langage, une série de spécifications pour un environnement de support à la programmation Ada (APSE) fut développée. Elles prirent les noms de "Sandman", "Pebbleman", et de "Stoneman"[4]. Ces documents entrent moins dans les détails que les documents correspondants pour le langage, car les connaissances dans ce domaine sont encore peu solides. Cependant, l'espoir a été formulé que cet exercice empêchera une divergence inutile et aura pour effet le développement d'un ou de plusieurs APSE de grande qualité. Ceci sort cependant du cadre de ce livre.

1.2 Historique technique

L'évolution technique des langages de programmation est, semble-t-il, assez empirique, mais avec du recul on peut retracer trois grandes étapes principales, dont chacune semble être associée à l'introduction d'un niveau d'abstraction qui supprime des détails gênants et inutiles de la programmation.

La première correspond au début des années cinquante avec l'apparition de langages de haut niveau tels que FORTRAN et Autocode qui ont introduit "l'abstraction des expressions". Il fut alors possible d'écrire des expressions telles que :

```
X = A + B(I)
```

de telle façon que l'utilisation des registres de la machine soit complètement cachée à l'utilisateur. Dans ces premiers langages l'abstraction des expressions n'était pas parfaite, car il existait des contraintes quelque peu arbitraires quant à la complexité des expressions ; les indices devaient, par exemple, avoir une forme simple. Plus tard, des langages tels qu'Algol 60 ont éliminé ces contraintes et ont parfait cette abstraction.

La deuxième étape concerne "l'abstraction du contrôle". L'exemple privilégié était Algol 60 qui permit un remarquable pas en avant ; aucun langage depuis lors n'a eu un impact de cette ampleur sur les développements qui ont suivi. Le trait essentiel caractérisant l'abstraction du contrôle est que le flot de contrôle est structuré et qu'il est inutile de numéroter ou de nommer individuellement les points de contrôle. Ainsi nous écrivons :

if X=Y **then** P := Q **else** A := B

et le compilateur produit les GOTO et les étiquettes qui auraient dû être utilisés explicitement dans des langages tels que FORTRAN. L'imperfection des premières abstractions d'expressions a été répétée avec l'abstraction du contrôle. Dans ce cas, la faille évidente était l'horrible instruction "switch" d'Algol 60 qui a maintenant été remplacée par l'instruction **case** des langages tels que Pascal. (La clause **case** d'Algol 68 avait aussi des défauts.)

La troisième étape est "l'abstraction des données". Cela revient à séparer le détail de la représentation des données des opérations définies sur celles-ci.

La plupart des langages existants ont une vue très simpliste des types de données. Dans tous les cas, les données sont décrites directement en termes numériques. Ainsi, si les données à manipuler ne sont pas réellement numériques (il peut s'agir des couleurs des feux de circulation, par exemple), une représentation du type abstrait en termes numériques doit être opérée par le programmeur (on prendra communément un entier). Cette correspondance n'a lieu que dans la tête du programmeur et n'apparaît pas dans le programme écrit, sauf peut-être dans les commentaires. Une conséquence probable de ceci est sans doute qu'il ne s'est pas constitué de bibliothèques de logiciel, sauf dans le domaine de l'analyse numérique. Les algorithmes numériques, pour déterminer les valeurs propres d'une matrice, par exemple, ne manipulent que des nombres et par conséquent ces langages, dont les valeurs de données sont des nombres, peuvent convenir. Il est à remarquer que ces langages ne fournissent des valeurs abstraites correctes que dans ce cas. Partout ailleurs, les bibliothèques n'ont pas connu un grand succès car il est douteux qu'un accord sur les représentations dont on a besoin puisse être obtenu. Il est certain que l'on peut faire face à différentes situations par différentes représentations qui transparaissent à travers tout le programme. Une modification de la représentation entraîne communément une réécriture complète du programme.

Pascal a introduit un certain niveau d'abstraction des données, par exemple les types énumératifs. Ceux-ci nous permettent de parler des feux de circulation, par exemple, en tant que tels sans avoir à nous référer à leur représentation machine. De plus, ils nous empêchent de commettre une classe importante d'erreurs - mélanger par mégarde des feux de circulation avec d'autres types abstraits comme des noms de poissons. Quand tous les types de ce genre sont décrits dans le programme comme des types numériques, de telles erreurs peuvent apparaître.

Une autre forme d'abstraction des données concerne la visibilité. On sait depuis longtemps que la structure des blocs d'Algol 60 n'est pas adaptée. Par exemple, il n'est pas possible, en Algol 60, d'écrire deux procédures opérant sur des données communes et de rendre ces procédures visibles sans que les données le soient aussi. Beaucoup de langages fournissent un contrôle de la visibilité par l'intermédiaire de la compilation séparée ; cette technique convient à des systèmes de taille moyenne, mais puisque les mécanismes de compilation séparée dépendent habituellement d'un système extérieur, un contrôle total de la visibité n'est pas réalisé. Le module de Modula constitue un exemple de construction approprié.

Le langage Simula 67 et son concept de classe ont beaucoup contribué au développement de l'abstraction des données. Beaucoup d'autres langages expérimentaux, trop nombreux pour être cités, ont également été très précieux.

Ada semble être le premier langage pratique qui rassemble ces différentes catégories d'abstraction. Nous sommes sans doute trop impliqués pour prendre un recul suffisant. Il existe certainement des imperfections dans l'abstraction des données Ada, tout comme il en existe dans l'abstraction des expressions en FORTRAN et l'abstraction du contrôle d'Algol 60. Cependant, Ada marque un progrès important et offre la possibilité d'écrire des bibliothèques de logiciels réutilisables, de taille importante, pour des domaines autres que l'analyse numérique. Il devrait par conséquent encourager la création d'une industrie du composant logiciel.

1.3 Structure et objectifs de ce livre

Apprendre un langage de programmation équivaut un peu à apprendre à conduire une voiture. Il faut acquérir des bases avant de pouvoir faire de réels progrès. Bien que nous n'ayons pas besoin d'apprendre à utiliser le lave-glace, nous devons néanmoins au minimum être capables de faire démarrer le moteur, de passer les vitesses, de tourner le volant, de freiner. Il en est de même avec les langages de programmation. Nous n'avons pas besoin de connaître tout Ada pour pouvoir écrire des programmes utiles, mais il nous faut savoir un certain nombre de choses. De plus, beaucoup des avantages d'Ada ne deviennent apparents que lors de l'écriture de gros programmes, tout comme les qualités d'une Rolls n'apparaissent pas si nous ne l'utilisons que pour aller à l'épicerie du coin.

Ce livre n'est pas une introduction à la programmation mais une description générale de la programmation en Ada. On suppose que le lecteur a une connaissance approfondie de la programmation dans un langage de haut niveau. Une connaissance de Pascal est utile mais pas strictement nécessaire.

Le chapitre 2 présente une vue d'ensemble de quelques concepts Ada et a pour but de donner au lecteur une impression générale du style et des objectifs de ce langage. Le reste du livre se présente comme un manuel et introduit les sujets dans un ordre relativement logique. Au chapitre 7, nous aurons traité les mécanismes traditionnels des langages peu étendus tels que Pascal. Les chapitres restants proposent des informations nouvelles et intéressantes relatives à l'abstraction des données, à la programmation à une échelle macroscopique et aux processus parallèles.

La plupart des sections comportent des exercices. Il est important que le lecteur fasse la plupart, sinon la totalité, de ceux-ci car ils s'intègrent à part entière dans la discussion, et les sections suivantes utilisent souvent les résultats d'exercices précédents. Les solutions de tous les exercices figurent à la fin du livre ; j'espère que celles-ci sont correctes, bien que toutes n'aient pas été soumises à un compilateur Ada.

La plupart des chapitres se terminent par un bref récapitulatif des points essentiels à retenir. Bien qu'incomplets, ces récapitulatifs devraient aider à affermir la compréhension. De plus, le lecteur est encouragé à se référer à la syntaxe du langage, traitée à l'annexe 4, qui est organisée selon l'ordre d'introduction des notions.

Ce livre traite tous les aspects d'Ada mais n'examine pas toutes les situations pathologiques. Son but est d'enseigner l'effet et le but avoué des dispositifs disponibles en Ada. Dans certains domaines, les informations sont incomplètes ; il s'agit de l'arithmétique point-fixe, de la programmation liée à la machine et des entrées-sorties. L'arithmétique point-fixe est un domaine de spécialistes et n'est d'aucune utilité pour la plupart des programmeurs. La programmation liée à la machine (comme son nom l'indique) dépend tellement d'une implémentation particulière que seul un bref aperçu semble approprié. Les entrées-sorties, bien qu'importantes, n'introduisent pas de concepts nouveaux mais constituent plutôt un ensemble massif de détails ; elles ne sont donc présentées que très brièvement. De plus amples détails concernant ces domaines peuvent être trouvés dans le *Manuel de référence du langage de programmation Ada* (MR), mentionné de temps à autre.

Les annexes rendent ce livre plus complet ; elles reprennent pour la plupart des informations tirées du *Manuel de référence du langage.* Nous vous conseillons de le consulter, puisque ce manuel constitue la définition officielle d'Ada ; toutefois cela n'est pas indispensable.

1.4 Bibliographie

1 *Department of Defense Requirements for High Order Computer Programming Languages* - "STEELMAN", Defense Advanced Research Project Agency, Arlington, Virginia, juin 1978.

2 *Manuel de référence du langage de programmation Ada* (ISO/8652), United States Department of Defense, Washington D.C. February 1987 ou Alsys, 29 avenue de Versailles, 78170 La Celle Saint-Cloud, France, février 1987.

3 *Reference Manual for the Ada Programming Language*, (ANSI/MIL-STD-1815A) United States Department of Defense, Washington D.C., janvier 1983.

4 *Department of Defense Requirements for Ada Programming Support Environment* - "STONEMAN", Defense Advanced Research Project Agency, Arlington, Virginia, février 1980.

Chapitre 2 LES CONCEPTS ADA

Dans ce chapitre nous présentons une vue d'ensemble de quelques-uns des buts, concepts et traits du langage Ada.

2.1 Buts fondamentaux

Ada est un langage volumineux. En effet, il traite de beaucoup de problèmes qui ont leur importance dans la programmation de systèmes réels dans un environnement réel. Il est, par exemple, beaucoup plus volumineux que Pascal qui, à moins d'être étendu d'une manière ou d'une autre, n'est réellement adapté qu'à des besoins de formation (pour lesquels il a été conçu) et à de petits programmes à usage personnel. Quelques-uns des points fondamentaux d'Ada sont les suivants :

- Lisibilité - c'est un fait reconnu que les programmes professionnels sont lus bien plus souvent qu'ils ne sont écrits. Il est important, par conséquent, d'éviter une notation trop lapidaire telle que celle d'APL. Bien que ce dernier permette d'écrire un programme rapidement, il le rend presque impossible à lire, sauf peut-être par l'auteur peu de temps après son écriture.

- Typage sévère - ceci assure que chaque objet a un ensemble bien défini de valeurs et empêche les confusions entre des concepts logiquement différents. En conséquence, beaucoup d'erreurs sont détectées par le compilateur, erreurs qui, dans d'autres langages, auraient conduit à des programmes exécutables mais incorrects.

- Programmation à un niveau macroscopique - des mécanismes d'abstraction, de compilation séparée et de gestion de bibliothèque sont nécessaires pour écrire des programmes portables et d'entretien aisé, quelle que soit leur taille.

- Traitement des exceptions - il est évident que les programmes de taille raisonnable sont rarement exempts d'erreurs. Il est nécessaire de fournir un mécanisme par lequel un programme peut être stratifié et cloisonné de façon que les conséquences des erreurs d'une région puissent être circonscrites.

- Abstraction des structures de données - comme mentionné précédemment, on peut obtenir une portabilité et une facilité d'entretien plus grandes si les détails de la représentation des données peuvent être dissociés des spécifications des opérations logiques sur ces données.

- Tâches - il est important, pour beaucoup d'applications, que le programme soit conçu comme une série d'activités parallèles plutôt que comme une suite unique d'actions. Le fait d'incorporer des fonctionnalités dans un langage plutôt que de recourir à des appels système fournit une plus grande portabilité et un degré de sécurité supérieur.

- Unités génériques - dans de nombreux cas la logique d'une portion de programme est indépendante des types des valeurs manipulées. Un mécanisme est donc nécessaire pour créer des portions de programme apparentées à partir d'un modèle unique. C'est particulièrement utile pour la création de bibliothèques.

2.2 Vue d'ensemble

Un des objectifs les plus importants de la programmation est de réutiliser des portions de programmes existants pour réduire au minimum l'effort de recodage. Le concept de bibliothèque de programme émerge donc naturellement. Cela implique qu'un aspect important d'un langage de programmation est par conséquent son aptitude à définir l'utilisation d'éléments dans cette bibliothèque.

Ada prend en compte cette situation et introduit le concept d'unité de bibliothèque. Un programme Ada complet est un programme principal (lui-même unité de bibliothèque) appelant les services d'autres unités de bibliothèque. Ces unités de bibliothèque peuvent être considérées comme formant la couche lexicale la plus externe au programme total.

Le programme principal prend la forme d'une procédure munie d'un nom approprié. Les unités de bibliothèque de services peuvent être des sous-programmes (procédures ou fonctions), mais sont plus vraisemblablement des paquetages. Un paquetage est un regroupement d'éléments qui peuvent être d'autres entités ou des sous-programmes.

Supposons que nous voulions écrire un programme pour imprimer la racine carrée d'un nombre, 2.5 par exemple*. Nous pouvons nous

---

*Nous gardons le point décimal comme cela se fait dans tous les langages de programmation. (N.d.T.)

attendre à ce que diverses unités de bibliothèque soient là pour nous fournir un moyen de calculer les racines carrées et produire une sortie. Notre travail consiste simplement à écrire un programme principal pour utiliser ces services comme nous le souhaitons.

Pour fixer les idées, nous supposons que la racine carrée peut être obtenue par un appel à une fonction, provenant de notre bibliothèque, dont le nom est RACINE_CARREE. De plus, nous supposons que notre bibliothèque possède un paquetage appelé ES_SIMPLES contenant divers utilitaires d'entrées-sorties. Ces utilitaires peuvent comprendre des procédures pour lire des nombres, imprimer des nombres, imprimer des chaînes de caractères, etc. Notre programme pourra ressembler à :

```
with RACINE_CARREE, ES_SIMPLES;
procedure IMPRIMER_RACINE is
        use ES_SIMPLES;
begin
        IMPRIMER (RACINE_CARREE(2.5));
end IMPRIMER_RACINE;
```

Le programme est écrit comme une procédure nommée IMPRIMER_RACINE, précédée d'une clause donnant les unités de bibliothèque qu'elle désire utiliser. Le corps de la procédure contient une instruction unique :

```
IMPRIMER (RACINE_CARREE(2.5));
```

qui appelle la procédure IMPRIMER du paquetage ES_SIMPLES avec un paramètre qui est à son tour le résultat de l'appel à la fonction RACINE_CARREE avec le paramètre 2.5.

Ecrire :

```
use ES_SIMPLES;
```

nous donne un accès immédiat aux utilitaires du paquetage ES_SIMPLES. Si nous avions omis cette clause use nous aurions dû écrire :

```
ES_SIMPLES.IMPRIMER (RACINE_CARREE(2.5));
```

pour indiquer où trouver IMPRIMER.

Nous pouvons rendre notre programme plus utile en lui faisant lire le nombre dont nous voulons prendre la racine carrée. Il devient :

```
with RACINE_CARREE, ES_SIMPLES;
procedure IMPRIMER_RACINE is
        use ES_SIMPLES;
        X : FLOAT;
begin
        PRENDRE (X);
        IMPRIMER (RACINE_CARREE(X));
end IMPRIMER_RACINE;
```

La structure générale de la procédure est maintenant plus claire. Entre **is** et **begin** nous pouvons écrire des déclarations, alors qu'entre **begin** et **end** nous écrivons des instructions. *Grosso modo*, nous pouvons dire que les déclarations introduisent les entités que nous souhaitons manipuler, et que les instructions indiquent les actions successives à effectuer.

Nous avons maintenant introduit une variable X de type FLOAT, un type prédéfini du langage. Les valeurs de ce type sont un ensemble de nombres point-flottant, et la déclaration de X indique que X ne peut prendre des valeurs que dans cet ensemble. Dans notre exemple, une valeur est affectée à X par un appel à la procédure PRENDRE qui se trouve elle aussi dans le paquetage ES_SIMPLES.

Quelques détails plus subtils méritent d'être notés. Les diverses instructions et déclarations se terminent toutes par un point-virgule ; ceci n'est pas le cas dans d'autres langages comme Algol et Pascal, où les points-virgules sont des séparateurs plutôt que des terminaisons. Le programme contient divers identificateurs tels que **procedure**, IMPRIMER et X. Ceux-ci se regroupent en deux catégories. Quelques-uns (63 en fait), tels que **procedure** et **is**, sont utilisés pour indiquer la structure d'un programme ; ils sont réservés et ne peuvent être utilisés à aucune autre fin. Tous les autres, tels que IMPRIMER et X, peuvent être utilisés dans n'importe quel autre but. Quelques-uns, notamment FLOAT dans notre exemple, ont une signification prédéfinie, mais nous pouvons les réutiliser si nous le souhaitons, bien que cela puisse être déroutant. Pour des raisons de clarté, nous utilisons dans ce livre des minuscules grasses pour les identificateurs réservés et des majuscules pour les autres. Nous ne le faisons que pour des raisons pratiques d'écriture ; le langage ne distingue pas les deux écritures sauf quand nous considérons la manipulation des caractères eux-mêmes. Notons aussi la façon dont est employé le trait bas pour couper les identificateurs longs en leurs éléments constitutifs.

Enfin remarquons que le nom de la procédure, IMPRIMER_RACINE, est répété entre le **end** final et le point-virgule de fin. Cela est facultatif mais recommandé pour clarifier la structure globale, bien qu'elle soit évidente dans un exemple aussi court que celui-ci.

Notre programme est encore très simple ; il peut être plus utile de lui permettre de traiter toute une série de nombres et d'imprimer chaque résultat sur une ligne distincte. Nous pouvons arrêter le programme quelque peu arbitrairement en lui fournissant une valeur zéro.

```
with RACINE_CARREE, ES_SIMPLES;
procedure IMPRIMER_RACINES is
        use ES_SIMPLES;
        X : FLOAT;
begin
        IMPRIMER ("Racines de divers nombres");
        SAUT_LIGNE (2);
        loop
                PRENDRE (X);
                exit when X = 0.0;
                IMPRIMER ("Racine de ");
                IMPRIMER (X);
                IMPRIMER (" est ");
                if X < 0.0 then
                        IMPRIMER ("incalculable");
                else
                        IMPRIMER (RACINE_CARREE(X));
                end if;
                SAUT_LIGNE;
        end loop;
        SAUT_LIGNE;
        IMPRIMER ("Fin du programme");
        SAUT_LIGNE;
end IMPRIMER_RACINES;
```

La sortie a été améliorée par des appels à d'autres procédures SAUT_LIGNE et IMPRIMER du paquetage ES_SIMPLES. Un appel à SAUT_LIGNE produira le nombre de lignes spécifié par le paramètre ; la procédure SAUT_LIGNE a été écrite de telle façon que si aucun paramètre n'est fourni, la valeur 1 est prise par défaut. Il y a aussi des appels de IMPRIMER prenant des chaînes pour argument. Cette procédure est en fait différente de celle qui imprime le nombre X. Le compilateur sait de quoi il s'agit à partir du type des paramètres. Le fait d'avoir le même nom pour plusieurs procédures est connu sous le terme de surcharge. Notons la forme de la chaîne où, en l'occurrence, le fait d'écrire des majuscules ou des minuscules a de l'importance.

Diverses structures de contrôle sont aussi introduites. Les instructions entre **loop** et **end loop** sont répétées jusqu'à ce que la condition X = 0.0 dans l'instruction **exit** soit vraie ; dans ce cas la boucle est finie et l'exécution se poursuit immédiatement après le **end loop**. Nous vérifions aussi que X n'est pas négatif ; s'il l'est, nous imprimons le message incalculable plutôt que de tenter d'appeler RACINE_CARREE. Cela est réalisé par l'instruction if ; si la condition entre **if** et **then** est vraie, les instructions entre **then** et **else** sont exécutées, sinon celles entre **else** et **end if** sont exécutées.

La structure générale de délimitation doit être respectée ; **loop** a pour contrepartie **end loop** et **if**, **end if**. Toutes les structures de contrôle en Ada ont cette forme fermée plutôt que la forme ouverte de Pascal qui peut conduire à des programmes peu structurés et incorrects.

Nous pouvons nous demander ce qu'il adviendrait d'un appel de RACINE_CARREE pour lequel une valeur non testée négative serait fournie. Supposant que RACINE_CARREE a elle-même été écrite de façon appropriée, il est clair qu'elle ne peut pas rendre une valeur utilisable comme paramètre de IMPRIMER. Une exception sera levée. La levée d'une exception indique que quelque chose d'inhabituel est survenu et la suite normale d'instructions est abandonnée. Dans le cas qui nous intéresse l'exception peut être NUMERIC_ERROR ou CONSTRAINT_ERROR. Si nous ne faisions rien pour traiter cette éventualité, notre programme se terminerait et sans aucun doute l'environnement de support à la programmation Ada (APSE) nous renverrait un message d'injure nous indiquant que notre programme a échoué et pourquoi. Nous pouvons néanmoins guetter une exception et prendre les mesures pour la corriger si elle apparaît. En fait, nous pouvons remplacer notre instruction conditionnelle par :

```
begin
        IMPRIMER (RACINE_CARREE(X));
exception
        when NUMERIC_ERROR | CONSTRAINT_ERROR =>
                IMPRIMER ("incalculable");
end;
```

Considérons maintenant dans ses grandes lignes une forme possible de la fonction RACINE_CARREE et du paquetage ES_SIMPLES que nous avons utilisés.

La fonction RACINE_CARREE a une structure semblable à celle de notre programme principal ; la grande différence est l'existence de paramètres :

```
function RACINE_CARREE (F : FLOAT) return FLOAT is
        R : FLOAT;
begin
        -- Calculer la valeur de RACINE_CARREE (F) dans R
```

```
        return R;
    end RACINE_CARREE;
```

Nous voyons ici la description des paramètres formels (ici un seulement) et du type du résultat. Les détails du calcul sont représentés par le commentaire qui commence par un double tiret. L'instruction return est le moyen par lequel le résultat de la fonction est indiqué. Notons la distinction entre une fonction qui retourne un résultat, appelée comme partie d'une expression, et une procédure qui n'a pas de résultat, appelée comme instruction isolée.

Le paquetage ES_SIMPLES est en deux parties, la spécification qui décrit son interface avec le monde extérieur et le corps qui contient les détails d'implémentation. S'il ne contient que les procédures que nous avons utilisées, sa spécification peut être :

```
package ES_SIMPLES is
    procedure PRENDRE (F : out FLOAT);
    procedure IMPRIMER (F : in FLOAT);
    procedure IMPRIMER (S : in STRING);
    procedure SAUT_LIGNE (N : in INTEGER := 1);
end ES_SIMPLES;
```

Le paramètre de PRENDRE est un paramètre **out** parce que l'effet d'appeler PRENDRE, comme dans :

```
PRENDRE (X);
```

est de transmettre une valeur de la procédure vers le paramètre effectif X. Les autres paramètres sont tous **in** parce que la valeur va vers les procédures.

Une partie seulement des procédures apparaît dans la spécification du paquetage ; cette partie est connue sous le nom de spécification et donne juste assez d'information pour pouvoir appeler ces procédures.

Nous voyons aussi les deux spécifications surchargées de IMPRIMER, l'une munie d'un paramètre de type FLOAT, l'autre d'un paramètre de type STRING. Enfin, notons comment est indiquée la valeur par défaut 1 pour le paramètre de SAUT_LIGNE.

Le corps du paquetage ES_SIMPLES contient les corps de procédure et tout autre support dont leur implémentation a besoin et qui est caché à l'utilisateur extérieur. Il peut ressembler dans ses grandes lignes à :

```
with ENTREES_SORTIES;
package body ES_SIMPLES is
        ...
        procedure PRENDRE (F : out FLOAT) is
                ...
        begin
                ...
        end PRENDRE;
        -- Autres procédures
end ES_SIMPLES;
```

La clause with montre que l'implémentation des procédures de ES_SIMPLES utilise le paquetage hypothétique et plus général ENTREES_SORTIES. Notons comment le corps de PRENDRE répète la spécification de procédure qui a été donnée dans la spécification de paquetage correspondante. (Il s'agit de la partie qui va jusqu'à **is** non compris.)

L'exemple précédent a montré brièvement la structure générale et les structures de contrôle d'Ada. Les détails des types de données seront traités en temps voulu. Un des buts en a été de souligner l'idée que les paquetages sont l'un des concepts les plus importants d'Ada. Un programme doit être vu comme un assemblage de composants fournissant et utilisant des services réciproques. Dans les chapitres suivants nous étudierons les caractéristiques d'Ada sur une petite échelle, mais, ce faisant, nous ne devrons pas perdre de vue la structure globale, sur laquelle nous reviendrons au chapitre 8.

C'est peut-être le moment approprié de mentionner le paquetage spécial STANDARD. Celui-ci existe dans toute implémentation et contient la définition de tous les identificateurs prédéfinis tels que FLOAT, NUMERIC_ERROR et CONSTRAINT_ERROR. Nous pouvons compter sur un accès automatique à STANDARD et nous n'avons pas à mentionner son nom dans une clause with. Il est traité en détail dans l'annexe 2.

Exercice 2.2

1 En pratique, il est vraisemblable que la fonction RACINE_CARREE ne sera pas isolée dans la bibliothèque, mais dans un paquetage avec d'autres fonctions mathématiques. Supposons que ce paquetage a l'identificateur MATHS_SIMPLES et que les autres fonctions sont LOG, EXP, SIN, et COS. Par analogie avec la spécification de ES_SIMPLES, écrire la spécification d'un tel paquetage. Comment notre procédure IMPRIMER_RACINES doit-elle être modifiée?

2.3 Erreurs

Un programme Ada peut être incorrect pour diverses raisons. Quatre catégories sont distinguées selon la façon dont elles sont détectées (MR 1.6).

Certaines erreurs sont détectées par le compilateur - elle comprennent les fautes simples de ponctuation, comme l'oubli d'un point-virgule ou une tentative de violer les règles des types en mélangeant par exemple des couleurs et des poissons. Dans ces cas, le programme ne sera pas exécuté.

D'autres erreurs sont détectées à l'exécution du programme. Essayer d'évaluer la racine carrée d'un nombre négatif ou de diviser par zéro en sont des exemples. Dans ces cas, une exception est levée comme nous l'avons vu précédemment, et nous avons la possibilité de rattraper la situation.

Il existe aussi des situations dans lesquelles le programme viole les règles du langage, mais où il n'existe pas de moyen simple de mettre en évidence cette violation. Par exemple, un programme ne peut pas utiliser la valeur d'une variable non initialisée. S'il le fait, le comportement du programme est par conséquent imprévisible et le programme est dit erroné.

Enfin il existe des situations où, pour des raisons d'implémentation, le langage ne définit pas l'ordre dans lequel les choses sont faites. Par exemple, l'ordre dans lequel les paramètres d'un appel de procédure sont évalués n'est pas défini. Si le comportement d'un programme dépend d'un ordre de ce genre, il est alors incorrect et on dit qu'il a une sensibilité abusive à l'ordre.

Eviter d'écrire des programmes erronés ou d'une sensibilité abusive à l'ordre requiert de l'attention. En pratique, si nous évitons les astuces douteuses tout se passera normalement.

2.4 Entrées-sorties

Le langage Ada est défini de telle façon que toutes les entrées-sorties sont opérées en termes d'autres fonctionnalités du langage. Il n'y a pas de fonctionnalités spéciales intrinsèques simplement pour les entrées-sorties. En fait les entrées-sorties sont simplement un service demandé par un programme et fourni par un ou plusieurs paquetages Ada. Cette approche court le risque que des implémentations différentes procurent des paquetages différents et que la portabilité soit compromise. Pour l'éviter, le *Manuel de référence du langage* (MR) décrit certains paquetages prédéfinis que l'on peut s'attendre à trouver dans une implémentation. D'autres paquetages, plus complexes, peuvent être mieux adaptés à des situations particulières et le langage ne les interdit pas. Bien sûr, les paquetages très simples tels que notre ES_SIMPLES peuvent aussi être adaptés. Les entrées-sorties feront l'objet d'un examen plus détaillé au chapitre 15, où nous parlerons des interfaces entre notre programme et le monde extérieur en général.

2.5 Terminologie

Toute matière a sa propre terminologie, son jargon, et Ada n'y fait pas exception. On trouvera un glossaire des termes à l'annexe 3.

La terminologie sera généralement introduite selon les besoins mais, avant de nous lancer dans la description détaillée d'Ada, il importe de mentionner quelques concepts qui apparaîtront de temps à autre.

Le terme "statique" se réfère aux choses qui peuvent être déterminées à la compilation (MR 4.9) tandis que "dynamique" se réfère aux choses déterminées à l'exécution. Ainsi, une expression statique a une valeur qui peut être déterminée par le compilateur, telle que :

```
2 + 3
```

et un tableau statique a des bornes connues à la compilation.

Il est quelquefois nécessaire de fournir une information accessoire au compilateur. Cette information ne fait pas partie du programme en tant que tel ; c'est plutôt une indication utile. Cela peut être réalisé au moyen d'une construction connue sous le nom de pragma (MR 2.8, MR app. B). Comme exemple, nous pouvons indiquer que seules certaines parties de notre programme doivent être listées en écrivant :

```
pragma LIST (ON);
```

et

```
pragma LIST (OFF);
```

aux endroits appropriés. Généralement, un pragma peut apparaître partout où une déclaration ou une instruction peuvent apparaître, après un point-virgule et dans quelques autres contextes. Il peut y avoir des restrictions supplémentaires sur le positionnement d'un pragma particulier. Pour plus de détails, voir l'annexe 1.

Chapitre 3 STYLE LEXICAL

Au chapitre précédent, nous avons introduit certains des concepts d'Ada et illustré l'allure générale des programmes Ada à l'aide d'exemples simples. Nous allons à présent entrer dans le vif du sujet. Dans ce chapitre nous passons aux choses sérieuses.

Nous devons hélas commencer par un sujet assez peu attrayant mais essentiel - la construction détaillée d'éléments tels que les identificateurs et les nombres qui constituent le texte d'un programme. Cependant, il n'existe pas de bon apprentissage d'une langue sans passer par celui de l'orthographe. Pour ce qui est des langages de programmation, les compilateurs pardonnent généralement fort peu de choses dans ce domaine apparemment trivial.

Nous en profiterons pour introduire la notation utilisée dans la description de la syntaxe des constructions Ada. En général, nous éviterons d'utiliser cette notation de la syntaxe pour introduire les concepts mais, dans certains cas, c'est la façon la plus facile d'être précis. De plus, si le lecteur souhaite consulter le MR, la connaissance de la notation de la syntaxe est nécessaire. Pour être exhaustif et pour plus de commodité la syntaxe complète est donnée à l'annexe 4.

3.1 Notation de la syntaxe

La syntaxe d'Ada est décrite en utilisant une version modifiée de forme de Backus-Naur (BNF). Dans celle-ci, les catégories syntaxiques sont représentées par des noms en minuscules ; certains d'entre eux contiennent des traits bas pour plus de lisibilité. Une catégorie est définie en termes d'autres catégories par une sorte d'équation connue sous le nom de production. Certaines catégories sont atomiques et ne peuvent pas être décomposées - elles sont connues sous le nom de symboles terminaux. Une production se compose du nom en cours de définition, suivi du symbole ::= et de sa suite de définition.

Les autres symboles sont :

[ ] les crochets encadrant les éléments facultatifs,

{ } les accolades encadrant ceux qui peuvent être omis, n'apparaître qu'une fois ou être répétés de nombreuses fois,

| la barre verticale qui sépare les alternatives.

Dans certains cas, le nom d'une catégorie est suivi d'un mot en italique. Le suffixe a alors pour but d'apporter une information d'ordre sémantique et peut être considéré comme une forme de commentaire sur cette syntaxe indépendante du contexte. Quelquefois, une production est présentée sous une forme qui indique la mise en page recommandée.

3.2 Eléments lexicaux

Un programme Ada est écrit sous la forme d'une suite de lignes de texte comportant les caractères suivants :

- L'alphabet A-Z
- Les chiffres 0-9
- Divers autres caractères "#&'()*+,-./:;<=>_|
- Le caractère espace

On peut se servir de l'alphabet minuscule à la place de ou avec l'alphabet majuscule, mais les deux sont en général considérés comme équivalents. (La seule exception apparaît quand les lettres se représentent elles-mêmes dans les chaînes de caractères et les littéraux caractères.)

Certains autres caractères spéciaux tels que ! peuvent aussi être utilisés dans les chaînes et les littéraux caractères. Certains d'entre eux peuvent remplacer |, #, et " si ceux-ci ne sont pas disponibles. Nous ne nous occuperons pas de ces remplacements et des règles supplémentaires qu'ils entraînent et nous nous restreindrons au jeu de caractères normal dans ce livre.

Le MR n'indique pas comment on passe d'une ligne à l'autre. Cela n'a pas d'importance. Imaginons que nous tapons notre programme Ada sous la forme d'une suite de lignes en utilisant le mécanisme que le clavier fournit pour commencer une nouvelle ligne.

On peut considérer une ligne de texte Ada comme une suite de groupes de caractères connus sous le nom d'éléments lexicaux. Nous avons déjà rencontré plusieurs formes d'éléments lexicaux au chapitre 2. Considérons par exemple :

```
AGE := 49; -- L'âge de John
```

Cela se compose des cinq éléments suivants :

- L'identificateur AGE
- Le délimiteur long :=
- Le nombre 49
- Le symbole ;
- Le commentaire -- L'âge de John

D'autres classes d'éléments lexicaux sont les chaînes et les littéraux caractères ; ceux-ci sont traités au chapitre 6.

Les éléments lexicaux individuels ne peuvent pas être coupés par des espaces mais, cela mis à part, on peut librement ajouter des espaces pour améliorer la présentation du programme. L'exemple le plus important est l'utilisation de l'indentation pour indiquer la structure générale. Naturellement, un élément lexical doit tenir sur une seule ligne.

On devrait veiller tout particulièrement à ce que les délimiteurs longs suivants ne contiennent pas d'espaces :

=>	utilisé dans les agrégats, les cases, etc.
..	pour les intervalles
**	exponentiation
:=	affectation
/=	inégalité
>=	plus grand ou égal
<=	inférieur ou égal

<<	délimiteur d'étiquette
>>	autre délimiteur d'étiquette
<>	boîte pour les tableaux et les génériques

Cependant, les espaces peuvent apparaître dans les chaînes et littéraux caractères où ils se représentent eux-mêmes. Il en est de même dans les commentaires.

Notons que des identificateurs et des nombres adjacents doivent être séparés par des espaces, sans quoi il y aurait confusion. Ainsi, nous devons écrire **end loop** plutôt que **endloop**.

3.3 Identificateurs

Nous avons vu des exemples simples au Chapitre 2. Comme exemple d'utilisation de la notation de la syntaxe, considérons maintenant la définition d'un identificateur :

identificateur ::= lettre {[trait_bas] alphanumérique}
alphanumérique ::= lettre | chiffre
lettre ::= majuscule | minuscule

Cela signifie qu'un identificateur se compose d'une lettre suivie de zéro, d'une ou de plusieurs instances de alphanumérique, chacune pouvant être précédée d'un unique trait bas. Un alphanumérique est, comme son nom l'indique, une lettre ou un chiffre. Enfin, une lettre est une majuscule ou une minuscule. Dans cet exemple, les catégories trait bas, chiffre, majuscule et minuscule, n'étant pas décomposées davantage, sont considérées comme des symboles terminaux.

En clair, cela signifie qu'un identificateur se compose d'une lettre qui peut être suivie d'une lettre ou d'un chiffre, ou plus, avec des traits bas insérés et isolés. Les deux typographies peuvent être utilisées. Ce que la syntaxe ne véhicule pas c'est que la signification attribuée à l'identificateur ne dépend pas de la typographie des lettres. En fait, on considère les identificateurs qui ne diffèrent que par la typographie de leurs lettres comme identiques. Mais, par ailleurs, on considère les caractères traits bas comme significatifs.

Ada n'impose pas de limite quant au nombre de caractères qui peuvent figurer dans un identificateur. En outre, ils sont tous significatifs. Il peut cependant exister une limite pratique puisqu'un identificateur doit pouvoir tenir sur une seule ligne et qu'une implémentation est susceptible d'imposer une longueur maximale de ligne. Les programmeurs sont invités à utiliser des noms significatifs tels que HEURE_DU_JOUR, de préférence à des noms énigmatiques et sans signification comme H. L'utilisation de noms longs peut être fastidieuse quand on écrit un programme pour la première fois, mais il faut garder à l'esprit qu'un programme est lu bien plus souvent qu'il n'est écrit. L'auteur et les personnes appelées à entretenir le programme doivent veiller à sa clarté pour qu'il puisse être lu facilement. Bien entendu, dans un court sous-programme mathématique ou abstrait, des identificateurs tels que X et Y peuvent convenir.

On se sert d'identificateurs pour donner un nom aux différentes entités d'un programme. Néanmoins, certains identificateurs possèdent une signification syntaxique spéciale et ne peuvent être utilisés librement. Nous en avons rencontré plusieurs au chapitre 2 : **if**, **procedure** et **end**. Il existe 63 mots réservés ; la liste complète en est fournie à l'annexe 1. Pour plus de lisibilité ils sont écrits en caractères gras dans ce livre. Dans un texte de programme, ceux-ci et le reste des identificateurs peuvent s'écrire en majuscules, en minuscules, ou en un mélange des deux - procedure, PROCEDURE, et Procedure sont valables. Néanmoins, une certaine discipline permet d'améliorer la lisibilité ; à cet effet, une convention utile consiste à écrire les mots réservés en minuscules et tous les autres en majuscules. Tout cela reste cependant une affaire de goût.

Il existe des exceptions mineures en ce qui concerne les mots réservés **delta**, **digits**, et **range**. Comme on le verra plus tard, on peut aussi s'en servir comme attributs DELTA, DIGITS, et RANGE. Cependant, quand on les utilise de cette façon, ils sont toujours précédés d'une apostrophe pour éviter la confusion.

Certains identificateurs tels que INTEGER et TRUE ont une signification prédéfinie qui provient de STANDARD. Ce ne sont pas des mots réservés et ils peuvent être réutilisés. Ce procédé est cependant déconseillé en raison du risque de faible lisibilité qu'il comporte.

Exercice 3.3

1 Parmi les suivants, quels sont ceux qui ne sont pas des identificateurs légaux?

a) Ada
b) Dupond&Dupont
c) TAUX-D-ECOULEMENT
d) UMO164G
e) DECALAGE___HORAIRE
f) 77E2
g) X_
h) assiette fiscale
i) goto

3.4 Nombres

Les nombres (ou les littéraux numériques, pour utiliser la langue de bois) peuvent prendre deux formes selon qu'ils dénotent un entier (un nombre entier exact) ou un réel (un nombre approché, en général avec des décimales). Il faut retenir que les littéraux réels contiennent un point décimal tandis que ce n'est jamais le cas pour les littéraux entiers. C'est une caractéristique importante. Ada est strict en ce qui concerne le mélange des types. Il est illégal d'utiliser un littéral entier où le contexte exige un littéral réel et vice-versa. Ainsi :

```
AGE := INTEGER := 49.0;
```

et :

```
POIDS : REEL := 75;
```

sont toutes deux illégales. (On emploie le type REEL plutôt que FLOAT pour des raisons qui deviendront évidentes par la suite.)

La forme la plus simple de littéral entier consiste seulement en une suite de chiffres décimaux. Si le littéral est très long, il peut être avantageux d'isoler des groupes de chiffres en insérant des traits bas isolés comme :

```
123_456_789
```

Contrairement à ce qui se passe pour les identificateurs, ces traits bas n'ont bien sûr aucune signification et n'ont pas d'autre but que de rendre le littéral plus facile à lire.

La forme la plus simple de littéral réel consiste seulement en une suite de chiffres décimaux contenant un point décimal. De nouveau, on peut insérer des traits bas isolés pour améliorer la lisibilité, pourvu qu'ils ne jouxtent pas le point décimal ; ainsi :

```
3.14159_26536
```

Contrairement à la plupart des langages, les littéraux entiers et réels peuvent avoir un exposant. Celui-ci prend la forme de la lettre E (majuscule ou minuscule), suivie d'un entier signé ou non. Cet exposant indique la puissance de dix par laquelle le littéral simple qui le précède doit être multiplié. L'exposant ne peut pas être négatif dans le cas d'un littéral entier - sans quoi il pourrait ne pas être un nombre entier. (Il est à noter que si l'exposant -0 n'est pas autorisé pour un littéral entier, il l'est pour un littéral réel.)

Ainsi, le littéral réel 98.4 peut être écrit avec un exposant en utilisant l'une des formes suivantes :

```
9.84E1        98.4e0        984.0e-1        0.984E+2
```

Notons que 984e-1 ne serait pas autorisé.

De même, le littéral 1900 peut aussi être écrit de la façon suivante :

```
19E2        190e+1        1900E+0
```

mais pas 19000e 1 ni 1900E 0.

L'exposant peut lui-même contenir des traits bas s'il se compose de deux chiffres ou plus, mais il est peu vraisemblable que l'exposant atteigne une taille telle que cela soit nécessaire. Cependant, l'exposant lui-même ne peut pas contenir d'exposant!

Une dernière disposition nous donne la faculté d'exprimer un littéral dans une base autre que dix. Elle consiste à encadrer les chiffres entre des caractères # et à faire précéder le résultat par la base. Ainsi :

```
2#111#
```

est un littéral entier valant 4+2+1 = 7.

Toute base de 2 à 16 compris peut être utilisé et, bien sûr, la base 10 peut toujours être exprimée explicitement. Pour les bases supérieures à dix les lettres de A à F sont utilisées pour représenter les chiffres généralisés de 10 à 15. Ainsi :

```
14#ABC#
```

vaut $10*14^2+11*14+12 = 2126$.

Un littéral basé peut aussi avoir un exposant. Notons bien, cependant, que l'exposant donne la puissance de la base dans laquelle le littéral simple est exprimé, et non une puissance de dix - à moins bien sûr que cette base ne se trouve déjà être dix. L'exposant lui-même, comme la base, est toujours exprimé en notation décimale.

Ainsi

```
16#A#E2
```

vaut $10*16^2 = 2560$ et

```
2#11#E11
```

vaut $3*2^{11} = 6144$.

Un litéral basé peut être réel. A nouveau, c'est le point qui le distingue. (On peut difficilement dire le "point décimal" si on n'utilise pas une base décimale! Un terme plus adapté serait le point radical.) Ainsi :

```
2#101.11#
```

vaut $4+1+{}^1/_2+{}^1/_4 = 5.75$ et

```
7#3.0#e-1
```

vaut ${}^3/_7 = 0.428571$.

Le lecteur peut avoir le sentiment que les formes possibles de littéraux basés sont inutilement compliquées. Ce n'est pas vraiment le cas. Les littéraux basés sont utiles - particulièrement pour les types point-fixe car ils permettent au programmeur de représenter des valeurs sous la forme qu'il ou elle conçoit. Les bases évidentes 2, 8, et 16 seront les plus utiles. Mais la notation est applicable à n'importe quelle base et le compilateur peut calculer en n'importe quelle base, alors pourquoi s'en priver?

Notons finalement qu'un littéral numérique ne peut pas être négatif. Une forme telle que -3 se compose d'un littéral précédé de l'opérateur unaire moins.

Exercice 3.4

1 Quels sont les littéraux illégaux et pourquoi? Indiquer, pour ceux qui sont légaux, s'ils sont entiers ou réels.

a) 38.6	e) 2#1011	i) 16#FfF#
b) .5	f) 2.71828_18285	j) 1_0#1_0#E1_0
c) 32e2	g) 12#ABC#	k) 27.4e_2
d) 32e-2	h) E+6	l) 2#11#e-1

2 Quelle est la valeur des littéraux suivants?

a) 16#E#E1	c) 16#F.FF#E+2
b) 2#11#E11	d) 2#1.1111_1111_111#E11

3 De combien de façons différentes peut-on exprimer les valeurs suivantes en tant que littéraux numériques?

a) l'entier 49 b) l'entier 75

(Eliminer les traits bas, la distinction entre E et e, les zéros de tête non significatifs et le + facultatif de l'exposant.)

3.5 Commentaires

Il est important d'ajouter des commentaires adéquats dans un programme pour faciliter sa compréhension par quelqu'un d'autre ou par vous-même plus tard. Nous avons rencontré des commentaires au chapitre 2.

Un commentaire en Ada est écrit comme portion de texte arbitraire suivant deux tirets (ou signes moins). Ainsi :

```
-- Ceci est un commentaire,
-- On peut y insérer des accents
```

Le commentaire va jusqu'à la fin de la ligne. Il n'est pas possible en Ada d'insérer un commentaire au milieu d'une ligne. Bien sûr, le commentaire peut être seul sur la ligne ou il peut suivre un autre texte Ada. Un commentaire long comportant plusieurs lignes est simplement écrit comme une suite de commentaires.

```
-- Ce commentaire
-- s'étend
-- sur plusieurs
-- lignes
```

Il est important que les tirets de têtes soient côte à côte et non séparés par des espaces.

Exercice 3.5

1 Combien d'éléments lexicaux figurent dans chacune de ces lignes?

a) X:=X+2; -- Ajouter deux à X
b) -- Ceci est un commentaire stupide
c) ---
d) - - - - - - - - - - - - -

2 Faire la différence entre :

a) **delay** 2.0;
b) **delay**2.0;

Point 3

La typographie d'une lettre est sans importance dans tous les contextes, sauf dans les chaînes et les littéraux caractères.

Les traits bas sont significatifs dans les identificateurs, mais pas dans les littéraux numériques.

La présence ou l'absence de point permet de distinguer les littéraux réels des littéraux entiers.

Un entier ne peut pas avoir d'exposant négatif.

Les littéraux numériques ne peuvent pas être signés.

Les zéros de tête non significatifs sont autorisés dans toutes les parties d'un littéral numérique.

Chapitre 4 TYPES SCALAIRES

Ce chapitre jette les bases des aspects microscopiques d'Ada. Nous commençons par les déclarations d'objets, l'affectation de valeurs à ceux-ci, et les notions de portée et de visibilité. Nous introduisons ensuite les concepts importants de type, de sous-type, et de contrainte. Pour illustrer les types, le reste du chapitre développe les types numériques INTEGER et REEL, les types énumératifs en général, le type BOOLEAN en particulier et les opérations sur ceux-ci.

4.1 Déclarations et affectations d'objets

Les valeurs peuvent être stockées dans des objets qu'on déclare être d'un type spécifique. Les objets sont soit des variables, auquel cas leur valeur peut changer (ou varier) au cours de l'exécution du programme, soit des constantes, auquel cas ils gardent la même valeur initiale tout au long de leur vie.

Une variable est introduite dans un programme par une déclaration. Celle-ci se compose du nom (c'est-à-dire de l'identificateur) de la variable, suivi d'un deux-points et du nom du type. Cela peut éventuellement être suivi du délimiteur long := et d'une valeur initiale. La déclaration se termine par un point-virgule. Ainsi, nous pouvons écrire :

```
I : INTEGER;
P : INTEGER := 38;
```

Cela introduit la variable I de type INTEGER, mais ne lui donne aucune valeur initiale particulière, puis la variable P, qui reçoit la valeur initiale spécifique de 38.

Nous pouvons introduire plusieurs variables en même temps en une seule déclaration en les séparant par des virgules, ainsi :

```
I, J, K : INTEGER;
```

```
P, Q, R : INTEGER := 38;
```

Dans le second cas P, Q, et R ont tous la valeur initiale de 38.

Si la variable est déclarée et qu'on ne lui donne pas de valeur initiale, on doit faire très attention de ne pas utiliser la valeur indéfinie de la variable. Si un programme utilise effectivement la valeur indéfinie d'une variable non initialisée, son comportement sera imprévisible ; le programme est alors dit erroné. Comme mentionné au chapitre 2, cela signifie que le programme est à proprement parler incorrect, mais que le compilateur et le système d'exécution peuvent ne pas être capables de nous le dire.

Une façon commune de donner une valeur à une variable est d'utiliser une instruction affectation. Dans celle-ci, l'identificateur est suivi de := et d'une expression donnant la nouvelle valeur. L'instruction se termine par un point-virgule. Ainsi :

```
I := 36;
```

et

```
P := Q+R;
```

sont toutes les deux des instructions affectations valables qui placent de nouvelles valeurs dans I et P, et par là détruisent leur précédente valeur.

Notons que := peut être suivi de toute expression produisant une valeur du type de la variable à laquelle elle doit être affectée. Nous envisagerons plus tard toutes les règles concernant les expressions, mais il suffit ici de dire qu'elles peuvent se composer de variables et de constantes avec des opérations telles que + et de parenthèses, etc. tout comme une expression mathématique ordinaire.

Il existe de nombreux points communs entre une déclaration contenant une valeur initiale et une instruction affectation. Toutes les deux utilisent := avant l'expression et l'expression elle-même peut être d'une complexité arbitraire.

Il y a une différence importante, cependant : bien que plusieurs variables puissent être déclarées et initialisées d'un seul coup, une seule affectation ne peut pas donner la même valeur à plusieurs variables. Cela peut sembler un peu étrange, mais en pratique le besoin de donner la même valeur à plusieurs variables ne se fait généralement sentir que pour les valeurs initiales.

Remarquons ici qu'à strictement parler une déclaration comme :

```
A, B := INTEGER := E;
```

est en fait un raccourci de :

```
A : INTEGER := E;
B : INTEGER := E;
```

Cela veut dire que l'expression E est évaluée pour chaque variable. C'est un point subtil qui n'a généralement pas beaucoup d'importance, mais nous rencontrerons plus tard des exemples où il en a.

Une constante se déclare comme une variable, en insérant le mot réservé **constant** après le deux-points. Bien sûr, une constante doit normalement être initialisée dans sa déclaration, sans quoi celle-ci serait inutile. Pourquoi? (On indiquera une exception plus tard.) Voici un exemple :

```
PI : constant REEL := 3.14159_26536;
```

Dans le cas des types numériques exclusivement il est possible d'omettre le type dans la déclaration d'une constante :

```
PI : constant := 3.14159_26536;
```

Celle-ci est techniquement connue comme une déclaration de nombre et fournit simplement un nom pour le nombre. On fait la distinction entre les nombres nommés réels et entiers par la forme de la valeur initiale. Dans le cas présent, celui-ci est réel à cause du point décimal. Il est généralement intéressant d'omettre le type dans la déclaration de constantes numériques pour des raisons qui apparaîtront plus tard. Nous le ferons donc dans les exemples qui suivent. Notons cependant que le type ne peut pas être omis dans les déclarations de variables numériques même quand on fournit une valeur initiale.

Il existe une différence importante entre les formes autorisées de valeurs initiales dans les déclarations de constantes (avec type) et dans les déclarations de nombres (sans type). Dans le premier cas, la valeur initiale peut être n'importe quelle expression, et celle-ci est évaluée à l'exécution quand on la rencontre, tandis que dans le deuxième, elle doit être une expression statique, évaluée à la compilation. Les détails complets seront exposés au chapitre 12.

Exercice 4.1

1 Ecrire la déclaration d'une variable réelle R et lui donner une valeur initiale de un.

2 Ecrire les déclarations appropriées des constantes réelles ZERO et UN.

3 Trouver l'erreur dans les déclarations et les instructions suivantes :

a) **var** I : INTEGER;
b) G : **constant** := 981
c) P, Q : **constant** INTEGER;
d) P := Q := 7;
e) MN : **constant** INTEGER := N*M;
f) 2PI : **constant** := 2*PI;

4.2 Blocs et portées

Ada prend soin de faire la différence entre les déclarations qui introduisent les nouveaux identificateurs et les instructions qui n'en n'introduisent aucun. Il est de bonne guerre que les déclarations qui introduisent les nouveaux identificateurs précèdent les instructions qui les manipulent. En conséquence de quoi, les déclarations et les instructions apparaissent dans des endroits différents dans le texte du programme. Le plus simple fragment de texte comprenant des déclarations et des instructions est le bloc.

Un bloc débute par le mot réservé **declare**, quelques déclarations, **begin**, quelques instructions et se termine par le mot réservé **end** et le point-virgule final. Voici un exemple élémentaire :

```
declare
        I : INTEGER;            -- Déclarations
begin
        I := I + 1;             -- Instructions
end;
```

Un bloc est lui-même un exemple d'instruction, et par conséquent une des instructions de son corps peut être un autre bloc. Cet enboîtement textuel peut se poursuivre indéfiniment.

Puisqu'un bloc est une instruction, il peut être exécuté comme n'importe quelle autre instruction. Les déclarations de sa partie déclarative (la portion entre **declare** et **begin**) sont alors élaborées dans l'ordre, puis les instructions du corps (entre **begin** et **end**) sont exécutées de la façon habituelle. Notons la terminologie : nous élaborons les déclarations et exécutons les instructions. L'élaboration d'une déclaration a pour effet de donner une existence à l'entité déclarée, puis d'évaluer et de lui affecter une éventuelle valeur initiale. Quand nous atteignons le **end** du bloc, toutes les entités déclarées dans le bloc cessent automatiquement d'exister.

Nous nous rendons compte, maintenant, que l'exemple de bloc précédent est un peu ridicule ; il introduit I, lui ajoute 1, puis le perd avant d'avoir utilisé la valeur résultante.

Notons aussi que les objets utilisés dans une valeur initiale doivent, bien entendu, exister. On peut les déclarer dans la même partie déclarative mais leur déclaration doit précéder leur utilisation. Par exemple :

```
declare
        I : INTEGER := 0;
        K : INTEGER := I;
begin
```

est autorisé, mais :

```
declare
        K : INTEGER := I;
        I : INTEGER := 0;
begin
```

ne l'est généralement pas. (Nous verrons dans un instant que cela peut avoir une signification valide mais différente.)

Cette idée d'élaborer les déclarations dans l'ordre est importante ; le terme consacré est "l'élaboration linéaire des déclarations".

Comme d'autres langages structurés par blocs, Ada possède aussi la notion de cachement.

Considérons :

```
declare
        I, J : INTEGER;
begin
        ...             -- Zone externe
        declare
                I : INTEGER;
```

```
        begin
                ...     -- Zone interne
        end;
        ...             -- Zone externe
end;
```

Ici, on déclare une variable I dans un bloc externe puis on la redéclare dans un bloc interne. Cette redéclaration n'entraîne pas que le I externe cesse d'exister, mais le rend simplement temporairement invisible. Dans le bloc interne I se réfère au nouveau I, mais dès que l'on quitte le bloc interne, ce nouvel I cesse d'exister et le I externe redevient visible.

Nous faisons la distinction entre portéek et visibilité. La portée est la région de texte dans laquelle l'entité est potentiellement visible, et elle est visible en un point donné si l'on peut se servir de son identificateur pour s'y référer. Nous allons maintenant illustrer cela, mais un exposé plus complet sera donné au chapitre 8.

Dans le cas d'un bloc la portée d'une variable (ou d'une constante) s'étend depuis le début de sa déclaration jusqu'à la fin du bloc. Cependant, elle n'est pas visible dans sa propre déclaration ni dans aucun bloc interne après la redéclaration du même identificateur. Les régions de portée et de visibilité sont illustrées comme suit :

```
declare
        I : INTEGER := 0;
begin
        ...
        declare
                K : INTEGER := I;
                I : INTEGER := 0;
        begin
                ...
        end;
        ...
end;
```

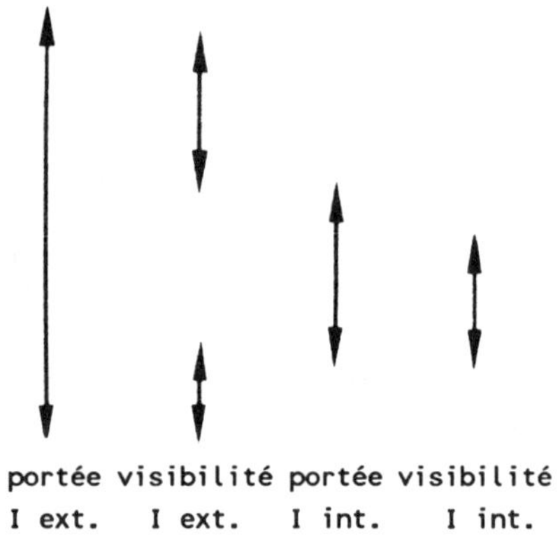

La valeur initiale de K se réfère au I externe car elle précède l'introduction du I interne.

Ainsi :

```
K : INTEGER := I;
I : INTEGER := 0;
```

peut être ou ne pas être légal - cela dépend de son environnement.

Exercice 4.2

1 Combien d'erreurs pouvez-vous repérer dans cette portion de programme?

```
declare
        I : INTEGER:= 7;
        J, K :INTEGER
begin
        J := I+K;
        declare
                P : INTEGER = I;
                I, J : INTEGER;
        begin
                I := P+Q;
                J := P-Q;
                K := I*J
        end;
        PUT (K);   -- Imprimer la valeur de K
end;
```

4.3 Types

"Un type est caractérisé par un ensemble de valeurs et un ensemble d'opérations" (MR 3.3(1)).

Dans le cas du type entier INTEGER de STANDARD, l'ensemble des valeurs est représenté par :

... -3, -2, -1, 0, 1, 2, 3, ...

et les opérations comprennent :

+, -, * et ainsi de suite

A deux exceptions mineures près, qui seront examinées plus tard (tableaux et tâches), chaque type a un nom qui est introduit par une déclaration de type. (On considère que les types prédéfinis tels que INTEGER sont déclarés dans le paquetage STANDARD.) De plus, chaque déclaration de type introduit un type nouveau distinct de tout autre.

L'ensemble des valeurs appartenant à deux types distincts sont elles-mêmes distinctes bien que, dans certains cas, leur forme lexicale soit la même - le contexte permet de faire la distinction en un point donné. Le concept selon lequel une forme lexicale représente deux entités différentes ou plus est connu sous le terme de surcharge.

On ne peut pas affecter les valeurs d'un type à des variables d'un autre type. Cela constitue la règle fondamentale du typage sévère. C'est une aide précieuse pour le développement rapide de programmes corrects puisqu'elle garantit que beaucoup d'erreurs sont détectées à la compilation.

Une déclaration de type utilise une forme syntaxique quelque peu différente de celle d'une déclaration d'objet afin de mettre l'accent sur la différence de concept. Elle se compose du mot réservé **type**, de l'identificateur à associer au type, du mot réservé **is**, et de la définition de type suivie du point-virgule final. Nous pouvons imaginer que le paquetage STANDARD contient des déclarations de types du genre :

```
type INTEGER is ...;
```

La définition de type entre **is** et ; donne l'ensemble des valeurs appartenant au type. Pour être plus concret, considérons :

```
type COULEUR is (ROUGE, ORANGE, VERT);
```

(Exemple de type énumératif qui sera développé plus en détail dans une section ultérieure de ce chapitre.)

Elle introduit un nouveau type appelé COULEUR. De plus, elle établit qu'il n'existe que trois valeurs de ce type et qu'elles sont dénotées par les identificateurs ROUGE, ORANGE, et VERT.

Les objets de ce type sont par la suite déclarés de façon habituelle :

```
C : COULEUR;
```

On peut fournir une valeur initiale :

```
C : COULEUR := ROUGE;
```

ou déclarer une constante :

```
DEFAUT : constant COULEUR := ROUGE;
```

Nous avons dit qu'on ne pouvait pas affecter les valeurs d'un type à des variables d'un autre type. Par conséquent, nous ne pouvons pas mélanger les couleurs et les entiers et donc :

```
I : INTEGER;
C : COULEUR;
...
I := C;
```

est illégal. Dans les langages plus anciens, il est souvent nécessaire d'implémenter des concepts comme les types énumératifs à l'aide de types plus primitifs tels que les types entiers et de donner des valeurs telles que 0, 1, et 2 à des valeurs ayant pour nom ROUGE, ORANGE, et VERT. Ainsi, en Algol 60, on peut écrire :

```
integer ROUGE, ORANGE, VERT
ROUGE := 0; ORANGE := 1; VERT := 2;
```

et, par la suite, se servir de ROUGE, ORANGE, et VERT comme s'il s'agissait de valeurs littérales. Il est clair que le programme est alors plus facile à comprendre que si les valeurs de code 0, 1, et 2 étaient utilisées directement. En revanche, le compilateur ne pourrait pas détecter des affectations accidentelles d'une couleur en notation explicite qui serait, dans l'esprit du programmeur, simplement un entier tout à fait ordinaire. En Ada, comme nous l'avons vu, cela se détecte à la compilation.

4.4 Sous-types

Nous introduisons maintenant les sous-types et les contraintes. Un sous-type, comme son nom l'indique, caractérise un ensemble de valeurs qui sont seulement un sous-ensemble des valeurs d'un autre type, connu sous le nom de type de base. Le sous-ensemble est défini au moyen d'une contrainte. Les contraintes prennent des formes variées selon la nature du type de base. Comme d'habitude pour les sous-ensembles, le sous-ensemble peut se trouver être l'ensemble complet. Il n'y a cependant aucun moyen de restreindre l'ensemble des opérations du type de base. Les sous-types possèdent toutes les opérations, les restrictions ne s'appliquant qu'aux valeurs.

Comme exemple, supposons que nous souhaitons manipuler des dates ; nous savons que le jour du mois doit se trouver dans l'intervalle 1 .. 31, nous déclarons donc un sous-type :

```
subtype NUMERO_DE_JOUR is INTEGER range 1 .. 31;
```

Nous pouvons dès lors déclarer des variables et des constantes en utilisant l'identificateur du sous-type exactement de la même façon que l'identificateur d'un type.

```
D : NUMERO_DE_JOUR;
```

Nous avons alors la certitude que la variable D ne peut prendre que des valeurs entières comprises entre 1 et 31 inclus. Le compilateur insère, si nécessaire, des vérifications à l'exécution pour s'assurer que c'est bien le cas ; si une vérification échoue, l'exception CONSTRAINT_ERROR est levée.

Il est important de se rendre compte qu'une déclaration de sous-type n'introduit pas de nouveau type distinct. Un objet tel que D est de type INTEGER et, par conséquent, le fragment de programme suivant est parfaitement légal du point de vue syntaxique :

```
D : NUMERO_DE_JOUR;
I : INTEGER;
...
D := I;
```

Bien sûr, à l'exécution, la valeur de I peut être ou non dans l'intervalle 1 .. 31. Si elle y est comprise, alors tout va bien ; sinon CONSTRAINT_ERROR est levée. L'affectation dans l'autre sens :

```
I := D;
```

marchera bien sûr toujours.

Il n'est pas toujours nécessaire d'introduire explicitement un sous-type pour imposer une contrainte. Nous pouvons tout aussi bien écrire :

```
D : INTEGER range 1 .. 31;
```

Notons aussi qu'un sous-type n'impose pas nécessairement de contrainte. Il est parfaitement légal d'écrire :

```
subtype NUMERO_DE_JOUR is INTEGER;
```

bien que, dans ce cas, cela ne soit pas d'un intérêt évident.

On peut définir un sous-type (explicite ou non) à partir d'un sous-type précédent :

```
subtype JOUR_FEV is NUMERO_DE_JOUR range 1 .. 29;
```

Toute contrante supplémentaire doit bien sûr respecter les contraintes existantes :

```
NUMERO_DE_JOUR range 0 .. 10;
```

est incorrecte et provoquera la levée de CONSTRAINT_ERROR.

Les exemples ci-dessus concernaient des contraintes munies de bornes statiques. Ce n'est pas nécessairement le cas ; en général, les bornes sont données par des expressions arbitraires et, par conséquent, l'ensemble des valeurs d'un sous-type n'est pas forcément statique, donc connu à la compilation. Cependant, il est important de noter qu'un type est toujours statique.

Pour conclure, indiquons qu'un sous-type n'introduit pas un nouveau type mais est plutôt une façon commode de désigner un type existant muni d'une contrainte. Cependant, dans les chapitres suivants, nous rencontrerons plusieurs contextes dans lesquels une contrainte explicite n'est pas autorisée ; on doit alors introduire un sous-type. Nous nous référons à un nom de type ou de sous-type sous le terme de marque de type, et à la forme se composant d'une marque de type suivie d'une contrainte optionnelle sous le terme d'indication de sous-type. Nous pouvons ainsi reformuler la remarque précédente en disant qu'il y a des cas où l'on doit utiliser une marque de type tandis que, comme nous l'avons vu, la forme plus générale d'indication de sous-type est autorisée dans les déclarations d'objets.

L'utilisation raisonnable de sous-types présente deux avantages. Elle peut garantir que des erreurs de programmation sont détectées plus tôt, en empêchant l'affectation de valeurs inappropriées à des variables. Elle peut aussi augmenter l'efficacité de l'exécution d'un programme. Cela s'applique plus particulièrement aux indices de tableaux, comme nous le verrons plus tard.

Nous avons maintenant introduit les concepts fondamentaux de types et de sous-types. Les sections suivantes de ce chapitre développent ces concepts plus avant en examinant dans le détail les propriétés des types simples d'Ada.

4.5 Types numériques simples

Il peut paraître étonnant qu'une description complète des types numériques soit renvoyée à l'un des derniers chapitres de ce livre. Les problèmes d'analyse numérique (estimations d'erreur, etc...) sont complexes et Ada, dans ce domaine, reflète cette complexité pour pouvoir faire face d'une façon raisonnablement complète aux besoins d'un analyste numérique. Pour nos besoins immédiats nous pouvons passer sous silence cette complexité. Par conséquent, dans cette section, nous nous contenterons d'une compréhension simplifiée des deux types numériques INTEGER et REEL que nous avons utilisés, en toile de fond dans les exemples élémentaires. Pour le programmeur moyen, ces deux types numériques seront vraisemblablement suffisants.

Tout d'abord, une confidence. Le type INTEGER est un véritable type Ada prédéfini. Ce n'est pas le cas de REEL. On doit déclarer celui-ci quelque part à partir d'un des types point-flottant prédéfinis. La raison pour laquelle on est amené à supposer que tel est le cas tient à des raisons de portabilité ; elle sera examinée quand la vérité au sujet des types numériques sera dévoilée plus en détail. Cependant, pour le moment, nous supposerons que REEL est le type point-flottant. (L'auteur ne cherche pas à égarer le lecteur, mais plutôt à encourager de bonnes habitudes de programmation Ada.)

Comme nous l'avons vu, on peut imposer une contrainte au type INTEGER en utilisant le mot réservé **range**. Celui-ci est suivi de deux expressions séparées par deux points ; ces expressions, bien sûr, doivent produire des valeurs de type entier. Il n'est pas nécessaire que ces expressions soient des littéraux constants. On peut avoir :

```
P : INTEGER range 1 .. I+J;
```

Un intervalle peut être vide comme dans le cas ci-dessus si I+J se révèle être égal à zéro. Les intervalles vides peuvent sembler d'une utilité douteuse, mais ils surgissent automatiquement dans les cas limites, et les supprimer se traduirait par une prise en compte spéciale de ces cas.

La valeur minimale de INTEGER est rendue par INTEGER'FIRST et la valeur maximale par INTEGER'LAST. Ceux-ci constituent nos premiers exemples d'attributs. Ada comprend divers attributs dénotés par une apostrophe suivie d'un identificateur.

La valeur de INTEGER'FIRST dépend de l'implémentation mais sera toujours négative. Sur une machine à représentation à complément à deux elle vaudra -INTEGER'LAST-1, tandis que sur une machine à représentation à complément à un elle vaudra -INTEGER'LAST. Par conséquent, sur une machine 16 bits typique à complément à deux, nous avons :

```
INTEGER'FIRST     = -32768
INTEGER'LAST      = +32767
```

Bien sûr, nous devrions toujours écrire INTEGER'LAST de préférence à +32767 si c'est ce que nous voulons logiquement. Sinon, la portabilité en souffrira.

Deux sous-types utiles :

```
subtype NATURAL is INTEGER range 0 .. INTEGER'LAST;
subtype POSITIVE is INTEGER range 1 .. INTEGER'LAST;
```

Ceux-ci sont tellement utiles qu'ils sont déclarés dans le paquetage STANDARD.

Les attributs FIRST et LAST s'appliquent aussi aux sous-types, ainsi :

```
POSITIVE'FIRST        = 1
NATURAL'LAST          = INTEGER'LAST
```

Tournons-nous maintenant vers le type REEL. On peut appliquer des contraintes au type REEL pour en réduire l'intervalle et la précision, mais cela nous entraîne dans des domaines dont l'étude est repoussée à des chapitres ultérieurs. Il existe aussi des attributs REEL'FIRST et REEL'LAST. Il n'est pas vraiment nécessaire d'en dire plus pour l'instant.

Les autres opérations prédéfinies que l'on peut appliquer aux types INTEGER et REEL sont celles auxquelles on est en droit de s'attendre dans un langage de programmation moderne. Elles sont rassemblées ci-dessous :

+,- Celles-ci sont soit des opérateurs unaires (c'est-à-dire qui ne prennent qu'un opérande) soit des opérations binaires utilisant deux opérandes.

Dans le cas d'un opérateur unaire, l'opérande peut être un entier ou bien un réel ; le résultat sera du même type. Le + unaire n'a en réalité aucun effet. Le - unaire change le signe.

Dans le cas d'un opérateur binaire, les deux opérandes doivent être entiers ou bien tous les deux réels ; le résultat sera du type des opérandes. L'addition ou la soustraction normale est effectuée.

* La multiplication ; les deux opérandes doivent être entiers ou bien réels ; de nouveau, le résultat sera du même type.

/ La division ; les deux opérandes doivent être entiers ou bien réels ; de nouveau, le résultat sera du même type. La division entière tronque vers zéro.

rem Le reste ; dans ce cas, les deux opérandes doivent être de type entier et le résultat est un entier. C'est le reste par division.

mod Le modulo ; de nouveau, les deux opérandes doivent être de type entier et le résultat est un entier. C'est l'opération mathématique du modulo.

abs La valeur absolue ; c'est un opérateur unaire et l'opérande unique peut être entier ou réel. Le résultat est de nouveau du même type ; c'est la valeur absolue : si l'opérande est positif, le résultat est le même, mais s'il est négatif, le résultat est la valeur absolue correspondante.

** ponentiation ; celle-ci élève le premier opérande à la puissance du second. Si le premier opérande est un entier, le second doit être un entier positif ou nul. Si le premier opérande est réel, le second peut être n'importe quel entier. Le résultat est du type du premier opérande.

De plus, nous pouvons effectuer les opérations =, /=, <, <=, >, >= pour retourner un résultat TRUE ou FALSE de type BOOLEAN. De nouveau, les deux opérandes doivent être du même type. Notons au passage la forme de l'opérateur d'inégalité /=.

Bien que ces opérations soient sans surprises, il est important de souligner quelques points.

En règle générale, l'arithmétique mixte n'est pas autorisée. On ne peut pas, par exemple, ajouter une valeur entière à une valeur réelle ; les deux valeurs doivent être de même type. Un changement de type de INTEGER à REEL ou vice versa est possible en utilisant le nom du type (ou sous-type) désiré, suivi de l'expression à convertir entre parenthèses.

Ainsi :

```
I : INTEGER := 3;
R : REEL := 5.6;
```

nous interdit :

```
I+R
```

mais nous devons écrire :

```
REEL(I)+R
```

qui utilise l'addition réelle pour donner la valeur réelle 8.6, ou :

```
I+INTEGER(R)
```

qui utilise l'addition entière pour donner la valeur entière 9.

La conversion de réel à entier arrondit toujours au lieu de tronquer, ainsi :

1.4 devient 1
1.6 devient 2

mais une valeur à mi-chemin entre deux entiers, telle que 1.5, peut être arrondie vers le haut ou vers le bas, selon l'implémentation.

Il existe une distinction subtile entre **rem** et **mod**. L'opération **rem** rend le reste correspondant à l'opération de division entière /. La division entière tronque vers zéro ; cela veut dire que la valeur absolue du résultat est toujours la même que celle obtenue en divisant les valeurs absolues des opérandes.

Ainsi :

```
  7   /    3   =  2
(-7)  /    3   = -2
  7   /  (-3)  = -2
(-7)  /  (-3)  =  2
```

et les restes correspondants sont :

```
  7   rem    3   =  1
(-7)  rem    3   = -1
  7   rem  (-3)  =  1
(-7)  rem  (-3)  = -1
```

Le reste et le quotient sont toujours liés par la formule :

```
(I/J)*J + I rem J = I
```

On notera aussi que le signe du reste est toujours le même que celui du premier opérande I (le dividende).

Cependant, **rem** ne convient pas toujours. Si nous traçons les valeurs de I **rem** J pour une valeur fixe de J (5 par exemple), à la fois pour les valeurs positives et négatives, nous obtenons le motif de la figure 4.1.

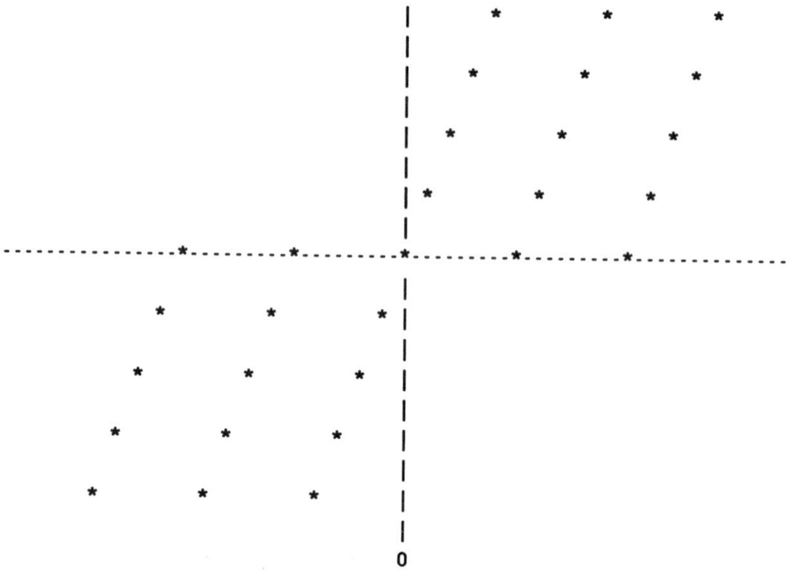

Fig. 4.1 Comportement de I **rem** 5 autour de zéro

Comme nous pouvons le voir, le motif est symétrique par rapport à zéro et, par conséquent, change son comportement vis-à-vis de l'incrémentation au passage par zéro.

L'opération **mod**, de son côté, a un comportement uniforme vis-à-vis de l'incrémentation, comme le montre la figure 4.2.

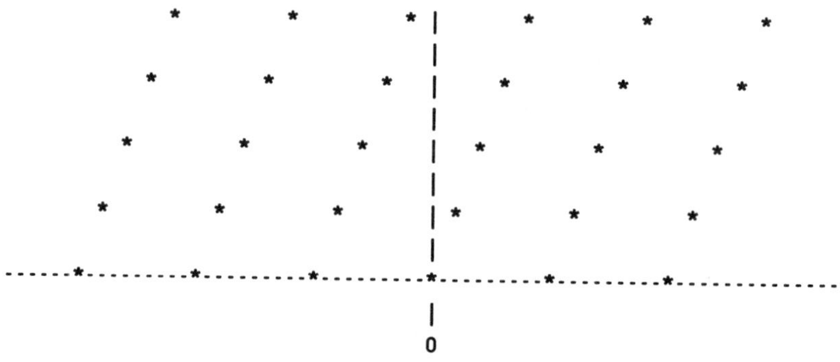

Fig. 4.2 Comportement de I **mod** 5 autour de zéro

L'opération **mod** nous permet de faire le modulo arithmétique normal. Par exemple :

(A+B) **mod** n = (A **mod** N + B **mod** n) **mod** n

pour toutes les valeurs de A et B, positives ou négatives. Pour les n positifs, A **mod** n est toujours dans l'intervalle 0 .. n-1 ; pour les n négatifs, A **mod** n est toujours dans l'intervalle n+1 .. 0. Bien sûr, le modulo arithmétique n'est souvent utilisé que pour les valeurs positives de n. Cependant, l'opérateur **mod** a un comportement cohérent et raisonnable même pour les valeurs négatives de n.

Nous pouvons considérer **mod** comme l'opérateur donnant le reste correspondant à la division avec troncation vers l'infini négatif. Ainsi :

```
 7    mod   3     =  1
(-7)  mod   3     =  2
 7    mod  (-3)   = -2
(-7)  mod  (-3)   = -1
```

Dans le cas de **mod**, le signe du résultat est toujours celui du deuxième opérande tandis que, dans le cas de **rem**, il est du signe du premier opérande.

Le lecteur a pu trouver cette discussion longue et laborieuse. Pour résumer, on peut noter que la division entière avec des opérandes négatifs est rare. Les opérateurs **rem** et **mod** diffèrent seulement quand leurs deux opérandes sont négatifs. On se rendra compte que, dans ces cas, c'est presque toujours **mod** dont on a besoin.

Pour finir, quelques indications sur l'opérateur d'exponentiation **. Pour un deuxième opérande positif, l'opération correspond à une multiplication répétée. Ainsi :

```
3 ** 4 = 3*3*3*3 = 81
3.0 ** 4 = 3.0*3.0*3.0*3.0 = 81
```

Le second opérande peut être zéro et, bien sûr, le résultat est toujours la valeur un :

```
3 ** 0        = 1
3.0 ** 0      = 1.0
0 ** 0        = 1
0.0 ** 0      = 1.0
```

Le deuxième opérande ne peut pas être négatif si le premier opérande est un entier, car le résultat pourrait ne pas être entier. En fait, l'exception CONSTRAINT_ERROR est levée dans un tel cas. Cela est cependant autorisé pour un premier opérande réel et produit l'inverse correspondant :

```
3.0 ** (-4) = 1.0/81.0 = 0.0123456780123...
```

Nous terminons cette section par un bref exposé sur la combinaison des opérateurs dans une expression. Comme d'habitude, les opérateurs ont des priorités différentes et l'on peut s'affranchir de la priorité naturelle par l'utilisation de parenthèses. Les opérateurs de même priorité sont appliqués de gauche à droite. Une sous-expression entre parenthèses doit bien évidemment être évaluée avant d'être utilisée. Notons cependant que l'ordre d'évaluation des deux opérandes d'un opérateur binaire n'est pas spécifié. Les niveaux de priorité des opérateurs que nous avons rencontrés jusqu'à présent sont indiqués ci-dessous par ordre croissant de priorité.

```
= /= < <= > >=
+ - (binaire)
+ - (unaire)
* / mod rem
** abs
```

Ainsi :

A/B*C	signifie	(A/B)*C
A+B*C+D	signifie	A+(B*C)+D
A*B+C*D	signifie	(A*B)+(C*D)
A*B**C	signifie	A*(B**C)

En général, comme indiqué plus haut, on peut appliquer plusieurs opérations de même priorité, de gauche à droite, et les parenthèses ne sont pas nécessaires. Cependant, les règles de la syntaxe interdisent une suite d'opérateurs d'exponentiation sans parenthèses. Ainsi, nous ne pouvons pas écrire :

```
A**B**C
```

mais :

(A**B)**C ou bien A**(B**C)

Cette restriction évite le risque d'erreur accidentelle. Notons cependant que les formes bien établies :

A-B-C et A/B/C

sont autorisées. Les règles de syntaxe interdisent le mélange des opérateurs **abs** et ** sans parenthèses.

On doit faire attention à la priorité du moins unaire :

-A**B signifie -(A**B) et non (-A)**B

comme en Algol 68. De même :

A**-B et A*-B

sont illégaux. On doit utiliser des parenthèses.

Notons enfin que la priorité de **abs** peut prêter à confusion, n'étant pas la même que celle du moins unaire. Par conséquent nous pouvons écrire :

- **abs** X mais non **abs** - X

Exercice 4.5

1 Evaluer les expressions ci-dessous compte tenu de :

```
I :INTEGER := 7
J :INTEGER := -5
K :INTEGER := 3
```

a) I*J*K
b) I/J*K
c) I/J/K
d) J + 2 **mod** I
e) J + 2 **rem** I
f) K**K**K
g) -J **mod** 3
h) -j **rem** 3

2 Récrire les expressions mathématiques suivantes en Ada. Utiliser des identificateurs convenables de type approprié.

a) b^2 - 4ac	-- Discriminant
b) 4/3 r^3	-- Volume de la sphère
c) p a^4 / 8ln	-- Flux visqueux à travers un tube

4.6 Types énumératifs

Nous présentons ici quelques exemples de déclarations de types énumératifs, à commencer par COULEUR, que nous avons introduit quand nous exposions les types en général.

```
type COULEUR   is (ROUGE, ORANGE, VERT);
type JOUR      is (LUN, MAR, MER, JEU, VEN, SAM, DIM);
type FRUIT     is (ORANGE, POMME, POIRE);
type CHOIX     is (AM, STRAM, GRAM);
type SOLO      is (SEUL);
```

Ceci introduit un exemple de surcharge. Le littéral ORANGE peut représenter une couleur ou un fruit. Les deux significations du même nom sont visibles simultanément et la deuxième déclaration ne cache pas la première, que ces déclarations apparaissent dans la même partie déclarative, ou que l'une apparaisse dans une partie déclarative plus intérieure. La signification du nom peut généralement se déduire du contexte ; dans les cas étranges où cela n'est pas possible, nous pouvons toujours qualifier le littéral en le mettant entre parenthèses et en le faisant précéder du nom de son type (ou de son sous-type) et d'une apostrophe. Ainsi :

```
COULEUR'(ORANGE)
FRUIT'(ORANGE)
```

Des exemples où cela se révèle être nécessaire apparaîtront dans la suite.

Bien que nous puissions utiliser ORANGE en tant que littéral d'énumération dans deux types énumératifs différents, nous ne pouvons pas l'utiliser à la fois comme littéral d'énumération et comme l'identificateur d'une variable. La déclaration de l'un cacherait celle de l'autre et ils ne pourraient pas être déclarés tous les deux dans la même partie déclarative. Nous verrons qu'un littéral d'énumération peut surcharger un sous-programme.

Il n'y a pas de limite supérieure au nombre de valeurs dans un type énumératif, mais il doit au moins y en avoir une. Un type énumératif vide n'est pas autorisé.

Les contraintes sur les types et sous-types énumératifs ressemblent fort à celles sur les entiers. Elles ont la forme suivante :

```
range EXPRESSION_LIMITE_INFERIEURE..EXPRESSION_LIMITE_SUPERIEURE
```

qui indique l'ensemble des valeurs, de la limite inférieure à la limite supérieure comprises. Ainsi nous pouvons écrire :

```
subtype JOUR_OUVRABLE is JOUR range LUN .. VEN;
D : JOUR_OUVRABLE;
```

ou

```
D : JOUR range LUN .. VEN;
```

alors nous savons que D ne peut pas être SAM ou DIM.

Si la borne inférieure est au-dessus de la borne supérieure, nous obtenons un intervalle vide :

```
subtype INCOLORE is COULEUR range ORANGE .. ROUGE;
```

Notons la curieuse anomalie qui fait que nous ne pouvons pas avoir de sous-type vide d'un type tel que SOLO.

Les attributs FIRST et LAST s'appliquent aussi aux types et sous-types énumératifs, ainsi :

```
COULEUR'FIRST          = ROUGE
JOUR_OUVRABLE'LAST     = VEN
```

Il existe des attributs fonctions qui donnent le successeur ou le prédécesseur d'une valeur d'énumération. Il s'agit de SUCC et de PRED, qui suivent le nom du type et une apostrophe. Ainsi :

```
COULEUR'SUCC (ORANGE)= VERT
FRUIT'SUCC (ORANGE)  = POMME
JOUR'PRED (VEN)      = JEU
```

Bien sûr, la partie entre parenthèses peut être une expression arbitraire du type approprié. Si nous essayons de prendre le prédécesseur de la première valeur ou le successeur de la dernière, l'exception CONSTRAINT_ERROR est levée. En l'absence d'une telle exception, nous avons pour tout type T et toute valeur X :

```
T'SUCC (T'PRED (X)) = X
```

et vice-versa.

Il existe un autre attribut fonction : POS. Il donne le numéro de position de la valeur d'énumération, c'est-à-dire la position dans la déclaration, la première valeur ayant le numéro de position zéro. Ainsi :

```
COULEUR'POS (ROUGE)   = 0
COULEUR'POS (ORANGE)  = 1
COULEUR'POS (VERT)    = 2
```

La réciproque de POS est VAL. Celui-ci prend la position et retourne la valeur d'énumération correspondante. Ainsi :

```
COULEUR'VAL (0) = ROUGE
JOUR'VAL (6) = DIM
```

Si nous donnons une valeur de position en dehors de l'intervalle, comme par exemple :

```
SOLO'VAL (1)
```

CONSTRAINT_ERROR est levée.

De toute évidence, nous pouvons toujours avoir :

```
T'VAL (T'POS (X)) = X
```

et vice versa.

Notons aussi que :

```
T'SUCC (X) = T'VAL (T'POS (X) + 1)
```

donnent tous deux la même valeur, ou bien lèvent une exception.

Il est à noter que l'on peut appliquer ces quatre attributs SUCC, PRED, POS et VAL aux sous-types, mais ceux-ci sont identiques aux mêmes attributs appliqués aux types de base.

Il est probablement plus sage d'éviter POS et VAL quand c'est possible. Leur utilisation encourage le programmeur à penser en termes de nombres plutôt qu'en termes de valeurs d'énumération et par là détruit l'abstraction. Enfin, les opérateurs =, /=, <, <=, > et >= s'appliquent aussi aux types énumératifs. Le résultat est déterminé par l'ordre des valeurs dans la déclaration de type. Ainsi :

```
ROUGE < VERT        vaut TRUE
MER >= JEU          vaut FALSE
```

Le même résultat serait obtenu en comparant les positions. Ainsi :

```
T'POS (X) < T'POS (Y) et X < Y
```

sont toujours équivalents (sauf que X < Y peut être ambigu).

Exercice 4.6

1 Evaluer :

a) JOUR'SUCC (JOUR_OUVRABLE'LAST)
b) JOUR_OUVRABLE'SUCC (JOUR_OUVRABLE'LAST)
c) FRUIT'POS (POIRE)

2 Ecrire les déclarations de types énumératifs appropriées pour :

a) Les couleurs de l'arc-en-ciel
b) Les pierres semi-précieuses typiques

3 Ecrire une expression qui rend un choix entre N personnes en utilisant le type CHOIX du début de cette section.

4 Si le premier du mois est D, où D est de type JOUR, écrire une affectation remplaçant D par le jour du Nieme jour du mois.

5 Pourquoi X < Y peut-il être ambigu?

4.7 Le type BOOLEAN

Le type BOOLEAN est un type énumératif prédéfini dont la déclaration peut s'écrire :

```
type BOOLEAN is (FALSE, TRUE);
```

On utilise les valeurs booléennes dans des constructions telles que l'instruction if que nous avons mentionnée rapidement au chapitre 2. Des valeurs booléennes sont rendues par les opérateurs =, /=, <, <=, > et >= qui ont leur signification habituelle et s'appliquent à de nombreux types. Nous pouvons donc écrire des constructions telles que :

```
if AUJOURD_HUI = DIM then
        DEMAIN := LUN;
else
        DEMAIN := JOUR'SUCC (AUJOURD_HUI);
end if;
```

Le type Booléen (du nom du mathématicien Boole) possède toutes les propriétés d'un type énumératif ; nous avons par conséquent :

```
FALSE < TRUE = TRUE !
BOOLEAN'POS (TRUE) = 1
```

et même :

```
subtype TOUJOURS is BOOLEAN range TRUE .. TRUE;
```

bien que cela ne semble pas très utile.

Le type BOOLEAN possède en outre les opérations suivantes :

not C'est un opérateur unaire qui change TRUE en FALSE et vice versa. Il possède la même priorité que **abs**.

and C'est un opérateur binaire. Le résultat est TRUE si les deux opérandes valent TRUE, sinon il vaut FALSE.

or C'est un opérateur binaire. Le résultat est TRUE si l'un ou l'autre des deux opérandes vaut TRUE, et FALSE seulement si les deux opérandes sont FALSE.

xor C'est aussi un opérateur binaire. Le résultat est TRUE si l'un ou l'autre, mais pas les deux, valent TRUE. (D'où le nom ou eXclusif.) On peut aussi le considérer en notant que le résultat ne vaut TRUE que quand les deux opérandes sont différents. (Cet opérateur est connu sous le terme "non equivalent" dans certains langages.)

Les effets de **and**, **or** et **xor** sont récapitulés dans les tables de vérité de la figure 4.3.

and	F	T
F	F	F
T	F	T

or	F	T
F	F	T
T	T	T

xor	F	T
F	F	T
T	T	F

Fig. 4.3 Table de vérité pour **and**, **or** et **xor**

Les priorités de **and**, **or** et **xor** sont les mêmes, mais elles sont plus basses que celles de tout autre opérateur. En particulier, ils ont une priorité plus basse que les opérateurs relationnels =, /=, <, <=, > et >=. C'est différent de Pascal et, par conséquent, on n'a pas besoin de parenthèses dans des expressions telles que :

```
P < Q and I = J
```

Cependant, bien que les priorités soient égales, **and**, **or** et **xor** ne peuvent pas être mélangés dans une expression sans adjonction de parenthèses (cela diffère de - et + par exemple). Ainsi :

B **and** C **or** D	est illégal

tandis que :

I + J - K	est légal

Nous devons écrire :

B **and** (C **or** D)	ou	(B **and** C) **or** D

pour mettre en relief la signification requise.

Le lecteur qui connaît d'autres langages de programmation se souviendra que **and** et **or** ont généralement des priorités différentes. Le problème est que le programmeur se perd et se trompe. C'est pour l'éviter qu'Ada leur donne la même priorité et insiste sur l'emploi de parenthèses. Bien sûr, des applications successives du même opérateur sont permises, comme :

B **and** C **and** D	est légal

et, comme d'habitude, l'évaluation s'opère de gauche à droite bien que, dans ce cas, cela n'ait pas d'importance puisque l'opérateur **and** est associatif.

Prenons garde à **not**. Sa priorité est supérieure à celle de **and**, **or** et **xor** comme dans d'autres langages et donc :

not A **or** B

est équivalent à :

(**not** A) **or** B

et non à :

not (A **or** B)

Les personnes familiarisées avec la logique auront remarqué que cette dernière formulation est équivalente à :

```
(not A) and (not B)
```

On peut déclarer et manipuler les variables et constantes booléennes sans considération particulière.

```
DANGER : BOOLEAN;
SIGNAL : COULEUR;
...
DANGER := SIGNAL = ROUGE;
```

La variable SIGNAL vaut TRUE si le signal est ROUGE. Nous pouvons alors écrire :

```
if DANGER then
      ARRETER_TRAIN;
end if;
```

Notons qu'il est inutile d'écrire :

```
if DANGER = TRUE then
```

bien que ce soit parfaitement légal ; on oublie simplement que DANGER est déjà de type BOOLEAN et peut par conséquent être utilisé directement en tant que condition.

Eviter à tout prix d'écrire :

```
if SIGNAL = ROUGE then
      DANGER := TRUE;
else
      DANGER := FALSE;
end if;
```

au lieu de :

```
DANGER := SIGNAL = ROUGE;
```

On peut surcharger les littéraux TRUE et FALSE en déclarant par exemple :

```
type REPONSE is (FALSE, DONT_KNOW, TRUE);
```

mais cela peut rendre le programme difficile à suivre.

Exercice 4.7

1 Ecrire la déclaration des constantes T et F ayant les valeurs TRUE et FALSE.

2 En utilisant T et F de l'exercice précédant, évaluer :

a) T **and** F **and** T
b) **not** T **or** T
c) F = F = F = F
d) (F=F) = (F=F)
e) T < T < T < T

3 Evaluer :

(A /= B) = (A **xor** B)

pour toutes les combinaisons de valeurs de A et B.

4.8 Classement des types

Nous allons maintenant faire une pause pour consolider les notions que nous avons introduites jusqu'à présent dans ce chapitre.

Les types, en Ada, peuvent être classés comme l'indique figure 4.4 :

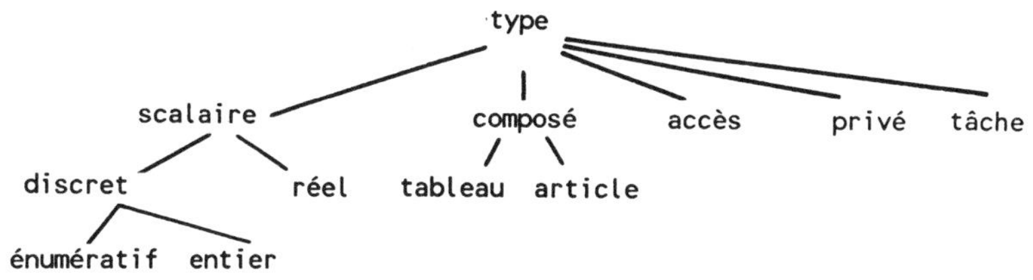

Fig. 4.4 Classement des types

Nous avons étudié les types scalaires dans ce chapitre. Au chapitre 6 nous verrons les types composés, mais les types accès, privé et tâche ne seront traités que bien plus tard.

Les types scalaires eux-mêmes sont scindés en types réels et types discrets. Notre unique exemple de type réel a été REEL - les autres types réels sont abordés au chapitre 12. Les autres types, INTEGER, BOOLEAN et les types énumératifs sont en général des types discrets - les seules autres sortes de types discrets restant à introduire sont d'autres types entiers, là encore traités au chapitre 12, ainsi que les types caratères, qui sont en fait une forme de type énumératif et seront traités au chapitre 6.

La distinction fondamentale de concept entre les types discrets et les types réels est que les premiers ont un ensemble bien défini de valeurs distinctes et séparées (d'où discrètes). On doit, en revanche, considérer que le type REEL possède une suite continue de valeurs - nous savons qu'en fait un ordinateur digital doit implémenter les types réels comme une suite de valeurs distinctes, mais c'est un détail d'implémentation ; le concept reste un continuum de valeurs.

Les attributs POS, VAL, SUCC et PRED s'appliquent à tous les types (et sous-types) discrets, car ces opérations reflètent la nature discrète des valeurs. Nous avons expliqué leur signification à l'aide des types énumératifs en section 4.6. Dans le cas du type INTEGER, la position du nombre est simplement le nombre lui-même, ainsi :

```
INTEGER'POS (N)       = N
INTEGER'VAL (N)       = N
INTEGER'SUCC (N)      = N+1
INTEGER'PRED (N)      = N-1
```

L'application de ces attributs à des entiers peut sembler à première vue futile, mais quand nous aborderons le concept d'unité générique au chapitre 13, nous verrons qu'il est utile de les autoriser pour tous les types discrets.

Nous mettons de nouveau l'accent sur le fait que POS, VAL, SUCC et PRED pour un sous-type sont identiques aux opérations correspondantes sur le type de base, tandis que pour FIRST et LAST, ce n'est pas le cas.

Enfin, notons la différence entre une conversion de type et une qualification de type.

```
REEL (I)              -- Conversion
INTEGER' (I)          -- Qualification
```

Dans le cas d'une conversion nous changeons de type, dans le second cas, nous ne faisons que l'établir (généralement pour lever une ambiguïté). Comme règle mnémotechnique notons qu'une quAlification a une Apostrophe.

Dans les deux cas nous pouvons utiliser le nom d'un sous-type et, par conséquent, CONSTRAINT_ERROR peut être levée.

```
POSITIVE (R)
```

convertit la valeur de la valeur réelle R à INTEGER puis vérifie si elle est positive, tandis que :

POSITIVE' (I)

vérifie simplement que la valeur de I est positive. Dans les deux cas, bien sûr, le résultat est la valeur vérifiée ; il est ensuite utilisé dans l'expression globale ; ces vérifications ne sont pas isolées.

4.9 Résumé des expressions

Tous les opérateurs introduits jusqu'à présent sont rassemblés dans la figure 4.5, classés par priorité croissante.

Opérateur	Opération	Opérande(s)	Résultat
and	conjonction	BOOLEAN	BOOLEAN
or	ou inclusif	BOOLEAN	BOOLEAN
xor	ou exclusif	BOOLEAN	BOOLEAN
=	égalité	tout	BOOLEAN
\=	inégalité	tout	BOOLEAN
<	inférieur	scalaire	BOOLEAN
<=	inférieur ou égal	scalaire	BOOLEAN
>	supérieur	scalaire	BOOLEAN
>=	supérieur ou égal	scalaire	BOOLEAN
+	addition	numérique	même
-	soustraction	numérique	même
+	identité	numérique	même
-	négation	numérique	même
*	multiplication	INTEGER	INTEGER
		REEL	REEL
/	division	INTEGER	INTEGER
		REEL	REEL
mod	modulo	INTEGER	INTEGER
rem	reste	INTEGER	INTEGER
**	exponentiation	INTEGER : INTEGER >= 0	INTEGER
		REEL : INTEGER	REEL
not	négation	BOOLEAN	BOOLEAN
abs	valeur absolue	numérique	numérique

Fig. 4.5 Opérateurs scalaires

Dans tous les cas d'opérateurs binaires sauf **, les deux opérandes doivent être du même type.

Nous avons en fait, à présent, introduit tous les opérateurs d'Ada sauf un (&) bien que, comme nous le verrons au chapitre 6, on puisse ajouter d'autres significations à ces opérateurs.

Il existe aussi deux tests d'appartenance s'appliquant à tous les types scalaires. Il s'agit de **in** et **not in**. Ce ne sont pas à proprement parler des opérateurs bien que leur priorité soit la même que celle des opérateurs relationnels =, /=, etc. Ils nous permettent de vérifier si une valeur se trouve dans un intervalle donné (bornes comprises) ou satisfait les contraintes impliquées par un sous-type. Le premier opérande est, par conséquent, une expression scalaire, le second un intervalle ou une marque de type et le résultat est, bien sûr, de type BOOLEAN. Quelques exemples :

```
I not in 1 .. 10
I in POSITIVE
AUJOURD_HUI in JOUR_OUVRABLE
```

Notons qu'ici nous devons utiliser une marque de type et non une indication de sous-type. Nous ne pouvons pas remplacer le dernier exemple par :

```
AUJOURD_HUI in JOUR range LUN .. VEN
```

bien que nous puissions écrire :

```
AUJOURD_HUI in LUN .. VEN
```

Ada paraît ici un peu curieux!

Le test **not in** équivaut à utiliser **in** puis à appliquer **not** au résultat, mais **not in** est plus lisible. Par conséquent, on peut récrire la première expression :

```
not (I in 1 .. 10)
```

les parenthèses étant alors nécessaires.

Les raisons pour lesquelles **in** et **not in** ne sont pas à proprement parler des opérateurs sont exposées au chapitre 7, qui traite les sous-programmes.

Il existe aussi deux formes de contrôle en raccourci **and then** et **or else** qui, comme **in** et **not in**, ne sont pas non plus à proprement parler des opérateurs.

La forme **and then** est fortement apparentée à l'opérateur **and**, tandis que **or else** est fortement apparentée à l'opérateur **or**. Elles peuvent apparaître dans des expressions et ont la même priorité que **and**, **or** et **xor**. La différence réside dans les règles concernant l'évaluation de leurs opérandes.

Dans le cas de **and** et **or**, les deux opérandes sont toujours évalués mais l'ordre n'est pas spécifié. Dans le cas de **and then** et **or else**, l'opérande de gauche est toujours évalué en premier et l'opérande de droite n'est évalué que si c'est nécessaire pour déterminer le résultat.

Ainsi dans :

```
X and then Y
```

X est d'abord évalué. Si X vaut FALSE, la réponse vaut FALSE, quelle que puisse être la valeur de Y ; par conséquent Y n'est pas évalué. Si X vaut TRUE, Y doit être évalué et la valeur de Y constitue la réponse.

De même :

```
X or else Y
```

X est d'abord évalué. Si X vaut TRUE, la réponse vaut TRUE quelle que puisse être la valeur de Y ; par conséquent Y n'est pas évalué. Si X vaut FALSE, Y doit être évalué et la valeur de Y constitue la réponse.

Les formes **and then** et **or else** ne devraient être utilisées que dans les cas où l'ordre d'évaluation a une importance. Une situation courante se présente lorsque la première condition empêche l'évaluation de la deuxième quand cela peut conduire à lever une exception.

Supposons que nous voulons vérifier :

```
I/J > K
```

et que nous souhaitons éviter le risque d'avoir J égal à zéro. Dans une telle situation, nous pouvons écrire :

```
J /= 0 and then I/J > K
```

et nous aurons alors la certitude que si J est nul, il n'y a aucun risque de division par zéro. Le lecteur attentif aura remarqué que ce n'est pas un très bon exemple car on peut toujours écrire I > K*J (en supposant J positif) - mais, même dans ce cas, un débordement est possible. De meilleurs exemples apparaissent avec les types tableaux et accès et seront mentionnés en temps et en heure.

Comme **and** et **or**, on ne peut mélanger les formes **and then** et **or else** sans parenthèses.

Récapitulons maintenant les composants primaires d'une expression (c'est-à-dire les entités sur lesquelles les opérateurs opèrent) que nous avons rencontrés jusqu'à présent :

- Identificateurs — Utilisés pour les variables, les constantes, les nombres et les littéraux d'énumération
- Littéraux — Tels que 4, 6, 2#101#
- Conversions de types — Telles que INTEGER (R)
- Expressions qualifiées — Telles que COULEUR'(ORANGE)
- Attributs — Tels que INTEGER'LAST
- Appels de fonction — Tels que JOUR'SUCC (AUJOURD_HUI)

Les fonctions et la manière dont on les déclare et les appelle feront l'objet d'une étude complète plus loin. Cependant, notons dès à présent qu'une fonction munie d'un seul paramètre est appelée en faisant suivre son nom par le paramètre entre parenthèses. Celui-ci peut être n'importe quelle expression et peut comprendre d'autres appels de fonctions. Nous pouvons supposer la présence d'une bibliothèque mathématique contenant les fonctions usuelles telles que :

SQRT	racine carrée
SIN	sinus
COS	cosinus
LOG	logarithme
LOG10	logarithme base 10
EXP	exponentielle

Dans chacun des cas, elles prennent un argument REEL et délivrent un résultat REEL.

Nous pouvons maintenant écrire des instructions du genre :

```
RACINE := (-B+SQRT (B**2-4.0-4.0*A*C))/(2.0*A);
SIN2X := 2.0*SINX (X)*COS (X);
```

Terminons par les erreurs, bien que cela ne soit pas le moment de les traiter à fond. Le lecteur aura remarqué que, quand quelque chose peut mal tourner, nous avons indiqué généralement que l'exception CONSTRAINT_ERROR est levée. C'est une exception générale qui s'applique à toutes sortes de violations d'intervalle. NUMERIC_ERROR peut aussi être levée par certaines implémentations. Elle peut être levée si quelque chose ne va pas dans l'évaluation de l'expression numérique elle-même, avant même de tenter d'affecter le résultat ; notons qu'il est licite de lever CONSTRAINT_ERROR aussi dans ce cas-là. Essayer de diviser par zéro est un exemple évident. Cette distinction subtile peut apparaître sur certaines implémentations, mais elle relève de l'anecdote :

```
INTEGER'SUCC (INTEGER'LAST)
```

lèvera CONSTRAINT_ERROR, tandis que :

```
INTEGER'LAST+1
```

peut conduire à NUMERIC_ERROR. (Nous disons "peut" car il existe des situations où une implémentation peut ne pas lever d'exceptions quand une optimisation est possible - MR 11.6(9).)

Il existe aussi des construction erronées et des ordres de dépendance incorrects comme mentionné au chapitre 2. L'utilisation d'une variable non initialisée est un exemple classique de situation erronée. Nous avons vu jusqu'à présent deux cas où l'ordre n'est pas défini :

- La variable d'arrivée dans une instruction affectation peut être évaluée avant ou après l'expression à assigner.

- L'ordre d'évaluation des deux opérandes d'un opérateur binaire n'est pas défini.

Des exemples dans lesquels ces ordres ont de l'importance ne peuvent pas être donnés avant le chapitre 7, qui traite des fonctions.

Exercice 4.9

1 Récrire les expressions mathématiques suivantes en Ada :

a) $2\pi\sqrt{l/g}$ -- Période d'un pendule

b) $\frac{m_0}{\sqrt{1-v^2/c^2}}$ -- Masse apparente d'une particule relativiste

c) $\sqrt{2\pi n}\ .n^n\ .e^{-n}$ -- Formule de Stirling pour n! (n entier)

2 Récrire 1(c) en remplaçant n par la valeur réelle x.

Point 4

Les déclarations et les instructions sont terminées par un point-virgule.

L'initialisation, comme l'affectation, utilise :=.

Toute valeur initiale est évaluée pour chaque objet dans une déclaration.

Utiliser les déclarations de nombres de préférence à des constantes.

L'élaboration des déclarations est séquentielle.

Un identificateur ne peut pas être utilisé dans sa propre déclaration.

Chaque définition de type introduit un type distinct.

Un sous-type n'est pas un nouveau type, mais plutôt un moyen pratique de se référer à un type muni d'une éventuelle contrainte.

Un type de base est toujours statique, un sous-type ne l'est pas forcément.

Il n'existe pas d'arithmétique mixte.

Faire la différence entre **mod** et **rem** pour les opérandes négatifs.

L'exponentiation avec un exposant négatif ne s'applique qu'aux types réels.

Faire attention à la priorité des opérateurs unaires.

Un type scalaire ne peut pas être vide, un sous-type peut l'être.

POS, VAL, SUCC et PRED sur un sous-type ont le même effet que sur le type de base.

FIRST et LAST sont différents pour les sous-types.

La quAlification utilise une Apostrophe.

L'ordre d'évaluation des opérateurs binaires n'est pas défini.

Faire la différence entre **and**, **or** et **and then**, **or else**.

Chapitre 5 STRUCTURES DE CONTROLE

Ce chapitre décrit les trois structures de contrôle fermées d'Ada. Il s'agit de l'instruction if que nous avons déjà vue brièvement, de l'instruction case et de l'instruction loop. Il est maintenant reconnu que ces trois structures de contrôle sont non seulement nécessaires mais aussi suffisantes pour pouvoir écrire des programmes dont le flot de contrôle est clairement visible, sans avoir recours à des instructions goto et à des étiquettes. Cependant, pour des raisons pratiques, Ada contient une instruction goto qui est aussi décrite dans ce chapitre.

Les trois structures de contrôle ont la même structure fermée. Il y a un mot réservé d'introduction **if**, **case** ou **loop**, et celui-ci est rappelé à la fin de la structure, précédé de **end**. Le tout est, comme d'habitude, terminé par un point-virgule. Nous avons donc :

```
if          case          loop
 ...         ...           ...
end if;     end case;     end loop;
```

Dans le cas de l'instruction loop, le mot réservé **loop** peut être précédé d'un schéma d'itération débutant par **while** ou **for**.

5.1 Instructions if

La forme la plus simple d'instruction if débute par le mot réservé **if**, suivi d'une expression booléenne et du mot réservé **then**. Celui-ci est alors suivi d'une suite d'instructions qui sont exécutées si l'expression se trouve valoir TRUE. La fin de la suite est indiquée par le **end if** final. L'expression booléenne peut être de longueur arbitraire.

Un exemple simple :

```
if FAIM then
    MANGER;
end if;
```

Dans celui-ci, FAIM est une variable booléenne et MANGER un sous-programme décrivant les détails de l'action de manger. L'instruction MANGER; appelle simplement le sous-programme (les sous-programmes sont traités en détail au chapitre 7).

L'effet de cette instruction if est d'appeler MANGER si la variable FAIM vaut TRUE, et de ne rien faire dans le cas contraire. Dans les deux cas, nous exécutons l'instruction suivant l'instruction if.

Comme nous l'avons indiqué, nous pouvons avoir une longue suite d'instructions entre **then** et **end if**. Nous pouvons ainsi préciser le processus :

```
if FAIM then
        PREPARER;
        MANGER;
        VAISSELLE;
end if;
```

Notons l'indentation des instructions pour indiquer la structure de flot du programme. Cette indentation est très importante puisqu'elle en facilite la compréhension. Le **end if** est, par convention, sous le **if** correspondant, et **then** sur la même ligne que le **if**.

Quelquefois, si l'instruction complète est très courte, elle peut tenir sur une seule ligne :

```
if X < 0.0 then X := -X; end if;
```

Notons que **end if** est toujours précédé d'un point-virgule ; parce que les points-virgules terminent les instructions plutôt qu'elles ne les séparent, comme en Algol et en Pascal. Le lecteur familier de ces langages aura probablement de prime abord l'impression que le style d'Ada est lourd. Cependant, il est régulier et rend plus aisée l'édition ligne à ligne des programmes.

Nous voulons souvent effectuer d'autres actions selon la valeur de la condition. Dans ce cas, nous ajoutons **else** suivi de l'autre suite d'instructions à exécuter si la condition vaut FALSE. Nous en avons vu un exemple au chapitre précédent :

```
if AUJOURD_HUI = DIM then
        DEMAIN := LUN;
else
        DEMAIN := JOUR'SUCC (AUJOURD_HUI);
end if;
```

Les utilisateurs d'Algol 60 et d'Algol 68 noteront qu'Ada n'est pas un langage à base d'expressions et, par conséquent, les expressions conditionnelles ne sont pas autorisées. Nous ne pouvons pas écrire :

```
DEMAIN :=
 if AUJOURD_HUI = DIM then LUN else JOUR'SUCC (AUJOURD_HUI) end if;
```

Les instructions dans la suite sont tout à fait arbitraires et peuvent, par conséquent, être d'autres instructions if emboîtées. Supposons que nous avons à résoudre l'équation du second degré :

$$ax^2 + bx + c = 0$$

La première chose à tester est a. Si a = 0 l'équation dégénère en équation linéaire à une seule racine - c/b. (Les mathématiciens conviennent que la deuxième racine s'est dérobée vers l'infini.) Si a n'est pas nul, nous testons le discriminant $b^2 - 4ac$ pour déterminer si les racines sont réelles ou complexes. Nous pouvons programmer comme suit :

```
if A = 0.0 then
        -- Cas linéaire
else
        if b**2 - 4.0*A*C >= 0.0 then
                -- Racines réelles
        else
                -- Racines complexes
        end if;
end if;
```

Notons la répétition de **end if**. Elle est particulièrement laide et apparaît suffisamment souvent pour pouvoir justifier une construction spéciale. Elle utilise le mot réservé **elsif** comme suit :

```
if A = 0.0 then
        -- Cas linéaire
elsif b**2 - 4.0*A*C >= 0.0 then
        -- Racines réelles
else
        -- Racines complexes
end if;
```

Cette construction met l'accent sur le statut fondamentalement équivalent des trois cas ainsi que sur la nature séquentielle des tests.

On peut répéter la partie **elsif** un nombre arbitraire de fois et le **else** final est facultatif. Chaque condition est simplement évaluée tour à tour jusqu'à ce que l'on en rencontre une qui vaut TRUE ; la suite correspondante est alors exécutée. Si aucune des conditions ne se révèle valoir TRUE alors la partie else, s'il y en a, est prise ; s'il n'y en a pas, alors aucune des suites n'est exécutée.

Notons l'orthographe de **elsif**. Remarquons aussi la mise en page - nous alignons **elsif** et **else** avec **if** et **end if**, et toutes les suites ont la même indentation.

Un autre exemple : supposons que nous entraînons des soldats et qu'ils peuvent obéir à quatre ordres différents décrits par :

```
type MOUVEMENT is (GAUCHE, DROITE, DEMI_TOUR, MARCHE);
```

et que leur réponse à ces ordres est décrite en appelant respectivement les programmes TOURNER_A_GAUCHE, TOURNER_A_DROITE, et FAIRE_DEMI_TOUR ou rien du tout. Supposons que la variable ORDRE de type MOUVEMENT contient l'ordre à suivre. Nous pouvons alors écrire le fragment suivant :

```
if ORDRE = GAUCHE then
        TOURNER_A_GAUCHE;
else
        if ORDRE = DROITE then
                TOURNER_A_DROITE;
        else
                if ORDRE = DEMI_TOUR then
                        FAIRE_DEMI_TOUR;
                end if;
        end if;
end if;
```

Mais il est bien plus clair d'écrire :

```
if ORDRE = GAUCHE then
        TOURNER_A_GAUCHE;
elsif ORDRE = DROITE then
        TOURNER_A_DROITE;
elsif ORDRE = DEMI_TOUR then
        FAIRE_DEMI_TOUR;
end if;
```

Cela illustre une situation où il n'y pas de partie **else**. Cependant, bien que meilleure que l'utilisation d'instructions if emboîtées, cette solution n'est toujours pas bonne car elle cache le fait que les quatre cas sont symétriques et s'excluent mutuellement ("l'exclusion mutuelle" veut dire que, par leur nature même, un seul peut s'appliquer). Nous avons été contraints d'imposer un ordre dans les tests qui est arbitraire et relève de l'épiphénomème. La solution correcte consiste à utiliser l'instruction case, que nous verrons dans la section suivante.

Mettons ceci en rapport avec l'équation du second degré. Dans cet exemple, les cas n'étaient pas mutuellement exclusifs et les tests devaient être effectués dans l'ordre. Si nous testons d'abord $b^2 - 4ac$, nous devons comparer a à zéro dans chaque alternative.

Il n'existe pas de contraction directe de **then if** comme en Algol 68. En revanche, la forme de contrôle en raccourci **and then** peut souvent s'utiliser.

Ainsi, plutôt que :

```
if J > 0 then
    if I/J > K then
        ACTION;
    end if;
end if;
```

nous pouvons, comme nous l'avons vu, écrire :

```
if J > 0 and then I/J > K then
    ACTION;
end if;
```

Exercice 5.1

1 Les variables JOUR, MOIS et ANNEE contiennent la date d'aujourd'hui. On les déclare comme suit :

```
JOUR : INTEGER range 1 .. 31;
MOIS : NOM_DE_MOIS;
ANNEE : INTEGER range 1901 .. 2099;
```

avec

```
type NOM_DE_MOIS is     (JAN, FEV, MAR, AVR, MAI, JUN, JUL,
                              AUT,
                         SEP, OCT, NOV, DEC);
```

Ecrire des instructions pour mettre à jour les variables contenant la date de demain. Qu'arrive-t-il si aujourd'hui est le 31 DEC 2099?

2 X et Y sont deux variables réelles. Ecrire des instructions pour échanger leur valeur, si nécessaire, afin d'avoir la plus grande valeur dans X. Utiliser un bloc pour déclarer une variable temporaire T.

5.2 Instructions case

Une instruction case nous permet de choisir une parmi plusieurs suites d'instructions selon la valeur d'une expression. Par exemple, l'entraînement de soldats sécrira comme suit :

```
case ORDRE is
    when GAUCHE     => TOURNER_A_GAUCHE;
    when DROITE     => TOURNER_A_DROITE;
    when DEMI_TOUR  => FAIRE_DEMI_TOUR;
    when MARCHE     => null;
end case;
```

Toutes les valeurs possibles de l'expression doivent être couvertes pour nous prémunir contre des oublis fortuits. Si, comme dans cet exemple, aucune action n'est requise pour une ou plusieurs valeurs, nous devons utiliser l'instruction null.

L'instruction null s'écrit :

```
null;
```

et ne fait absolument rien, mais sa présence indique que nous ne voulons véritablement rien faire. La suite d'instructions ici, comme dans l'instruction if, doit contenir au moins une instruction. (Il n'existe pas d'instruction vide comme en Algol 60.)

Il arrive souvent que la même action soit requise pour plusieurs valeurs de l'expression. Considérons le fragment suivant :

```
case AUJOURD_HUI is
    when LUN|MAR|MER|JEU   => TRAVAILLER;
    when VEN               => TRAVAILLER;
                           => FAIRE_LA_FETE;
    when SAM|DIM           => null;
end case;
```

Ceci veut dire que, de lundi à jeudi, nous allons travailler. Vendredi, nous allons aussi travailler mais après, nous allons faire la fête. Nous ne faisons rien pendant la fin de semaine. Les différentes valeurs sont séparées par le caractère barre verticale. Notons une fois de plus l'utilisation de l'instruction null.

Si plusieurs valeurs consécutives entraînent la même action, il est plus pratique d'utiliser un intervalle :

```
when LUN .. JEU => TRAVAILLER;
```

Quelquefois, nous souhaitons exprimer l'idée d'une action par défaut pour toutes les valeurs qui ne sont pas explicitement mentionnées ; le mot réservé **others** permet de le faire. L'exemple ci-dessus peut être récrit :

```
case AUJOURD_HUI is
      when LUN|MAR|MER|JEU      => TRAVAILLER;
      when VEN                  => TRAVAILLER;
                                => FAIRE_LA_FETE;
      when others               => null;
end case;
```

Il est possible d'avoir des intervalles comme choix. En fait, ceci constitue probablement un cas où l'explication la plus claire de ce qui est permis est donnée par la syntaxe formelle*.

```
instruction_case ::=
   case expression is
    alternative_d_instruction_case
    {alternative_d_instruction_case}
   end case;

alternative_d_instruction_case ::=
   when choix {| choix} => suite_d_instructions

choix ::=
   expression_simple      | intervalle_discret
|  others  | nom_simple_de_composant

intervalle_discret ::= indication_de_sous_type_discret | intervalle

indication_de_sous_type ::= marque_de_type [contrainte]

marque_de_type ::= nom_de_type | nom_de_sous_type
```

*Pour la production de alternative_d_instruction_case, la barre verticale ne représente qu'elle même et n'est pas un métasymbole.

intervalle ::= attribut_*intervalle*
| expression_simple .. expression_simple

Nous voyons que **when** est suivi d'un ou de plusieurs choix séparés par des barres verticales, et qu'un choix peut être une expression simple, un intervalle discret ou **others**. (La syntaxe montre qu'un choix peut aussi être le nom simple d'un composant ; cependant, cela ne s'applique qu'à des choix utilisés dans des situations différentes que nous n'avons pas encore rencontrées, nous pouvons ne pas en tenir compte pour le moment.) Une expression simple, bien sûr, ne donne qu'un résultat - VEN est un exemple banal. Un intervalle discret offre plusieurs possibilités. Il peut être de la forme syntaxique intervalle : deux expressions simples séparées par deux points - LUN .. JEU en est un exemple simple ; on peut aussi fournir un intervalle par un attribut RANGE que nous verrons au chapitre suivant. Un intervalle discret peut également être une indication de sous-type, c'est-à-dire, comme nous le savons, une marque de type (un nom de type ou de sous-type) suivie facultativement d'une contrainte appropriée. Dans ce cas, bien sûr, la contrainte doit être une contrainte intervalle qui est simplement le mot réservé **range**, suivi de l'intervalle de la forme syntaxique. Voici des exemples d'intervalles discrets :

```
LUN .. JEU
JOUR range LUN .. JEU
JOUR_OUVRABLE
JOUR_OUVRABLE range LUN .. JEU
```

Toutes ces possibilités peuvent paraître inutiles mais, comme nous le verrons plus tard, la forme intervalle discret est aussi utilisée dans des contextes autres que l'instruction case. Dans l'instruction case, il n'est pas souvent très naturel d'utiliser le nom du type puisqu'il est de toute façon connu d'après le contexte. De même pour le nom du sous-type suivi d'une contrainte, puisque la contrainte seule suffit. Cependant, il peut être utile de se servir d'un nom de sous-type seul quand il correspond à l'intervalle requis. Nous pouvons donc écrire :

```
case AUJOURD_HUI is
        when JOUR_OUVRABLE      =>     TRAVAILLER;
                                       if AUJOURD_HUI = VEN then
                                               FAIRE_LA_FETE;
                                       end if;
        when others             =>     null;
end case;
```

bien que cette solution ne soit pas très claire.

Il existe plusieurs autres restrictions que la syntaxe ne nous indique pas. Entre autres, si nous utilisons **others**, il doit apparaître comme seul choix dans la dernière alternative. Comme nous l'avons indiqué plus haut, il couvre toutes les valeurs qui n'ont pas été prises en compte par les choix précédents (on a toujours la liberté d'écrire **others** même s'il ne reste pas d'autres choix à traiter!).

Autre restriction très importante : les expressions dans les choix doivent être statiques pour pouvoir être évaluées à la compilation. Dans la pratique, elles seront généralement des littéraux comme dans nos exemples.

Pour finir, revenons à la remarque faite au début de cette section selon laquelle on doit prendre en considération toutes les valeurs possibles de l'expression. C'est en particulier le cas d'une variable d'un type non contraint (comme AUJOURD_HUI). Cependant, si l'expression est d'une forme simple et appartient à un sous-type statique (c'est-à-dire dont les contraintes sont des expressions statiques et peuvent être déterminées à la compilation), on ne doit se préoccuper que des valeurs de ce sous-type. En d'autres termes, si le compilateur peut déterminer que seul un sous-ensemble de valeurs n'est possible, seul ce sous-ensemble aura besoin de - et devra - être couvert. Les formes simples autorisées pour les expressions sont le nom d'un objet du type statique ou une expression convertie ou qualifiée dont la marque de type est celle du sous-type statique.

Dans le cas de notre exemple, si AUJOURD_HUI était du type JOUR_OUVRABLE, nous saurions que seules les valeurs LUN .. VEN sont possibles et par conséquent ont besoin d'être couvertes. Même si AUJOURD_HUI n'est pas d'un type contraint, nous pouvons toujours écrire notre expression comme une expression qualifiée JOUR_OUVRABLE' (AUJOURD_HUI) et, de nouveau, seulement LUN .. VEN est possible. Nous pouvons donc écrire :

```
case JOUR_OUVRABLE' (AUJOURD_HUI) is
        when LUN .. JEU          => TRAVAILLER;
        when VEN                 => TRAVAILLER;
                                 => FAIRE_LA_FETE;
end case;
```

mais, bien sûr, si AUJOURD_HUI n'est pas dans le sous-type JOUR_OUVRABLE (par exemple SAM ou DIM), CONSTRAINT_ERROR est levée. Une simple qualification ne peut pas empêcher AUJOURD_HUI d'être SAM ou DIM. Il ne s'agit pas là véritablement d'une solution à notre problème de départ.

Pour illustrer cela considérons encore :

```
I : INTEGER range 1 .. 10;
J : INTEGER range 1 .. N;
```

où N n'est pas statique. Nous savons alors que I appartient à un sous-type statique (bien qu'anonyme), tandis que nous ne pouvons pas en dire de même pour J. Si l'on se sert de I comme expression dans une instruction case on ne doit prendre en compte que les valeurs 1 .. 10 ; en revanche, pour J, l'intervalle complet des valeurs du type INTEGER (INTEGER'FIRST .. INTEGER'LAST) doit être considéré.

A la suite de cet exposé, le lecteur a peut-être l'impression que l'instruction case est d'une complexité considérable. Il semble donc opportun de récapituler les points clefs qui, dans la pratique, doivent être retenus.

- Toutes les valeurs possibles de l'expression doivent être couvertes une fois et une seule.
- Tous les intervalles et valeurs doivent être statiques.
- Si l'on se sert de **others** il doit figurer à la fin et être seul.

Exercice 5.2

1 Reprendre l'exercice 5.1(1) en utilisant une instruction case pour positionner une valeur FIN_DE_MOIS à la valeur correcte.

2 Un jardinier laboure en hiver, sème au printemps, soigne les plantes en été et récolte en automne. Ecrire une instruction case pour appeler le sous-programme convenable LABOURER, SEMER, SOIGNER ou RECOLTER, selon la valeur du mois M. Déclarer les sous-types appropriés si nécessaire.

3 Un homme peu avisé est payé le premier de chaque mois. Les dix premiers jours il se gave, les dix suivants il subsiste et il meurt de faim pendant le reste du mois. Appeler les sous-programmes GAVAGE, MINIMUM et DISETTE selon le jour D. Supposer que FIN_DE_MOIS a été positionné et que D est déclaré comme suit :

```
D : INTEGER range 1 .. FIN_DE_MOIS;
```

5.3 Instructions loop

La forme la plus simple d'instruction loop est :

```
loop
        Suite_d_instructions
end loop;
```

Les instructions de la suite sont alors répétées indéfiniment, à moins que l'une d'elles ne termine la boucle. Par conséquent, l'immortalité peut être représentée par :

```
loop
        TRAVAILLER;
        MANGER;
        DORMIR;
end loop;
```

Comme exemple plus concret, considérons le problème consistant à calculer la base e des logarithmes népériens à partir de la série :

$$e = 1 + {}^{1}/_{1!} + {}^{1}/_{2!} + {}^{1}/_{3!} + {}^{1}/_{4!} + \dots$$

où :

$$n! = n * (n-1) * (n-2) \dots 3 * 2 * 1$$

Une solution possible est :

```
declare
        E : REEL := 1.0;
        I : INTEGER := 0;
        TERME : REEL := 1.0;
begin
        loop
                I := I + 1;
                TERME := TERME / REEL (I);
                E := E + TERM;
        end loop;
        ...
```

A chaque itération, un nouveau terme est calculé en divisant le terme précédent par I. Le nouveau terme est alors ajouté à la valeur cumulée dans E. Le nombre du terme I est un entier car c'est logiquement un compteur ; nous devons donc écrire REEL (I) pour le diviseur. La série a commencé par initialiser les variables E, I et TERME à des valeurs correspondant au premier terme (celui pour lequel I = O).

Le calcul se poursuit alors indéfiniment et E se rapproche de plus en plus de e. En pratique, à cause de la précision finie des ordinateurs, TERME s'annulera et un calcul sans fin est inutile. En tout état de cause, nous désirons sans doute nous arrêter à un moment donné pour faire quelque chose de notre résultat. Nous pouvons le faire à l'aide de l'instruction :

```
exit;
```

Si celle-ci est exécutée dans une boucle, la boucle se termine immédiatement et le contrôle passe au point qui suit immédiatement **end loop**.

Supposons que nous décidons de nous arrêter après N termes de la série - c'est-à-dire quand I = N. Nous pouvons le faire en écrivant la boucle :

```
loop
        if I = N then exit; end if;
        I := I + 1;
        TERME := TERME / REEL (I);
        E := E + TERM;
end loop;
```

La construction :

```
if condition then exit; end if;
```

est si courante qu'il existe une façon abrégée de l'écrire :

```
exit when condition;
```

Nous avons donc maintenant :

```
loop
        exit when I = N;
        I := I + 1;
        TERME := TERME / REEL (I);
        E := E + TERM;
end loop;
```

Bien qu'une instruction exit puisse apparaître n'importe où dans une boucle - elle peut figurer au milieu ou près de la fin - une forme spéciale existe pour le cas, fréquent, où nous voulons tester une condition au début de chaque itération. Elle utilise le mot réservé **while** et donne la condition de continuation pour la boucle. Nous pouvons donc écrire :

```
while I /= N loop
        I := I + 1;
        TERME := TERME / REEL (I);
        E := E + TERM;
end loop;
```

Naturellement, la condition est évaluée à chaque itération.

La dernière forme de boucle permet un nombre spécifié d'itérations à l'aide d'un paramètre prenant tour à tour toutes les valeurs d'un intervalle discret. Nous pouvons refondre notre exemple :

```
for I in 1 .. N loop
        I := I + 1;
        TERME := TERME / REEL (I);
        E := E + TERM;
end loop;
```

où I prend les valeurs 1, 2, 3, ... N.

Le paramètre I étant implicitement déclaré par sa mention dans le schéma d'itération, il est inutile de le déclarer à l'extérieur. Il prend son type d'après celui de l'intervalle discret et, dans la boucle, il se comporte comme une constante de telle sorte qu'il ne peut être modifié que par le mécanisme de boucle lui-même. Quand nous quittons la boucle (par quelque moyen que ce soit), I cesse d'exister (car il est implicitement déclaré par la boucle) et nous ne pouvons, par conséquent, pas lire sa valeur finale à l'extérieur.

Nous pouvons quitter la boucle à l'aide d'une instruction exit - si nous voulons connaître la valeur finale, nous pouvons copier la valeur de I dans une variable déclarée à l'extérieur de la boucle :

```
if condition_de_sortie then
        I_FINAL := I;
        exit;
end if;
```

L'intervalle discret est normalement décrit par ordre croissant. Nous pouvons spécifier un ordre décroissant en écrivant :

```
for I in reverse 1 .. N loop
```

mais l'intervalle lui-même est toujours écrit par ordre croissant.

Il n'est pas possible de spécifier un "pas" autre que 1. Cela ne devrait pas être un problème car la grande majorité des boucles incrémentent leur indice de 1 et presque toutes les autres le décrémentent de 1. Les rares boucles qui se comportent différemment peuvent se programmer explicitement à l'aide d'une boucle while.

L'intervalle peut être vide (c'est le cas, par exemple, si N est négatif ou nul dans notre exemple) ; dans ce cas, la suite d'instructions ne sera pas exécutée du tout. Bien sûr, l'intervalle lui-même n'est évalué qu'une fois et ne peut pas être changé à l'intérieur de la boucle.

Ainsi :

```
N := 4;
for I in 1 .. N loop
        ...
        N := 10;
end loop;
```

a pour effet d'exécuter la boucle quatre fois en dépit du fait que N vaut dix.

Tous nos exemples avaient une borne inférieure de 1. Cela, bien sûr, n'est pas obligatoire. Les deux bornes peuvent être des expressions arbitraires évaluées dynamiquement. De plus, le paramètre de boucle n'est pas forcément de type entier. Il peut être de n'importe quel type discret, selon ce que détermine l'intervalle discret.

Nous pouvons par exemple simuler l'activité d'une semaine par :

```
for AUJOURD_HUI in LUN .. DIM loop
        case AUJOURD_HUI is
                ...
        end case;
end loop;
```

Cela déclare implicitement AUJOURD_HUI de type JOUR et exécute la boucle avec les valeurs LUN, MAR, ... DIM tour à tour.

Les autres formes d'intervalles discrets (qui utilisent le nom d'un type ou d'un sous-type) sont avantageuses ici. Au fond, LUN .. DIM ne fait que reprendre toutes les valeurs du type JOUR. Il vaut mieux, par conséquent, écrire une boucle qui utilise une forme d'intervalle discret comportant l'idée de complétude :

```
for AUJOURD_HUI in JOUR loop
        ...
end loop;
```

De nouveau, puisque nous savons que, de toute façon, nous ne faisons rien pendant la fin de la semaine, nous pouvons écrire :

```
for AUJOURD_HUI in JOUR range LUN .. VEN loop
```

ou mieux :

```
for AUJOURD_HUI in JOUR_OUVRABLE loop
```

Une différence est à souligner concernant la détermination du type dans l'instruction case et l'instruction if. Dans l'instruction case, le type de l'intervalle discret est déterminé à partir du type de l'expression après **case**. Dans l'instruction for, le type du paramètre de boucle est déterminé à partir du type de l'intervalle discret. La dépendance est inversée.

Il est par conséquent nécessaire que le type de l'intervalle discret ne soit pas ambigu dans le cas de l'instruction if. C'est généralement vrai mais si nous avons deux types énumératifs comprenant deux littéraux d'énumération surchargés :

```
type PLANETES is    (MERCURE, VENUS, TERRE, MARS, JUPITER,
                     SATURNE,URANUS, NEPTUNE, PLUTON);
type DIEUX is       (JANUS, MARS, JUPITER, JUNON, VESTA,
                     VULCAIN, SATURNE, MERCURE, MINERVE);
```

alors :

```
for X in MARS .. SATURNE loop
```

est ambigu et le compilateur rejettera notre programme. Nous pouvons résoudre ce problème en qualifiant l'une des expressions :

```
for X in PLANETES'(MARS) .. SATURNE loop
```

ou, mieux, en utilisant une forme d'intervalle discret qui mentionne le type explicitement :

```
for X in PLANETES range MARS .. SATURNE loop
```

Quand nous aurons traité les types numériques plus en détail nous nous rendrons compte que l'intervalle 1 à 10 n'est pas nécessairement de type INTEGER. Un cas d'application générale de notre règle selon laquelle le type ne doit pas être ambigu dans une instruction if nous conduirait à écrire :

```
for I in INTEGER range 1 .. 10 loop
```

Cependant, ce serait tellement ennuyeux dans ce cas courant qu'il existe une règle spéciale s'appliquant aux intervalles discrets des boucles for : elle dit simplement que les intervalles littéraux entiers supposent le type INTEGER.

Enfin, considérons de nouveau l'instruction exit. La forme simple rencontrée précédemment transfère toujours le contrôle après la boucle englobante la plus interne. Les boucles peuvent cependant être emboîtées et, quelquefois, nous pouvons souhaiter sortir d'une structure emboîtée. Supposons, par exemple, que nous explorons une construction à deux dimensions.

```
for I in 1 .. N loop
        for J in 1 .. M loop
                -- Si les valeurs de I et J satisfont condition,
                -- quitter la boucle emboîtée
        end loop;
end loop;
```

Une instruction exit simple nous ferait simplement sortir de la boucle et nous devrions alors réévaluer la condition pour pouvoir sortir de nouveau. On peut l'éviter en nommant la boucle externe et en utilisant le nom dans l'instruction exit :

```
EXPLORATION:
for I in 1 .. N loop
        for J in 1 .. M loop
                if condition_satisfaite then
                        VALEUR_I := I;
                        VALEUR_J := J;
                        exit EXPLORATION;
                end if;
        end loop;
end loop EXPLORATION;
-- Le contrôle passe ici
```

On nomme une boucle en la faisant précéder d'un identificateur suivi d'un deux-points. (Cela ressemble étrangement à une étiquette dans d'autres langages, mais ce n'est pas une vers laquelle on peut se diriger.) L'identificateur doit être répété entre le **end loop** correspondant et le point-virgule.

La forme conditionnelle de sortie peut aussi se référer à une boucle par son nom :

```
exit EXPLORATION when condition;
```

Exercice 5.3

1 L'instruction GET (I); lit la valeur suivante dans le fichier d'entrée et la place dans la variable entière I. Ecrire les instructions pour lire et ajouter une série de nombres. La fin de la série est indiquée par une valeur négative.

2 Ecrire les instructions pour déterminer la puissance de 2 dans la factorisation de N. Placer le résultat dans DECOMPTE sans modifier N.

3 Calculer :

$$g = \sum_{p=1}^{n} \frac{1}{p} - \log n$$

$$n \to \infty,\ g \to \gamma = 0.577215665\ldots$$

5.4 Instructions goto et étiquettes

Beaucoup seront surpris de voir qu'un langage de programmation moderne tel qu'Ada contient une instruction goto. On a tendance à considérer l'utilisation des instructions goto comme une pratique hautement dommageable, car il est alors difficile de prouver la justesse d'un programme, nuit à la facilité d'entretien etc . De plus Ada contient des structures de contrôle adéquates qui permettent normalement de ne pas y avoir recours.

D'où : pourquoi fournir une instruction goto? La raison principale concerne les programmes générés automatiquement. Si nous essayons de transcrire (manuellement ou automatiquement) un programme d'un autre langage à Ada, le goto sera vraisemblablement utile. Un autre exemple concerne un programme généré automatiquement à partir d'une spécification de haut niveau. Enfin, il peut y avoir des cas dans lesquels cette instruction est le moyen le plus adéquat - peut-être pour sortir d'une structure fortement emboîtée - mais la solution d'une exception (voir chapitre 10) devrait aussi être envisagée.

Pour nous dissuader d'utiliser le goto et les étiquettes (et peut-être aussi pour que notre chef puisse les repérer) la notation des étiquettes est inhabituelle et tout à fait disgracieuse. Une étiquette est un identificateur encadré par des doubles chevrons :

```
<<DIABLE_VAUVERT>>
```

et l'instruction goto prend la forme prévisible du mot réservé **goto** suivi de l'identificateur d'étiquette et d'un point-virgule :

```
goto DIABLE_VAUVERT;
```

Une instruction goto ne peut pas être utilisée pour transférer le contrôle à l'intérieur d'une instruction if, case, ou loop ni d'une branche à l'autre dans une instruction if ou case.

Exercice 5.4

1 Récrire la boucle emboîtée de la section 5.3 en utilisant une étiquette <<EXPLORATION>> au lieu d'un nommage de la boucle extérieure. Pourquoi n'est-ce pas une bonne solution?

5.5 Classement des instructions

Les instructions en Ada peuvent être classées comme le montre la figure 5.1 :

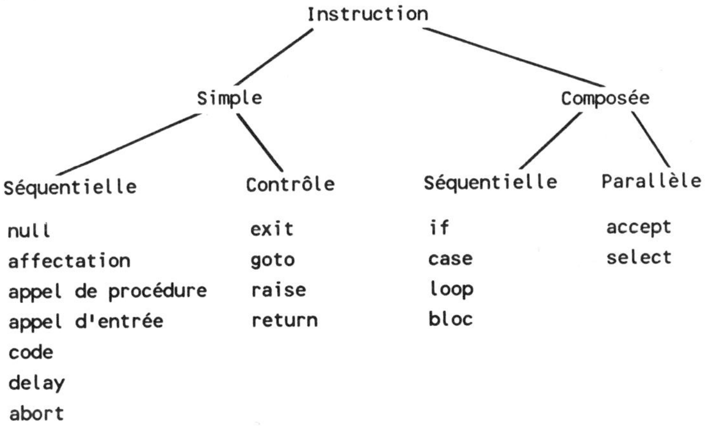

Fig. 5.1 Classement des instructions

Le lecteur trouvera de plus amples détails sur l'instruction affectation au chapitre suivant, où nous parlons des types composés. Les appels de procédure et les instructions return sont examinés au chapitre 7, et l'instruction raise en relation avec les exceptions est exposée au chapitre 10. L'instruction code est mentionnée au chapitre 15. Les autres (appel d'entrée, delay, abort, accept et select) concernent les tâches et sont traitées au chapitre 14.

Toutes peuvent avoir une ou plusieurs étiquettes. Les instructions simples ne peuvent pas être décomposées lexicalement en d'autres instructions, tandis que les instructions composées le peuvent, et il est par conséquent possible de les emboîter. On exécute les instructions séquentiellement, sauf quand il s'agit d'une instruction de contrôle (ou quand une exception est levée implicitement).

Point 5

Les terminaisons d'instructions doivent se correspondre.

Utiliser **elsif** si nécessaire.

Les choix, dans une instruction case, doivent être statiques.

Toutes les possibilités d'une instruction case doivent être couvertes.

Si **others** est utilisé il doit être l'unique choix de la dernière alternative.

L'expression après **case** peut être qualifiée pour réduire le nombre des alternatives.

Un paramètre de boucle se comporte comme une constante.

Une boucle nommée doit contenir le nom à ses deux extrémités.

Eviter les gotos.

Utiliser la mise en page recommandée.

Chapitre 6 TYPES COMPOSÉS

Dans ce chapitre, nous décrivons les types composés que sont les tableaux et les articles. Nous terminons aussi notre discussion sur les types énumératifs en introduisant les caractères et les chaînes. A ce stade, nous exposons les tableaux d'une façon relativement exhaustive mais nous ne considérons que les formes simples d'articles. L'étude des articles à discriminants, qui comprennent les articles à partie variantes, est repoussée au chapitre 11.

6.1 Tableaux

Un tableau est un objet composé, formé d'un certain nombre de composants de même type. Un tableau peut avoir une dimension, deux ou plus. Une déclaration typique peut s'écrire :

```
A : array (INTEGER range 1 .. 6) of REEL;
```

Celle-ci déclare A comme objet variable à 6 composants, chacun d'eux étant de type réel. On se réfère aux composants individuels en faisant suivre le nom du tableau d'une expression entre parenthèses rendant une valeur entière dans l'intervalle discret 1 .. 6. Si cette expression, connue sous le nom de valeur d'indice, prend une valeur à l'extérieur de l'intervalle, l'exception CONSTRAINT_ERROR est levée. Nous pouvons mettre à zéro chaque composant de A en écrivant :

```
for I in 1 .. 6 loop
        A (I) := 0.0;
end loop;
```

Un tableau peut avoir plusieurs dimensions, auquel cas un intervalle distinct est donné pour chaque dimension. Ainsi :

```
AA : array (INTEGER range 0 .. 2, INTEGER range 0 .. 3) of REEL;
```

est un tableau de 12 composants en tout ; on se réfère à chacun d'eux par deux valeurs d'indice entières. La première est dans l'intervalle 0 .. 2 et la seconde dans l'intervalle 0 .. 3. Chaque composant de ce tableau bidimensionnel peut être mis à zéro en utilisant une boucle emboîtée ainsi :

```
for I in 0 .. 2 loop
    for J in 0 .. 3 loop
        AA (I, J) := 0.0;
    end loop;
end loop;
```

Les intervalles discrets ne sont pas forcément statiques ; on peut avoir :

```
N : INTEGER := ...;
B : array (INTEGER range 1 .. N) of BOOLEAN;
```

et la valeur N, quand la déclaration de B est élaborée, détermine le nombre de composants de B. Bien sûr, la déclaration de B peut être élaborée un grand nombre de fois au cours d'un programme - elle peut, par exemple, se trouver dans une boucle - et chaque élaboration donnera naissance à un nouveau tableau, la valeur de N pouvant être différente à chaque fois. Comme les autres objets déclarés, le tableau B cesse d'exister quand nous franchissons la fin du cadre contenant sa déclaration. En conséquence des règles de visibilité, N et B peuvent être déclarés dans la même partie déclarative, mais la déclaration de N doit précéder celle de B.

L'intervalle discret pour un indice de tableau suit des règles semblables à celles régissant l'instruction if. Une règle importante est qu'un intervalle tel que 1 .. 6 suppose le type INTEGER ; nous pouvons donc écrire :

```
A : array (1 .. 6) of REEL;
```

Cependant, un indice de tableau peut être de n'importe quel type discret. Nous pouvons, par exemple, avoir :

```
HEURES_OUVREES : array (JOUR) of REEL;
```

Ce tableau comporte sept composants dénotés par HEURES_OUVREES (LUN) .. HEURES_OUVREES (DIM). Nous pouvons positionner ces variables à des valeurs correctes :

```
for D in JOUR_OUVRABLE loop
    HEURES_OUVREES (D) := 8.0;
end loop;
```

```
HEURES_OUVREES (SAM) := 0.0;
HEURES_OUVREES (DIM) := 0.0;
```

Si nous voulons que le tableau HEURES_OUVREES n'ait que les composants correspondant à LUN .. VEN, nous pouvons écrire :

```
HEURES_OUVREES : array (JOUR range LUN .. VEN) of REEL;
```

ou (mieux) :

```
HEURES_OUVREES : array (JOUR_OUVRABLE) of REEL;
```

Les tableaux possèdent plusieurs attributs relatifs à leurs indices. A'FIRST et A'LAST donnent respectivement la borne inférieure et supérieure du premier (ou de l'unique) intervalle d'indice de A. Ainsi, en utilisant notre dernière déclaration :

```
HEURES_OUVREES'FIRST = LUN
HEURES_OUVREES'LAST = VEN
```

A'LENGTH donne le nombre de valeurs du premier (ou de l'unique) indice.

```
HEURES_OUVREES'LENGTH = 5
```

A'RANGE est une forme abrégée de A'FIRST .. A'LAST. Ainsi :

```
HEURES_OUVREES'RANGE          vaut      LUN .. VEN
```

Les mêmes attributs peuvent s'appliquer aux diverses dimensions d'un tableau multidimensionnel en adjoignant le numéro de la dimension entre parenthèses. Celui-ci doit être une expression statique. Ainsi, dans le cas de notre tableau bidimensionnel AA, nous avons :

```
AA'FIRST (1)     = 0
AA'FIRST (2)     = 0
AA'LAST (1)      = 2
AA'LAST (2)      = 3
AA'LENGTH (1)    = 3
AA'LENGTH (2)    = 4
```

et

```
AA'RANGE (1)    vaut   0 .. 2
AA'RANGE (2)    vaut   0 .. 3
```

Si l'on omet (1), la première dimension est prise. Il est peut-être meilleur d'écrire systématiquement (1) pour des tableaux multidimensionnels mais de l'omettre pour les tableaux unidimensionnels.

Il est toujours préférable d'utiliser les attributs quand c'est possible pour faire ressortir les relations existant entre les différentes entités d'un programme ; si le programme est modifié, cela aura pour conséquence de limiter l'étendue des modifications.

L'attribut RANGE est particulièrement utile dans les boucles. Nos précédents exemples gagnent à être récrits :

```
for I in A'RANGE loop
        A (I) := 0.0;
end loop;

for I in AA'RANGE (1) loop
        for J in AA'RANGE (2) loop
                AA (I, J) := 0.0;
        end loop;
end loop;
```

On peut aussi se servir d'un attribut RANGE dans une déclaration. Ainsi :

```
J : INTEGER range A'RANGE;
```

est équivalent à :

```
J : INTEGER range 1 .. 6;
```

Si l'on se sert d'une variable pour indexer un tableau comme dans A (J), il est généralement préférable que la variable ait les mêmes contraintes que l'intervalle discret de la déclaration de tableau. Cela réduira au minimum les vérifications à l'exécution. On a observé que, dans un tel cas, il est moins fréquent d'affecter une valeur à la variable J que d'accéder à la variable A (J).

Les composants de tableaux que nous avons vus ne sont que des variables ordinaires. On peut donc leur affecter des valeurs et les utiliser dans des expressions.

Comme les autres objets variables, les tableaux peuvent avoir une valeur initiale. Celle-ci sera souvent dénotée par un agrégat qui est la forme littérale d'une valeur tableau. La forme la plus simple d'agrégat se compose d'une liste d'expressions donnant la valeur des composants dans l'ordre ; ceux-ci sont séparés par des virgules et le tout est encadré par des parenthèses. Nous pouvons donc initialiser le tableau A en écrivant :

```
A : array (1 .. 6) of REEL := (0.0, 0.0, 0.0, 0.0, 0.0, 0.0);
```

Dans le cas des tableaux multidimensionnels l'agrégat prend une forme emboîtée :

```
AA : array (0 .. 2, 0 .. 3) of REEL :=        ((0.0, 0.0, 0.0)
                                                (0.0, 0.0, 0.0)
                                                (0.0, 0.0, 0.0));
```

Un agrégat doit être complet. Si nous initialisons un des composants d'un tableau, nous devons tous les initialiser.

Les valeurs initiales des composants individuels ne sont pas forcément des littéraux ; des expressions sont aussi permises. Les expressions sont évaluées à l'élaboration de la déclaration ; cependant l'ordre de leur évaluation dans un agrégat n'est pas spécifié.

Un tableau peut être déclaré comme constant, auquel cas une valeur initiale est obligatoire. Les tableaux constants sont souvent utilisés comme tables de regard. On peut se servir du tableau suivant pour déterminer si un jour particulier est ouvrable :

```
JOUR_OUVRABLE : constant array (JOUR) of BOOLEAN
              := (TRUE, TRUE, TRUE, TRUE, TRUE, FALSE, FALSE);
```

Un exemple intéressant serait un tableau permettant de déterminer le lendemain sans avoir à se soucier de la fin de la semaine.

```
DEMAIN := constant array (JOUR) of JOUR
       := (MAR, MER, JEU, VEN, SAM, DIM, LUN);
```

Quel que soit le jour J, DEMAIN (J) est le jour suivant.

Enfin, notons que les composants de tableau peuvent être de n'importe quel type ou sous-type. De même, les indices des dimensions des tableaux multidimensionnels peuvent être de types discrets différents. Un exemple limite serait :

```
ETRANGE : array (COULEUR, 2 .. 7, JOUR_OUVRABLE range MAR .. JEU)
          of PLANETES range MARS .. SATURNE;
```

Exercice 6.1

1 Déclarer un tableau F d'entiers muni d'un indice allant de 0 à N. Ecrire des instructions pour positionner les composants de F aux valeurs des nombres de Fibonacci donnés par :

$$F_0 = 0, F_1 = 1, F_i = F_{i-1} + F_{i-2}$$

2 Ecrire des instructions pour trouver les valeurs d'indices I, J du composant le plus grand de :

```
A : array (1 .. N, 1 .. M) of REEL;
```

3 Déclarer un tableau JOURS_DANS_MOIS donnant le nombre de jours dans chaque mois. Voir l'exercice 5.1(1). L'utiliser pour récrire cet exemple. Voir aussi l'exercice 5.2(1).

4 Déclarer un tableau HIER analogue à l'exemple DEMAIN ci-dessus.

5 Déclarer un tableau constant ORB tel que :

```
ORB (P, Q) = P or Q
```

6 Déclarer une matrice unité constante d'ordre 3. Une matrice unité est une matrice dans laquelle tous les composants sont nuls sauf ceux dont les indices sont égaux, lesquels valent alors un.

6.2 Types tableaux

Les tableaux que nous avons introduits dans la section précédente n'avaient pas de noms explicites. Ils étaient en fait d'un type anonyme. Cela constitue l'un des rares cas en Ada où un objet peut être déclaré sans nommer de types - un autre cas est celui des tâches.

Considérons de nouveau le premier exemple de la section précédente, nous pouvons écrire :

```
type VECTEUR_6 is array (1..6) of REEL;
```

puis déclarer A en utilisant le nom du type de la façon habituelle :

```
A : VECTEUR_6;
```

Utiliser le nom d'un type permet d'affecter d'un seul coup des tableaux déclarés séparément. Si nous avons :

```
B : VECTEUR_6;
```

nous pouvons écrire :

```
B := A;
```

qui a le même effet que :

```
B (1) := A (1); B (2) := A (2); ... B (6) := A (6);
```

bien que l'ordre des affectations des composants n'ait pas d'importance.

En revanche, si nous écrivons :

```
C : array (1 .. 6) of REEL;
D : array (1 .. 6) of REEL;
```

D := C; est illégal car C et D n'ont pas le même type. Ils sont de types différents, lesquels sont tous les deux anonymes. La règle sous-jacente est que toute définition de type introduit un nouveau type et, dans ce cas, la syntaxe nous indique qu'une définition de type tableau est la portion de texte entre **array** et le point-virgule (non compris).

De plus, même si nous écrivons :

```
C, D : array (1 .. 6) of REEL;
```

D := C; est toujours illégal. Ceci parce que la règle mentionnée en section 4.1 indique qu'une déclaration multiple telle que celle-ci n'est qu'une forme abrégée pour les deux déclarations ci-dessus. Il y a donc toujours deux définitions de type distinctes mêmes si elles ne sont pas explicites.

La décision d'introduire un nom de type pour certains tableaux dépend beaucoup de la vue abstraite de chaque situation. Si nous considérons le tableau comme un objet complet et autonome nous aurons intérêt à utiliser un nom de type. Si, en revanche, nous considérons le tableau simplement comme un amas indicé n'ayant aucun lien avec d'autres tableaux, il gagnera à être d'un type anonyme.

Les tableaux comme DEMAIN et JOUR_OUVRABLE de la section précédente sont de bons exemples de tableaux de type anonyme. L'introduction forcée d'un nom de type provoquerait un encombrement inutile et un sentiment d'abstraction peut-être faux.

En revanche, si nous manipulons un grand nombre de tableaux réels de longueur 6, il existe un type abstrait sous-jacent commun et il doit donc avoir un nom.

Le modèle de type tableau introduit jusqu'à présent n'est pas satisfaisant. Il ne nous permet pas de représenter le concept abstrait englobant les tableaux qui ont des bornes différentes mais qui sont, en dehors de cela, du même type. En particulier, il ne permettrait pas d'écrire des sous-programmes pouvant prendre des tableaux munis de bornes arbitraires comme paramètres effectifs. C'est l'un des écueils majeurs de Pascal. C'est pourquoi on introduit le concept de tableau non contraint ; dans celui-ci les contraintes d'indices ne sont pas fournies. Considérons :

```
type VECTEUR is array (INTEGER range <>) of REEL;
```

("Boîte" est la vocalisation du délimiteur long <>.)

Cela établit que VECTEUR est le nom d'un type tableau unidimensionnel de composants REEL, muni d'un indice de type INTEGER. Cependant les bornes inférieure et supérieure ne sont pas données ; **range** <> est censé apporter la notion d'information à fournir ultérieurement.

Quand nous déclarons des objets de type VECTEUR, nous devons fournir les bornes. Nous pouvons le faire de différentes façons. Nous pouvons introduire un sous-type intermédiaire et déclarer les objets :

```
subtype VECTOR_5 is VECTOR (1 .. 5);
V : VECTOR_5;
```

Ou nous pouvons déclarer les objets directement :

```
V : VECTOR (1 .. 5);
```

Dans les deux cas, les bornes sont données par une contrainte d'indice qui prend la forme d'un intervalle discret entre parenthèses. On peut se servir de toutes les formes habituelles d'intervalle discret.

L'indice peut aussi être donné par le nom d'un sous-type, ainsi :

```
type P is array (POSITIVE range <>) of REEL;
```

dans ce cas les bornes effectives de tout objet déclaré doivent se trouver dans l'intervalle impliqué par le sous-type d'indice POSITIVE. Notons que le sous-type d'indice doit être donné par une marque de type et non par une indication de sous-type.

Nous pouvons voir maintenant que lorsque nous écrivons :

```
type VECTOR_6 is array (1 .. 6) of REEL;
```

il s'agit en fait d'une façon abrégée d'écrire :

```
subtype indice is INTEGER range 1 .. 6;
type anon is array (index range <>) of REEL;
subtype VECTOR_6 is anon (1 .. 6);
```

Un autre déclaration de type tableau intéressante est :

```
type MATRICE is array (INTEGER range <>, INTEGER range <>) of REEL;
```

De nouveau nous pouvons introduire des sous-types :

```
subtype MATRICE_3 is MATRICE (1 .. 3, 1 .. 3);
M : MATRICE_3;
```

ou les objets directement :

```
M : MATRICE (1 .. 3, 1 .. 3);
```

Notons qu'un type ou sous-type tableau doit donner toutes les bornes ou aucune. Il est parfaitement légal d'introduire un autre nom pour MATRICE par :

```
subtype MAT is MATRICE;
```

qui n'introduit aucune borne ; nous ne pouvons cependant pas avoir de type ou de sous-type donnant l'une des dimensions mais pas l'autre.

Dans tous les cas que nous avons vus, les intervalles n'ont pas besoin d'être statiques. Les bornes peuvent être des expressions quelconques et celles-ci sont évaluées quand la contrainte d'indice est élaborée. Nous pouvons avoir :

```
M : MATRICE (1 .. N, 1 .. N);
```

alors les bornes de M seront la valeur de N quand M est élaboré. Un intervalle peut même être vide, comme cela peut arriver dans le cas ci-dessus si N se trouve être nul. Dans ce cas la matrice M n'a aucun composant.

Il existe un autre moyen de fournir les bornes, mais il n'est valable que pour les tableaux constants qui, comme les autres constantes, doivent recevoir une valeur initiale. Les bornes peuvent alors être déduites de la valeur initiale si elles ne sont pas fournies explicitement. La valeur initiale peut être n'importe quelle expression ayant le type approprié, mais il s'agira souvent d'un agrégat, comme nous l'avons vu dans la section précédente. La forme d'agrégat était alors constituée d'une liste d'expressions mise entre parenthèses. Un agrégat tel que celui-ci est connu sous le nom d'agrégat par position puisque les valeurs sont données dans l'ordre. Dans le cas des agrégats par position utilisés comme valeur initiale et pour fournir les bornes, la borne inférieure est S'FIRST, où S est le sous-type de l'indice. La borne supérieure est déduite du nombre de composants. (Les bornes des agrégats par position dans d'autres contextes seront examinées plus loin.)

Supposons que nous avons :

```
type JO is array (JOUR_OUVRABLE range <>) of JOUR;
JOUR_OUVRABLE_SUIVANT : constant JO := (MAR, MER, JEU, VEN, LUN);
```

la borne inférieure du tableau est alors JOUR_OUVRABLE'FIRST = LUN et la borne supérieure est VEN. Nous pouvons utiliser JOUR ou JOUR_OUVRABLE indifféremment dans la déclaration de JO car JOUR'FIRST et JOUR_OUVRABLE'FIRST sont identiques.

Il faut prendre quelques précautions quand on veut se servir des valeurs initiales pour fournir les bornes. Considérons :

```
UNITE_2 : constant MATRICE := ((1,0, 0.0), (0.0, 1.0))
```

qui a pour but de déclarer une matrice 2 x 2 avec UNITE_2 (1, 1) = UNITE_2 (2, 2) = 1.0 et UNITE_2 (1, 2) = UNITE_2 (2, 1) = 0.0.

Malheur! Nous avons en fait déclaré un tableau dont les bornes inférieures sont INTEGER'FIRST, qui vaut probablement -32768 ou un autre nombre de ce genre mais certainement pas 1.

Si nous déclarons le type MATRICE comme suit :

```
type MATRICE is array (POSITIVE range <>, POSITIVE range <>) of REEL;
```

tout se passe bien puisque POSITIVE'FIRST = 1.

Par conséquent les bornes de tableau déduites d'une valeur initiale peuvent conduire à des surprises.

Il existe une autre forme d'agrégat connu sous le nom d'agrégat par nom, dans lequel la valeur des composants est précédée de la valeur d'indice correspondante et =>. Un exemple simple est :

```
(1 => 0.0, 2 => 0.0, 3 => 0.0, 4 => 0.0, 5 => 0.0, 6 => 0.0)
```

avec l'extension attendue pour plusieurs dimensions. Les bornes d'un tel agrégat sont évidentes et, par conséquent, le problème soulevé par la matrice unité 2 x 2 peut être résolu en écrivant :

```
UNITE_2 : constant MATRICE := (1 => (1 => 1.0, 2 => 0.0),
                               2 => (1 => 0.0, 2 => 1.0));
```

Les règles pour les agrégats par nom ressemblent beaucoup à celles concernant les alternatives des instructions case.

Dans une alternative, chaque choix peut être une valeur ou un intervalle discret. Nous pouvons donc récrire certains des exemples précédents comme suit :

```
A : array (1 .. 6) of REEL := (1 .. 6 => 0.0);

JOUR_OUVRABLE : constant array (JOUR) of BOOLEAN
                := (LUN .. VEN => TRUE, SAM | DIM => FALSE);
```

Contrairement à un agrégat par position, les valeurs d'indice ne sont pas nécessairement fournies dans l'ordre. Nous pouvons tout aussi bien écrire :

```
(SAM | DIM => FALSE, LUN .. VEN => TRUE)
```

Nous pouvons aussi nous servir de **others** mais alors, comme dans le cas de l'instruction case, il doit figurer seul et en dernier.

L'utilisation de **others** soulève quelques problèmes car la totalité des valeurs doit clairement être déterminée. On doit aussi savoir que, bien que l'on n'ait jusqu'à présent montré que des agrégats utilisés dans des valeurs initiales, on peut se servir de ceux-ci assez librement, chaque fois qu'est requise une expression d'un type tableau. Il est, par conséquent, nécessaire que le contexte fournisse les bornes si l'on se sert de **others**. Une façon de fournir le contexte est de qualifier l'agrégat comme nous l'avons fait, pour faire la différence entre des littéraux d'énumération surchargés. Pour pouvoir le faire nous devons disposer d'un type ou d'un sous-type approprié. Ainsi nous introduisons :

```
type EMPLOI_DU_TEMPS is array (JOUR) of BOOLEAN;
```

puis nous pouvons écrire :

```
EMPLOI_DU_TEMPS'(LUN .. VEN => TRUE, others => FALSE)
```

(Notons que, lorsque nous qualifions un agrégat, nous n'avons pas à le mettre entre parenthèses puisqu'il l'est déjà.)

Les autres contextes recevables qui fournissent des bornes seront indiqués en temps voulu quand nous exposerons les paramètres et résultats de sous-programmes au chapitre 7 et les paramètres génériques au chapitre 13.

Ces mêmes contextes fournissent aussi les bornes d'un agrégat par position ; comme un agrégat par nom avec un choix **others**, un agrégat par position ne possède pas de bornes évidentes. Cependant, dans d'autres contextes tels que les valeurs initiales exposées ci-dessus, tout n'est pas perdu dans le cas des agrégats par position, puisque la borne inférieure est prise comme étant S'FIRST (où S est le sous-type d'indice) et la borne supérieure est alors déduite du nombre de composants. Bien sûr, un agrégat par nom avec **others** ne peut pas utiliser une telle règle puisque le nombre de composants représentés par **others** n'est pas déterminé et, par conséquent, de tels agrégats sont illégaux.

Les agrégats tableaux ne peuvent pas mélanger les notations par nom et par position sauf que l'on peut se servir de **others** à la fin d'un agrégat par position. Un tel agrégat par position suit alors les règles générales concernant les agrégats par nom avec **others**.

Soulignons qu'il existe une règle spéciale pour le contexte d'une affectation ou d'une valeur initiale dont les bornes sont données par le type : on ne le considère capable de donner les bornes que dans le cas d'un agrégat par position avec ou sans **others** ou d'un agrégat par nom n'ayant que **others** comme choix. On ne le considère pas comme adéquat pour le cas courant d'un agrégat par nom contenant des choix autres que **others**. Nous ne pouvons donc pas écrire :

```
JOUR_OUVRABLE : constant array (JOUR) of BOOLEAN
                          := (LUN .. VEN => TRUE, others => FALSE);
```

mais nous devons écrire :

```
JOUR_OUVRABLE : constant array (JOUR) of BOOLEAN
         := (TRUE, TRUE, TRUE, TRUE, TRUE, others => FALSE);
```

ou utiliser le nom d'un type :

```
JOUR_OUVRABLE : constant EMPLOI_DU_TEMPS
        := EMPLOI_DU_TEMPS'(LUN .. VEN => TRUE, others => FALSE);
```

Les règles concernant les bornes des agrégats tableaux semblent être horriblement et inutilement compliquées ; elles constituent l'un des aspects les plus surprenants d'Ada. Cependant, si vous êtes perdu, ne vous inquiétez pas ; on peut toujours qualifier un agrégat quand on est dans le doute.

Les agrégats tableaux étant assez compliqués, il nous reste encore quelque points à développer. D'abord, tous les intervalles et valeurs avant le => doivent être statiques (comme dans le cas de l'instruction case), sauf dans une situation exceptionnelle. Cette situation est celle où il n'existe qu'une alternative avec un seul choix - ce choix peut être alors un intervalle dynamique ou (peu probablement) une valeur dynamique unique. En voici un exemple :

```
A : array (1 .. N) of INTEGER := (1 .. N => 0);
```

Cela est valable même si N vaut zéro (ou est négatif) et produit un tableau vide et un agrégat vide. L'exemple suivant illustre la règle générale selon laquelle l'expression suivant => est évaluée une fois par valeur d'indice présente ; bien sûr, d'habitude cela n'a pas d'importance, mais considérons :

```
A : array (1 .. N) of INTEGER := (1 .. N => 1/N);
```

Si N vaut zéro, il n'existe aucune valeur et par conséquent 1/N n'est pas évalué, et ni CONSTRAINT_ERROR, ni NUMERIC_ERROR ne peuvent être levées. Le lecteur se souviendra qu'une évaluation multiple de ce genre a lieu aussi quand on déclare et initialise plusieurs objets simultanément.

Pour éviter des situations embarrassantes avec des agrégats vides, un choix vide n'est autorisé comme choix que s'il est seul. Des agrégats peu raisonnables tels que :

```
(7 .. 6 | 1 .. 0 => 0)
```

ne sont, par conséquent, pas autorisés et le problème de la borne inférieure pour un tel agrégat ne se pose pas.

Un autre point est que malgré l'impossibilité de mélanger les notations par nom et par position dans un agrégat, nous pouvons utiliser différentes formes pour les différents composants et les différents niveaux d'un agrégat multidimensionnel. Par conséquent, la valeur initiale de notre matrice UNITE_2 peut aussi s'écrire :

```
(1 => (1.0, 0.0)           ou        ((1 => 1.0, 2 => 0.0),
 2 => (0.0, 1.0))                     ((1 => 0.0, 2 => 1.0))
```

ou même :

```
(1 => (1 =>        1.0, 2 =>        0.0),
 2 => (            0.0,             1.0))
```

et ainsi de suite.

Notons aussi que l'attribut RANGE représente un intervalle et peut donc servir comme choix dans un agrégat par nom. Cependant, nous ne pouvons pas utiliser l'attribut RANGE d'objet dans sa propre initialisation. Ainsi :

```
A : array (1 .. N) of INTEGER := (A'RANGE => 0);
```

est illégal ; cela parce qu'un objet n'est visible qu'à partir de la fin de sa déclaration. Cependant, nous pouvons écrire :

```
A : array (1 .. N) of INTEGER := (others => 0);
```

et c'est probablement mieux que de répéter 1 .. N car cela circonscrit la dépendance vis-à-vis de N.

Un dernier point est qu'une notation par position ne peut pas contenir un composant unique car c'est ambigu. Nous ne pouvons pas faire la différence entre un agrégat à un composant et une valeur scalaire qui est par hasard entre parenthèses. Un agrégat à un composant doit, par conséquent, utiliser la notation par nom.

Nous continuons en revenant sur les affectations globales de tableaux. Pour effectuer de telles affectations il est nécessaire que la valeur tableau et le tableau la recevant soient du même type et que leurs composants se correspondent. Cela ne veut pas dire que les bornes doivent être les mêmes, mais simplement que le nombre de composants dans chaque dimension doit être le même. Nous pouvons donc écrire :

```
V : VECTEUR (1 .. 5);
W : VECTEUR (0 .. 4);
...
V := W;
```

V et W sont tous deux de type VECTEUR et ont tous deux 5 composants.

On peut aussi avoir :

```
P : MATRICE (0 .. 1, 0 .. 1);
Q : MATRICE (6 .. 7, N .. N+1);
...
P := Q;
```

L'égalité et l'inégalité des tableaux suivent des règles semblables à celles de l'affectation. Deux tableaux ne peuvent être comparés que s'ils sont de même type. Ils sont égaux si les dimensions correspondantes ont le même nombre d'éléments et les éléments homologues sont eux-mêmes identiques.

Bien que l'affectation et l'égalité ne puissent se produire que si les tableaux sont du même type, on peut néanmoins convertir une valeur tableau à un autre type si le type des composants et celui des indices sont les mêmes. On se sert alors de la notation habituelle pour les conversions de types. Par conséquent, si nous avons :

```
type VECTEUR   is array (INTEGER range <>) of REEL;
type RANGEE    is array (INTEGER range <>) of REEL;

V : VECTEUR (1 .. 5);
R : RANGEE (0 .. 4);
```

alors :

```
R := RANGEE;
```

est valide. En fait, puisque RANGEE est un type non contraint, les bornes de RANGEE (V) sont celles de V. Les règles habituelles de l'affectation s'appliquent alors. Cependant, si la conversion utilise un type ou un sous-type non contraint, les bornes sont celles du type ou du sous-type et le nombre de composants dans les dimensions correspondantes doit être le même. Les conversions de types tableaux sont particulièrement utiles quand des sous-programmes, provenant de bibliothèques différentes, sont utilisés dans un même programme, comme nous le verrons plus tard.

Le lecteur aura conclu que les tableaux en Ada sont quelque peu compliqués. C'est juste mais dans la pratique il devrait rencontrer peu de problèmes. Nous avons toujours le recours du compilateur pour nous indiquer nos erreurs. Dans les situations ambiguës, la qualification résout les problèmes pourvu que nous ayons sous la main un type ou un sous-type approprié. La majeure partie des problèmes liés aux agrégats ressemblent à ceux de l'instruction case.

Pour conclure cette section notons que les attributs FIRST, LAST et RANGE s'appliquent non seulement aux objets mais aussi aux types et sous-types tableaux pourvu qu'ils soient contraints (c'est-à-dire dotés de bornes). Ainsi :

```
VECTEUR_6'LENGTH = 6
```

mais :

```
VECTEUR'LENGTH            est illégal
```

Exercice 6.2

1 Récrire la déclaration du tableau JOUR_DANS_MOIS de l'exercice 6.1(3) en utilisant un agrégat par nom comme valeur initiale.

2 Déclarer une constante MATRICE dont les bornes sont pour les deux dimensions 1 et N, où N est dynamique et dont la valeur des éléments est zéro.

3 Déclarer une constante MATRICE comme dans **2** mais ayant pour valeur la matrice unité.

4 Déclarer un type tableau BBB correspondant au tableau ORB de l'exercice 6.1(**5**).

6.3 Caractères et chaînes

Nous achevons maintenant notre exposé sur les types énumératifs en introduisant les types caractères. Dans les types énumératifs rencontrés jusqu'à présent tels que :

```
type COULEUR is (ROUGE, ORANGE, VERT);
```

les valeurs étaient représentées par des identificateurs. Il est aussi possible d'avoir un type énumératif dans lequel quelques-unes ou toutes les valeurs sont représentées par des littéraux caractères.

Un littéral caractère est une autre forme d'élément lexical. Il se compose d'un caractère unique encadré par une apostrophe de part et d'autre. Le caractère doit être l'un des caractères graphiques. Il ne peut pas s'agir d'un caractère de contrôle tel que la tabulation horizontale (HT) ou un saut de ligne (LF).

Dans ce cas, une distinction est à faire entre les majuscules et les minuscules. Les littéraux caractères :

```
'A'                                   'a'
```

sont distincts.

Nous pouvons donc déclarer un type énumératif :

```
type CHIFFRE_ROMAIN is ('I', 'V', 'X', 'L', 'C', 'D', 'M');
```

puis :

```
CHIFFRE : CHIFFRE_ROMAIN := 'D';
```

Toutes les propriétés usuelles des types énumératifs sont disponibles.

```
CHIFFRE_ROMAIN'FIRST          = 'I'
CHIFFRE_ROMAIN'SUCC ('X')     = 'L'
CHIFFRE_ROMAIN'POS ('M')      = 6

CHIFFRE < 'L' = FALSE
```

Il existe un type énumératif prédéfini CHARACTER qui est (naturellement) un type caractère. Nous pouvons considérer qu'on le déclare comme suit :

```
type CHARACTER is (nul, ..., 'A', 'B', 'C', ..., del);
```

Pour des raisons techniques qu'il n'est pas possible d'exposer ici, les littéraux qui ne sont pas de véritables littéraux caractères (tels que *nul*) ne sont pas non plus de vrais identificateurs (c'est pourquoi ils apparaissent en italique). Il est cependant possible de s'y référer en tant que ASCII.NUL etc. (ou dans certains cas que nous verrons plus tard, en tant que NUL simplement). Le type prédéfini CHARACTER représente le jeu de caractères ASCII standard et couvre l'ensemble des caractères dont on se sert normalement pour les entrées-sorties. Il est regrettable que le type CHARACTER soit l'objet de tant de subtilités, mais dans la pratique celles-ci n'ont pas d'importance. Pour plus de détails le lecteur consultera le MR.

Notons que la présence simultanée du type CHIFFRE_ROMAIN et du type prédéfini CHARACTER a pour résultat la surcharge de certains littéraux.

Une expression telle que :

```
'X' < 'L'
```

est ambiguë. Nous ne savons pas si nous comparons des caractères de type CHIFFRE_ROMAIN ou CHARACTER. Pour résoudre cette ambiguïté, nous devons qualifier l'un des littéraux ou les deux :

```
CHARACTER'('X') < 'L'          = FALSE
CHIFFRE_ROMAIN'('X') < 'L'     = TRUE
```

De même qu'il existe un type prédéfini CHARACTER, il existe un type chaîne prédéfini STRING :

```
type STRING is array (POSITIVE range <>) of CHARACTER;
```

C'est un type tableau parfaitement normal et il obéit à toutes les règles de la section précédente. Nous pouvons donc écrire :

```
S : STRING (1 .. 7);
```

pour déclarer un tableau d'intervalle 1 .. 7. Dans le cas d'un tableau constant, les bornes peuvent être déduites de la valeur initiale :

```
O : constant STRING := ('O', 'I', 'E');
```

où la valeur initiale prend la forme d'un agrégat par position normal. La borne inférieure de O (c'est-à-dire O'FIRST) vaut 1 puisque le type d'indice de STRING est POSITIVE et que POSITIVE'FIRST vaut 1.

Une notation équivalente est fournie pour un agrégat par position dont chaque composant est un littéral caractère. Il s'agit de la chaîne. Nous pouvons donc écrire plus aisément :

```
O : constant STRING := "OIE";
```

La chaîne est le dernier élément lexical à introduire. Elle se compose d'une suite de caractères graphiques encadrée de part et d'autre d'un guillemet. Un guillemet peut se représenter dans la chaîne en le doublant :

```
('A', '"', 'B') = "A""B"
```

La chaîne peut ne contenir qu'un caractère ou être vide. On doit écrire les agrégats équivalents utilisant les littéraux caractères au moyen de la notation par nom.

```
(1 => 'A')              = "A"
(1 .. 0 => 'A')         = ""
```

Notons de quelle façon nous avons été amenés à introduire un caractère arbitraire dans la forme vide. Ada induit des contorsions bien étranges!

L'élément lexical chaîne doit tenir sur une seule ligne. De plus, il ne peut pas contenir de caractères de contrôle tels que SOH. Enfin, comme dans le cas des littéraux caractères, les deux typographies de l'alphabet sont distinctes dans les chaînes :

```
"OIE" /= "oie"
```

Dans la section suivante, nous verrons comment contourner les limitations selon lesquelles une chaîne doit tenir sur une seule ligne et ne peut pas contenir de caractères de contrôle.

L'utilisation principale des chaînes est la création de texte. Une suite simple de caractères peut être sortie par un appel du sous-programme (surchargé) PUT. Ainsi :

```
PUT ("La comtesse de Lovelace");
```

produira :

```
La comtesse de Lovelace
```

dans un fichier approprié.

Cependant, les chaînes ne sont pas réservées au seul type prédéfini STRING. Elles peuvent être utilisées pour représenter un tableau de n'importe quel type caractère. Nous pouvons écrire :

```
type NOMBRE_ROMAIN is array (POSITIVE range <>)
                                    of CHIFFRE_ROMAIN;
```

puis :

```
MILLE_NEUF_CENT_QUATRE_VINGT_SEPT :
                constant NOMBRE_ROMAIN := "MCMLXXXVII";
```

ou encore :

```
SEPT : array (1 .. 2) of CHIFFRE_ROMAIN := "VII";
```

Exercice 6.3

1 Déclarer un tableau constant ROMAIN_ENTIER servant de table pour convertir une expression de type CHIFFRE_ROMAIN en son équivalent entier normal (par exemple conversion de 'C' à 100).

2 Etant donné un objet C de type CHIFFRE_ROMAIN, écrire une suite d'instructions pour calculer sa valeur entière équivalente. On supposera que C obéit aux règles usuelles de construction des chiffres romains.

6.4 Opérations des types tableaux unidimensionnels

Beaucoup des opérateurs rencontrés au chapitre 4 s'appliquent aussi aux tableaux unidimensionnels.

Les opérateurs booléens **and**, **or**, **xor** et **not** s'appliquent aux tableaux unidimensionnels de booléens. Dans le cas des opérateurs binaires, les deux opérandes doivent avoir le même nombre de composants et avoir le même type. L'opération scalaire sous-jacente s'applique par composants successifs et le tableau résultant est de nouveau de même type. La borne inférieure de l'indice du résultat est celle du sous-type de l'opérande de gauche ou celle de l'unique opérande.

Considérons :

```
type TABLEAU_DE_BITS is array (POSITIVE range <>) of BOOLEAN;
A, B : TABLEAU_DE_BITS (1 .. 4);
C, D : array (1 .. 4) of BOOLEAN;
T : constant BOOLEAN := TRUE;
F : constant BOOLEAN := FALSE;
```

puis, nous pouvons écrire :

```
A := (T, T, F, F);
B := (T, F, T, F);

A := A and B;
B := not B;
```

A vaut alors (T, F, F, F) et B vaut (F, T, F, T). Les opérateurs **or** et **xor** ont un comportement semblable. Notons cependant que C **and** D n'est pas autorisé car ceux-ci sont de types différents. Voilà une situation où il convient de donner un nom au type tableau car nous manipulons des tableaux en tant qu'objets complets.

On peut se servir de tableaux de booléens pour représenter des ensembles. Considérons :

```
type PRIMAIRE is (R, J, B);
type COULEUR is array (PRIMAIRE) of BOOLEAN;
C : COULEUR;
```

il existe 8 = 2 x 2 x 2 valeurs que C peut prendre. C est bien sûr un tableau à trois composants dont chacun peut prendre la valeur TRUE ou FALSE ; ces trois composants sont :

```
C(R)                    C(J)                    C(B)
```

Les huit valeurs possibles du type couleur peuvent être représentées par des constantes appropriées :

```
BLANC      : constant COULEUR := (F, F, F);
ROUGE      : constant COULEUR := (T, F, F);
JAUNE      : constant COULEUR := (F, T, F);
BLEU       : constant COULEUR := (F, F, T);
VERT       : constant COULEUR := (F, T, T);
MAGENTA    : constant COULEUR := (T, F, T);
ORANGE     : constant COULEUR := (T, T, F);
NOIR       : constant COULEUR := (T, T, T);
```

Nous pouvons ensuite écrire des expressions du genre :

```
ROUGE or JAUNE
```

qui vaut ORANGE et :

```
not NOIR
```

qui vaut BLANC.

Par conséquent, les valeurs de notre type COULEUR sont effectivement l'ensemble des couleurs obtenues en prenant toutes les combinaisons des couleurs primaires représentées par R, J, B. L'ensemble vide est la valeur de BLANC et l'ensemble plein est la valeur de NOIR.

On peut considérer les opérations **or**, **and** et **xor** comme l'union, l'intersection et la différence symétrique pour les ensembles. On peut effectuer un test d'appartenance en inspectant la valeur du composant approprié de l'ensemble. Ainsi :

```
C (R)
```

vaut TRUE si R appartient à l'ensemble représenté par C. Nous ne pouvons pas utiliser l'opération prédéfinie **in** pour cela. On peut représenter une valeur littérale en utilisant la notation par nom des agrégats :

```
(R | J => T, others => F)
```

a la même valeur que ORANGE. Une façon plus élégante de procéder sera exposée au chapitre suivant.

Considérons maintenant les opérateurs relationnels et d'égalité. Les opérateurs = et /= s'appliquent à tous les types vus jusqu'à présent et nous avons donné les règles concernant les tableaux quand nous avons parlé de l'affectation à la section 6.2.

Les opérateurs <, <=, > et >= peuvent s'appliquer à des tableaux unidimensionnels à composants discrets. (Notez bien : discrets). Le résultat de la comparaison se fonde sur l'ordre lexicographique (c'est-à-dire celui du dictionnaire), qui se sert de la relation d'ordre définie pour les composants. La meilleure illustration en est les chaînes, qui sont ici supposées être sans ambiguïté des valeurs de type STRING. Les relations suivantes valent TRUE :

```
"CHAS"    < "CHAT"
"CHAS"    < "CHASSIS"
"AZZ"     < "B"
""        < "A"
```

Les chaînes sont comparées caractère par caractère jusqu'à ce qu'elles diffèrent à une position donnée. La chaîne avec le composant le plus petit est alors la plus petite. Si une chaîne se trouve à court de caractères comme dans CHAS contre CHASSIS, la plus courte est la plus petite. La chaîne vide est la plus petite de toutes.

Si nous supposons que nous avons déclaré notre type NOMBRE_ROMAIN, alors :

```
"CCL" < "CCXC"
```

est ambigu puisque nous ne savons pas si nous comparons avec le type STRING ou le type NOMBRE_ROMAIN. Nous devons qualifier une des chaînes ou les deux. On l'effectue de la façon habituelle mais une chaîne qui n'a pas la forme parenthésée des agrégats a besoin de parenthèses, sans quoi nous aurions une juxtaposition disgracieuse d'une apostrophe et d'un guillemet. Ainsi :

```
STRING'("CCL") < "CCXC"                vaut TRUE
NOMBRE_ROMAIN'("CCL") < "CCXC"         vaut FALSE
```

Notons que notre compilateur est trop primitif pour comprendre la signification des nombres romains tels que nous les connaissons et a donc déterminé que 250 < 290 est faux. La seule chose qui importe est la relation d'ordre s'appliquant aux caractères 'L' et 'X' dans la définition. Dans le chapitre suivant, nous montrerons comment redéfinir < pour qu'il fonctionne "correctement" pour les nombres romains.

Bien sûr, les opérateurs relationnels s'appliquent aussi aux expressions et pas uniquement aux littéraux chaînes.

```
MILLE_NEUF_CENT_QUATRE_VINGT_SEPT < "MM"        vaut TRUE
```

Les opérateurs relationnels s'appliquent aussi aux tableaux de n'importe quel type discret. Ainsi :

```
(1, 2, 3) < (2, 3)
(JAN, JAN) < (1 => FEV)
```

Les opérateurs prédéfinis <=, > et >= sont définis par analogie avec <.

Introduisons maintenant un nouvel opérateur & qui dénote la caténation (ou concaténation) des tableaux unidimensionnels. Il a la même priorité que le plus ou le moins binaire. Les deux opérandes doivent être du même type et le résultat est du même type ; sa valeur est obtenue en juxtaposant les deux opérandes. La borne inférieure du résultat est, comme d'habitude, la borne inférieure de l'opérande de gauche.

Ainsi :

```
"CHAS" & "SIS" = "CHASSIS"
```

La caténation des chaînes peut servir à construire une chaîne qui est trop longue pour tenir sur une seule ligne :

```
"Cet exemple se poursuit" &
"encore et encore"
```

L'un des opérandes ou les deux peuvent aussi être de simples valeurs du type de composant. Si l'opérande de gauche est une valeur de ce genre, la borne inférieure du résultat est la borne inférieure du sous-type de l'indice du tableau.

```
"FRIT" & 'E' = "FRITE"
'E' & "FRIT" = "EFRIT"
'E' & 'E' = "EE"
```

Cela est utile pour représenter les caractères de contrôle, tels que CR et LF, dans les chaînes.

```
"D'abord une ligne" & ASCII.CR & ASCII.LF & "Puis une autre"
```

Bien sûr, il peut être plus clair de déclarer :

```
CRLF : constant STRING := (ASCII.CR, ASCII.LF);
```

puis d'écrire :

```
"Première ligne" & CRLF & "Ligne suivante"
```

L'opération & peut s'appliquer à tout type tableau unidimensionnel ; par conséquent, nous pouvons l'appliquer à nos nombres romains. Considérons :

```
R : NOMBRE_ROMAIN (1 .. 5);
S : STRING (1 .. 5);

R := "CCL" & "IV";
S := "CCL" & "IV";
```

Cela est légal. Le contexte nous indique, dans le premier cas, que nous appliquons & à deux nombres romains tandis que, dans le second, nous l'appliquons à deux valeurs de type STRING. Il n'y a pas d'ambiguïté comme dans :

```
B : BOOLEAN := "CCL" < "IV";
```

La dernière propriété particulière des tableaux unidimensionnels est leur possibilité de dénoter une tranche d'un objet tableau. Une tranche se compose du nom de l'objet (variable ou constant), suivi d'un intervalle discret entre parenthèses. Notons soigneusement qu'une tranche est valable pour un objet et non pour une valeur.

Ainsi, étant donné :

```
S : STRING (1 .. 10)
```

nous pouvons écrire S (3 ..8) pour dénoter les six caractères du milieu de S. Les bornes de la tranche sont les bornes de l'intervalle et non celles du sous-type de l'indice. Nous pouvons écrire :

```
T : constant STRING := S (3 .. 8);
```

et nous avons alors T'FIRST = 3, T'LAST = 8.

Les bornes de la tranche n'ont pas besoin d'être statiques, elle peuvent être des expressions quelconques. Une tranche est vide si l'intervalle se révèle vide.

L'utilisation des tranches souligne la nature des affectations de tableaux. La valeur de l'expression à assigner est complètement évaluée avant l'affectation des composants. Aucun problème ne surgit avec les tranches se chevauchant. Ainsi :

```
S (1 .. 4) := "BARA";
S (4 .. 7) := S (1 .. 4);
```

a pour effet S (1 .. 7) = "BARBARA". S (4) n'est mis à jour qu'après l'évaluation de l'expression S (1 .. 4). Il n'y a aucun risque de mettre 'B' dans S (4) et de former l'expression "BARB", qui donnerait finalement :

```
"BARBARB"
```

Exercice 6.4

1 Ecrire les huit constantes possibles BLANC .. NOIR de type COULEUR dans l'ordre ascendant déterminé par l'opérateur < des tableaux unidimensionnels.

2 Evaluer :

```
a) ROUGE or VERT          c) not VERT
b) NOIR xor ROUGE
```

3 Montrer que **not** (NOIR **xor** C) = C est vrai pour toutes les valeurs de C.

4 Pourquoi n'avons-nous pas écrit?

```
(JAN, JAN) < (FEV)
```

5 Supposons que N contient un nombre romain. Ecrire des instructions pour déterminer si le dernier chiffre de la valeur en chiffre arabe correspondante est un quatre et le changer en un six, si c'est le cas.

6 Soient :

```
C : CHARACTER;
S : STRING (5 .. 10);
```

Quelle est la borne inférieure de :

a) C & S   b) S & C

6.5 Articles

Comme mentionné au début de ce chapitre, nous ne considérerons ici que la forme la plus simple d'articles. Un traitement plus complet, couvrant les articles à partie variantes, etc. ne sera pas abordé avant le chapitre 11.

Un article est un objet composite constitué de composants nommés pouvant être de types différents. Contrairement aux tableaux, il n'existe pas de types articles anonymes - tous les articles doivent avoir un nom. Considérons :

```
type NOM_DE_MOIS is    (JAN, FEV, MAR, AVR,MAI, JUN, JUL,
                        AUT, SEP, OCT, NOV, DEC);

type DATE is
    record
        JOUR : INTEGER range 1 .. 31;
        MOIS : NOM_DE_MOIS;
        ANNEE : INTEGER;
    end record;
```

Cela déclare le type DATE comme étant un article contenant trois composants nommés : JOUR, MOIS, et ANNEE.

Nous pouvons déclarer des variables et des constantes de types articles de la façon habituelle.

```
D : DATE;
```

déclare un objet D qui est une date. On peut dénoter les composants individuels de D en faisant suivre D d'un point et du nom du composant. Ainsi, nous pouvons écrire :

```
D.JOUR := 14;
D.MOIS := JUL;
D.ANNEE := 1789;
```

pour affecter de nouvelles valeurs aux composants individuels.

Les articles peuvent se manipuler globalement comme des objets. On peut écrire des valeurs littérales sous forme d'agrégats tout comme dans le cas des tableaux ; on peut se servir des formes par nom ou par position. Nous pouvons ainsi écrire :

```
D : DATE := (14, JUL, 1789);
E : DATE;
```

puis :

```
E := D;
```

ou encore :

```
E := (ANNEE => 1789, MOIS => JUL, JOUR => 14);
```

Le lecteur sera soulagé d'apprendre qu'une grande partie de la complexité des agrégats tableaux ne concerne pas les agrégats articles ; parce que le nombre de composants est toujours connu.

Dans un agrégat par position les composants apparaissent dans l'ordre. Dans un agrégat par nom, ceux-ci peuvent être dans n'importe quel ordre. Dans l'exemple ci-dessus, l'utilisation d'un agrégat par nom évite de se demander dans quel format est la date.

Un agrégat par nom ne peut pas se servir d'un intervalle car les composants ne sont pas considérés comme étant étroitement apparentés, et la barre verticale ne peut être utilisée qu'avec des composants de même type. On peut utiliser le choix **others** mais, de nouveau, que lorsque les composants restants sont du même type.

Il existe une possibilité supplémentaire pour les articles : les notations par nom et par position peuvent être utilisées conjointement. Cependant, quand cette possibilité est mise à profit, les composants par position doivent apparaître en tête et dans l'ordre (sans trous). Par conséquent, nous pouvons passer à la notation par nom à tout moment, mais nous devons nous y tenir. La date peut alors s'exprimer comme suit :

```
(14, JUL, ANNEE => 1789)
(14, ANNEE => 1789, MOIS => JUL)
```

et ainsi de suite.

Il est possible de donner des expressions par défaut pour quelques-uns ou pour tous les composants dans la déclaration de type. Ainsi :

```
type COMPLEXE is
    record
        RL : REEL := 0.0;
        IM : REEL := 0.0;
    end record;
```

ou plus succinctement :

```
type COMPLEXE is
    record
        RL, IM : REEL := 0.0;
    end record;
```

déclare un article contenant deux composants de type REEL et donne une expression par défaut de 0.0 pour chacun d'eux. Nous pouvons déclarer maintenant :

```
C1 : COMPLEXE;
C2 : COMPLEXE := (1.0, 0.0);
```

L'objet C1 a alors 0.0 comme valeur par défaut dans ses composants. Dans le cas de C2 nous avons passé outre les valeurs par défaut. Notons que, malheureusement, même s'il y a des valeurs par défaut, un agrégat doit être complet même s'il fournit les mêmes valeurs que les expressions par défaut pour certains des composants.

Dans ce cas, les deux composants sont du même type et, par conséquent, les formes par nom suivantes sont possibles :

```
(RL | IM => 1.0);
(others => 1.0);
```

Les seules opérations prédéfinies des types articles sont = et /= ainsi que, bien sûr, l'affectation. Les autres opérations doivent être effectuées au niveau du composant ou être définies au moyen d'un sous-programme, comme nous le verrons au chapitre suivant.

Un type article peut avoir un nombre quelconque de composants. Un cas pathologique est celui d'un article sans composant qui s'écrit :

```
type VIDE is
    record
        null;
    end record;
```

Le mot réservé **null** confirme que nous voulons déclarer un type article vide. Les articles vides ont leur utilité et seront examinés plus tard.

Les composants d'un type article peuvent être de n'importe quel type ; ils peuvent être d'autres articles ou tableaux. Cependant, si un composant est un tableau, il doit alors être contraint (c'est-à-dire que son indice ne peut pas contenir de <>) et doit être d'un type nommé et non d'un type anonyme. De plus, un article ne peut pas contenir un exemplaire de lui-même.

Les composants ne peuvent pas être des constantes, mais l'article lui-même peut l'être globalement. Ainsi :

```
I : constant COMPLEXE := (0.0, 1.0);
```

est autorisé et représente un nombre complexe tel que $I^2 = -1$.

Un exemple plus consistant d'article peut être :

```
type PERSONNE is
    record
        NAISSANCE : DATE;
        NOM : STRING (1 .. 20) := (1 .. 20 => ' ');
    end record;
```

L'article PERSONNE possède deux composants : le premier est un autre article, une DATE, le second un tableau. Le tableau est une chaîne de longueur 20 et a une valeur par défaut de 20 caractères espace.

Nous pouvons alors écrire :

```
JOHN : PERSON;
JOHN.NAISSANCE := (19, AUT, 1937);
JOHN.NOM (1 .. 4) := "JOHN";
```

et nous aurons ensuite :

```
JOHN = ((19, AUT, 1937), "JOHN            ")
```

La notation est conforme à celle qu'on était en droit d'attendre. Les agrégats autorisent les emboîtements et nous pouvons opérer de gauche à droite en utilisant la notation pointée pour sélectionner les composants d'un article, les indices entre parenthèses pour sélectionner les composants d'un tableau, et les intervalles entre parenthèses pour prendre des tranches de tableaux. Il n'existe pas de limites. Nous pouvons avoir un tableau de personnes :

```
GENS : array (1 .. N) of PERSONNE;
```

puis avoir :

```
GENS (6).NAISSANCE.JOUR := 19;
GENS (8).NOM (3) := 'H';
```

et ainsi de suite.

Notons un dernier point concernant l'évaluation des expressions dans une déclaration d'article. Une expression dans une contrainte appliquée à un composant est évaluée à l'élaboration de l'article. Par conséquent, notre type PERSONNE peut avoir :

```
NOM := STRING (1 .. N) := (others => ' ');
```

et la longueur du composant NOM sera la valeur de N quand le type PERSONNE est élaboré. Bien sûr, N n'a pas besoin d'être statique et, par conséquent, si la déclaration de type se trouve par exemple dans une boucle, chaque passage dans la boucle peut donner naissance à un type avec un nombre différent de composants. Cependant, pour chaque élaboration de la déclaration de type article, tous les objets de ce type auront le même nombre de composants.

En revanche, une expression par défaut dans un type article n'est évaluée que si on déclare un objet de ce type et seulement quand cet objet est élaboré, si sa déclaration ne contient pas de valeur initiale. Bien sûr, dans les cas simples, tels que notre type COMPLEXE, cela ne fait aucune différence mais peut conduire à des surprises. Par exemple, supposons que nous écrivons le composant NOM comme suit :

```
NOM : STRING (1 .. N) := (1 .. N => ' ');
```

alors la longueur du composant nom vaut N quand la déclaration de type article est élaborée ; mais quand on déclare PERSONNE sans valeur initiale, l'agrégat est évalué en utilisant la valeur de N qui s'applique alors. Bien sûr, N peut être différent et, par conséquent, CONSTRAINT_ERROR peut être levée. C'est assez surprenant, comme si nous nous étions égarés.

Exercice 6.5

1 Récrire la solution de l'exercice 6.1(3) en utilisant une variable D de type DATE plutôt que trois variables individuelles.

2 Déclarer trois variables C1, C2 et C3 de type COMPLEXE. Ecrire une ou plusieurs instructions pour affecter : a) la somme, b) le produit de C1 et C2 dans C3.

3 Ecrire des instructions pour trouver l'indice de la première personne du tableau GENS née le 1er janvier 1950 ou après.

Point 6

Les tableaux peuvent être anonymes, les articles ne le peuvent pas.

Les agrégats doivent être complets.

Faire la distinction entre les tableaux contraints et non contraints (contenant la boîte <>).

Les notations par nom et par position ne peuvent pas être utilisées conjointement dans les agrégats tableaux - elles peuvent l'être dans les agrégats articles.

Un agrégat avec **others** doit posséder un contexte fournissant ses bornes.

Un choix **others** dans un agrégat tableau ne peut qu'être dynamique ou vide, s'il est seul.

Les attributs FIRST, LAST, LENGTH et RANGE s'appliquent à des objets tableaux et à des types et sous-types tableaux contraints mais non à des types ou sous-types non contraints.

Pour qu'une affectation de tableau soit valide, le nombre de composants doit être le même pour chaque dimension - les bornes peuvent être différentes.

La typographie des lettres a une importance dans les littéraux chaînes et caractères.

Un agrégat à un composant doit utiliser la notation par nom. Cela s'applique aux articles comme aux tableaux.

Un composant d'article ne peut pas être un tableau anonyme.

Une expression de défaut pour un composant n'est évaluée que lorsque la déclaration d'un objet non initialisé est élaborée.

Chapitre 7 SOUS-PROGRAMMES

Les sous-programmes sont les unités de programme conventionnelles pouvant prendre des paramètres. En Ada, les sous-programmes se répartissent en deux catégories : les fonctions et les procédures. On appelle les fonctions pour constituer des expressions, et elles retournent un résultat ; on appelle les procédures comme des instructions, et elles ne retournent pas de résultat.

Comme nous le verrons, les actions à effectuer à l'appel d'un sous-programme sont décrites dans un corps de sous-programme. On déclare les corps de sous-programmes de la façon habituelle dans une partie déclarative qui peut se trouver, par exemple, dans un bloc ou dans un autre sous-programme.

7.1 Fonctions

Une fonction est une forme de sous-programme qui peut être appelée à faire partie d'une expression. Au chapitre 4 nous avons vu des exemples de fonctions telles que JOUR'SUCC, SQRT, etc.

Considérons maintenant la forme d'un corps de fonction qui décrit les instructions à exécuter lorsque la fonction est appelée. Par exemple, le corps de la fonction SQRT peut avoir la forme suivante :

```
function SQRT (X : REEL) return REEL is
        R : REEL;
begin
        -- Placer la valeur de SQRT(X) dans R
        return R;
end SQRT;
```

Tous les corps de fonctions commencent par le mot réservé **function** et le désignateur de la fonction à définir. Si la fonction a des paramètres, le désignateur est suivi d'une liste, mise entre parenthèses, de spécifications de paramètres. S'il y a plusieurs spécifications, elles sont séparées par des points-virgules. Chaque spécification donne l'identificateur d'un ou de plusieurs paramètres suivis d'un deux-points et de son type ou sous-type. La liste de paramètres, si elle existe, est alors suivie du mot réservé **return** et du type ou sous-type du résultat de la fonction. Dans ce cas, on doit fournir le type ou le sous-type des paramètres et du résultat par l'intermédiaire d'une marque de type et non par une indication de sous-type. C'est un exemple important de situation où une contrainte explicite n'est pas autorisée ; la raison en sera donnée plus tard au cours de ce chapitre.

La partie du corps que nous avons décrite jusqu'à présent a pour nom "spécification de fonction". Elle spécifie la fonction pour le monde extérieur en fournissant toutes les informations nécessaires pour appeler la fonction.

Après la spécification de fonction vient le mot réservé **is** et le reste du corps qui ressemble étrangement à un bloc - il possède une partie déclarative, un **begin**, une suite d'instructions et un **end**. Comme dans le cas d'un bloc, la partie déclarative peut être vide et il doit y avoir au moins une instruction dans la suite d'instructions. Entre le **end** et le point-virgule final nous pouvons insérer le désignateur de la fonction. Celui-ci est facultatif, mais s'il existe il doit reproduire le désignateur qui figure après **function**.

Il est souvent nécessaire ou simplement commode de donner la spécification toute seule, sans le reste du corps. Dans ce cas, elle est immédiatement suivie d'un point-virgule et est alors connue sous le nom de "déclaration de fonction". L'utilité de ces déclarations apparaîtra plus tard.

Les paramètres formels d'une fonction tiennent lieu de constantes locales dont les valeurs sont fournies par les paramètres effectifs. Quand on appelle la fonction, la partie déclarative est élaborée de la façon usuelle puis les instructions sont exécutées. On se sert d'une instruction return pour indiquer la valeur de l'appel de fonction et redonner le contrôle à l'expression appelante.

Ainsi, en reprenant notre exemple, supposons que nous avons :

```
S := SQRT (T + 0.5);
```

T + 0.5 est d'abord évaluée puis SQRT est appelée. Dans le corps, le paramètre X se comporte comme une constante dont la valeur initiale est donnée par T + 0.5. C'est comme si nous avions :

```
X : constant REEL := T + 0.5;
```

La déclaration de R est alors élaborée. Nous suivons ensuite la suite d'instructions et nous supposons qu'elles calculent la racine carrée de X et l'affectent à R. La dernière instruction est **return** R; elle repasse le contrôle à l'expression appelante, le résultat de la fonction étant la valeur de R. Cette valeur est alors affectée à S.

L'expression figurant dans une instruction return peut être d'une complexité quelconque, mais doit avoir le même type et satisfaire aux mêmes contraintes que celles impliquées par la marque de type donnée dans la spécification de fonction. Si les contraintes sont violées, alors, comme il se doit, l'exception CONSTRAINT_ERROR est levée.

Un corps de fonction peut posséder plusieurs instructions return. L'exécution de n'importe laquelle d'entre elles terminera la fonction. Ainsi la fonction SIGNE qui prend une valeur entière et retourne +1, 0 ou -1 selon que le paramètre est positif, nul, ou négatif peut s'écrire :

```
function SIGNE (X : INTEGER) return INTEGER is
begin
        if X > 0 then
                return +1;
        elsif X < 0 then
                return -1;
        else
                return 0;
        end if;
end SIGNE;
```

Nous voyons donc que, lexicalement parlant, l'instruction return n'est pas nécessairement la dernière instruction du corps, puisqu'il y en a une dans chaque branche de l'instruction if. Toute tentative d'atteindre le **end** final se soldera par la levée de l'exception PROGRAM_ERROR. Voilà notre premier exemple de situation donnant lieu à PROGRAM_ERROR ; cette exception est généralement utilisée dans des situations qui violent la structure de contrôle à l'exécution.

Notons que chaque appel de fonction crée un nouvel exemplaire des objets déclarés dans celle-ci (y compris bien sûr des paramètres) et que ceux-ci disparaissent lorsque nous quittons la fonction. Il est par conséquent possible d'appeler une fonction de façon récursive sans aucun problème. On peut déclarer la fonction FACTORIELLE comme suit :

```
function FACTORIELLE (N : POSITIVE) return POSITIVE is
begin
        if N = 1 then
                return 1;
```

```
        else
            return N * FACTORIELLE (N-1);
        end if;
    end FACTORIELLE;
```

Si nous écrivons :

```
F := FACTORIELLE (4);
```

la fonction s'appelle alors elle-même jusqu'à ce que, au quatrième appel (avec les trois autres appels partiellement exécutés et en attente du résultat de l'appel qu'ils ont effectués avant d'opérer la multiplication), nous découvrions que N vaut 1 ; les appels se débobinent et toutes les multiplications sont effectuées.

Soulignons qu'il n'est pas nécessaire de vérifier que le paramètre N est positif puisque le paramètre est de type POSITIVE. Par conséquent, appeler FACTORIELLE (-2) lèvera CONSTRAINT_ERROR. Bien sûr, FACTORIELLE (10000) peut épuiser l'espace mémoire de l'ordinateur, et dans ce cas STORAGE_ERROR est levée. Un appel plus raisonnable, FACTORIELLE (20), lèvera vraisemblablement NUMERIC_ERROR ou CONSTRAINT_ERROR.

Un paramètre formel peut être de n'importe quel type mais ce type doit avoir un nom. Il ne peut pas s'agir d'un type anonyme tel que :

```
array (1 .. 6) of REEL
```

De toute façon, aucun paramètre effectif (autre qu'un agrégat) ne peut correspondre à un tel paramètre formel même si c'était autorisé, puisque les paramètres effectifs et formels doivent être du même type.

Un paramètre formel peut cependant être un type tableau non contraint tel que :

```
type VECTEUR is array (INTEGER range <>) of REEL;
```

Dans un tel cas les bornes du paramètre formel sont déduites de celles du paramètre effectif.

Considérons :

```
function SOMME (A : VECTEUR) return REEL is
    RESULTAT : REEL := 0.0;
```

```
begin
      for I in A'RANGE loop
            RESULTAT := RESULTAT + A (I);
      end loop;
      return RESULTAT;
end SOMME;
```

nous pouvons alors écrire :

```
V : VECTEUR (1 .. 4) := (1.0, 2.0, 3.0, 4.0);
S : REEL;
...
S := SOMME (V);
```

Le paramètre formel A prend alors les bornes du paramètre effectif V. Par conséquent, pour cet appel, nous avons :

```
A'RANGE     vaut   1 .. 4
```

et l'effet de la boucle est de calculer la somme de A(1), A(2), A(3) et A(4). La valeur finale de RESULTAT qui est retournée et affectée à S est par conséquent 10.0.

La fonction SOMME peut servir à faire la somme des composants d'un vecteur muni de bornes quelconques. Ada résout l'un des problèmes de Pascal qui exige que les bornes soient statiques. Bien sûr, une fonction Ada peut avoir un type tableau contraint comme paramètre formel. Cependant, souvenons-nous que nous ne pouvons pas appliquer de contraintes dans la liste de paramètres en utilisant une indication de sous-type comme dans :

```
function SOMME_6 (A : VECTEUR (1 .. 6)) return REEL
```

mais nous devons utiliser le nom d'un type contraint tel que :

```
type VECTEUR_6 is array (1 .. 6) of REEL;
```

comme marque de type comme dans :

```
function SOMME_6 (A : VECTEUR_6) return REEL;
```

Considérons un autre exemple :

```
function SCALAIRE (A, B : VECTEUR) return REEL is
      RESULTAT : REEL := 0.0;
```

```
begin
        for I in A'RANGE loop
                RESULTAT := RESULTAT + A(I)*B(I);
        end loop;
        return RESULTAT;
end SCALAIRE;
```

Celle-ci calcule le produit scalaire des deux vecteurs A et B en additonnant les produits des composants deux à deux. Voilà notre premier exemple de fonction à plus d'un paramètre. On appelle une fonction de ce genre en faisant suivre le nom de la fonction d'une liste parenthésée d'expressions donnant les valeurs des paramètres effectifs séparées par des virgules. L'ordre d'évaluation des paramètres effectifs n'est pas défini.

Ainsi :

```
V : VECTEUR (1 .. 3) := (1.0, 2.0, 3.0);
W : VECTEUR (1 .. 3) := (2.0, 3.0, 4.0);
R := REEL;
...
R := SCALAIRE (V, W);
```

a pour effet d'affecter à R la valeur :

```
1.0 * 2.0 + 2.0 * 3.0 + 3.0 * 4.0 = 20.0
```

Notons que la fonction SCALAIRE n'est pas écrite correctement car elle ne vérifie pas que les bornes de A et B sont les mêmes. Elle n'est pas symétrique dans son traitememt de A et de B car elle prend (ou tente de prendre) les valeurs dans l'intervalle A'RANGE sans se soucier de B'RANGE. Par conséquent, si le tableau W a les bornes 0 et 2, CONSTRAINT_ERROR est levée au troisième tour de boucle. Si le tableau W a les bornes 1 et 4, aucune exception n'est levée, mais le résultat est sans doute différent de celui attendu.

Il serait pratique de s'assurer de l'égalité des bornes en plaçant une contrainte sur B à l'appel, mais c'est impossible. Le mieux est simplement de vérifier que les bornes sont égales dans le corps de fonction et de lever l'exception CONSTRAINT_ERROR si elles ne le sont pas.

```
if A'FIRST /= B'FIRST or A'LAST /= B'LAST then
        raise CONSTRAINT_ERROR;
end if;
```

(L'utilisation de l'instruction raise est décrite au chapitre 10.)

Nous avons vu plus haut qu'un paramètre formel peut être d'un type tableau non contraint. De même, le résultat d'une fonction peut être d'un type dont les bornes ne sont pas connues avant l'appel de la fonction. Le type du résultat peut être un type tableau non contraint et les bornes sont déduites de l'expression de l'instruction return appropriée.

Comme exemple, la fonction suivante retourne un vecteur qui possède les mêmes bornes que le paramètre, mais dont les valeurs des composants sont dans l'ordre inverse :

```
function INVERSE (X : VECTEUR) return VECTEUR is
        INV : VECTEUR (X'RANGE);
begin
        for I in X'RANGE loop
                INV(I) := X(X'FIRST + X'LAST - 1);
        end loop;
        return R;
end INVERSE;
```

La variable INV est de type VECTEUR et a les mêmes bornes que X. Notons comment la boucle inverse l'ordre des valeurs. Le résultat prend les bornes de l'expression INV.

Si une fonction retourne une valeur article ou tableau, on peut immédiatement obtenir un ou plusieurs composants par sélection, indexation ou tranche selon le cas, sans avoir à affecter la valeur complète à une variable. Nous pouvons donc écrire :

```
INVERSE (Y)(I)
```

qui dénote le composant indexé par I du tableau retourné par l'appel à INVERSE.

Notons qu'un appel de fonction sans paramètres, comme un appel de procédure sans paramètres, n'a pas de parenthèses. Il y a par conséquent une ambiguïté possible entre un appel de fonction à un paramètre et l'indexation d'un résultat de fonction sans paramètres ; on peut lever une telle ambiguïté en renommant les fonctions, comme nous le verrons au chapitre 8.

Exercice 7.1

1 Ecrire une fonction PAIR qui retourne TRUE ou FALSE selon que son paramètre de type INTEGER est pair ou impair.

2 Récrire la fonction FACTORIELLE pour que le paramètre puisse être positif ou nul mais pas négatif. Souvenons-nous que la valeur de FACTORIELLE (0) est 1. Utiliser le sous-type NATURAL introduit à la section 4.5.

3 Ecrire une fonction EXTERIEUR qui forme le produit EXTERIEUR de deux vecteurs. Le produit extérieur **C** de deux vecteurs **A** et **B** est une matrice telle que $C_{ij} = A_i.B_j$.

4 Ecrire une fonction COULEURS qui prend un tableau de valeurs de type PRIMAIRE et retourne la valeur correspondante de type COULEUR. Voir section 6.4. Vérifier que COULEURS ((R, J)) = ORANGE.

5 Ecrire une fonction VALEUR qui prend un paramètre de type NOMBRE_ROMAIN et retourne la valeur entière équivalente. Voir l'exercice 6.3(**2**).

6 Ecrire une fonction UNITE qui prend un unique paramètre N et retourne une matrice unité N x N réelle. Utiliser la fonction pour déclarer une matrice N x N unité constante. Voir l'exercice 6.2(**3**).

7 Ecrire une fonction PGCD pour retourner le plus grand commun diviseur de deux entiers non négatifs. Utiliser l'algorithme d'Euclide selon lequel :

```
pgcd (x, y) = pgcd (y, x mod y)     y /= 0
pgcd (x, 0) = x
```

Ecrire la fonction en utilisant la récursion, puis la récrire en utilisant une instruction loop.

7.2 Opérateurs

Dans la section précédente, nous avons soigneusement établi qu'un corps de fonction débutait par le mot réservé **function**, suivi du désignateur de la fonction. Dans tous les exemples de la section précédente, le désignateur était en fait un identificateur. Cependant, celui-ci peut aussi être une chaîne de caractères si cette chaîne est l'un des opérateurs du langage encadré par deux guillemets.

and	**or**	**xor**		
=	<	<=	>	>=
+	-	&	**abs**	**not**
*	/	**mod**	**rem**	**

Dans un tel cas la fonction définit une nouvelle signification pour l'opérateur concerné. Comme exemple, nous pouvons récrire la fonction SCALAIRE de la section précédente comme opérateur.

```
function "*" (A, B : VECTEUR) return REEL is
        RESULTAT : REEL := 0.0;
begin
        for I in A'RANGE loop
                RESULTAT := RESULTAT + A(I)*B(I);
        end loop;
        return RESULTAT;
end "*";
```

Nous pouvons appeler cette nouvelle fonction en utilisant la syntaxe normale de l'opérateur *. Ainsi, au lieu de :

```
R := SCALAIRE (V, W);
```

nous pouvons maintenant écrire :

```
R := V * W;
```

Cette signification de * est reconnaissable des autres significations existantes de la multiplication des réels et des entiers par le contexte fourni par le type des paramètres effectifs V et W et le type requis par R.

La disponibilité de plusieurs significations pour un opérateur est un autre exemple de surcharge que nous avons déjà rencontré pour les littéraux d'énumération. Les règles concernant les sous-programmes en général sont examinées plus tard au cours de ce chapitre. Pour l'instant, il suffit de dire que toute ambiguïté peut être levée à l'aide d'une qualification. La surcharge des opérateurs prédéfinis n'est pas nouvelle. Elle est présente dans la plupart des langages de programmation depuis plus d'un quart de siècle. Ce qui est nouveau c'est que nous avons la possibilité de définir de nouvelles surcharges, et bien sûr l'utilisation du terme "surcharge" est elle-même relativement nouvelle.

Nous voyons maintenant que les significations prédéfinies de tous les opérateurs peuvent être considérées comme découlant d'une suite de fonctions dont les déclarations ressemblent à :

```
function "+" (LEFT, RIGHT : INTEGER) return INTEGER;
function "<" (LEFT, RIGHT : INTEGER) return BOOLEAN;
function "<" (LEFT, RIGHT : BOOLEAN) return BOOLEAN;
```

De plus, chaque fois que nous déclarons un nouveau type, nous pouvons créer de nouvelles surcharges de quelques opérateurs tels que = et <.

Bien que nous puissions ajouter de nouvelles significations aux opérateurs, nous ne pouvons pas changer la syntaxe d'appel. Ainsi, le nombre de paramètres de "*" doit toujours être deux et la priorité ne peut pas être modifiée, etc. Les opérateurs + et - sortent de l'ordinaire dans la mesure où une nouvelle définition peut avoir un ou deux paramètres selon que l'on veut les appeler comme des opérateurs unaires ou binaires. Ainsi, on peut récrire la fonction SOMME comme suit :

```
function "+" (A : VECTEUR) return REEL is
        RESULTAT : REEL := 0.0;
begin
        for I in A'RANGE loop
                RESULTAT := RESULTAT + A (I);
        end loop;
        return RESULTAT;
end "+";
```

et nous pouvons alors écrire :

```
S := +V;
```

plutôt que :

```
S := SOMME (V);
```

Les corps de fonctions dont les désignateurs sont des opérateurs constituent souvent des exemples intéressants d'utilisation de la surcharge. Ainsi, le corps de "*" contient une utilisation de * dans A(I)*B(I). Il n'y a bien sûr aucune ambiguïté puisque les expressions A(I) et B(I) sont de type REEL, tandis que notre surcharge s'intéresse au type VECTEUR. On court quelquefois le risque d'une récursion accidentelle. Cela s'applique particulièrement au cas où nous voulons remplacer une signification existante et non en ajouter une nouvelle.

Mis à part l'opérateur "=", il n'existe aucune règle particulière concernant le type des opérandes et du résultat pour de nouvelles surcharges. Ainsi, une nouvelle surcharge de "<" ne retourne pas nécessairement un résultat de type BOOLEAN. Les règles concernant "=" seront données au chapitre 9. Notons que /= ne peut pas être surchargé - il dérive toujours sa signification de celle de =.

On ne peut pas attribuer d'autres significations aux tests d'appartenance **in** et **not in** et aux formes de contrôle en raccourci **and then** et **or else**.

C'est la raison pour laquelle nous avons dit à la section 4.9 qu'ils n'étaient pas techniquement des opérateurs.

Enfin, notons que dans le cas des opérateurs représentés par des mots réservés, les caractères de la chaîne peuvent être de typographie quelconque. Ainsi, on peut déclarer une nouvelle surcharge de **or** comme "or" ou "OR" ou même "Or".

Exercice 7.2

1 Ecrire une fonction "<" qui opère sur deux nombres romains et les compare selon leur valeur numérique, c'est-à-dire de façon que "CCL" < "CCXC". Utiliser la fonction VALEUR de l'exercice 7.1(**5**).

2 Ecrire des fonctions "+" et "*" pour additionner et multiplier deux valeurs de type COMPLEXE. Voir l'exercice 6.5(**2**).

3 Ecrire une fonction "<" pour vérifier qu'une valeur de type PRIMAIRE appartient à un ensemble représenté par une valeur de type COULEUR. Voir la section 6.4.

4 Ecrire une fonction "<" pour vérifier qu'une valeur de type COULEUR est sous-ensemble d'une autre.

7.3 Procédures

L'autre forme de sous-programme est la procédure ; on appelle une procédure en tant qu'instruction. Nous avons vu beaucoup d'exemples d'appels de procédures où les paramètres étaient absents, tels que TRAVAILLER; FAIRE_LA_FETE; ACTION; etc.

Le corps d'une procédure est tout à fait semblable à celui d'une fonction. Les différences sont les suivantes :

- Une procédure débute par **procedure**.
- Son nom doit être un identificateur.
- Elle ne retourne pas de résultat.
- Les paramètres peuvent être de trois modes **in**, **out** ou **in out**.

On indique le mode d'un paramètre en faisant suivre le deux-points dans la spécification de paramètre par **in**, par **out** ou par **in out**. Si le mode est omis, il est pris comme **in** par défaut. Dans le cas des fonctions, seul le mode **in** est autorisé ; les exemples précédents omettaient **in**, mais nous aurions pu écrire, par exemple :

```
function SQRT (X : in REEL) return REEL;
function "*" (A, B : in VECTEUR) return REEL;
```

Citons le MR (section 6.2) pour résumer l'effet des trois modes.

in Le paramètre formel est une constante et il n'est possible que de lire la valeur du paramètre effectif associé.

in out Le paramètre formel est une variable et permet à la fois la lecture et la mise à jour du paramètre effectif associé.

out Le paramètre formel est une variable et permet la mise à jour de la valeur du paramètre effectif associé.

Comme exemple simple des modes **in** et **out** considérons :

```
procedure AJOUTER (A, B : in INTEGER; C : out INTEGER) is
begin
        C := A+B;
end AJOUTER;
```

avec :

```
P, Q : INTEGER;
...
AJOUTER (2+P, 37, Q);
```

A l'appel de AJOUTER, les expressions 2 + P et 37 sont évaluées (dans un ordre non précisé) et affectées aux paramètres formels A et B qui se comportent comme des constantes. La valeur de A + B est alors affectée à la variable formelle C. Au retour, la valeur de C est affectée à la variable Q. Ainsi, tout se passe (*grosso modo*) comme si nous avions écrit :

```
declare
        A : constant INTEGER := 2+P;        -- in
        B : constant INTEGER := 37;         -- in
        C : INTEGER;                        -- out
begin
        C := A+B;                           -- corps
        Q := C;                             -- out
end;
```

Comme exemple de mode **in out** considérons :

```
procedure INCREMENTER (X : in out INTEGER) is
begin
        X := X + 1;
end;
```

avec :

```
I : INTEGER;
...

INCREMENTER (I);
```

A l'appel de INCREMENTER, la valeur de I est affectée à la variable formelle X. La valeur de X est alors incrémentée. Au retour, la valeur finale de X est affectée au paramètre effectif I. C'est donc comme si nous avions écrit :

```
declare
        X : INTEGER := I;
begin
        X := X+1;
        I := X;
end;
```

Pour tout type scalaire (tel que INTEGER), les modes correspondent simplement à une copie de la valeur à l'appel pour **in** et à une copie en retour pour **out**, ou aux deux dans le cas de **in out**.

Si le mode est **in**, le paramètre effectif peut être n'importe quelle expression du type ou sous-type approprié. Si le mode est **out** ou **in out**, le paramètre effectif doit être une variable. L'identité d'une telle variable est déterminée à l'appel de la procédure et ne peut pas changer lors de l'appel.

Supposons que nous avons :

```
I : INTEGER;
A : array (1 .. 10) of INTEGER;
procedure FARFELU (X : in out INTEGER) is
begin
        I := I+1;
        X := X+1;
end;
```

alors les instructions :

```
A(5) := 1;
I := 5;
FARFELU (A(I));
```

auront pour effet de positionner A(5) à 2, I à 6, mais A(6) ne sera pas modifié.

Si un paramètre est un type composé (tel qu'un tableau ou un article), le mécanisme de copie décrit ci-dessus peut être utilisé ; mais une implémentation peut tout aussi bien utiliser un mécanisme de passage par référence (par adresse) dans lequel le paramètre formel fournit un accès direct au paramètre effectif. Un programme supposant un mécanisme de passage particulier est erroné. Un exemple de programme de ce genre est donné dans les exercices à la fin de cette section. Notons que, puisqu'un paramètre formel tableau prend ses bornes à partir de celles du paramètre effectif, les bornes sont toujours copiées au début, même dans le cas d'un paramètre de mode **out**. Bien sûr, pour des raisons de simplicité, une implémentation peut de toute façon toujours copier l'intégralité du tableau à l'appel.

Examinons maintenant le problème des contraintes s'appliquant aux paramètres.

Dans le cas des paramètres scalaires la situation est, comme l'on pouvait s'y attendre, calquée sur le mécanisme de passage par copie. Pour un paramètre de mode **in** ou **in out**, toute contrainte sur le paramètre formel doit être respectée par le paramètre effectif au début de l'appel. Réciproquement, pour un paramètre de mode **in out** ou **out**, toute contrainte sur la variable constituant le paramètre effectif doit être respectée par la valeur du paramètre formel au retour du sous-programme.

Dans le cas des tableaux la situation est quelque peu différente. Si le paramètre formel est d'un type tableau contraint, les bornes du paramètre effectif doivent être identiques ; il ne suffit pas que le nombre de composants dans chaque dimension soit le même ; le mécanisme de passage des paramètres est plus restrictif que l'affectation. Si, en revanche, le paramètre formel est d'un type tableau non contraint, alors, comme nous l'avons vu, celui-ci prend ses bornes à partir de celles du paramètre effectif. Ce qui suit s'applique quel que soit le mode du paramètre tableau. Des règles semblables s'appliquent aux résultats des fonctions ; si le résultat est d'un type tableau contraint, l'expression dans l'instruction return doit avoir les mêmes bornes. Un sous-produit des restrictions du mécanisme du paramètre et du résultat par rapport à l'affectation est le suivant : les agrégats tableaux avec **others** sont autorisés comme paramètres effectifs et dans les instructions return. Cependant, comme nous l'avons vu en section 6.2, ils ne sont généralement pas autorisés dans une affectation s'ils ne sont pas qualifiés.

Dans le cas des articles simples auxquels nous avons eu affaire jusqu'à présent, il n'existe pas de contraintes et, par conséquent, il n'y a rien à dire. Le mécanisme de passage des paramètres pour les autres sera examiné quand ceux-ci seront introduits.

Nous avons affirmé plus haut qu'un paramètre effectif correspondant à un paramètre formel de mode **out** ou **in out** doit être une variable. Cela couvre la possibilité qu'un paramètre effectif soit à son tour un paramètre formel d'un autre sous-programme englobant ; mais, naturellement, un paramètre de mode **out** ne peut pas être le paramètre effectif d'un paramètre formel de mode **in out** sinon on pourrait être tenté de lire le paramètre de mode **out**.

Une possibilité supplémentaire est qu'un paramètre effectif puisse aussi être une conversion de type pourvu que, bien sûr, la conversion soit autorisée. Comme exemple, puisque les conversions sont autorisées entre les types numériques, nous pouvons écrire :

```
R : REEL;
...
INCREMENTER (INTEGER (R));
```

Si R vaut initialement 2.3, il est converti à la valeur entière 2, incrémenté pour donner 3, converti en sens inverse au retour à 3.0 et affecté à R.

Cette conversion des paramètres de mode **in out** ou **out** est particulièrement utile dans le cas des tableaux. Supposons que nous écrivons une bibliothèque de sous-programmes destinés à s'appliquer au type LIGNE de la section 6.2. Les types LIGNE et VECTEUR sont fondamentalement identiques ; simplement, les auteurs ont utilisé des noms différents. Une conversion de types tableaux nous permet d'utiliser les deux groupes de sous-programmes sans avoir à changer systématiquement le nom des types.

Comme dernier exemple, considérons :

```
procedure SECOND_DEGRE  (A, B, C : in REEL;
                         RACINE_1, RACINE_2 : out REEL;
                         OK : out BOOLEAN) is
    D : constant REEL := B**2.0-4.0*A*C;
```

```
begin
        if D < 0.0 or A = 0.0 then
                OK := FALSE;
                return;
        end if;
        RACINE_1 := (-B+SQRT(D))/(2.0*A);
        RACINE_2 := (-B-SQRT(D))/(2.0*A);
        OK := TRUE;
end SECOND_DEGRE;
```

La procédure SECOND_DEGRE tente de résoudre l'équation :

$$ax^2 + bx + c = 0$$

Si les racines sont réelles, elles sont retournées via les paramètres RACINE_1 et RACINE_2 et OK est mis à TRUE. Si les racines sont complexes (D < 0.0) ou si l'équation dégénère (A = 0.0), OK est mis à FALSE.

Notons l'utilisation de l'instruction return. Puisqu'il s'agit d'une procédure, il n'y a pas de résultat à retourner et, par conséquent, le mot réservé **return** n'est suivi d'aucune expression. Elle ne fait que mettre à jour les paramètres **out** ou **in out**, selon les besoins, et repasse le contrôle à l'endroit où la procédure a été appelée. Notons aussi que, contrairement à une fonction, nous pouvons atteindre le **end** ; c'est équivalent à suivre une instruction return.

Le lecteur notera que si OK est positionné à FALSE, aucune valeur n'est affectée aux paramètres **out** RACINE_1 et RACINE_2. La règle de copie pour les paramètres scalaires implique que les paramètres effectifs correspondants deviennent indéfinis. En pratique, des valeurs aléatoires sont affectées aux paramètres effectifs et cela peut éventuellement lever CONSTRAINT_ERROR si un paramètre effectif est contraint. C'est probablement une mauvaise habitude et il vaut mieux affecter une valeur neutre comme 0.0 aux racines juste au cas où. (Dans les exemples tels que celui-ci, le mécanisme de passage des paramètres de mode **out** ne semble pas être aussi satisfaisant que le mécanisme plus simple de passage par référence d'Algol 68 ou de Pascal.)

On peut utiliser la procédure dans une suite d'instructions comme :

```
declare
        L, M, N : REEL;
        P, Q : REEL;
        STATUS : BOOLEAN;
```

```
begin
        -- Positionne des valeurs dans L, M, et N
        SECOND_DEGRE (L, M, N, P, Q, STATUS);
        if STATUS then
                -- Racines dans P et Q
        else
                -- Echec
        end if;
end;
```

Nous concluons cette section en soulignons qu'un paramètre de mode **out** ne peut pas être traité comme une variable à part entière puisqu'il ne peut pas être lu. Ainsi, les instructions de l'exemple ci-dessus ne peuvent pas être refondues en :

```
begin
        OK := D >= 0.0 and A /= 0.0;
        if not OK then
                return;
        end if;
        RACINE_1 := ...;
        RACINE_2 := ...;
end SECOND_DEGRE;
```

puisque l'expression booléenne **not** OK tente de lire le paramètre **out** OK.

Une exception à cette règle est que les bornes d'un tableau de mode **out** peuvent être lues bien que les composants ne puissent pas l'être. Souvenons-nous qu'un tableau formel prend toujours ses bornes à partir de celles du paramètre effectif. Une situation semblable s'applique aux discriminants d'articles que nous verrons au chapitre 11.

Exercice 7.3

1 Ecrire une procédure TROC pour échanger les valeurs de deux paramètres réels.

2 Récrire la fonction INVERSE de la section 7.1 comme une procédure ne prenant qu'un paramètre. L'utiliser pour inverser l'ordre d'un tableau de type LIGNE.

3 Pourquoi le fragment suivant est-il erroné?

```
A : VECTEUR(1 .. 1);
procedure P (V : VECTEUR) is
```

```
begin
        A(1) := V(1) + V(1);
        A(1) := V(1) + V(1);
end;
...
A(1) := 1.0;
P (A);
```

7.4 Paramètres nommés et paramètres par défaut

Les formes d'appels de sous-programmes que nous avons utilisées jusqu'à présent donnaient les paramètres effectifs dans l'ordre. Comme dans le cas des agrégats, nous pouvons nous servir de la notation par nom, dans laquelle le paramètre formel est aussi fourni ; les paramètres n'ont alors pas besoin de figurer dans l'ordre.

Nous pouvons donc écrire :

```
SECOND_DEGRE   (A => L, B => M, C => N,
                RACINE_1 => P, RACINE_2 => Q,
                OK => STATUS);
```

Nous pouvons même écrire :

```
INCREMENTER (X => X);
```

les portées n'entrent pas en conflit.

Cette notation peut aussi être utilisée pour des fonctions :

```
F := FACTORIELLE (N => 4);
S := SQRT (X => T+0.5);
R := SCALAIRE (B => W, A => V);
```

Cependant, on ne peut pas utiliser la notation par nom avec les opérateurs appelés avec la syntaxe infixe.

Comme dans le cas des agrégats articles, les notations par nom et par position peuvent être utilisées conjointement et tous les paramètres par position doivent apparaître en premier et dans l'ordre correct. Cependant, contrairement aux agrégats articles, chaque paramètre doit être donné individuellement et **others** ne peut pas être utilisé. Nous pouvons donc écrire :

```
SECOND_DEGRE    (L, M, N,
                 RACINE_1 => P, RACINE_2 => Q,
                 OK => STATUS);
```

La notation par nom conduit aux paramètres par défaut. Il arrive quelquefois qu'un ou plusieurs paramètres de mode **in** prennent communément la même valeur à chaque appel ; nous pouvons donner une expression par défaut dans la spécification de sous-programne, puis l'omettre dans l'appel.

Considérons le problème suivant : commander un Kir. Le consommateur est confronté à un ensemble de choix décrits par les types énumératifs suivants :

```
type VIN is (MUSCADET, CHAMPAGNE);
type STYLE is (GLACE, NATURE);
type EXTRA is (SIROP, ZESTE);
```

Les expressions de défaut peuvent être données dans une spécification de procédure :

```
procedure KIR   (BASE : VIN := MUSCADET;
                 COMMENT : STYLE := GLACE;
                 PLUS : EXTRA := SIROP);
```

Des appels typiques peuvent être :

```
KIR (COMMENT => NATURE);
KIR (CHAMPAGNE, PLUS => ZESTE);
KIR;
KIR (MUSCADET, NATURE);
```

Le premier appel utilise la notation par nom ; nous obtenons muscadet, nature et sirop. Le second appel utilise conjointement les notations par position et par nom ; dès qu'un paramètre est omis, on doit utiliser la notation par nom. Le dernier appel montre qu'un paramètre peut être fourni, même s'il ne fait que reprendre la valeur du défaut ; dans ce cas, cela évite d'utiliser la notation par nom pour le deuxième paramètre.

Notons que les expressions par défaut ne peuvent être données que pour des paramètres de mode **in**. Elles ne peuvent pas être données dans des opérateurs mais peuvent l'être dans des fonctions désignées par des identificateurs. Une telle expression de défaut (tout comme une expression de défaut pour une valeur initiale dans une déclaration d'article) n'est évaluée que quand elle est utilisée ; c'est-à-dire qu'elle est évaluée chaque fois que le sous-programme est appelé et qu'aucun paramètre effectif correspondant n'est fourni. Par conséquent, la valeur par défaut n'est pas nécessairement la même à chaque appel, bien que se soit généralement le cas. Les expressions de défaut sont utilisées avec libéralité dans le paquetage prédéfini d'entrées-sorties, pour fournir les formats par défaut.

Les expressions par défaut illustrent la règle subtile selon laquelle une spécification de paramètre de la forme :

```
P, Q : in INTEGER := E
```

est strictement équivalente à :

```
P : in INTEGER := E;
Q : in INTEGER := E
```

(Le lecteur se souviendra d'une règle semblable concernant les déclarations d'objets ; elle s'applique aussi aux composants d'articles.) Par conséquent, l'expression par défaut est évaluée pour chaque paramètre omis dans un appel. Cela n'a généralement pas d'importance sauf si l'expression E comprend un appel de fonction avec des effets de bord.

Exercice 7.4

1 Ecrire une fonction AJOUTER qui retourne la somme de deux paramètres entiers et prend la valeur par défaut de 1 pour le deuxième paramètre. De combien de façons différentes peut-elle être appelée pour retourner N + 1 (N est le premier paramètre effectif)?

2 Récrire la spécification de KIR pour dire que vous préférez le CHAMPAGNE en fin de semaine. Indication : déclarer une fonction pour retourner le nom de votre vin préféré selon la variable globale AUJOURD_HUI.

7.5 Surcharge

Nous avons vu en section 7.2 comment de nouvelles significations pouvaient être données pour les opérateurs préexistants du langage. Cette surcharge s'applique aux sous-programmes en général.

Un sous-programme surcharge une signification existante et ne la cache pas du moment que sa spécification est suffisamment différente. Le cachement intervient si l'ordre et le type de base des paramètres et du résultat (dans le cas d'une fonction) sont les mêmes. Une procédure ne peut pas cacher une fonction et vice-versa. Notons que le nom des paramètres, leur mode et la présence ou l'absence d'expressions de défauts ne sont pas pris en compte. Deux sous-programmes surchargés ou plus peuvent être déclarés dans la même partie déclarative.

Les sous-programmes et les littéraux d'énumération peuvent se surcharger mutuellement. En fait, un littéral d'énumération est considéré formellement comme une fonction sans paramètres retournant un résultat du type énumératif. Il existe deux catégories d'identificateurs - ceux qui sont surchargeables et ceux qui ne le sont pas. En tout point du programme, un identificateur se réfère soit à une entité unique de la catégorie des non surchargeables ou à l'une des nombreuses entités de la catégorie des surchargeables. Une déclaration de l'une des catégories cache l'autre catégorie et ne peut pas apparaître dans la même region déclarative.

Comme nous l'avons vu, les ambiguïtés découlant des surcharges peuvent se résoudre par la qualification. C'était nécessaire quand on se servait de l'opérateur "<" pour les chaînes dans la section 6.3. Comme nouvel exemple considérons le cas d'un restaurant ; arrive le fromage :

```
type FROMAGE is (VACHERIN, COMTE, GRUYERE);
```

et simultanément le dessert :

```
type DESSERT is (VACHERIN, FRAISIER);
```

et imaginer que nous pouvons passer les commandes par :

```
procedure COMMANDER (F : FROMAGE);
procedure COMMANDER (D : DESSERT);
```

Bien que :

```
COMMANDER (GRUYERE);
```

ne soit pas ambigu,

```
COMMANDER (VACHERIN);
```

l'est, puisque nous ne pouvons pas déterminer quel sous-programme est appelé. Nous devons écrire par exemple :

```
COMMANDER (DESSERT'(VACHERIN));
```

Exercice 7.5

1 Comment peut-on aussi lever l'ambiguïté de COMMANDER (VACHERIN)?

7.6 Déclarations, portées et visibilités

Nous avons dit plus haut qu'il est quelquefois nécessaire ou simplement pratique de donner la spécification d'un sous-programme seule, sans le corps. La spécification est alors suivie d'un point-virgule et elle est connue sous le nom de "déclaration de sous-programme". Un sous-programme complet, qui comprend toujours la spécification complète, est connu sous le nom de "corps de sous-programme".

Les déclarations et les corps de sous-programmes doivent, comme les autres déclarations, figurer dans une partie déclarative, et une déclaration de sous-programme doit être suivie du corps correspondant dans la même partie déclarative.

Un exemple de situation où il est nécessaire d'utiliser une déclaration de sous-programme apparaît avec des procédures mutuellement récursives. Supposons que nous voulons déclarer deux procédures F et G qui s'appellent mutuellement. En vertu des règles de visibilité, nous ne pouvons pas écrire l'appel de F dans le corps de G tant que F n'a pas été déclaré et vice-versa. De toute évidence ceci est impossible si nous écrivons simplement les corps puisque l'un doit apparaître après l'autre. Nous pouvons cependant écrire :

```
procedure F (...);              -- Déclaration de F

procedure G (...) is            -- Corps de G
begin
     F (...);
end G;

procedure F (...) is            -- Corps de F
begin                           -- qui répète sa spécification
     G (...);
end F;
```

et tout se passe bien.

Si la spécification est répétée, elle doit être donnée en totalité et les deux doivent être identiques. Techniquement, nous disons que les deux spécifications doivent concorder. Quelques légères variations sont néanmoins autorisées. Un littéral numérique peut être remplacé par un autre littéral numérique de même valeur ; un identificateur peut être remplacé par un nom sélecté, comme nous le verrons plus tard ; le nombre de blancs peut être différent. Notons que la raison principale pour laquelle les indications de sous-type ne sont pas autorisées dans les spécifications de paramètres est la suivante : écarter les problèmes concernant la concordance, car il n'est pas question d'évaluer les expressions de contrainte deux fois et d'avoir éventuellement des résultats différents à cause d'effets de bord. Aucun problème similaire n'apparaît pour les expressions par défaut (qui sont bien sûr écrites deux fois) puisque celles-ci ne sont évaluées que lorsque le sous-programme est appelé.

Un autre cas important où nous devons écrire une déclaration de sous-programme en plus du corps apparaîtra dans le chapitre suivant quand nous présenterons les paquetages. Même si cela n'est pas toujours nécessaire, il est quelquefois plus clair d'écrire les déclarations de sous-programmes en plus de leur corps, par exemple, lorsqu'un grand nombre de corps de sous-programmes apparaissent ensemble. Les déclarations de sous-programmes tiennent alors lieu de résumé.

Les corps de sous-programmes et les autres déclarations ne doivent pas être mélangées de façon arbitraire. Les corps doivent suivre les autres déclarations. Ceci évite que les petites déclarations ne soient noyées au milieu de grands corps.

Puisque les sous-programmes apparaissent dans des parties déclaratives et qu'ils contiennent eux-mêmes des parties déclaratives, ils peuvent être emboîtés textuellement sans limite. Les règles de cachement habituelles s'appliquant aux blocs, décrites à la section 4.2, s'appliquent aussi aux déclarations dans les sous-programmes. (La seule complication concerne la surcharge comme, nous l'avons vu dans la section précédente.) Considérons :

```
procedure P is
    I : INTEGER := 0;

    procedure Q is
        K : INTEGER := I;
        I : INTEGER;
        J : INTEGER;
```

```
        begin
            ...
        end Q;
        ...
    end P;
```

Tout comme dans l'exemple de la section 4.2, le I interne cache le I externe et, par conséquent, le I externe n'est pas visible dans la procédure Q après la déclaration du I interne.

Cependant, nous pouvons toujours nous référer au I externe au moyen de la notation pointée : il est alors préfixé par le nom de l'unité dans laquelle sa déclaration figure en direct, ainsi que par un point. Par conséquent, dans Q nous pouvons nous référer au I externe par P.I et nous pouvons initialiser J en écrivant par exemple :

```
J : INTEGER := P.I;
```

Si le préfixe est lui-même caché, il peut toujours s'écrire en utilisant la technique précédente. Ainsi, on peut se référer au I interne par P.Q.I.

On ne peut pas toujours se référer ainsi à un objet déclaré dans un bloc puisqu'un bloc n'a généralement pas de nom. Cependant, on peut donner un nom à un bloc comme on le fait pour une boucle :

```
EXTERNE:
declare
    I : INTEGER := 0;
begin
    ...
    declare
        K : INTEGER := I;
        I : INTEGER;
        J : INTEGER := EXTERNE.I;
    begin
        ...
    end;
end EXTERNE;
```

Ici, le bloc externe possède l'identificateur EXTERNE. Contrairement aux sous-programmes, on doit répéter l'identificateur après le **end** correspondant. Le nommage du bloc nous permet d'initialiser la déclaration interne de J avec la valeur du I externe.

Dans une boucle, il est possible de se référer à un paramètre de boucle caché d'une façon semblable. Nous pouvons même récrire l'exemple de la section 6.1 qui affecte zéro aux éléments de AA :

```
E:
for I in AA'RANGE(1) loop
        for I in AA'RANGE(2) loop
                AA(E.I, I) := 0.0;
        end loop;
end loop E;
```

mais il s'agit là d'un exemple un peu étrange!

Notons aussi que l'on peut toujours se servir de la notation pointée même quand cela n'est pas nécessaire.

Cette notation peut aussi s'appliquer aux opérateurs et aux littéraux caractères. Ainsi, on peut se référer à la variable RESULTAT déclarée dans "*" par "*".RESULTAT. De même, si "*" est déclaré dans un bloc B on peut s'y référer par B."*". Si l'on appelle celui-ci à l'aide de cette dernière forme, on doit se servir de l'appel de fonction normal.

```
R := B."*" (V, W);
```

Bien sûr, on peut toujours se servir de la forme fonctionnelle comme dans :

```
R := "*" (V, W);
```

Nous avons vu que les sous-programmes peuvent modifier des variables globales et par conséquent avoir des effets de bord. (un effet de bord est un effet réalisé indépendamment du mécanisme des paramètres). On considère généralement que écrire des sous-programmes, et plus particulièrement des fonctions, ayant des effets de bord est une mauvaise habitude. Cependant, certains sont utiles. Tout sous-programme effectuant des entrées-sorties a un effet de bord sur le fichier ; une fonction rendant les éléments successifs d'une suite de nombres aléatoires ne fonctionne que parce qu'elle possède des effets de bord ; si nous avons besoin de compter le nombre de fois qu'une fonction est appelée, nous utilisons un effet de bord ; les exemples abondent... Cependant, nous devons faire attention, quand nous utilisons des fonctions ayant des effets de bord, à ce que le programme soit correct puisqu'il existe plusieurs cas où l'ordre d'évaluation n'est pas défini.

Nous concluons cette section par une courte analyse de la hiérarchie de **exit, return** et **goto** et sur les portées des identificateurs de blocs, de boucles et d'étiquettes.

Une instruction return termine l'exécution du sous-programme immédiatement englobant. Elle peut apparaître dans un bloc interne ou dans une boucle du sous-programme, et, par conséquent, termine la boucle. En revanche, une instruction exit termine la boucle nommée ou immédiatement englobante. Elle peut également figurer dans un bloc interne mais pas dans un sous-programme déclaré dans la boucle et ainsi terminer le sous-programme. Une instruction goto peut transférer le contrôle en dehors d'une boucle ou d'un bloc, mais pas en dehors d'un sous-programme.

En ce qui concerne la portée des identificateurs d'étiquettes, de blocs et de boucles, ceux-ci se comportent comme s'ils avaient été déclarés à la fin de la partie déclarative du sous-programme ou bloc (ou corps de paquetage ou de tâche) immédiatement englobant. De plus, des identificateurs distincts doivent être utilisés pour tous les blocs, boucles, et étiquettes dans un même sous-programme (ou corps de paquetage ou de tâche), même s'ils se trouvent dans des blocs internes. Ainsi, deux étiquettes dans le même sous-programme ne peuvent pas avoir le même identificateur, même si elles se trouvent dans des blocs internes différents. Cette règle réduit le risque que des instructions goto se branchent à une mauvaise étiquette, particulièrement quand un programme est modifié.

Point 7

Les sous-types des paramètres et du résultat doivent être donnés à l'aide d'une marque de type et non par une indication de sous-type.

Une fonction doit retourner un résultat et donc ne peut pas atteindre son **end** final ; une procédure, en revanche, peut le faire.

L'ordre d'évaluation des paramètres n'est pas défini.

Une expression par défaut pour un paramètre n'est évaluée que lorsque le sous-programme est appelé et que le paramètre correspondant est omis.

Les paramètres effectifs et formels d'un type contraint doivent avoir les mêmes bornes.

Les paramètres scalaires sont copiés. Le mécanisme pour les tableaux et les articles n'est pas défini.

Les spécifications de paramètres sont séparées par des points-virgules et non par des virgules.

Chapitre 8 STRUCTURE GÉNÉRALE

Les chapitres précédents ont décrit les traits d'Ada à l'échelle microscopique avec une minutie considérable. Le langage présenté jusqu'à présent correspond aux domaines couverts par les langages des années 60 et du début des années 70, bien qu'Ada fournisse plus de fonctionnalités dans ces domaines. Nous arrivons maintenant aux domaines correspondant aux concepts d'abstraction des données et de programmation à un niveau macroscopique qui ont été mentionnés au chapitre 1.

Ce chapitre a pour objet les paquetages (qui sont le coeur d'Ada) et les mécanismes de compilation séparée. Nous précisons aussi les concepts de portée et de visibilité.

8.1 Paquetages

Un des principaux problèmes rencontrés dans les langages structurés par blocs, tels qu'Algol et Pascal, est qu'ils n'offrent pas un contrôle assez fin de la visibilité. Par exemple, supposons que nous avons une pile représentée par un tableau et une variable indiçant l'élément courant en haut de la pile, une procédure EMPILER pour ajouter un élément et une fonction DEPILER pour retirer un élément. Nous pouvons écrire :

```
MAX : constant := 100;
P : array (1..MAX) of INTEGER;
HAUT : INTEGER range 0..MAX;
```

pour représenter la pile et déclarer :

```
procedure EMPILER (X : INTEGER) is
begin
        HAUT := HAUT + 1;
        P(HAUT) := X;
end EMPILER;
```

```
function DEPILER return INTEGER is
begin
        HAUT := HAUT - 1;
        return P(HAUT+1);
end DEPILER;
```

Dans un langage structuré par blocs, il n'existe aucun moyen de permettre d'accéder aux sous-programmes EMPILER et DEPILER sans donner aussi un accès direct aux variables P et HAUT. Par conséquent, on ne peut pas nous obliger à utiliser le protocole correct ni à ne pas utiliser notre connaissance de l'implémentation de la pile.

Le paquetage Ada contourne cet écueil : il nous permet de placer une barrière autour d'un groupe de déclarations et de n'autoriser l'accès qu'aux variables que nous avons l'intention de rendre visibles. Un paquetage est formé de deux parties : la spécification qui donne l'interface vers le monde extérieur, et le corps qui donne les détails cachés.

L'exemple ci-dessus doit être écrit comme suit :

```
package PILE is                                         -- Spécification
        procedure EMPILER (X : INTEGER);
        function DEPILER return INTEGER;
end PILE;

package body PILE is                                    -- Corps
        MAX : constant := 100;
        P : array (1..MAX) of INTEGER;
        HAUT : INTEGER range 0..MAX;

        procedure EMPILER (X : INTEGER) is
        begin
                HAUT := HAUT + 1;
                P(HAUT) := X;
        end EMPILER;

        function DEPILER return INTEGER is
        begin
                HAUT := HAUT + 1;
                return P(HAUT+1);
        end DEPILER;

begin                                                   -- Initialisation
        HAUT := 0;
end PILE;
```

La spécification de paquetage débute par le mot réservé **package**, l'identificateur du paquetage et **is**. Puis vient la déclaration des entités qui doivent être visibles. Elle se termine par **end**, l'identificateur (éventuellement) et le point-virgule final. Dans l'exemple, nous n'avons que la déclaration des deux sous-programmes EMPILER et DEPILER.

Le corps de paquetage débute aussi par **package**, mais celui-ci est suivi de **body**, l'identificateur et **is**. Nous avons ensuite une partie déclarative normale, **begin**, une suite d'instructions, **end**, un identificateur facultatif et un point-virgule comme dans le cas d'un bloc ou d'un corps de sous-programme.

Dans l'exemple, la partie déclarative contient les variables qui représentent la pile et les corps de EMPILER et DEPILER. La suite d'instructions entre **begin** et **end** est exécutée quand le paquetage est élaboré, et elle peut servir pour procéder à une initialisation. Si aucune initialisation n'est nécessaire, le **begin** peut être omis. Bien sûr, dans cet exemple, nous pouvons également (et peut-être plus naturellement) effectuer l'initialisation en écrivant :

```
HAUT : INTEGER range 0..MAX := 0;
```

Notons qu'un paquetage est lui-même déclaré et n'est, par conséquent, qu'une des entités qui peuvent figurer dans une partie déclarative externe (à moins qu'il ne soit une unité de bibliothèque, qui est de toute façon la couche la plus externe).

Le paquetage illustre un autre cas où nous avons besoin séparément de la déclaration et du corps de sous-programme. Nous ne pouvons pas, bien sûr, mettre de corps dans une spécification de paquetage. Et de plus, si une spécification de paquetage contient la spécification d'un sous-programme, son corps doit alors contenir le corps de sous-programme correspondant. Nous pouvons considérer la spécification et le corps d'un paquetage comme une grande région déclarative n'ayant qu'une partie de ces éléments visibles. Mais, bien sûr, un corps de sous-programme peut être déclaré dans un corps de paquetage sans que sa spécification doive figurer dans la spécification de paquetage. Un sous-programme de ce genre est interne au paquetage et peut uniquement être appelé de l'intérieur, par des sous-programmes dont certains peuvent être visibles, ou encore par la suite d'instructions d'initialisation.

L'élaboration d'un corps de paquetage consiste simplement en l'élaboration des déclarations internes, suivie par l'exécution de la suite d'instructions d'initialisation, s'il y en a une. Le paquetage continue à exister jusqu'à la fin de la portée dans laquelle il est déclaré. Les entités déclarées dans le paquetage ont la même durée de vie que le paquetage lui-même. Ainsi, on peut considérer les variables P et HAUT comme des variables "own" au sens d'Algol 60 ; leur valeur est gardée entre des appels successifs à EMPILER et DEPILER.

On peut déclarer les paquetages dans n'importe quelle partie déclarative : dans un bloc, un sous-programme, ou bien sûr un autre paquetage. Si une spécification de paquetage est déclarée dans la spécification d'un autre paquetage, alors, comme dans le cas des sous-programmes, le corps de l'un doit figurer dans le corps de l'autre. Mais de nouveau, la spécification et le corps peuvent figurer ensemble dans le corps de paquetage.

Mis à part la règle selon laquelle une spécification de paquetage ne peut pas contenir de corps, celle-ci peut contenir toutes les autres sortes de déclarations que nous avons vues jusqu'à présent.

Revenons maintenant à l'utilisation de notre paquetage. Le paquetage lui-même a un nom et les entités de sa partie visible peuvent, d'une certaine façon, être considérées comme les composants du paquetage. Il est donc tout à fait naturel de devoir mentionner PILE pour accéder à EMPILER. La notation pointée est utilisée. Nous pouvons donc écrire :

```
declare
        package PILE is
                ...             -- Spécification et
                ...             -- corps
        end PILE;
begin
        ...
        PILE.EMPILER(M);
        ...
        N := PILE.DEPILER;
        ...
end;
```

Dans le paquetage, nous pouvons appeler EMPILER par EMPILER, mais nous pouvons toujours écrire PILE.EMPILER tout comme, dans le chapitre précédent, nous pouvions nous référer à la variable X de la procédure P par P.X. Dans le paquetage, nous pouvons nous référer à P ou PILE.P, mais à l'extérieur du paquetage MAX, P, et HAUT ne sont pas accessibles.

Il serait fastidieux de devoir toujours écrire PILE.EMPILER pour appeler EMPILER de l'extérieur. Nous pouvons plutôt écrire :

```
use PILE;
```

comme une sorte de déclaration, et nous pouvons par la suite nous référer à EMPILER et DEPILER directement. La clause use peut suivre la déclaration de PILE dans la même partie déclarative ou dans une autre partie déclarative où PILE est visible. Ecrivons :

```
declare
        use PILE;
begin
        ...
        EMPILER (M);
        ...
        N := DEPILER;
        ...
end;
```

La clause use est comme une déclaration et sa portée s'étend aussi jusqu'à la fin du bloc. A l'extérieur, nous devons revenir à la notation pointée. Nous pouvons avoir une clause use interne se référant au même paquetage - c'est inoffensif.

Nous pouvons déclarer deux paquetages ou plus dans la même partie déclarative. En général, nous pouvons placer toutes les spécifications ensemble, puis tous les corps ensemble, ou bien mettre chaque spécification avec le corps correspondant. Ainsi, nous pouvons avoir spec A, spec B, corps A, corps B, ou spec A, corps A, spec B, corps B.

Les règles gouvernant l'ordre sont simplement :

- La linéarité des règles de visibilité.
- La spécification doit précéder le corps du même paquetage (ou sous-programme).
- Les petits éléments doivent généralement précéder les plus gros.

Plus précisément, cette dernière règle signifie qu'un corps ne peut être suivi que par d'autres corps, des spécifications de sous-programmes et de paquetages (et de tâches) ou bien sûr des clauses use.

Evidemment, la partie visible d'un paquetage peut contenir autre chose que des sous-programmes. Un cas important, dans la pratique, est celui où elle ne contient aucun sous-programme mais simplement un groupe de variables, de constantes et de types apparentés. Le paquetage n'a alors pas besoin de corps. Elle ne fournit aucune propriété de cachement, fournit simplement une uniformité de nommage. (On peut fournir un corps ; son seul but est alors l'initialisation.)

Comme exemple, nous pouvons fournir un paquetage comprenant notre type JOUR et utiliser quelques constantes attenantes :

```
package DIURNE is
        type JOUR is (LUN, MAR, MER, JEU, VEN, SAM, DIM);
        subtype JOUR_OUVRABLE is JOUR range LUN..VEN;
        DEMAIN : constant array (JOUR) of JOUR
                        := (MAR, MER, JEU, VEN, SAM, DIM, LUN);
        JOUR_OUVRABLE_SUIV : constant array (JOUR_OUVRABLE) of
                        JOUR_OUVRABLE := (MAR, MER, JEU, VEN, LUN);
end DIURNE;
```

Enfin, on ne peut pas appeler un sous-programme durant l'élaboration d'une partie déclarative si son corps n'apparaît que plus tard. Cela n'empêche pas la récursion mutuelle car, dans ce cas, l'appel n'apparaît en fait qu'à l'exécution de la suite d'instructions. Mais cela empêche son utilisation comme valeur initiale. Ainsi :

```
function A return INTEGER;
I : INTEGER := A;
```

est illégal et provoquera la levée de PROGRAM_ERROR.

Cette règle s'applique aussi aux sous-programmes dans les paquetages. Nous ne pouvons pas appeler de sous-programme situé dans un paquetage tant que celui-ci n'a pas été élaboré.

Exercice 8.1

1 La suite définie par :

$$X_{n+1} := X_n.5^5 \bmod 2^{13}$$

fournit une source brute de nombres pseudo-aléatoires. La valeur initiale X_0 doit être un nombre entier dans l'intervalle $0..2^{13}$.

Ecrire un paquetage ALEATOIRE contenant la procedure INIT pour initialiser la suite et une fonction SUIVANT pour délivrer la valeur suivante de la suite.

2 Ecrire un paquetage NOMBRES_COMPLEXES qui rend visibles :

- Le type COMPLEXE,
- Une constante I (telle que $I^2 = -1$),
- Des fonctions +, - , *, / opérant sur des valeurs de type COMPLEXE.

Voir exercice 7.2(2).

8.2 Unités de bibliothèque

Beaucoup de langages n'ont pas, dans le passé, tenu compte du simple fait que les programmes sont écrits par morceaux, compilés séparément, puis liés en une seule entité. Ada reconnaît le besoin de compilation séparée et fournit deux mécanismes - un, du haut vers le bas, et l'autre du bas vers le haut.

Le mécanisme du haut vers le bas est adapté au développement d'un gros programme cohérent qui néanmoins, pour diverses raisons, est éclaté en sous-unités pouvant être compilées séparément. Les sous-unités sont compilées après l'unité dont elles dépendent. Ce mécanisme est décrit dans la section suivante.

Le mécanisme du bas vers le haut est adapté à la création d'une bibliothèque de programme : les unités sont écrites pour un usage général et par conséquent avant le programme qui les utilise. C'est ce mécanisme que nous allons maintenant exposer.

Une unité de bibliothèque peut être une spécification de sous-programme ou de paquetage ; le corps correspondant est appelé sous-unité. Ces unités peuvent être compilées individuellement ou soumises en un seul et même lot au compilateur. Nous pouvons ainsi compiler ensemble la spécification et le corps d'un paquetage mais, nous allons le voir, il est plus pratique de les compiler séparément. Comme d'habitude, un corps de sous-programme est suffisant pour définir pleinement le sous-programme ; c'est pourquoi il entre dans la catégorie des unités plutôt que dans celle des sous-unités.

Quand une unité est compilée, elle entre dans la bibliothèque. Il y aura bien sûr plusieurs bibliothèques de ce genre selon les utilisateurs, les projets, etc. Leur création et manipulation sort du cadre de ce livre. Une fois introduite, une unité peut être utilisée par toute unité compilée après elle, mais l'unité cliente doit indiquer la dépendance au moyen d'une clause with.

A titre d'exemple, supposons que nous compilons le paquetage PILE. Ce paquetage ne dépend d'aucune autre unité et donc n'a besoin d'aucune clause with. Nous compilons la spécification et le corps ensemble ; le texte soumis devient donc :

```
package PILE is
    ...
end PILE;
package body PILE is
    ...
end PILE;
```

Supposons maintenant que nous écrivons une procédure PRINCIPALE utilisant le paquetage PILE. Notre procédure PRINCIPALE est le programme principal au sens courant. Elle n'a pas de paramètres et nous pouvons imaginer qu'elle est appelée, par un tour de passe-passe, de l'extérieur du langage. La définition d'Ada n'impose pas que le programme principal s'appelle PRINCIPALE (ou "main" !) ; c'est simplement une convention que nous utilisons ici parce que nous avons besoin d'un nom.

Le texte soumis au compilateur peut être :

```
with PILE;
procedure PRINCIPALE is
        use STACK;
        M, N : INTEGER;
begin
        ...
        EMPILER (M);
        ...
        N := DEPILER;
        ...
end PRINCIPALE;
```

La clause with est placée avant l'unité pour que la dépendance vis-à-vis de l'autre unité apparaisse clairement au premier coup d'oeil. Une clause with ne peut pas être enchâssée dans une portée interne.

Si une unité dépend de plusieurs autres, ces dernières peuvent figurer dans une seule clause with, ou on peut utiliser une clause with distincte pour chacune. Nous pouvons ainsi écrire :

```
with PILE, DIURNE;
procedure PRINCIPALE is
        ...
```

ou encore :

```
with PILE;
with DIURNE;
procedure PRINCIPALE is
        ...
```

Pour plus de commodité, nous pouvons placer une clause use après une clause with. Ainsi :

```
with PILE; use PILE;
procedure PRINCIPALE is
        ...
```

et EMPILER et DEPILER sont directement visibles sans plus de frais.

Seules les dépendances directes doivent être données dans une clause with. Ainsi supposons que le paquetage P utilise les dispositifs du paquetage Q qui, à son tour, utilise les dispositifs du paquetage R ; à moins que le paquetage P n'utilise aussi directement R, seul Q a besoin de figurer dans la clause with de P. L'utilisateur de P ne se préoccupe pas de R et n'a pas à le prendre en compte ; si tel était le cas la hiérarchie de développement serait plus compliquée.

Notons que la clause with précédant la déclaration d'un paquetage ou d'un sous-programme s'applique aussi au corps. Il est permis de la répéter mais ce n'est pas nécessaire. Bien entendu, le corps peut avoir d'autres dépendances qui doivent, quoi qu'il en soit, être indiquées grâce à des clauses with. Les dépendances qui ne s'appliquent qu'au corps ne devraient pas être mentionnées au niveau de la spécification, car cela réduit l'indépendance entre le corps et la spécification.

Si une spécification et un corps de paquetage sont compilés séparément, le corps doit être compilé après la spécification. Cependant, toute unité qui utilise le paquetage dépend de la spécification et non du corps. Si le corps change sans que l'on ait besoin de modifier la spécification, il ne sera pas nécessaire de recompiler une quelconque unité. La faculté de compiler séparément la spécification et le corps devrait simplifier l'entretien des programmes.

La règle générale concernant l'ordre de compilation est simplement qu'une unité doit être compilée après toute unité dont elle dépend. Par conséquent, si une unité est changée et recompilée, toutes les unités dépendantes doivent aussi être recompilées. Tout ordre de compilation compatible avec la règle de dépendance est recevable.

Il existe un paquetage que l'on n'a pas besoin de mentionner dans une clause with : c'est le paquetage STANDARD qui contient en fait les déclarations de tous les types prédéfinis, tels que INTEGER et BOOLEAN. Il contient aussi un paquetage interne ASCII comprenant des constantes qui définissent les caractères de contrôle tels que CR et LF. Nous voyons maintenant pourquoi les caractères de contrôle étaient représentés par ASCII.CR etc. au chapitre 6. En écrivant **use** ASCII ; on peut, bien sûr, s'y référer en tant que CR. Le paquetage STANDARD est décrit plus en détail à l'annexe 2.

Une dernière règle très importante concerne les unités de bibliothèque. Elles doivent avoir des identificateurs distincts et ne peuvent pas se surcharger. De plus elles ne doivent pas être des opérateurs.

Exercice 8.2

1 Le paquetage D et les sous-programmes P, Q, et PRINCIPAL ont les clauses with suivantes :

spécification de D	pas de clause with
corps de D	**with** P, Q;
sous-programme P	pas de clause with
sous-programme Q	pas de clause with
sous-programme PRINCIPAL	**with** D;

Tracer un graphe montrant les dépendances entre les unités. Combien d'ordres de compilation différents peut-on trouver?

8.3 Sous-unités

Dans cette section, nous introduisons une autre forme d'unité secondaire connue sous le nom de sous-unité. Le corps d'un paquetage, d'un sous-programme (ou d'une tâche, voir chapitre 14) peut être retranché de l'unité de bibliothèque ou de l'unité secondaire immédiatement englobante, et on peut le compiler lui-même séparément. Un corps-souche remplace alors le corps dans l'unité englobante. Par exemple, supposons que nous retirons les corps des sous-programmes EMPILER et DEPILER du paquetage PILES. Le corps de PILES devient alors :

```
package body PILES is
        MAX : constant := 100;
        P : array (1..MAX) of INTEGER;
        HAUT : INTEGER range 0 .. MAX;
        procedure EMPILER (X : INTEGER) is separate;      -- Corps-souche
        function POP return INTEGER is separate;      -- Corps-souche
begin
        TOP := 0;
end PILES;
```

Les unités retirées sont appelées sous-unités ; on peut alors les compiler séparément. Elles doivent être précédées de **separate**, suivi du nom de l'unité mère entre parenthèses. Ainsi, la sous-unité EMPILER devient :

```
separate (EMPILER)
procedure EMPILER (X : INTEGER) is
begin
        TOP := TOP+1;
        P(TOP) := X;
end EMPILER;
```

et de même pour DEPILER.

Dans l'exemple ci-dessus, l'unité mère est (le corps d') une unité de bibliothèque. L'unité mère peut elle-même être une sous-unité ; alors, son nom doit être donné en entier en utilisant la notation pointée, commençant par l'unité ancêtre de bibliothèque. Ainsi, si R est une sous-unité de Q, qui est une sous-unité de P, qui est lui-même une unité de bibliothèque, le texte de R doit commencer par :

```
separate (P.Q)
```

Comme dans le cas des unités de bibliothèque, les sous-unités doivent avoir des identificateurs distincts. Mais, bien sûr, cela n'empêche pas les sous-unités de différentes unités d'avoir le même identificateur. Et, à leur tour, les sous-unités ne peuvent pas être des opérateurs.

Une sous-unité dépend de son unité mère (et de toute unité de bibliothèque explicitement mentionnée) et doit donc être compilée après elle.

La visibilité dans une sous-unité est la même qu'à l'endroit du corps souche correspondant - tout se passe comme si la sous-unité était découpée en laissant son environnement intact. Par suite, toute clause with s'appliquant à l'unité mère n'a pas besoin d'être répétée, simplement parce que la sous-unité est compilée séparément. Cependant, il est possible de donner à la sous-unité accès à d'autres unités de bibliothèque en la faisant précéder de ses propres clauses with (et éventuellement use). De telles clauses précèdent **separate**. Le texte de R peut débuter par :

```
with X; use X;
separate (P.Q)
...
```

Un motif de cette opération surviendra si nous pouvons supprimer toute référence à l'unité de bibliothèque X dans l'unité mère P.Q et réduire ainsi les dépendances. Cela nous donne une liberté plus grande quant à l'ordre de compilation ; si X est recompilée pour une raison quelconque, seule R a besoin d'être recompilée et non Q.

Notons qu'une clause with se réfère seulement aux unités de bibliothèques et jamais aux sous-unités. Enfin, remarquons que l'on peut compiler ensemble plusieurs sous-unités ou un mélange d'unités de bibliothèque, de corps d'unités de bibliothèque, et de sous-unités.

Exercice 8.3

1 Supposons que le paquetage PILES est écrit avec des sous-unités séparées EMPILER et DEPILER. Dessiner un graphe montrant les dépendances entre les cinq unités : la procédure PRINCIPALE, la procédure EMPILER, la fonction POP, la spécification de paquetage PILES et le corps de paquetage PILES. Combien d'ordres de compilation possibles peut-on former?

8.4 Portée et visibilité

Nous revenons une fois encore à la portée et à la visibilité. Dans cette section nous rassemblons les points principaux d'application quotidienne en Ada. Pour davantage de détails, nous renvoyons le lecteur au MR. Il vaut mieux peut-être dire que le MR utilise le terme de région déclarative pour exposer les règles de portée et de visibilité. Les blocs et les sous-programmes sont des exemples de régions déclaratives et les règles de portée s'y rapportant sont décrites aux sections 4.2 et 7.6. Considérons maintenant l'effet de l'introduction des paquetages.

Une spécification et un corps de paquetage constituent ensemble une seule région déclarative. Ainsi, si nous déclarons une variable X dans la spécification, nous ne pouvons pas redéclarer X dans le corps (sauf dans une région interne comme un sous-programme interne).

Dans le cas d'une déclaration dans la partie visible d'un paquetage, sa portée s'étend de la déclaration jusqu'à la fin de la portée du paquetage lui-même. Notons que si le paquetage est compris dans la partie visible d'un autre paquetage, cela signifie, en appliquant de nouveau la règle, que la portée s'étend jusqu'à la fin du paquetage interne et ainsi de suite.

Dans le cas d'une déclaration dans un corps de paquetage (ou dans la partie privée d'un paquetage - qui sera exposée au chapitre suivant), sa portée s'étend jusqu'à la fin du corps.

Dans le cas d'un simple emboîtement de blocs et de sous-programmes, une entité est visible tout au long de sa portée, à moins qu'elle ne soit cachée par une autre déclaration. Nous avons vu à la section 7.6 comment, même si elle était cachée, on pouvait néanmoins s'y référer en utilisant la notation pointée où le préfixe est le nom de l'unité englobant la déclaration. En bref, écrire le nom de l'unité englobante rend l'entité visible.

Dans le cas d'une entité déclarée dans un paquetage, les mêmes règles s'appliquent à l'intérieur. Mais à l'extérieur du paquetage elle n'est pas visible, à moins que nous n'écrivions le nom du paquetage ou une clause use.

Les identificateurs visibles à un endroit donné sont ceux visibles avant de prendre en considération les clauses use, plus ceux rendus visibles par les clauses use.

La règle de base est la suivante : un identificateur dans un paquetage est rendu visible par une clause use pourvu que le même identificateur ne figure pas également dans un autre paquetage sur lequel s'applique une clause use ; pourvu aussi que l'identificateur ne soit pas déjà visible. Si ces conditions ne sont pas remplies, l'identificateur n'est pas rendu visible et nous devons recourir à la notation pointée.

Une règle légèrement différente s'applique si tous les identificateurs sont des sous-programmes ou des littéraux d'énumération. Dans ce cas, ils se surchargent les uns les autres, à moins bien sûr que les déclarations n'entrent en conflit (c'est-à-dire puissent se cacher), auquel cas ils ne sont pas rendus visibles. Ainsi, un identificateur rendu visible par une clause use ne peut jamais cacher un identificateur bien qu'il puisse le surcharger.

L'intention générale de ces règles est d'assurer que l'addition d'une clause use n'invalide pas une portion de texte existant. Nous n'avons donné ici qu'un bref aperçu et le lecteur est sans doute un peu perdu. En pratique, il ne devrait y avoir aucun problème puisque le compilateur Ada indiquera (espérons-le) toute ambiguïté ou autre difficulté, et l'on pourra toujours rétablir la situation en ajoutant un qualificateur ou en utilisant un nom pointé.

Il existe d'autres règles concernant les noms de composants d'articles, de paramètres de sous-programmes et ainsi de suite, qui sont conformes à ce que l'on en attend. Par exemple, il n'y a pas de conflit entre un identificateur de composant d'article et une autre utilisation de l'identificateur en dehors de la définition de type elle-même. En effet, bien que les portées se recouvrent, les régions de visibilité ne se recouvrent pas. Considérons :

```
declare
        type R is
                record
                        I : INTEGER;
                end record;
        type S is
                record
                        I : INTEGER;
                end record;
        AR : R;
        AS : S;
        I : INTEGER;
begin
        ...
        I := AR.I+AS.I;   -- Légal
        ...
end;
```

La portée du I dans le type R s'étend de la déclaration de composant jusqu'à la fin du bloc. Cependant, sa visibilité est restreinte à l'intérieur de la déclaration de R, sauf dans le cas où il est rendu visible par l'utilisation de AR dans le composant sélecté. Il n'y a par conséquent pas de conflit.

Des considérations semblables préviennent le conflit dans les agrégats nommés et les paramètres nommés dans les appels de sous-programmes.

Notons qu'une clause use peut faire mention de plusieurs paquetages et qu'il peut être nécessaire de donner le nom du paquetage lui-même sous forme de nom sélecté. Une clause use ne prend effet qu'après le point-virgule. Supposons que nous avons des paquetages emboîtés :

```
package P1 is
        package P2 is
                ...
        end P2;
        ...
end P1;
```

A l'extérieur de P1 nous pouvons écrire :

```
use P1; use P2;
```

ou :

```
use P1, P1.P2;
```

mais non :

```
use P1, P2;
```

Nous pouvons même écrire **use** P1.P2; pour obtenir la visibilité des entités de P2 mais pas celles de P1 - cependant, cela est à ranger au nombre des curiosités.

Nous avons mentionné plus haut l'existence du paquetage STANDARD. Celui-ci contient toutes les entités prédéfinies mais, de plus, on devrait considérer que toutes les unités de bibliothèques sont déclarées à l'intérieur et à la fin de STANDARD. Voilà pourquoi une clause use explicite pour STANDARD n'est pas exigée. Une autre conséquence importante en découle : pourvu que l'on ne cache pas le nom de STANDARD en le redéfinissant, on peut toujours se référer à une unité de bibliothèque P par STANDARD.P. Ainsi, en l'absence de tout bloc ou boucle anonyme, ou de surcharge, tout identificateur du programme possède un identificateur unique commençant par STANDARD. Il vaut mieux éviter de redéfinir STANDARD.

8.5 Surnommage

Certaines entités peuvent être surnommées. Par exemple, nous pouvons écrire :

```
declare
        procedure PEMPILER (X : INTEGER) renames PILES.EMPILER;
        function PDEPILER return INTEGER renames PILES.DEPILER;
```

```
begin
        ...
        PEMPILER (M);
        ...
        N := PDEPILER;
        ...
end;
```

On peut aussi parfois résoudre des ambiguïtés en évitant d'utiliser la notation pointée. Ainsi, si nous avons deux paquetages avec chacun une procédure EMPILER (munie d'un paramètre de type INTEGER), une clause use n'est d'aucune utilité puisque le nom complet est nécessaire pour résoudre l'ambiguïté.

Autre exemple : supposons que nous souhaitons utiliser à la fois la fonction INTERNE et l'opérateur équivalent "*" du chapitre 7 sans déclarer deux sous-programmes distincts. Nous pouvons écrire :

```
function "*" (X, Y : VECTEUR) return REEL renames INTERNE;
```

ou :

```
function INTERNE (X, Y : VECTEUR) return REEL renames "*";
```

selon ce que nous avons déclaré en premier.

Le surnommage est aussi utile dans le cas des unités de bibliothèque. Ainsi, nous pouvons souhaiter avoir deux programmes surchargés ou plus et cependant vouloir les compiler séparément. Ce n'est pas possible directement puisque les unités de bibliothèque doivent avoir des noms distincts. Cependant, des unités de bibliothèque possédant des noms différents peuvent être surnommées pour que l'utilisateur voie l'effet désiré. La restriction selon laquelle une unité de bibliothèque ne peut pas être un opérateur se contourne de la même façon. Le même tour peut être joué aux sous-unités.

Si on surnomme un sous-programme, le nombre, le type de base, et le mode des paramètres (et du résultat, dans le cas d'une fonction) doit être le même. Cette information peut servir à résoudre les surcharges (comme dans le cas de "*") et, bien sûr, cette mise en correspondance a lieu à la compilation. Curieusement, il n'est tenu aucun compte des contraintes indiquées par le nouveau sous-programme ; seules celles du sous-programme originel s'appliquent.

D'autre part, la présence, l'absence ou la valeur de défaut des paramètres n'ont pas à être homologues. Le surnommage peut servir à introduire, changer ou retirer une expression de défaut ; les paramètres par défaut associés au nom sont ceux apparaissant dans la déclaration de surnommage. Par conséquent, le surnommage ne peut pas servir de biais pour donner des valeurs par défaut à un opérateur. De même, le nom des paramètres n'a pas à être le même mais, naturellement, les nouveaux noms doivent être utilisés dans les appels par nom du nouveau sous-programme.

L'unification des sous-programmes et des littéraux d'énumération est de nouveau illustrée par le fait qu'un littéral d'énumération peut être surnommé en fonction sans paramètres avec un résultat approprié. Par exemple :

```
function DIX return CHIFFRE_ROMAIN renames 'X';
```

Le surnommage peut aussi servir à évaluer partiellement le nom d'un objet. Supposons que nous avons un tableau d'articles tel que le tableau GENS de la section 6.5, et que nous souhaitons parcourir le tableau et imprimer les dates de naissance sous forme numérique. Nous pouvons écrire :

```
for I in GENS'RANGE loop
        PUT (GENS (I).NAISSANCE.JOUR); PUT (':');
        PUT (NOM_DE_MOIS'POS (GENS (I).NAISSANCE.MOIS + 1)); PUT (':');
        PUT (GENS (I).NAISSANCE.ANNEE);
end loop;
```

Il est fastidieux de répéter GENS (I) à chaque fois. Nous pouvons déclarer une variable D de type DATE et y copier GENS (I).NAISSANCE, mais ce serait un gaspillage monstrueux si l'article est quelque peu volumineux. Une meilleure technique fait appel au surnommage, ainsi :

```
for I in GENS'RANGE loop
        declare
                D : DATE renames GENS (I).NAISSANCE;
        begin
                PUT (GENS (I).NAISSANCE.JOUR); PUT (':');
                PUT (NOM_DE_MOIS'POS (GENS (I).NAISSANCE.MOIS + 1)); PUT
                (':');
                PUT (GENS (I).NAISSANCE.ANNEE);
        end;
end loop;
```

Ne pas oublier qu'un surnommage n'est pas une substitution de texte - l'identité de l'objet est déterminée par le point où le surnommage intervient. Si une variable dans le nom vient à changer par la suite, l'objet surnommé, lui, ne change pas. Il n'est tenu compte d'aucune contrainte induite par une marque de type dans la déclaration de surnommage ; les contraintes de l'objet originel continuent à s'appliquer.

Le surnommage peut s'appliquer à des objets (variables ou constants), des exceptions (voir chapitre 10), des sous-programmes et des paquetages. Dans le cas des paquetages, il prend la forme simple suivante :

```
package P renames PILES;
```

Bien que le surnommage ne s'applique pas directement aux types, un effet identique peut être réalisé en se servant d'un sous-type :

```
subtype S is T;
```

Enfin, notons que le surnommage ne cache pas l'ancien nom. L'utilisation inconsidérée du surnommage devrait être évitée, car les alias font que le programme est beaucoup plus difficile à prouver.

Point 8

Les variables, dans un paquetage, continuent à exister entre les appels des sous-programmes du paquetage.

Une unité de bibliothèque doit être compilée après toute autre unité mentionnée dans sa clause with.

Une sous-unité doit être compilée après son unité mère.

Un corps doit être compilé après la spécification correspondante.

Une spécification et un corps de paquetage forment un seule région déclarative.

Ne pas redéfinir STANDARD.

Le surnommage n'est pas une substitution de texte.

Chapitre 9 TYPES PRIVÉS

Nous avons vu comment les paquetages nous permettent de cacher les objets internes à l'utilisateur d'un paquetage. Les types privés nous permettent de cacher les détails de construction d'un type à l'utilisateur.

9.1 Types privés normaux

Dans l'exercice 8.1(2) nous avons écrit un paquetage NOMBRES_COMPLEXES fournissant un type COMPLEXE, une constante I et quelques opérations sur ce type. La spécification du paquetage était :

```
package NOMBRES_COMPLEXES is
        type COMPLEXE is
                record
                        RL, IM : REEL;
                end record;

        I : constant COMPLEXE := (0.0, 1.0);

        function "+" (X, Y : COMPLEXE) return COMPLEXE;
        function "-" (X, Y : COMPLEXE) return COMPLEXE;
        function "*" (X, Y : COMPLEXE) return COMPLEXE;
        function "/" (X, Y : COMPLEXE) return COMPLEXE;
end;
```

L'inconvénient de cette formulation est que l'utilisateur peut utiliser le fait que les nombres complexes ont une forme cartésienne. Au lieu d'utiliser systématiquement l'opérateur complexe +, l'utilisateur peut écrire par exemple :

```
C.IM := C.IM + 1;
```

plutôt que l'instruction plus abstraite :

```
C := C + I;
```

En fait, avec ce paquetage, l'utilisateur doit se servir de sa connaissance de la représentation pour construire des valeurs de ce type.

Nous pouvons souhaiter empêcher l'utilisation de cette information pour changer la représentation en une forme polaire dans le futur et nous assurer que le programme utilisateur est toujours correct. C'est réalisable à l'aide d'un type privé. Considérons :

```
package NOMBRES_COMPLEXES is
        type COMPLEXE is private;
        I : constant COMPLEXE;
        function "+" (X, Y : COMPLEXE) return COMPLEXE;
        function "-" (X, Y : COMPLEXE) return COMPLEXE;
        function "*" (X, Y : COMPLEXE) return COMPLEXE;
        function "/" (X, Y : COMPLEXE) return COMPLEXE;
        function CONS (R, I : REEL) return COMPLEXE;
        function RL_PART (X : COMPLEXE) return REEL;
        function IM_PART (X : COMPLEXE) return REEL;

private
        type COMPLEXE is
                record
                        RL, IM : REEL;
                end record;
        I : constant COMPLEXE := (0.0, 1.0);
end;
```

La partie de la spécification de paquetage précédant le mot réservé **private** constitue la partie visible du paquetage et fournit l'information disponible à l'extérieur. Le type COMPLEXE est déclaré comme privé. Les seules opérations disponibles sont l'affectation, = et /=, ainsi que celles fournies par l'implémenteur du paquetage, sous forme de sous-programmes spécifiés dans la partie visible.

Nous pouvons aussi déclarer des constantes de type privé telles que I dans la partie visible. La valeur initiale ne peut pas y être donnée car les détails du type ne sont pas encore connus. Ainsi, nous devons seulement indiquer que I est une constante ; une telle constante est appelée constante différée.

Après **private** nous devons fournir le détail des types déclarés comme privés et donner les valeurs initiales aux constantes différées correspondantes.

Un type privé peut être implémenté d'une façon quelconque du moment que celle-ci est compatible avec les opérations visibles par l'utilisateur. Il peut s'agir d'un article, comme nous l'avons vu plus haut ; ou bien d'un tableau, d'un type énumératif, etc., ou encore d'un type déclaré en termes d'un autre type privé. Dans le cas qui nous intéresse, il est clair que le type COMPLEXE est naturellement implémenté comme un article ; mais nous pouvons également utiliser un tableau à deux composants :

```
type COMPLEXE is array (1 .. 2) of REEL;
```

Une fois déclarés les détails du type privé, nous pouvons les utiliser et, par conséquent, déclarer convenablement les constantes et leur donner une valeur initiale.

Notons qu'en plus des fonctions +, -, *, et / nous avons fourni CONS pour fabriquer un nombre complexe à partir de ses composants réel et imaginaire, et RL_PART et IM_PART pour retourner ces composants. Ces fonctions sont nécessaires puisque l'utilisateur n'a plus accès directement à la structure du type. Bien sûr, le fait que CONS, RL_PART et IM_PART correspondent à l'idée que nous nous faisons des nombres complexes dans une représentation cartésienne ne nous empêche pas de les implémenter en polaire.

Le corps du paquetage est conforme à la réponse de l'exercice 8.1(2) avec en plus quelques fonctions banales. Il s'écrit donc :

```
package body NOMBRES_COMPLEXES is
    function "+" (X, Y : COMPLEXE) return COMPLEXE is
    begin
        return (X.RL+Y.RL, X.IM+Y.IM);
    end "+";

    -- - * / Même chose

    function CONS (R, I : REEL) return COMPLEXE is
    begin
        return (R, I);
    end CONS;
```

```
function RL_PART (X : COMPLEXE) return REEL is
begin
        return X.RL;
end;

-- IM_PART de même

end NOMBRES_COMPLEXES;
```

Le paquetage NOMBRES_COMPLEXES peut être utilisé dans un fragment :

```
declare
        use NOMBRES_COMPLEXES;
        C, D : COMPLEXE;
        R, S : REEL;
begin
        C := CONS (1.5, -6.0);
        D := C+1;                       -- + COMPLEXE
        R := RL_PART (D) + 6.0;         -- + REEL
        ...
end;
```

A l'extérieur du paquetage, nous pouvons déclarer des variables et des constantes de type COMPLEXE comme d'habitude. Notons l'utilisation de CONS pour créer un littéral complexe. Nous ne pouvons pas, bien sûr, effectuer d'opérations entre nos nombres complexes et réels. Ainsi, il est impossible d'écrire :

```
C := 2.0*C;
```

mais il faut écrire :

```
C := CONS (2.0, 0.0)*C;
```

Si l'on trouve cela fastidieux, on peut ajouter d'autres surcharges d'opérateurs pour autoriser les opérations mixtes.

Supposons que, pour une raison quelconque, nous désirons maintenant représenter les nombres en polaire. La partie visible du paquetage reste inchangée, mais la partie privée devient alors :

```
private
        PI : constant := 3.14159_26536;
        type COMPLEXE is
                record
                        R : REEL;
                        THETA : REEL range 0.0 .. 2.0*PI;
                end record;
        I : constant COMPLEXE := (1.0, 0.5*PI);
end;
```

Notons que nous déclarons la constante PI, pour des raisons pratiques, dans la partie privée ; nous pouvons, à notre convenance, déclarer toute entité autre qu'un corps dans une partie privée - nous ne sommes pas réduits à ne pouvoir déclarer que des complétudes de types ou de constantes. Les entités déclarées dans la partie privée sont aussi disponibles dans le corps.

Nous devons maintenant complètement récrire le corps de notre paquetage NOMBRES_COMPLEXES. Certaines fonctions se simplifient, d'autres deviennent plus compliquées. En particulier, il est utile de fournir une fonction pour normaliser l'angle Θ pour le ramener dans l'intervalle $0 .. 2\pi$. Les détails sont laissés au lecteur.

Cependant, puisque la partie visible n'a pas changé, le programme utilisateur ne nécessite aucune modification ; nous en avons la certitude car l'utilisateur ne peut en aucune façon faire des constructions dépendant des détails de la partie privée. Néanmoins, on devra recompiler le programme utilisateur à cause des règles générales de dépendance exposées en section 8.2. Cela peut paraître légèrement contradictoire, mais souvenons-nous que le compilateur a besoin de l'information de la partie privée pour pouvoir allouer la mémoire pour les objets de type privé déclarés dans le programme utilisateur. Si nous changeons la partie privée, la taille des objets peut aussi changer.

Un point intéressant : plutôt que de déclarer une constante différée, nous pouvons fournir une fonction sans paramètres :

```
function I return COMPLEXE;
```

Cela a le léger avantage de nous permettre de changer la valeur retournée sans changer la spécification de paquetage, ni par conséquent avoir à recompiler le programme utilisateur. Il est évident que dans le cas de I, nous aurons sans doute rarement besoin de changer la valeur!

Enfin, notons qu'entre la déclaration de type privé et la déclaration de type complet, le type est dans un état curieusement à moitié défini. C'est pourquoi il existe des restrictions sévères quant à son utilisation ; il ne peut être utilisé que dans les déclarations de constantes différées, d'autres types et sous-types, dans les spécifications de sous-programmes (ainsi que les entrées de tâches dont nous ferons la connaissance au chapitre 12). On ne peut pas s'en servir pour déclarer des variables.

Ainsi, nous pouvons écrire :

```
type TABLEAU_COMPLEXE is array (INTEGER range <>) of COMPLEXE;
```

puis :

```
C : constant TABLEAU_COMPLEXE (1 .. 10);
```

Mais jusqu'à la déclaration complète, nous ne pouvons pas déclarer de variables de type COMPLEXE et TABLEAU_COMPLEXE.

Cependant, nous pouvons déclarer les spécifications de sous-programmes munis de paramètres de type COMPLEXE ou TABLEAU_COMPLEXE et même fournir des expressions de défaut. Ces dernières peuvent utiliser des constantes différées et des fonctions ; c'est autorisé car il est clair qu'une expression de défaut n'est évaluée qu'à l'appel d'un sous-programme et ceci ne peut avoir lieu qu'après que le corps a été déclaré ; donc forcément après la déclaration de type complet.

Il existe plusieurs autres points subtils dont l'utilisateur moyen n'a pas à se préoccuper, mais qui sont décrits dans le MR. Cependant, la règle générale stipule que l'on ne doit utiliser que ce que l'on connaît déjà. Hors du paquetage nous savons seulement que le type est privé ; dans le paquetage et après la déclaration de type complet, nous connaissons toutes les propriétés impliquées par cette déclaration.

Comme exemple, considérons le type TABLEAU_COMPLEXE et l'opérateur <. (Souvenons-nous que < ne s'applique qu'aux tableaux dont les éléments sont discrets.) A l'extérieur du paquetage, nous ne pouvons pas utiliser <, puisque nous ne savons pas si le type COMPLEXE est discret. Dans le paquetage, nous nous rendons compte qu'il n'est pas discret et, de nouveau, nous ne pouvons pas nous servir de <. S'il était discret, nous pourrions utiliser < après la déclaration de type complet, mais, bien sûr, toujours pas à l'extérieur. D'autre part, les tranches s'appliquent à tous les tableaux unidimensionnels et nous pouvons donc nous en servir à la fois à l'extérieur et à l'intérieur du paquetage.

Exercice 9.1

1 Ecrire d'autres fonctions "*" pour rendre possible la multiplication mixte de nombres réels et complexes.

2 Compléter le paquetage NOMBRES_RATIONNELS dont la partie visible est :

```
package NOMBRES_RATIONNELS is

    type RATIONNEL is private;
    function "+" (X : RATIONNEL) return RATIONNEL;      -- + unaire
    function "-" (X : RATIONNEL) return RATIONNEL;      -- - unaire
    function "+" (X,Y : RATIONNEL) return RATIONNEL;
    function "-" (X,Y : RATIONNEL) return RATIONNEL;
    function "*" (X,Y : RATIONNEL) return RATIONNEL;
    function "/" (X,Y : RATIONNEL) return RATIONNEL;

    function "/" (X : INTEGER; Y : POSITIVE) return RATIONNEL;
    function NUMERATEUR (R: RATIONNEL) return INTEGER;
    function DENOMINATEUR (R: RATIONNEL) return POSITIVE;

private
    ...
end;
```

Un nombre rationnel est un nombre de la forme N/D, où N est un entier et D un entier positif. Pour que l'égalité prédéfinie puisse fonctionner, il est essentiel de réduire les nombres rationnels en éliminant leurs facteurs communs. On peut le faire en se servant de la fonction PGCD de l'exercice 7.1(7).

3 Pourquoi la fonction :

```
function "/" (X : INTEGER; Y : POSITIVE) return RATIONNEL;
```

ne cache-t-elle pas la division entière prédéfinie?

9.2 Types limités privés

Les opérations disponibles sur un type privé peuvent être complètement restreintes à celles spécifiées dans la partie visible du paquetage. On le réalise en déclarant le type à la fois comme limité et comme privé :

```
type T is limited private;
```

Dans un tel cas, l'affectation et les comparaisons prédéfinies d'égalité et d'inégalité ne sont pas disponibles à l'extérieur du paquetage. Cependant, le paquetage peut redéfinir une fonction "=" si les paramètres sont du même type limité ; elle doit retourner une valeur de type BOOLEAN. L'opérateur /= prend toujours sa signification à partir de = et, par conséquent, ne peut pas être explicitement défini.

Conséquence importante de l'absence d'affectation pour les types limités : la déclaration d'un objet ne peut pas contenir de valeur initiale ; ce qui à son tour implique qu'aucune constante ne peut être déclarée à l'extérieur du paquetage. De même, un composant d'article d'un type limité ne peut pas avoir d'expression de défaut initiale. Cependant, souvenons-nous que le mécanisme des paramètres de procédures n'est pas formellement une affectation ; en fait, nous pouvons déclarer nos propres sous-programmes munis de paramètres de type limité et de mode **in** ou **in out** à l'extérieur du paquetage de définition ; nous pouvons même fournir des expressions de défaut pour les paramètres de mode **in** ; les paramètres de mode **out** ne sont cependant pas autorisés pour une raison qui sera développée dans la section suivante.

Un type limité privé permet à l'auteur du paquetage d'avoir un contrôle total sur les objets du type - la copie des ressources peut être suivie, etc.

Comme exemple, considérons :

```
package PILES is
        type PILE is limited private;
        procedure EMPILER (P : in out PILE; X : in INTEGER);
        procedure DEPILER (P : in out PILE; X : out INTEGER);
        function "=" (P, Q : PILE) return BOOLEAN;
private
        MAX : constant := 100;
        type VECTEUR_ENTIER is array (INTEGER range <>) of INTEGER;
        type PILE is
                record
                        P : VECTEUR_ENTIER (1..MAX);
                        HAUT : INTEGER range 0 .. MAX := 0;
                end record;
end;
```

Chaque objet de type PILE est un article contenant un tableau P et un entier HAUT. Notons que HAUT a une valeur initiale de zéro. Cela assure que, lorsque nous déclarons un objet PILE, celui-ci est correctement initialisé et vide. Notons aussi l'introduction du type VECTEUR_ENTIER, car un composant d'article ne peut pas être un tableau anonyme.

Voici un corps du paquetage possible :

```
package body PILES is

        procedure EMPILER (P : in out PILE; X : in INTEGER) is
        begin
                P.HAUT := P.HAUT+1;
                P.P(P.HAUT) := X;
        end EMPILER;

        procedure DEPILER (P : in out PILE; X : out INTEGER) is
        begin
                X := P.P(P.HAUT);
                P.HAUT := P.HAUT-1;
        end DEPILER;

        function "=" (P, Q : PILE) return BOOLEAN is
        begin
                if P.HAUT /= Q.HAUT then
                        return FALSE;
                end if;
                for I in 1 .. P.HAUT loop
                        if P.P(I) /= Q.P(I) then
                                return FALSE;
                        end if;
                end loop;
                return TRUE;
        end "=";
end PILES;
```

Cet exemple illustre de nombreux points. Le paramètre P de EMPILER est de mode **in out**, car nous devons à la fois lire et écrire dans la pile. Notons aussi que DEPILER ne peut pas être une fonction puisque P doit être de mode **in out** et que les fonctions ne peuvent avoir que des paramètres de mode **in**. Cependant, "=" peut être une fonction, car nous n'avons besoin que de lire les valeurs des deux piles, non de les mettre à jour.

La fonction "=" implémente l'interprétation selon laquelle deux piles sont égales seulement si elles ont la même hauteur et si les éléments correspondants ont la même valeur. Il serait tout à fait faux de comparer les articles en entier car les composants inutilisés des articles seraient aussi comparés. C'est pourquoi le type PILE a été choisi comme limité privé plutôt que simplement privé. S'il n'était que privé, nous ne pourrions pas redéfinir = pour lui donner la signification correcte.

C'est un exemple typique d'une structure de données où la valeur du tout est plus que la somme de ses parties ; l'interprétation du tableau P dépend de la valeur de HAUT. Les cas où il existe une telle relation requièrent généralement un type limité privé.

Un point mineur : nous utilisons l'identificateur P de deux façons ; comme nom du paramètre formel dénotant la pile et comme nom de tableau dans l'article. Il n'y a pas de conflits car, bien que les portées se recouvrent, les régions de visibilité sont distinctes, comme exposé en section 8.4. Bien sûr, c'est plutôt déconcertant pour le lecteur et pas du meilleur goût, mais cela illustre la liberté dans le choix du nom des composants d'articles.

Le paquetage peut être un fragment :

```
declare
        use PILES;
        PQ . PILE,
        VIDE : PILE;
        ...
begin
        EMPILER (PQ, N);
        ...
        DEPILER (PQ, M);
        ...
        if PQ = EMPTY then
            ...
        end if;
        ...
end;
```

Nous avons déclaré ici deux piles PQ et VIDE. Les deux piles sont initialement vides, car leur composant interne HAUT a une valeur initiale de zéro. En supposant que nous ne manipulons pas VIDE, celle-ci peut alors servir pour tester si la pile PQ est vide en appelant la fonction "=". Cela peut sembler être un moyen douteux de tester si une pile est vide puisqu'il n'existe aucune garantie que VIDE n'a pas été manipulée. Il serait plus sûr de faire de VIDE une constante, mais, comme mentionné précédemment, nous ne pouvons pas déclarer de constante de type limité privé à l'extérieur. Nous pouvons néanmoins déclarer une constante VIDE dans la partie visible du paquetage. Une meilleure technique pour tester l'état d'une pile consisterait, bien sûr, à fournir dans le paquetage une fonction VIDE et son pendant PLEINE.

Nous pouvons écrire des sous-programmes munis de paramètres de type limité privé hors du paquetage de définition malgré l'absence d'affectation. Comme exemple simple, la procédure ci-dessous nous permet de déterminer la valeur du haut de la pile sans le retirer.

```
procedure HAUT_DE (P : in out PILE; X : in out INTEGER) is
begin
        DEPILER (P, X);
        EMPILER (P, X);
end;
```

La déclaration d'une fonction "=" n'est pas confinée au paquetage contenant la déclaration du type limité. Notons seulement qu'à l'extérieur du paquetage, nous ne pouvons pas voir la structure de ce type. De plus, un type composé contenant un composant ou plus de type limité, est lui-même considéré comme limité et, par conséquent, nous pouvons définir "=" pour un tel type. Ainsi, à l'extérieur du paquetage PILES, nous pouvons déclarer :

```
type TABLEAU_DE_PILES is array (INTEGER range <>) of PILE;
function "=" (A, B : TABLEAU_DE_PILES) return BOOLEAN;
```

où la définition d'un corps approprié est laissée au lecteur.

Souvenons-nous que, dans la partie privée (après la déclaration de type complet) et dans le corps, tout type privé (limité ou non) est traité selon sa représentation. Ainsi, dans le corps de PILES, le type PILE est simplement un type article ; l'affectation et ses implications (l'initialisation et les constantes) sont donc autorisées. Nous pouvons ainsi déclarer une procédure AFFECTATION (conçue pour être utilisée à l'extérieur du paquetage) :

```
procedure AFFECTATION (P : in PILE; Q : out PILE) is
begin
        Q := P;
end;
```

Le mécanisme de passage des paramètres de type privé est simplement celui correspondant à la façon dont il est représenté. Cela s'applique à la fois à l'intérieur et à l'extérieur du paquetage. A l'extérieur, bien sûr, nous ne savons rien de la représentation du type et, par conséquent, nous ne devons faire aucune supposition sur le mécanisme de passage utilisé.

Il est dommage qu'Ada ne sépare pas la faculté de permettre l'affectation et l'égalité définie par l'utilisateur. Par exemple, il serait raisonnable de permettre l'affectation des piles, mais, bien sûr, l'égalité prédéfinie n'est d'aucune utilité. De même, dans le cas d'un type tel que RATIONNEL de l'exercice 9.1(2), il serait utile de permettre la manipulation - et l'affectation - de valeurs non réduites une fois l'égalité convenablement redéfinie. Nous sommes donc obligés d'utiliser une forme procédurale telle que AFFECTATION ou de réduire toutes les valeurs à leur forme canonique, dans laquelle l'égalité composant par composant est satisfaisante. Dans le cas du type PILE, une forme convenable serait une forme où tous les composants inutilisés auraient une valeur conventionnelle telle que zéro.

Exercice 9.2

1 Récrire la spécification de PILES pour incorporer une constante VIDE dans la partie visible.

2 Ecrire les fonctions VIDE et PLEINE pour PILES.

3 Ecrire un corps convenable pour la fonction "=" s'appliquant au type TABLEAU_DE_PILES. La rendre conforme aux règles normales de l'égalité de tableaux que nous avons mentionnées à la fin de la section 6.2.

4 Récrire AFFECTATION pour PILES afin de ne copier que la partie utile de l'article.

5 Récrire PILES pour que PILE devienne un type privé normal. S'assurer que l'égalité fonctionne de façon satisfaisante.

9.3 Gestion des ressources

Un exemple important d'utilisation d'un type limité privé apparaît dans la gestion contrôlée de ressources. Considérons le modèle simple où chaque ressource possède une clef unique correspondante. Cette clef est alors délivrée à l'utilisateur quand la ressource est attribuée et doit, par la suite, être produite chaque fois que l'on accède à la ressource. Du moment qu'il n'existe qu'une seule clef et que la copie et le vol sont rendus impossibles, nous avons la certitude que le système est sans failles. Un mécanisme de manipulation et de réattribution de clefs est généralement nécessaire si l'on ne veut pas bloquer les ressources en permanence. Un exemple de la vie courante consiste à utiliser des clefs métalliques avec des boîtes postales, des cartes de crédit, etc.

Considérons maintenant :

```
package GESTION_DE_CLEF is
        type CLEF is limited private;
        procedure OBTENIR_CLEF (C : in out CLEF);
        procedure RENDRE_CLEF (C : in out CLEF);
        function VALABLE (C : CLEF) return BOOLEAN;
        ...
        procedure ACTION (C : in CLEF; ...);
        ...
private
        MAX : constant := 100;  -- Nombre de clefs
        subtype CODE_CLEF is INTEGER range 0 .. MAX;
        type CLEF is
                record
                        CODE : CODE_CLEF := 0;
                end record;
end;

package body GESTION_DE_CLEF is
        LIBRES :
                 array (CODE_CLEF range 1 .. CODE_CLEF'LAST) of BOOLEAN
                                                   := (others => TRUE);
        function VALABLE (C : CLEF) return BOOLEAN is
        begin
                return C.CODE /= 0;
        end;

        procedure OBTENIR_CLEF (C : in out CLEF) is
        begin
                if C.CODE = 0 then
                        for I in LIBRES'RANGE loop
                                if LIBRES (I) then
                                        LIBRES (I) := FALSE;
                                        C.CODE := I;
                                        return;
                                end if;
                        end loop;
                        -- Toutes les clefs sont utilisées
                end if;
        end;
```

```
        procedure RENDRE_CLEF (C : in out CLEF) is
        begin
                if C.CODE /= 0 then
                        LIBRES (C.CODE) := TRUE;
                        C.CODE := 0;
                end if;
        end;

        ...

        procedure ACTION (C : in CLEF; ...) is
        begin
                if VALABLE (C) then ...
                ...
        end;
end GESTION_DE_CLEF;
```

Le type CLEF est représenté par un article muni d'un unique composant CODE. Celui-ci a une valeur par défaut de zéro qui représente une clef illégale. Les valeurs de l'intervalle 1 .. MAX représentent l'attribution de la ressource correspondante. Quand nous déclarons une valeur de type CLEF, elle prend automatiquement une valeur de code de zéro. Pour utiliser la clef, nous devons d'abord appeler la procédure OBTENIR_CLEF ; celle-ci attribue la première clef libre à la variable. La clef peut, par la suite, être utilisée par différentes procédures telles que ACTION, qui représente une requête typique pour certains accès à la ressource gardée par la clef.

Finalement, la clef peut être libérée en appelant RENDRE_CLEF. Voici un fragment typique de programme utilisateur :

```
declare
        use GESTION_DE_CLEF;
        MA_CLEF : CLEF;
begin
        ...
        OBTENIR_CLEF (MA_CLEF);
        ...
        ACTION (MA_CLEF, ...);
        ...
        RENDRE_CLEF (MA_CLEF);
        ...
end;
```

On peut envisager une variable de type CLEF sous la forme d'une boîte contenant une clef. Lors de la déclaration initiale, la valeur par défaut peut être considérée comme représentant une boîte vide ; le type CLEF doit être un article, car seuls les composants d'articles peuvent prendre des valeurs initiales par défaut. Voyons comment on peut éviter les différents abus concernant les clefs.

- Si nous appelons OBTENIR_CLEF avec une valeur contenant déjà une clef valable, aucune clef n'est attribuée. Il est important de ne pas écraser une clef antérieure et valable, car elle serait perdue.

- Un appel à RENDRE_CLEF repositionne la variable à l'état par défaut pour prévenir l'utilisation de la variable comme clef jusqu'à ce qu'une nouvelle clef soit attribuée par un appel à OBTENIR_CLEF. Notons que l'utilisateur n'a pas la faculté de garder une copie de la clef : l'affectation n'est pas autorisée puisque le type CLEF est limité.

La fonction VALABLE est fournie pour que l'utilisateur sache si une clef contient la valeur par défaut ou une valeur attribuée. Il paraît tout à fait utile d'appeler VALABLE après OBTENIR_CLEF pour s'assurer que la gestion de clef a pu produire une nouvelle valeur. Notons qu'une fois qu'elles ont toutes été attribuées, un appel à OBTENIR_CLEF reste sans effet.

Il n'existe aucune obligation d'appeler RENDRE_CLEF avant de quitter la portée de MA_CLEF ; ce qui constitue une faille. La clef est perdue dans ce cas. Cela correspond à la situation réelle où la clef est perdue (bien que, dans notre modèle, personne ne puisse par la suite la trouver - tout se passe comme si elle était jetée dans un puits sans fond). Pour parer à cette éventualité, la gestion de clef peut supposer (comme dans une situation réelle) qu'une clef inutilisée pendant une période donnée a été retirée de la circulation. Bien sûr, la même clef ne sera pas réutilisée, mais la ressource qu'elle garde pourra être considérée comme réutilisable ; cela impliquera une surveillance des clefs en circulation et des ressources et une référence croisée des clefs vers les ressources.

Exercice 9.3

1 Compléter le paquetage dont la partie visible est :

```
package BANQUE is
    subtype ARGENT is NATURAL;
    type CLEF is limited private;
    procedure OUVRIR_COMPTE (C : in out CLEF; A : in ARGENT);
        -- Ouvrir le compte avec un montant initial A
```

```
        procedure CLOTURER_COMPTE (C : in out CLEF; A : in
        ARGENT);
                -- Clôturer le compte et récupérer le montant
        procedure DEPOSER (C : in CLEF; A : in ARGENT);
                -- Déposer le montant M
        procedure RETIRER (C : in CLEF; A : in out ARGENT);
                -- Retirer le montant A; si le compte ne contient pas A
                -- Rendre ce qui reste et clôturer le compte
        function RELEVE (C : CLEF) return ARGENT;
                -- Rend un relevé de la position courante
        function VALABLE (C : CLEF) return BOOLEAN;
                -- Vérifie si la clef est valable

private
        ...
```

2 En supposant que la réponse à la question précédente permette à la banque d'utiliser l'argent déposé, reformuler le type privé pour qu'il représente une tirelire ou un coffre où l'argent est gardé par l'utilisateur.

3 Un voleur écrit le fragment suivant :

```
declare
        use GESTION_DE_CLEF;
        MA_CLEF : CLEF;
        procedure TRICHER (COPIE : in out CLEF) is
        begin
                RENDRE_CLEF (MA_CLEF);
                ACTION (COPIE, ...);
                ...
        end;
begin
        OBTENIR_CLEF (MA_CLEF);
        TRICHER (MA_CLEF);
        ...
end;
```

Il tente de rendre la clef et d'utiliser la copie. Pourquoi en est-il empêché?

4 Un vandale écrit le fragment suivant :

```
declare
        use GESTION_DE_CLEF;
        MA_CLEF : CLEF;
```

```
        procedure DETRUIRE (C : out CLEF) is
        begin
            null;
        end;
begin
        OBTENIR_CLEF (MA_CLEF);
        DETRUIRE (MA_CLEF);
        ...
end;
```

Il tente de détruire la valeur de cette clef en appelant une procédure qui ne met pas à jour le paramètre de mode **out** ; il compte sur le fait que la règle de la copie en retour aura pour effet d'affecter une valeur erronée à la clef. Pourquoi en est-il empêché?

Point 9

Pour que l'égalité se comporte de façon sensée, les valeurs doivent avoir leur forme canonique.

Un type privé non limité peut être implémenté en termes d'un autre type privé, pourvu que celui-ci ne soit pas non plus limité.

Un type limité privé peut être implémenté en termes de tout autre type privé, limité ou non.

/= ne peut jamais être défini : il découle toujours de =.

= peut être défini à l'extérieur du paquetage définissant le type limité privé concerné.

Les règles s'appliquent transitivement aux types composés.

Chapitre 10 EXCEPTIONS

Au cours des chapitres précédents nous avons vu que, si quelque chose ne marche pas lors de l'exécution du programme, une exception, en général CONSTRAINT_ERROR, est levée. Dans ce chapitre, nous décrivons le mécanisme des exceptions et montrons quelles mesures nous pouvons prendre pour faire face à une telle situation. Nous expliquons aussi comment définir et utiliser nos propres exceptions. Les exceptions concernant l'interaction entre tâches seront traitées au chapitre 14.

10.1 Traitement des exceptions

Nous avons vu que, si nous violons certaines règles du langage, il peut se produire qu'une exception soit levée à l'exécution.

Il existe cinq exceptions prédéfinies. Nous avons déjà rencontré quatre d'entre elles :

CONSTRAINT_ERROR	qui correspond généralement à quelque chose sortant de ses bornes.
NUMERIC_ERROR	qui peut apparaître lors de problèmes arithmétiques, tels qu'une division par zéro ; voir section 4.9.
PROGRAM_ERROR	qui apparaît si nous tentons de violer la structure de contrôle d'une façon ou d'une autre, comme l'atteinte du **end** d'une fonction ou l'appel d'un sous-programme non encore élaboré ; voir sections 7.1 et 8.1,

STORAGE_ERROR qui apparaît si nous tombons en panne d'espace mémoire, par exemple quand nous appelons notre fonction récursive FACTORIELLE avec un paramètre élevé ; voir section 7.1.

L'exception prédéfinie restante est TASKING_ERROR. Elle concerne les tâches et sera par conséquent traitée au chapitre 14.

Si nous pensons qu'une exception va être levée dans une partie de notre programme, nous pouvons écrire un traite-exception pour y faire face. Par exemple, supposons que nous écrivons :

```
begin
        -- Suite d'instructions
exception
        when CONSTRAINT_ERROR =>
        -- Faire quelque chose
end;
```

Si CONSTRAINT_ERROR est levée lors de l'exécution de la suite d'instructions entre **begin** et **exception**, le flot de contrôle est interrompu et immédiatement transféré à la suite d'instructions suivant le =>. La clause commençant à **when** s'appelle traite-exception.

Comme exemple simple nous pouvons calculer DEMAIN à partir d'AUJOURD_HUI en écrivant :

```
begin
        DEMAIN := JOUR'SUCC(AUJOURD_HUI);
exception
        when CONSTRAINT_ERROR =>
                DEMAIN := JOUR'FIRST;
end;
```

Si AUJOURD_HUI vaut JOUR'LAST (c'est-à-dire DIM), quand nous tentons d'évaluer JOUR'SUCC(AUJOURD_HUI), l'exception CONSTRAINT_ERROR est levée. Le contrôle est alors transféré au traite-exception pour CONSTRAINT_ERROR et l'instruction DEMAIN := JOUR'FIRST; est exécutée. Le contrôle passe ensuite à la fin du bloc.

C'est un très mauvais exemple. Les exceptions ne devraient être utilisées que pour des cas se présentant rarement, ou pour ceux que l'on ne peut pas tester facilement à leur apparition. Quelles que soient les contorsions que l'on soit prêt à faire, dimanche ne pourra pas apparaître comme un événement rare. Plus de 14 % des jours sont des dimanches. Il n'est pas difficile non plus de tester la condition quand elle apparaît. Nous aurions dû en réalité écrire :

```
if AUJOURD_HUI = JOUR'LAST then
        DEMAIN := JOUR'FIRST;
else
        DEMAIN := JOUR'SUCC(AUJOURD_HUI);
end if;
```

Cependant, c'est un exemple simple à l'aide duquel nous pouvons illustrer le mécanisme mis en jeu.

On peut écrire plusieurs traite-exceptions entre **exception** et **end**. Considérons :

```
begin
        -- Suite d'instructions
exception
        when NUMERIC_ERROR | CONSTRAINT_ERROR =>
                PUT("NUMERIC_ERROR ou CONSTRAINT_ERROR");
                ...
        when STORAGE_ERROR =>
                PUT("Plus d'espace");
                ...
        when others =>
                PUT("Autre erreur");
end;
```

Dans cet exemple, un message est émis en fonction de l'exception. Notons la ressemblance avec l'instruction case. Chaque **when** est suivi d'un ou de plusieurs noms d'exceptions séparés par des barres verticales. Comme à l'accoutumée nous pouvons utiliser **others**, mais celui-ci doit être écrit à la fin et seul ; il traite toute exception n'ayant pas été déjà mentionnée dans les traite-exceptions antérieurs.

Les traite-exceptions peuvent apparaître à la fin d'un bloc, d'un corps de sous-programme, d'un corps de paquetage (ou d'un corps de tâche) et ont accès à toutes les entités déclarées dans le cadre. Les exemples ci-dessus ont montré un bloc dégénéré ne comprenant pas de **declare** ni de partie déclarative ; le bloc a été introduit dans le seul but de fournir un cadre dans lequel inscrire les traite-exceptions. Nous pouvons récrire notre mauvais exemple pour déterminer demain sous la forme d'une fonction ; ainsi :

```
function DEMAIN (AUJOURD_HUI : JOUR) return JOUR is
begin
      return JOUR'SUCC(AUJOURD_HUI);
exception
      when CONSTRAINT_ERROR =>
            return JOUR'FIRST;
end DEMAIN;
```

Il est important de comprendre que le contrôle ne peut jamais être rendu au cadre où l'exception a été levée. La suite d'instructions suivant => remplace le reste du cadre qui contient le traite-exception et achève ainsi l'exécution du cadre. Par conséquent, un traite-exception pour une fonction doit généralement comporter une instruction return pour fournir un résultat 'de détresse'.

En particulier, une instruction goto ne peut pas transférer le contrôle d'un cadre vers un de ses traite-exceptions ou d'un traite-exception vers un autre. Cependant, mis à part cette restriction, les instructions d'un traite-exception peuvent être aussi complexes que l'on veut. Elles peuvent comprendre des blocs, des appels de sous-programmes etc. Un traite-exception d'un bloc peut comporter une instruction goto transférant le contrôle vers une étiquette à l'extérieur du bloc. Il peut aussi comprendre une instruction exit si le bloc se trouve à l'intérieur d'une boucle.

Un traite-exception, à la fin d'un corps de paquetage, ne s'applique qu'à la suite d'instructions d'initialisation du paquetage et non aux sous-programmes du paquetage. De tels sous-programmes doivent avoir leurs propres traite-exceptions pour pouvoir faire face à des exceptions.

Considérons maintenant ce qui se passe si un cadre ne fournit pas de traite-exception pour une exception donnée. En fait, l'exception est propagée dynamiquement, ce qui signifie que le cadre est abandonné et que l'exception est levée au point où le cadre a été lancé. Dans le cas d'un bloc, on doit donc chercher un traite-exception dans le cadre contenant le bloc.

Dans le cas d'un sous-programme, l'appel est terminé et on doit chercher un traite-exception dans le cadre qui a appelé le sous-programme. Ce processus de déroulage se répète jusqu'à atteindre un cadre contenant un traite-exception convenable ou à arriver au niveau le plus haut. Si nous trouvons un cadre contenant un traite-exception adéquat, l'exception est traitée. Sinon, nous atteignons le programme principal et ne trouvons pas de traite-exception ; le programme principal est alors abandonné et nous sommes en droit d'attendre un message approprié de la part de l'environnement d'exécution. (Les exceptions non traitées dans les tâches sont examinées au chapitre 14.)

Il est important de comprendre que les exceptions sont propagées dynamiquement et non statiquement. Cela signifie qu'une exception qui n'est pas traitée par un sous-programme est propagée jusqu'au cadre appelant le sous-programme et non jusqu'au cadre comportant la déclaration du sous-programme (les deux pouvant éventuellement se confondre).

Si les instructions d'un traite-exception lèvent elles-mêmes une exception, le cadre est terminé et l'exception est propagée au cadre appelant ; le traite-exception ne boucle pas.

Exercice 10.1

Note : ces exercices mettent à l'épreuve votre compréhension des exceptions ; ils ne reflètent pas nécessairement les bonnes techniques de programmation Ada.

1 En supposant que l'appel de SQRT avec un paramètre négatif et qu'une tentative de division par zéro lèvent tous deux NUMERIC_ERROR, récrire la procédure SECOND_DEGRE de la section 7.3 sans tester explicitement D ou A.

2 Récrire la fonction FACTORIELLE de la section 7.1 pour qu'un appel avec un paramètre négatif (qui lèverait normalement CONSTRAINT_ERROR) ou un paramètre élevé (qui lèverait normalement STORAGE_ERROR ou NUMERIC_ERROR) retourne un résultat conventionnel de -1 (par exemple). Indication : déclarer une fonction interne ESCLAVE qui effectue en réalité ce travail.

10.2 Déclaration et levée des exceptions

Compter sur les exceptions prédéfinies pour détecter des situations inhabituelles mais prévues ne relève pas des meilleures techniques de programmations. Celles-ci, en effet, ne fournissent pas la garantie que ces exceptions résultent effectivement de la situation prévue. Quelque chose d'autre peut s'être mal passé.

Ainsi, considérons le paquetage PILE de la section 8.1. Si on appelle EMPILER quand la pile est pleine, l'instruction HAUT := HAUT+1; lèvera CONSTRAINT_ERROR. De même si on appelle DEPILER quand la pile est vide, HAUT := HAUT-1; lèvera aussi

CONSTRAINT_ERROR. Puisque EMPILER et DEPILER ne possèdent pas de traite-exception, l'exception sera propagée au cadre appelant. Ainsi nous pouvons écrire :

```
declare
        use PILE;
begin
        ...
        EMPILER(M);
        ...
        N := DEPILER;
        ...
exception
        when CONSTRAINT_ERROR =>
                -- Manipulation incorrecte de la pile?
end;
```

Une mauvaise utilisation de la pile aura pour effet de transférer le contrôle au traite-exception pour CONSTRAINT_ERROR. Cependant, il n'existe aucune garantie que l'exception survienne à cause d'une mauvaise utilisation de la pile ; une autre erreur a pu se produire dans le bloc.

Une meilleure solution consiste à lever une exception déclarée spécifiquement pour indiquer une mauvaise utilisation de la pile. Ainsi, le paquetage peut être récrit :

```
package PILE is
        ERREUR : exception;
        procedure EMPILER (X : INTEGER);
        function DEPILER return INTEGER;
end PILE;

package body PILE is
        MAX : constant := 100;
        P : array (1..MAX) of INTEGER;
        HAUT : INTEGER range 0..MAX;

        procedure EMPILER (X : INTEGER) is
        begin
                if HAUT = MAX then
                        raise ERREUR;
                end if;
                HAUT:= HAUT+1;
                P(HAUT) := X;
        end EMPILER;
```

```
        function DEPILER return INTEGER is
        begin
                if HAUT = 0 then
                        raise ERREUR;
                end if;
                HAUT := HAUT-1;
                return P(HAUT+1);
        end DEPILER;

begin
        HAUT := 0;
end PILE;
```

On déclare une exception d'une manière semblable à une variable et on la lève par une instruction raise explicite mentionnant l'exception. Les règles de traitement et de propagation s'appliquent comme dans le cas des exceptions prédéfinies. Nous pouvons écrire maintenant :

```
declare
        use PILE;
begin
        ...
        EMPILER(M);
        ...
        N := DEPILER;
        ...
exception
        when ERREUR =>
                -- Manipulation incorrecte de la pile
        when others =>
                -- Quelque chose d'autre s'est mal passé
end;
```

Nous avons maintenant réussi à distinguer le traite-exception pour mauvaise utilisation de la pile de celui pour les autres exceptions.

Notons que si nous n'avions pas fourni de clause use, nous aurions dû nous référer à l'exception en tant que PILE.ERREUR dans le traite-exception ; la notation pointée s'applique.

Que pouvons-nous espérer faire dans le traite-exception dans le cas ci-dessus? A part signaler que la manipulation de la pile s'est mal passée, nous espérons aussi réinitialiser la pile à un état acceptable bien que n'ayant pas fourni les moyens pratiques de le faire. Une procédure REINITIALISER dans le paquetage PILE serait utile. On peut aussi libérer toutes les ressources acquises dans le bloc ; sinon, elles seraient involontairement conservées. Supposons, par exemple, que nous ayons aussi utilisé le paquetage GESTION_DE_CLEF de la section 9.3. Nous pouvons appeler RENDRE_CLEF pour nous assurer qu'une clef déclarée et acquise dans le bloc est bien rendue. Souvenons-nous que RENDRE_CLEF n'occasionne aucun dommage, même si on l'appelle inutilement.

Nous pouvons aussi vouloir réinitialiser la pile et rendre la clef également dans le cas de toute autre exception ; nous pouvons donc tout aussi bien déclarer une procédure MENAGE pour effectuer toutes les actions requises. Ainsi, notre bloc pourra ressembler à :

```
declare
        use PILE, GESTION_DE_CLEF;
        MA_CLEF : CLEF;

        procedure MENAGE is
        begin
                RESET;
                RENDRE_CLEF (MA_CLEF);
        end;

begin
        PRENDRE_CLEF (MA_CLEF);
        ...
        EMPILER(M);
        ...
        ACTION (MA_CLEF, ...);
        ...
        N := DEPILER;
        ...
        RENDRE_CLEF (MA_CLEF);
exception
        when ERREUR =>
                PUT ("manipulation incorrecte de la pile");
                MENAGE;
        when others =>
                PUT ("autre erreur");
                MENAGE;
end;
```

Nous avons supposé que REINITIALISER est une autre procédure déclarée dans le paquetage PILE, mais notons que nous pouvons écrire notre propre procédure hors de PILE comme suit :

```
procedure REINITIALISER is
        FOUILLIS : INTEGER;
        use PILE;
begin
        loop
                FOUILLIS := DEPILER;
        end loop;
exception
        when ERREUR =>
                null;
end REINITIALISER;
```

Celle-ci effectue son travail en appelant DEPILER jusqu'à ce que ERREUR soit levée. Nous avons alors l'assurance que la pile est vide. Le traite-exception n'a rien à faire sinon empêcher la propagation de l'exception ; nous écrivons donc **null**. Cette procédure semble un peu alambiquée ; il vaudrait mieux avoir une procédure de réinitialisation dans le paquetage.

Quelquefois, les actions à entreprendre en réponse à une exception doivent être effectuées couche par couche. Dans l'exemple ci-dessus nous avons rendu la clef puis réinitialisé la pile, mais ce n'est pas pour autant que l'on ne peut pas considérer que le bloc a effectué correctement son travail. Nous pouvons indiquer la levée d'une exception comme dernière action du traite-exception.

```
exception
        when ERREUR =>
                PUT ("manipulation incorrecte de la pile");
                raise AUTRE_ERREUR;
        when others =>
                ...
end;
```

L'exception AUTRE_ERREUR sera propagée au cadre contenant le bloc. On peut, bien sûr, introduire l'instruction :

```
raise AUTRE_ERREUR;
```

dans la procédure MENAGE.

Quelquefois, il est pratique de traiter l'exception puis de propager la même exception. On peut le faire en écrivant :

```
raise;
```

Ceci est particulièrement utile lorsqu'on traite plusieurs exceptions à l'aide d'un traite-exception, puisqu'il n'y a pas moyen de nommer explicitement l'exception survenue.

Donc, nous pouvons avoir :

```
          when others =>
                PUT("autre erreur");
                MENAGE;
                raise;
     end;
```

L'environnement se souviendra de l'exception même si l'action du traite-exception lève et traite ses propres exceptions, comme cela se fait dans la procédure REINITIALISER. Cependant, notons qu'il existe une règle selon laquelle nous avons besoin d'écrire seulement **raise**; directement dans un traite-exception et non, par exemple, dans une procédure appelée par le traite-exception telle que MENAGE.

L'exemple de PILE illustre un exemple légitime d'utilisation d'exceptions. L'exception ERREUR ne devrait survenir que rarement (si elle survient) et il ne serait pas commode de tester la condition partout où elle apparaît. Pour réaliser cela, il faut fournir un paramètre supplémentaire de type BOOLEAN à EMPILER ; celui-ci doit être de mode **out** pour indiquer un problème possible, et doit être testé après chaque appel. Dans le cas de DEPILER nous devons aussi la refondre en procédure puisqu'une fonction ne peut pas prendre de paramètre de mode **out**.

La spécification de paquetage devient alors :

```
package PILE is
      procedure EMPILER (X : in INTEGER; B : out BOOLEAN);
      procedure DEPILER (X : out INTEGER; B : out BOOLEAN);
end;
```

et nous devons écrire :

```
declare
      use PILE;
      OK : BOOLEAN;
begin
      ...
      EMPILER (M, OK);
      if not OK then ... end if;
      ...
      DEPILER (N, OK);
```

```
        if not OK then ... end if;
        ...
    end;
```

L'utilisation d'une exception produit évidemment un programme mieux structuré.

Enfin, rien ne nous empêche de lever l'une des exceptions prédéfinies. Nous avons d'ailleurs indiqué lors de la discussion de la fonction INTERNE de la section 7.1 que le meilleur moyen de traiter le cas où les paramètres avaient des bornes différentes était de lever CONSTRAINT_ERROR explicitement.

Exercice 10.2

1 Récrire le paquetage ALEATOIRE de l'exercice 8.1(1) de telle sorte qu'il lève une exception MAUVAIS si la valeur initiale n'est pas impaire.

2 Récrire la réponse à l'exercice 10.1(2) pour que la fonction FACTORIELLE lève toujours CONSTRAINT_ERROR si le paramètre est négatif ou trop important.

10.3 Portée des exceptions

Dans une large mesure les exceptions suivent les mêmes règles de portée que les autres entités. Une exception peut cacher (et être cachée par) une autre déclaration ; elle peut être rendue visible par la notation pointée, etc. Une exception peut être renommée :

```
    AU_SECOURS : exception renames BANQUE.ALARME;
```

Les exceptions sont, cependant, différentes à beaucoup d'autres égards. Nous ne pouvons pas déclarer de tableaux d'exceptions ; elles ne peuvent pas être des composants d'articles, des paramètres de sous-programmes, etc. En résumé, les exceptions ne sont pas des objets et ne peuvent donc pas être manipulées. Elles sont de simples marques.

Il est important de souligner que les exceptions ne sont pas créées dynamiquement lors de l'éxécution du programme, mais on doit considérer qu'elles existent tout au long de la vie du programme. Cette particularité est liée à la façon dont les exceptions sont propagées dynamiquement le long de la chaîne d'exécution plutôt que statiquement le long de la chaîne de portée. Une exception peut être propagée hors de sa portée bien qu'alors elle ne puisse, bien sûr, être traitée que par others anonymement. Considérons l'exemple suivant :

```
declare
        procedure P is
                X : exception;
        begin
                raise X;
        end P;
begin
        P;
exception
        when others =>
                -- X est traitée ici
end;
```

La procédure P déclare et lève l'exception X mais ne la traite pas. Quand nous appelons P, l'exception X est propagée au bloc appelant P, où elle est traitée anonymement.

Il est même possible de propager une exception hors de sa portée : elle devient alors anonyme ; puis dans une région où elle peut de nouveau être traitée sous son nom. Considérons :

```
declare
        package P is
                procedure F;
                procedure H;
        end P;

        procedure G is
        begin
                P.H
        exception
                when others =>
                        raise;
        end G;

        package body P is
                X : exception;
                procedure F is
                begin
                        G;
```

```
            exception
                  when X =>
                        PUT ("Je la tiens");
            end F;

            procedure H is
            begin
                  raise X;
            end H;
      end P;

begin
      P.F;
end;
```

Le bloc déclare un paquetage P comportant les procédures F et H ainsi qu'une procédure G. Le bloc appelle F dans P, qui appelle G à l'extérieur de P qui, à son tour, appelle H de nouveau dans P. La procédure H lève l'exception X dont la portée est le corps de P. La procédure H ne traite pas X, donc elle est propagée à G qui a appelé H. La procédure G est à l'extérieur du paquetage P, donc l'exception X se trouve à ce moment à l'extérieur de sa portée ; néanmoins, G traite l'exception anonymement et la propage en retour dans le paquetage pour être traitée par F sous son nom.

Une autre illustration de la nature des exceptions est présentée par une procédure récursive contenant une déclaration d'exception. Contrairement aux variables déclarées dans une procédure, on n'obtient pas de nouvelle exception pour chaque appel récursif : chaque appel récursif se réfère à la même exception. Considérons l'exemple artificiel suivant :

```
procedure F (N : INTEGER) is
      X : exception;
begin
      if N = 0 then
            raise X;
      else
            F (N-1);
      end if;
exception
      when X =>
            PUT ("Je la tiens");
            raise;
      when others =>
            null;
end F;
```

Supposons que nous exécutons F(4); nous obtenons les appels récursifs F(3), F(2), F(1) et finalement F(0). Quand F est appelée avec un paramètre nul, elle lève l'exception X, la traite, imprime un message de confirmation, puis la lève à nouveau. L'instance d'appel de F (qui possède elle-même un N égal à 1) reçoit l'exception et, de nouveau, la traite en tant que X, etc. Le message est donc imprimé cinq fois en tout, et l'exception est levée anonymement. Observons que, si chaque appel récursif créait une exception différente, le message ne serait imprimé qu'une seule fois.

Dans tous les exemples que nous avons vus jusqu'à présent, les exceptions ont été levées par des instructions. Une exception peut cependant aussi être levée dans une déclaration. Ainsi :

```
N : POSITIVE := 0;
```

lève CONSTRAINT_ERROR car la valeur initiale de N ne satisfait pas à la contrainte intervalle 1..INTEGER'LAST du sous-type POSITIVE. Une exception levée dans une déclaration n'est traitée par aucun traite-exception (s'il y en a) du cadre contenant la déclaration, mais est immédiatement propagée au niveau supérieur. Cela signifie que dans tout traite-exception nous avons la certitude que toutes les déclarations du cadre ont été élaborées avec succès, et qu'il n'y a pas de risque de se référer à quelque chose qui n'existe pas.

Enfin, une mise en garde concernant les paramètres de mode **out** ou **in out** : si un sous-programme se termine par une exception, tout paramètre de type scalaire n'aura pas été mis à jour, puisqu'une telle mise à jour a lieu lors d'un retour normal. Pour un type tableau ou article le mécanisme de passage n'est pas défini aussi précisément et le paramètre effectif peut avoir ou ne pas avoir sa valeur de départ. Un programme qui présuppose un mécanisme particulier est bien sûr erroné. Comme exemple, considérons la procédure RETIRER du paquetage BANQUE de l'exercice 9.3(1). Il serait incorrect de tenter d'emporter la clef et de lever une alarme comme dans :

```
procedure RETIRER (K : in out CLEF; A in out ARGENT)is
begin
        if VALIDE(K) then
                if A > ARGENT_RESTANT then
                        M := ARGENT_RESTANT;
                        LIBERER (K.CODE) := TRUE;
                        K.CODE := 0;
                        raise ALARME;
```

```
            else
                ...
            end if;
        end if;
    end;
```

Si le passage du paramètre est implémenté par copie, la banque croit que la clef est libre, mais le client avide est parti avec une copie.

Exercice 10.3

1 Récrire le paquetage BANQUE de l'exercice 9.3(1) pour déclarer une exception ALARME et la lever quand une activité bancaire illicite est tentée. Eviter les problèmes avec les paramètres.

2 Considérer l'exemple pathologique suivant :

```
procedure P is
begin
    P;
exception
    when STORAGE_ERROR =>
        P;
end P;
```

Que se passe-t-il quand on appelle P? Pour être explicites, supposons qu'il y a assez d'espace pile pour seulement N appels récursifs simultanés de P, mais qu'au cours du N+1-ème appel, l'exception STORAGE_ERROR est levée. Combien de fois P sera appelé en tout et que se passe-t-il finalement?

Point 10

Ne pas utiliser les exceptions inconsidérément.

Utiliser des exceptions spécifiques déclarées par l'utilisateur de préférence aux exceptions prédéfinies, quand cela a un sens.

S'assurer que les traite-exceptions relâchent les ressources correctement.

Les paramètres de mode **out** ou **in out** peuvent ne pas être mis à jour correctement si une procédure se termine par une exception.

Chapitre 11 TYPES AVANCÉS

Dans ce chapitre, nous décrivons la plupart des classes de types restantes. Il s'agit des articles à discriminants, des types accès et des types dérivés. Les types numériques, qui se définissent en termes de types dérivés, seront traités au chapitre suivant, et les types tâches au chapitre 14.

11.1 Types articles à discriminants

Dans les types articles que nous avons vus jusqu'à présent il n'y avait pas de dépendances formelles entre les composants. Toute dépendance éxistait uniquement dans l'esprit du programmeur ; comme dans le cas du type limité privé PILE de la section 9.2, où l'interprétation du tableau P dépendait de la valeur de l'entier HAUT.

Dans le cas d'un type article à discriminants, certains des composants sont connus sous le terme de discriminants et les composants restants peuvent en dépendre. On peut considérer que les discriminants, qui doivent être de type discret, paramètrent le type, et la syntaxe révèle cette analogie.

Comme exemple simple, supposons que nous voulons écrire un paquetage fournissant différentes opérations sur les matrices carrées, et qu'en particulier nous voulons écrire une fonction TRACE, qui fait la somme des éléments diagonaux d'une matrice carrée. Nous pouvons envisager d'utiliser le type MATRICE de la section 6.2.

```
type MATRICE is array (INTEGER range <>, INTEGER range <>) of REEL;
```

mais notre fonction peut avoir à vérifier que la matrice passée en paramètre est bien carrée. Nous devons alors écrire une fonction du genre :

```
function TRACE (M : MATRICE) return REEL is
      SOMME : REEL := 0.0;
```

```
begin
    if M'FIRST(1) /= M'FIRST(2) or M'LAST(1) /= M'LAST(2) then
        raise NON_CARREE;
    end if;
    for I in M'RANGE loop;
        SOMME := SOMME+M(I, I);
    end loop;
    return SOMME;
end TRACE;
```

Ce n'est pas satisfaisant ; nous préférons utiliser une formulation nous assurant que la matrice est toujours carrée. Nous pouvons le faire en utilisant un type à discriminants. Considérons :

```
type CARREE (ORDRE : POSITIVE) is
    record
        MAT : MATRICE (1 .. ORDRE, 1 .. ORDRE);
    end record;
```

Voilà un type article à deux composants : le premier, ORDRE, est un discriminant du sous-type discret POSITIVE et le second, MAT, est un tableau dont les bornes dépendent de la valeur de ORDRE.

On peut déclarer les variables de type CARREE de la façon habituelle, mais on doit donner une valeur au discriminant sous la forme d'une contrainte :

```
M : CARREE(3);
```

On peut aussi se servir d'une notation par nom :

```
M : CARREE(ORDRE => 3);
```

La valeur fournie comme contrainte peut être une expression dynamique quelconque, mais une fois que la variable a été déclarée, sa contrainte ne peut pas être changée. Une valeur initiale pour M peut être fournie par l'intermédiaire d'un agrégat, mais, curieusement, celui-ci doit être complet et répéter la contrainte, ainsi :

```
M : CARREE(3) := (3,(1 .. 3 => (1 .. 3 => 0.0)));
```

Cependant, nous ne pouvons pas écrire :

```
M : CARREE(N) := (M.ORDRE,
                  (M.MAT'RANGE(1) => (M.MAT'RANGE(2) => 0.0)));
```

pour éviter de répéter N à cause de la règle stipulant que l'on ne peut pas se référer à un objet dans sa propre déclaration. Cependant :

```
declare
        M : CARREE(N);
begin
        M :=   (M.ORDRE,
               (M.MAT'RANGE(1) => (M.MAT'RANGE(2) => 0.0)));
```

est parfaitement légal. Si nous tentons d'assigner une valeur à M qui ne possède pas une valeur de discriminant correcte, CONSTRAINT_ERROR est levée.

On peut déclarer les constantes comme d'habitude et, de la même façon que pour les bornes de tableaux, on peut déduire la contrainte de discriminant de la valeur initiale.

Nous pouvons, bien sûr, introduire des sous-types :

```
subtype CARREE_3 is CARREE(3);
M : CARREE_3;
```

Nous pouvons maintenant récrire notre fonction TRACE comme suit :

```
function TRACE (M : CARREE) return REEL is
        SOMME : REEL := 0.0;
begin
        for I in M.MAT'RANGE loop
                SOMME := SOMME + M.MAT(I, I);
        end loop;
        return SOMME;
end TRACE;
```

Il n'existe maintenant aucun moyen pour qu'un appel à TRACE puisse recevoir une matrice non carrée. Notons que le discriminant du paramètre formel est déduit de celui du paramètre effectif comme pour les bornes d'un tableau. Les discriminants de paramètres ont beaucoup en commun avec les bornes de tableaux. Par exemple, un discriminant peut être lu, même dans le cas d'un paramètre de mode **out**. De nouveau, comme pour un tableau, le paramètre formel peut être contraint de la façon suivante :

```
function TRACE_3 (M : CARREE_3) return REEL;
```

mais alors le paramètre effectif doit avoir une valeur de discriminant de 3 ; sinon, CONSTRAINT_ERROR est levée.

Le résultat d'une fonction peut être d'un type à discriminants et, comme les tableaux, le résultat peut être une valeur dont le discriminant est inconnu jusqu'à ce que la fonction soit appelée. Ainsi, nous pouvons écrire une fonction pour retourner la transposée d'une matrice carrée :

```
function TRANSPOSER (M : CARREE) return CARREE is
        R : CARREE(M.ORDRE);
begin
        for I in 1 .. M.ORDRE loop
                for J in 1 .. M.ORDRE loop
                        R.MAT(I, J) := M.MAT(J, I);
                end loop;
        end loop;
        return R;
end TRANSPOSER;
```

Un type privé peut aussi avoir des discriminants et être implémenté à partir d'un type article avec les mêmes discriminants. Le type de la section 9.2 constitue un bon exemple. Nous éliminons le problème d'avoir toutes les piles de la même profondeur maximum de 100 en transformant MAX en discriminant. Ainsi, nous écrivons :

```
package PILES is
        type PILE (MAX : NATURAL) is limited private;
        procedure EMPILER (P : in out PILE; X : in INTEGER);
        procedure DEPILER (P : in out PILE; X : out INTEGER);
        function "=" (P, Q : PILE) return BOOLEAN;
private
        type VECTEUR_ENTIER is array (INTEGER range <>) of INTEGER;
        type PILE (MAX : NATURAL) is
                record
                        P : VECTEUR_ENTIER (1 .. MAX);
                        HAUT : INTEGER := 0;
                end record;
end;
```

Chaque variable de type PILE comprend maintenant un composant qui est un discriminant donnant la profondeur de pile maximum. Quand nous déclarons une pile nous devons fournir la valeur ainsi :

```
MA_PILE : PILE(100);
```

et, comme pour le type CARREE, la valeur du discriminant ne peut pas être modifiée par la suite. Bien sûr, le discriminant est visible et l'on peut s'y référer par MA_PILE.MAX bien que les composants soient privés.

Le corps du paquetage PILES reste le même (voir section 9.2). Notons en particulier que la fonction "=" peut servir à comparer les piles avec des valeurs différentes de MAX, puisqu'elle ne compare que les composants du tableau interne utilisés.

Bien que les constantes de type PILE ne puissent pas être déclarées en dehors du paquetage de définition (puisque le type est limité), on peut déclarer une constante différée dans la partie visible. Une telle déclaration ne peut pas fournir de valeur pour le discriminant puisque celle-ci est donnée dans la partie privée.

Remarquons maintenant que les discriminants ont plus d'un point commun avec les paramètres de sous-programmes. Le type ou le sous-type d'un discriminant doit être donné par une marque de type et non par une indication de sous-type. C'est pour que l'on puisse se servir de règles de concordance simples lorsqu'une spécification de discriminant doit être répétée dans le cas des types privés à discriminants, comme nous l'avons montré par le type PILE ci-dessus.

Un problème de concordance semblable survient dans le cas des constantes différées avec discriminants. Supposons que nous devons déclarer une constante PILE avec un discriminant de 3. On peut omettre le discriminant dans la partie visible et simplement écrire :

```
C : constant PILE;
```

et donner le discriminant dans la partie privée soit par une contrainte soit par l'intermédiaire de la valeur initiale obligatoire (ou par les deux) :

```
C : constant PILE(3) := (3, (1, 2, 3), 3);
```

Cependant, si nous souhaitons donner le discriminant dans la partie visible, nous devons introduire un sous-type ; on ne peut pas utiliser de contrainte dans une indication de sous-type. Ayant introduit le sous-type, la constante complète doit aussi se servir de celui-ci, car les marques de types doivent concorder. Ainsi, nous écrivons :

```
subtype PILE_3 is PILE(3);
C : constant PILE_3;
```

puis :

```
C : constant PILE_3 := (3, (1, 2, 3), 3);
```

dans la partie privée.

Les types à discriminants que nous avons vus jusqu'à présent étaient tels qu'une fois la variable déclarée, son discriminant ne peut plus être changé. Il est possible, toutefois, de fournir une expression de défaut pour un discriminant ; alors, la situation est différente. On peut, dans ce cas, déclarer une variable avec ou sans contrainte de discriminant. Si l'on en fournit une, la valeur remplace le défaut et, comme auparavant, le discriminant ne peut pas être changé. Si, en revanche, on déclare une variable sans valeur pour le discriminant, la valeur de l'expression de défaut est prise, mais elle peut par la suite être changée par une affectation d'article globale.

Supposons que nous voulons manipuler des polynômes de la forme :

$$P(x) = a_0 + a_1x + a_2x^2 + \dots a_nx^n$$

où $a_n \neq 0$ et $n \neq 0$.

Un tel polynôme peut être représenté par :

```
type POLY (DEGRE : INDICE) is
    record
        T : VECTEUR_ENTIER (0 .. DEGRE);
    end record;
```

où :

```
subtype INDICE is INTEGER range 0 .. MAX;
```

mais on doit alors déclarer une variable de type POLY avec une contrainte et par la suite elle doit être de cette taille fixe. C'est particulièrement gênant car la taille des polynômes ne peut être déterminée qu'après une suite de calculs compliqués. Par exemple, si nous soustrayons deux polynômes de DEGRE 3, le résultat n'aura un DEGRE 3 que si les coefficients de x^3 sont différents.

Cependant, si nous déclarons :

```
type POLYNOME (DEGRE : INDICE := 0) is
    record
        T : VECTEUR_ENTIER (0 .. DEGRE);
    end record;
```

nous déclarons ensuite les variables :

```
P, Q : POLYNOME;
```

qui n'ont pas de contraintes. La valeur initiale de leur discriminant est zéro, puisque la valeur par défaut pour DEGRE est zéro, mais il peut être changé ensuite par une affectation. Notons cependant qu'un discriminant ne peut être changé que par une affectation d'article complète. Ainsi :

```
P.N := 6;
```

est illégal. C'est assez naturel, puisque nous ne pouvons pas espérer que le tableau P.T ajuste ses bornes par magie.

On peut déclarer les variables de type POLYNOME avec des contraintes :

```
R : POLYNOME(5);
```

mais R est, par la suite, contraint de rester un polynôme de DEGRE 5.

Des valeurs initiales peuvent être données dans des déclarations de la façon habituelle :

```
P : POLYNOME := (3, (5, 0, 4, 2));
```

qui représente $5 + 4x^2 + 2x^3$. Notons qu'en dépit de la valeur initiale, P n'est pas contraint.

Dans la pratique on fait de POLYNOME un type privé pour pouvoir appliquer la règle exigeant que $a_n \neq 0$. Notons que l'égalité prédéfinie convient ici et nous ne sommes pas obligés d'utiliser un type limité privé. La déclaration de type privé et la déclaration complète de type doivent donner toutes deux l'expression de défaut pour DEGRE.

Notons encore une fois la ressemblance avec les paramètres de sous-programmes ; l'expression de défaut n'est évaluée que lorsqu'on en a besoin et ne doit pas nécessairement produire chaque fois la même valeur. De plus, les mêmes règles de concordance s'appliquent quand l'expression par défaut doit être répétée dans le cas d'un type privé.

Si nous déclarons une fonction telle que :

```
function "-" (P, Q : POLYNOME) return POLYNOME;
```

il est alors nécessaire de s'assurer que le résultat est normalisé de telle sorte que a_n ne soit pas nul. Cela peut être effectué grâce à la fonction suivante :

```
function NORMALISER (P : POLYNOME) return POLYNOME is
    TAILLE : INTEGER := P.DEGRE;
```

```
begin
        while TAILLE > 0 and P.T(TAILLE) = 0 loop
                TAILLE := TAILLE - 1;
        end loop;
        return (TAILLE, P.T(0 .. TAILLE));
end NORMALISER;
```

Voilà un nouvel exemple de fonction retournant une valeur dont le discriminant est inconnu jusqu'à ce que la fonction soit appelée. Notons l'utilisation de la tranche de tableau.

Il est possible de déclarer un type muni de plusieurs discriminants. On peut, par exemple, souhaiter manipuler des matrices qui, bien que non contraintes à être carrées, ont cependant les deux bornes inférieures égales à 1. On peut le faire comme suit :

```
type RECTANGLE(LIGNES, COLONNES : POSITIVE) is
        record
                MAT : MATRICE(1 .. LIGNES, 1 .. COLONNES);
        end record;
```

et on déclare ensuite :

```
R : RECTANGLE(2, 3);
```

ou :

```
R : RECTANGLE(LIGNES => 2, COLONNES => 3);
```

Les règles habituelles s'appliquent : les valeurs positionnelles sont données dans l'ordre, les valeurs nommées peuvent l'être dans un ordre quelconque et l'on peut se servir de la notation mixte bien que les valeurs positionnelles doivent apparaître en premier.

Si des expressions de défaut sont fournies, elles doivent l'être pour tous les discriminants du type. Cette règle est semblable à celles qui s'appliquent aux types tableaux multidimensionnels - toutes les bornes doivent être données. De nouveau, si des expressions de défaut sont fournies, les objets doivent être complètement contraints ou complètement non contraints. De même, un sous-type doit fournir toutes les contraintes ou aucune. Nous ne pouvons pas déclarer :

```
subtype LIGNE_3 is RECTANGLE(LIGNES => 3);
```

pour obtenir l'équivalent de :

```
type LIGNE_3(COLONNES : POSITIVE) is
    record
        MAT : MATRICE(1 .. 3, 1 .. COLONNES);
    end record;
```

L'attribut CONSTRAINED peut être appliqué à un objet d'un type à discriminants et rend une valeur booléenne indiquant si l'objet est contraint ou non. Pour tous les objets des types tels que CARREE et PILE qui ne possèdent pas de valeurs de défaut pour les discriminants, cet attribut sera bien sûr TRUE. Cependant, dans le cas d'objets d'un type tel que POLYNOME, qui possède une valeur de défaut, l'attribut peut valoir TRUE ou FALSE.

```
P'CONSTRAINED = FALSE
R'CONSTRAINED = TRUE
```

Nous avons mentionné plus haut qu'un paramètre formel non contraint prend la valeur de discriminant du paramètre effectif. Dans le cas d'un paramètre de mode **out** ou **in out**, le paramètre formel est contraint si le paramètre effectif est contraint (un paramètre de mode **in** est de toute façon constant). Supposons que nous déclarons une procédure pour tronquer un polynôme en éliminant son terme de plus haut degré :

```
procedure TRONQUER (P : in out POLYNOME) is
begin
    P := (P.DEGRE-1, P.T(0 .. P.DEGRE-1);
end;
```

puis étant donné :

```
Q : POLYNOME;
R : POLYNOME(5);
```

l'instruction :

```
TRONQUER (Q);
```

se passera bien, mais :

```
TRONQUER (R);
```

aura pour résultat de lever CONSTRAINT_ERROR.

Dans les exemples montrés, nous nous sommes servis des discriminants dans les contraintes d'indices pour les bornes supérieures des tableaux ; nous pouvons aussi nous en servir pour les bornes inférieures des tableaux. Dans la section suivante, nous décrirons comment un discriminant peut aussi servir à introduire une partie variantes. Nous verrons comment un discriminant doit être utilisé directement et non comme prenant part à une expression plus générale. Ainsi, nous ne pouvons pas déclarer :

```
type TABLEAU_SYMETRIQUE(N : POSITIVE) is
    record
        T : VECTEUR(-N, N);
    end record;
```

ou :

```
type DEUX_PAR_UN(N : POSITIVE) is
    record
        T : MATRICE(1 .. N, 1 .. 2*N);
    end record;
```

Exercice 11.1

1 Supposons que M est un objet de type MATRICE. Ecrire un appel de fonction TRACE dont le paramètre est un agrégat de type CARREE pour déterminer la trace de M. Que se passe-t-il si les deux dimensions de M ne sont pas égales?

2 Récrire la spécification de PILES pour inclure une constante VIDE dans la partie visible. Voir aussi l'exercice 9.2(1).

3 Ecrire une fonction PLEINE pour PILES. Voir aussi l'exercice 9.2(2).

4 Déclarer un POLYNOME représentant zéro (c'est-à-dire $0x^0$).

5 Ecrire une fonction "*" pour multiplier deux polynômes.

6 Ecrire une fonction "-" pour soustraire deux polynômes. Utiliser la fonction NORMALISER.

7 Récrire la procédure TRONQUER pour lever ERREUR_TRONCATURE si nous tentons de tronquer un polynôme contraint.

11.2 Parties variantes

Il est quelquefois commode d'avoir un type article dans lequel une partie de la structure est fixée pour tous les objets mais où le reste peut prendre plusieurs formes différentes. Cela peut se faire en utilisant une partie variantes et le choix entre les différentes alternatives est gouverné par la valeur d'un discriminant.

Considérons :

```
type GENRE is (MASCULIN, FEMININ);

type PERSONNE (SEXE : GENRE) is
    record
        NAISSANCE : DATE;
        case SEXE is
            when MASCULIN =>
                BARBU : BOOLEAN;
            when FEMININ =>
                ENFANTS : INTEGER;
        end case;
    end record;
```

Un type article PERSONNE est déclaré avec un discriminant SEXE. Le composant NAISSANCE de type DATE (voir section 6.5) est commun à tous les objets du type. Cependant, les composants restants dépendent de SEXE et sont déclarés comme partie variantes. Si la valeur de SEXE est MASCULIN, il y a alors un autre composant BARBU, tandis que si SEXE est féminin, il y a un autre composant ENFANTS. Seuls les hommes ont des barbes et les femmes (biologiquement) des enfants.

Puisqu'aucune expression de défaut n'est donnée pour le discriminant, tous les objets du type doivent être contraints. Nous déclarons par conséquent :

```
JOHN : PERSONNE(MASCULIN);
BARBARA : PERSONNE(FEMININ);
```

ou nous introduisons des sous-types et écrivons :

```
subtype HOMME is PERSONNE(SEXE => MASCULIN);
subtype FEMME is PERSONNE(SEXE => FEMININ);
JOHN : HOMME;
BARBARA : FEMME;
```

Les agrégats prennent la forme habituelle mais, bien sûr, ne donnent des valeurs que pour l'alternative correspondante dans la partie variantes. La valeur d'un discriminant gouvernant une partie variantes doit être statique pour que le compilateur puisse vérifier la cohérence de l'agrégat. Nous écrirons donc :

```
JOHN := (MASCULIN, (19, AUT, 1937), FALSE);
BARBARA := (FEMININ, (13, MAI,1943), 2);
```

mais non :

```
S : GENRE := FEMININ;
...
BARBARA := (S, (13, MAI, 1943), 2);
```

parce que S n'est pas statique ; c'est une variable.

On peut accéder aux composants d'une partie variantes et les changer de la façon habituelle. Nous écrirons :

```
JOHN.BARBE := TRUE;
BARBARA.ENFANTS := BARBARA.ENFANTS+1;
```

mais une tentative d'accéder à un composant de la mauvaise alternative tel que JOHN.ENFANTS lèvera CONSTRAINT_ERROR. Notons que, bien que le sexe des objets de type PERSONNE ne puisse pas être changé, il n'est pas nécessairement connu à la compilation. Nous pouvons avoir :

```
S : GENRE := ...
CHRIS : PERSONNE(S);
```

où le sexe de CHRIS n'est pas déterminé jusqu'à ce que il ou elle soit déclaré. La règle selon laquelle un discriminant doit être statique s'applique seulement aux agrégats.

Les variables de type PERSONNE sont obligatoirement contraintes car le type n'a pas d'expression de défaut pour le discriminant. Par conséquent il n'est pas possible d'affecter une valeur qui changerait le sexe ; une tentative de le faire lèvera CONSTRAINT_ERROR. Cependant, comme dans le cas du type POLYNOME, on peut déclarer une expression initiale de défaut pour le discriminant et donc déclarer des variables non contraintes. De telles variables non contraintes peuvent alors recevoir des valeurs munies de discriminants différents, mais uniquement lors d'une affectation globale d'article.

On peut donc avoir :

```
type GENRE is (MASCULIN, FEMININ, NEUTRE);

type PERSONNE (SEXE : GENRE := NEUTRE) is
    record
        NAISSANCE : DATE;
        case SEXE is
            when MASCULIN =>
                BARBU : BOOLEAN;
            when FEMININ =>
                ENFANTS : INTEGER;
            when NEUTRE =>
                null;
        end case;
    end record;
```

Notons que nous devons écrire **null** comme alternative dans le cas de NEUTRE, où nous ne voulons pas de composants. Comme pour une instruction null dans une instruction case, cela indique que nous voulons n'avoir aucun composant et non que nous l'avons oublié par accident.

Nous pouvons maintenant déclarer :

```
M : MUTANT;
```

Le sexe de ce mutant non contraint est neutre par défaut mais il peut être changé par une affectation d'article globale.

Notons la différence entre :

```
M : MUTANT := (NEUTRE, (1, JAN, 1984));
```

et :

```
N : MUTANT(NEUTRE) := (NEUTRE, (1, JAN, 1984));
```

Dans le premier cas le mutant n'est pas contraint mais est simplement neutre par hasard. Dans le deuxième cas, mutant est neutre de façon permanente. Cet exemple illustre aussi une forme d'agrégat où il n'y a pas de composants dans l'alternative ; s'il n'y en a pas, nous n'en n'écrirons pas - nous n'écrivons pas **null**.

Les règles concernant les alternatives suivent étroitement celles s'appliquant à l'instruction case décrite à la section 5.2. Chaque **when** est suivi d'un ou de plusieurs choix séparés par des barres verticales et chaque choix est soit une expression simple, soit un intervalle discret. On peut aussi se servir d'un choix **others** mais il doit être le seul de la dernière alternative. Toutes les valeurs et les intervalles doivent être statiques ; toutes les valeurs possibles du discriminant doivent être couvertes une fois et une fois seulement. Les valeurs possibles du discriminant sont celles de son sous-type statique (s'il y en a un) ou type. Chaque alternative peut contenir plusieurs déclarations de composants et, comme nous l'avons vu, peut être vide également.

Un article ne peut contenir qu'une partie variantes et doit suivre les autres composants. Cependant, les parties variantes peuvent être emboîtées ; les listes de composants dans une partie variantes peuvent comprendre à leur tour une partie variantes mais, de nouveau, celle-ci doit suivre les autres composants.

Notons aussi qu'il n'est pas possible d'utiliser le même identificateur pour des composants dans des alternatives différentes d'une partie variantes - tous les composants d'un article doivent avoir des identificateurs distincts.

Il faut insister sur les règles concernant la modification des discriminants. Si un objet est déclaré avec une contrainte de discriminant, celui-ci ne peut alors être modifié - après tout c'est une contrainte, au même titre qu'une contrainte intervalle et, par conséquent, le discriminant doit toujours respecter cette contrainte. Puisque la contrainte ne permet qu'une valeur, cela implique naturellement que le discriminant ne peut prendre que cette unique valeur et par conséquent ne peut être modifié.

L'autre considération fondamentale est que, pour des raisons d'implémentation, tous les objets doivent avoir des valeurs pour des composants discriminants. Par conséquent, si le type ne fournit pas d'expression initiale de défaut, la déclaration d'objet doit le faire, et puisque celle-ci est formulée comme une contrainte, l'objet est par suite contraint.

Il existe une restriction concernant les surnommages de composants d'un objet d'un type à discriminants. Si l'existence d'un composant dépend de la valeur d'un discriminant, ce composant ne peut pas être surnommé si l'objet est non contraint. Nous ne pouvons donc pas écrire :

```
C : INTEGER renames M.ENFANTS;
```

car on n'a aucune garantie que le composant M.ENFANTS du mutant M existera toujours après le surnommage, même s'il existe à l'élaboration du surnommage. Cependant :

```
C : INTEGER renames BARBARA.ENFANTS;
```

est légal car BARBARA est une personne et ne peut pas changer de sexe.

Nous avons vu qu'un discriminant peut servir de borne pour un tableau ainsi que d'expression gouvernant une partie variantes. Il peut aussi servir de contrainte de discriminant pour un composant interne. Nous pouvons déclarer un type comprenant deux composants de même taille :

```
type DI_POLYNOME(DEGRE : INDICE := 0) is
    record
        X : POLYNOME(N);
        Y : POLYNOME(N);
    end record;
```

Enfin, un discriminant peut aussi être utilisé dans une expression donnant une valeur initiale de défaut pour un composant d'article. Que la valeur du discriminant puisse ne pas être connue jusqu'à ce que le composant soit élaboré ne constitue pas un problème ; en effet l'expression initiale de défaut n'est évaluée que lorsque l'objet lui-même est élaboré et qu'aucune autre valeur initiale n'est fournie.

Cependant, nous ne pouvons utiliser de discriminants à aucune autre fin. Cela signifie malheureusement que, lorsque nous avons déclaré le type PILE dans la section précédente, nous ne pouvons pas continuer à appliquer la contrainte à HAUT en écrivant :

```
type PILE(MAX : NATURAL) is
    record
        P : VECTEUR_ENTIER(1 .. MAX);
        HAUT : INTEGER range 0 .. MAX := 0;
    end record;
```

puisque l'utilisation de MAX dans la contrainte intervalle n'est pas autorisée.

Enfin, un discriminant peut ne pas être utilisé du tout. Il peut être traité comme un simple composant d'article. Cela peut être particulièrement utile si nous souhaitons avoir un type où quelques composants sont privés et d'autres visibles. Comme exemple à la fois intéressant et limite, considérons le type CLEF de la section 9.3. Nous pouvons le transformer de la façon suivante :

```
type CLEF(CODE : INTEGER := 0) is limited private;
```

avec :

```
type CLEF(CODE : INTEGER := 0) is
    record
        null;
    end record;
```

Avec cette formulation, l'utilisateur peut lire le code de cette clef, mais ne peut pas le changer.

Exercice 11.2

1 Ecrire une procédure RASER qui prend un paramètre de type PERSONNE et retire la BARBE si le paramètre est masculin et lève l'exception ERREUR_RASAGE si le paramètre est féminin.

2 Ecrire une procédure STERILISER qui prend un paramètre de type MUTANT, s'assure que le sexe est NEUTRE en le changeant si nécessaire et possible, lève sinon l'exception appropriée.

3 Déclarer le type OBJET qui décrit des objets géométriques : cercle, carré, rectangle. Un cercle est caractérisé par son rayon, un carré par son côté, et un rectangle par sa longueur et sa largeur.

4 Ecrire une fonction AIRE retournant l'aire d'un objet.

5 Récrire la déclaration du type POLYNOME de la section 11.1 de façon que la valeur initiale de défaut d'un polynôme de degré n représente x^n. Indication : déclarer une fonction auxiliaire retournant une valeur tableau appropriée.

11.3 Types accès

Dans le cas des types que nous avons vus jusqu'à présent, le nom d'un objet était irrévocablement lié à l'objet lui-même, et la durée de vie d'un objet s'étendait de sa déclaration jusqu'au point où le contrôle quittait le cadre comprenant la déclaration. Cela impose une restriction trop importante pour bon nombre d'applications où un contrôle plus souple de l'allocation des objets est requis. En Ada, on se servira des types accès. Les objets d'un type accès, comme leur nom l'indique, fournissent un accès à d'autres objets et ces autres objets peuvent être alloués indépendamment de la structure de bloc.

Pour les lecteurs qui ont l'habitude d'autres langages, un objet accès peut être considéré comme une référence ou un pointeur. Le terme référence a mauvaise presse à cause des références laissées ouvertes dans Algol 68. Il en est de même pour les pointeurs à cause des pointeurs anonymes de PL/I. Ainsi, on considérera le nouveau terme d'accès comme un terme muni d'une nouvelle jeunesse pour désigner une référence ou un pointeur. Cependant, les objets accès Ada sont fortement typés et, comme nous le verrons, le problème des références ouvertes n'existe pas.

L'une des utilisations les plus simples d'un type accès apparaît dans le traitement des listes.

Considérons :

```
type CELLULE;

type LIEN is access CELLULE;

type CELLULE is
    record
        VALEUR : INTEGER;
        SUIVANT : LIEN;
    end record;

L : LIEN;
```

Ces déclarations introduisent le type LIEN qui accède à CELLULE. La variable L peut être considérée comme une variable de référence pouvant ne pointer que vers des objets de type CELLULE ; ceux-ci sont des articles à deux composants, VALEUR de type INTEGER et NEXT qui est aussi un LIEN, et peut par conséquent accéder (pointer ou référencer) à d'autres objets de type CELLULE. Les articles peuvent donc être organisés en liste chaînée. Initialement aucun objet article n'existe. Par défaut, il n'existe que l'unique accès L qui prend la valeur **null** qui pointe nulle part. Nous pouvons donner explicitement cette valeur de défaut à L par :

```
L : LIEN := null;
```

Notons la circularité dans les définitions de LIEN et CELLULE. A cause de cette circularité et des règles de visibilité, on donne d'abord une déclaration incomplète de CELLULE. Cela fait, on déclare LIEN puis on complète la déclaration de CELLULE. Entre les déclarations incomplète et complète, le nom du type ne peut être utilisé que dans une déclaration de type accès. De plus, les déclarations incomplète et complète doivent se trouver dans la même partie déclarative, sauf dans un cas qui sera mentionné dans la section suivante.

Les objets accédés sont créés par l'exécution d'un allocateur qui peut (facultativement) fournir une valeur initiale. Un allocateur se compose du mot réservé **new** suivi soit du type du nouvel objet, soit d'une expression qualifiée fournissant dans le même temps une valeur initiale pour l'objet. Le résultat d'un allocateur est une valeur accès qui peut être affectée à une variable d'un type accès.

Ainsi :

```
L := new CELLULE;
```

crée un article de type CELLULE et affecte à L une désignation (ou référence ou pointeur) de l'objet. Nous représentons le résultat comme dans la figure 11.1 :

Fig. 11.1 Un objet accès

Notons que le composant SUIVANT de l'article prend la valeur par défaut de **null**, tandis que le composant VALEUR est indéfini.

Les composants de l'objet référé par L peuvent être accédés en utilisant la notation pointée habituelle. Nous pouvons donc affecter 37 au composant VALEUR par :

```
L.VALEUR := 37;
```

De la même façon, nous pouvons fournir une valeur initiale avec l'allocateur :

```
L := new CELLULE'(37, null);
```

La valeur initiale prend ici la forme d'un agrégat qualifié et doit, comme d'habitude, fournir des valeurs pour tous les composants, que certains aient des valeurs par défaut ou non.

Bien sûr, on peut utiliser l'allocateur pour initialiser L quand sa déclaration est élaborée.

```
L : LIEN := new CELLULE'(37, null);
```

Nous devons faire soigneusement la différence entre les types LIEN et CELLULE. L est de type LIEN qui accède à CELLULE, CELLULE étant le type accédé suivant **new**.

Supposons que nous voulons maintenant créer un autre article et le lier à notre article existant. C'est possible en déclarant une autre variable :

```
N : LIEN;
```

puis en exécutant :

```
N := new CELLULE'(10, L);
L := N;
```

L'effet de ces trois étapes est illustré à la figure 11.2.

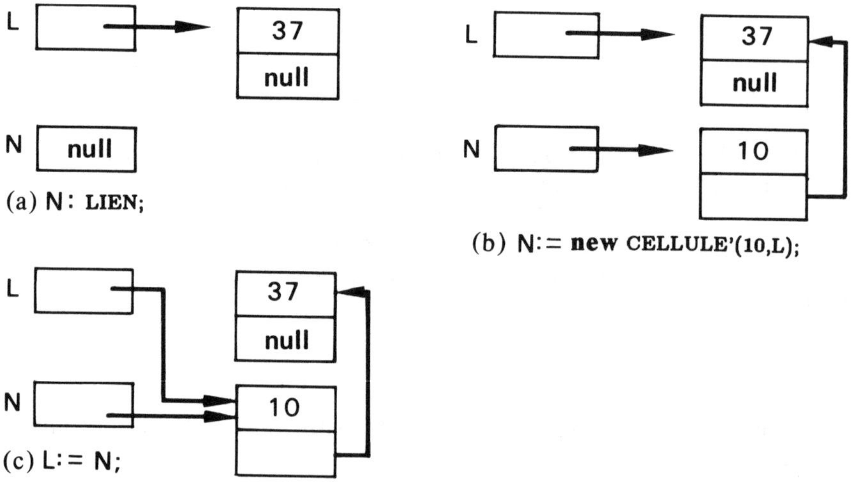

Fig. 11.2 Extension d'une liste

Notons la façon dont l'instruction affectation :

```
L := N;
```

copie les valeurs accès (c'est-à-dire les pointeurs) et non les objets. Si nous désirons copier les objets, nous pouvons le faire composant par composant :

```
L.VALEUR := N.VALEUR;
L.SUIVANT := N.SUIVANT;
```

ou en utilisant **all** :

```
L.all := N.all;
```

L.**all** se réfère à l'objet global accédé par L. En fait nous considérons L.VALEUR comme un raccourci pour L.**all**.VALEUR. Contrairement à Pascal, le déréférençage est automatique.

De même :

```
L = N
```

vaut TRUE si L et N se réfèrent au même objet, tandis que :

```
L.all = N.all
```

vaut TRUE si les objets référés ont la même valeur.

On peut déclarer une constante d'un type accès mais, bien sûr, on doit lui fournir une valeur initiale.

```
C : constant LIEN := new CELLULE'(0, null);
```

En tant que constante, C doit toujours se référer au même objet. Cependant, la valeur de l'objet elle-même peut être changée. Ainsi :

```
C.all := L.all;
```

est autorisé, mais :

```
C := L;
```

ne l'est pas.

Nous n'avons pas réellement besoin de la variable N pour étendre la liste puisque nous pouvons simplement écrire :

```
L := new CELLULE'(V, L);
```

Cette instruction peut être transformée en procédure pour créer un nouvel article et le rajouter en tête de liste.

```
procedure AJOUTER_A_LISTE (LISTE : in out LIEN; V : in INTEGER) is
begin
        LISTE := new CELLULE'(V, LISTE);
end;
```

Le nouvel article comprenant la valeur 10 peut maintenant être ajouté à la liste accédée par L par :

```
AJOUTER_A_LISTE (L, 10);
```

Le mécanisme de passage des paramètres pour les types accès est défini comme étant par copie, comme pour les types scalaires. Cependant, pour éviter qu'une valeur accès ne devienne indéfinie, un paramètre de mode **out** est toujours copié au début. Souvenons-nous aussi qu'un objet accès initialisé prend la valeur de défaut spécifique **null**. Ces deux faits empêchent les valeurs accès indéfinies de provoquer des perturbations dans un programme.

La valeur **null** est utile pour déterminer si une liste est vide. La fonction suivante retourne la somme des composants VALEUR des articles dans une liste.

```
function SOMME(LISTE : LIEN) return INTEGER is
        L : LIEN := LISTE;
        S : INTEGER := 0;
begin
        while L /= null loop
                S := S+L.VALEUR;
                L := L.SUIVANT;
        end loop;
        return S;
end SOMME;
```

Notons que nous devons effectuer une copie de liste car les paramètres formels de mode **in** sont des constantes. La variable L est alors utilisée pour parcourir la liste jusqu'à la fin. La fonction marche même si la liste est vide.

Une structure de données plus élaborée est l'arbre binaire. Celui-ci est constitué de noeuds qui ont chacun une valeur, ainsi que de deux sous-arbres, dont l'un ou les deux peuvent être vides. Les déclarations concernées sont :

```
type NOEUD;
type ARBRE is access NOEUD;
```

```
type NOEUD is
        record
                VALEUR : REEL;
                GAUCHE, DROIT : ARBRE;
        end record;
```

Comme exemple intéressant d'utilisation d'arbres, considérons la procédure TRI suivante, qui trie les valeurs dans un tableau par ordre croissant.

```
procedure TRI (T : in out VECTEUR) is
        I : INTEGER;
        BASE : ARBRE := null;

        procedure INSERER (A : in out ARBRE; V : REEL) is
        begin
                if A = null then
                        A := new NOEUD'(V, null, null);
                else
                        if V < A.VALEUR then
                                INSERER (A.GAUCHE, V);
                        else
                                INSERER (A.DROITE, V);
                        end if;
                end if;
        end INSERER;

        procedure SORTIE (A : ARBRE) is
        begin
                if A /= null then
                        SORTIE (A.GAUCHE);
                        T(I) := A.VALEUR;
                        I := I+1;
                        SORTIE (A.DROITE);
                end if;
        end SORTIE;

begin -- corps de TRI
        for J in T'RANGE loop
                INSERER (BASE, T(J));
        end loop;
        I := T'FIRST;
        SORTIE (BASE);
end TRI;
```

La procédure récursive INSERER ajoute un nouveau noeud qui comporte la valeur V à l'arbre A, de telle façon que les valeurs dans le sous-arbre de gauche d'un noeud sont toujours inférieures à la valeur dans le noeud et que les valeurs du sous-arbre de droite sont toujours supérieures (ou égales) à la valeur dans le noeud.

La procédure récursive SORTIE copie les valeurs à tous les noeuds de l'arbre dans le tableau T, en sortant d'abord le sous-arbre de gauche (qui possède les valeurs les plus petites), puis en copiant la valeur dans le noeud, et finalement en sortant le sous-arbre de droite.

La procédure TRI construit l'arbre en appelant INSERER avec chaque composant du tableau tour à tour, puis appelle SORTIE pour recopier les valeurs triées dans le tableau.

Les types accès que nous avons vus jusqu'à présent ont été cantonnés aux articles. Ce sera souvent le cas, mais un type accès peut se référer à n'importe quel type, même à un autre type accès. On peut donc avoir :

```
type REF_INT is access INTEGER;
R : REF_INT := new INTEGER'(46);
```

Notons que la valeur de l'entier référencé par R est dénotée par R.**all**, peut-être de façon pas très gracieuse. Ainsi nous pouvons écrire :

```
R.all := 13;
```

pour changer la valeur de 46 à 13.

Il est d'une importance capitale de comprendre que tous les objets référés par les types accès doivent être acquis par l'intermédiaire d'un allocateur. Nous ne pouvons pas écrire :

```
I : INTEGER;
R : REF_INT := I;                    -- Illégal
```

Les objets accédés forment ce que l'on appelle une collection dont la portée est celle du type accès. La collection ne cessera d'exister que lorsque cette portée sera finalement quittée mais, bien sûr, à ce moment-là, toutes les variables accès auront cessé d'exister ; par conséquent, aucun problème de références ouvertes ne se posera.

Si un objet devient inaccessible parce qu'aucune valeur ne s'y réfère directement ou indirectement, la place mémoire qu'il occupe peut être récupérée pour être réutilisée pour d'autres objets. Une implémentation peut (facultativement) fournir un ramasse-miettes à cet effet.

Il existe cependant un mécanisme par lequel un programme peut indiquer qu'un objet n'est plus utilisé ; si, de façon erronée, il reste des références à de tels objets, le programme est erroné. Pour plus de détails, le lecteur est renvoyé à la section 15.6. Dans ce chapitre, nous supposons qu'un ramasse-miettes fait le ménage pour nous quand c'est nécessaire.

Passons en revue quelques derniers points de détail. Les allocateurs illustrent l'importance des règles concernant le nombre de fois et le moment où une expression est évaluée dans certains contextes. Par exemple, une expression dans un agrégat est évaluée pour chaque valeur d'indice concernée et ainsi :

```
T : array (1 .. 10) of LIEN := (1 .. 10 => new CELLULE);
```

crée un tableau de dix composants et initialise chacun d'eux pour accéder à une cellule différente. Un autre exemple :

```
T, U : LIEN := new LIEN;
```

crée deux nouvelles cellules, tandis que :

```
T : LIEN := new LIEN;
U : LIEN := T;
```

n'en crée naturellement qu'une seule. Souvenons-nous aussi que les expressions de défaut pour des composants d'articles, des discriminants et des paramètres de sous-programmes sont réévaluées chaque fois qu'elles sont requises ; si de telles expressions contiennent un allocateur, un nouvel objet sera chaque fois créé.

Si un allocateur fournit une valeur initiale, celle-ci peut prendre la forme de n'importe quelle expression qualifiée. Ainsi on peut avoir :

```
I : INTEGER := 46;
R : REF_INT := new INTEGER'(I);
```

auquel cas le nouvel objet prend la valeur de I ; que I ne soit pas un objet accédé n'a aucune importance, puisque seule sa valeur nous intéresse.

Le type accédé peut être contraint ; nous pouvons ainsi avoir :

```
type REF_POS is access POSITIVE;
```

et de façon équivalente :

```
type REF_POS is access INTEGER range 1 .. INTEGER'LAST;
```

Les valeurs des objets référés sont toutes contraintes à être positives. On peut écrire :

```
RN : REF_POS := new POSITIVE'(10);
```

ou même :

```
RN : REF_POS := new INTEGER'(10);
```

Notons que si nous écrivons **new** POSITIVE'(0), CONSTRAINT_ERROR est levée car 0 n'appartient pas au sous-type POSITIVE. Cependant, si nous écrivons **new** INTEGER'(0), CONSTRAINT_ERROR n'est levée que grâce au contexte de l'allocateur.

Il est important de se rendre compte que chaque déclaration de type accès introduit une nouvelle collection. Deux collections peuvent être destinées à des objets de même type, mais les objets accès ne doivent pas se référer à des objets de l'autre collection. Nous pouvons donc avoir :

```
type REF_INT_A is access INTEGER;
type REF_INT_B is access INTEGER;
RA : REF_INT_A := new INTEGER'(10);
RB : REF_INT_B := new INTEGER'(20);
```

Les objets créés par les deux allocateurs sont tous deux du même type, mais les valeurs accès sont de types différents, déterminés par le contexte de l'allocateur, et les objets sont dans des collections différentes.

Ainsi, bien que nous puissions écrire :

```
RA.all := RB.all;
```

nous ne pouvons pas écrire :

```
RA := RB;                              -- Illégal
```

Exercice 11.3

1 Ecrire une procédure :

```
procedure ABOUTER (PREMIERE : in out LIEN; SECONDE : in LIEN);
```

qui aboute la liste SECONDE (sans la copier) à la fin de la liste PREMIERE. Prévoir les cas particuliers.

2 Ecrire une fonction TAILLE retournant le nombre de noeuds dans un arbre.

3 Ecrire une fonction COPIE faisant une copie complète d'un arbre.

11.4 Types accès et types privés

Un type privé peut être implémenté comme un type accès. Considérons encore une fois le type PILE et supposons que nous souhaitons n'imposer à la taille de pile aucune limite autre que celle imposée par la taille générale de la machine. Cela peut être effectué en représentant la pile par une liste.

```
package PILES is
        type PILE is limited private;
        procedure EMPILER (P : in out PILE; X : in INTEGER);
        procedure DEPILER (P : in out PILE; X : out INTEGER);
private
        type CELLULE;
        type PILE is access CELLULE;
        type CELLULE is
                record
                        VALEUR : INTEGER;
                        SUIVANTE : PILE;
                end record;
end;

package body PILES is

        procedure EMPILER (P : in out PILE; X : in INTEGER) is
        begin
                P := new CELLULE'(X, P);
        end;

        procedure DEPILER (P : in out PILE; X : out INTEGER) is
        begin
                X := P.VALEUR;
                P := P.SUIVANTE;
        end;

end PILES;
```

Quand l'utilisateur déclare une pile :

```
P : PILE;
```

celle-ci prend automatiquement la valeur initiale de défaut **null** qui dénote que la pile est vide. Si nous appelons DEPILER quand la pile est vide, le résultat consistera à tenter d'évaluer :

```
null.VALEUR
```

et cela lèvera CONSTRAINT_ERROR. La seule façon dont EMPILER peut échouer est de tomber en panne d'espace mémoire ; une tentative d'évaluer :

```
new CELLULE'(X, P)
```

peut lever STORAGE_ERROR.

Cette formulation des piles est telle que nous avons fait du type PILE un type limité privé. L'égalité prédéfinie ne ferait que tester si deux objets piles dénotent la même pile plutôt que de tester s'ils possèdent les mêmes valeurs, et l'affectation ne ferait bien sûr que copier le pointeur vers la pile plutôt que la pile elle-même. L'écriture de la fonction adéquate "=" requiert de l'attention. Nous pouvons essayer :

```
function "=" (P, Q :PILE) return BOOLEAN is
        PP : PILE := P;
        QQ : PILE := Q;
begin
        while PP /= null and TT /= null loop
                PP := PP.SUIVANTE;
                QQ := QQ.SUIVANTE;
                if PP.VALEUR /= QQ.VALEUR then
                        return FALSE;
                end if;
        end loop;
        return PP = QQ;        -- TRUE si les deux valent null
end;
```

mais cela ne marche pas car nous avons caché l'égalité prédéfinie (et par conséquent l'inégalité) que nous souhaitons utiliser dans le corps de =, par la redéfinition elle-même. Cette fonction entre dans une récursion infinie. Cette solution doit faire la différence entre le type PILE et sa représentation. On peut toujours faire du type PILE un article à un composant, ainsi :

```
type CELLULE;
type LIEN is access CELLULE;
type CELLULE is
      record
            VALEUR : INTEGER;
            SUIVANTE : LIEN;
      end record;
type PILE is
      record
            LISTE : LIEN;
      end record;
```

pour faire la différence entre P, la PILE, et P.LISTE, sa représentation interne.

Dans la section précédente, nous avons affirmé que si nous devions écrire une déclaration incomplète pour éviter une circularité (comme dans le cas de CELLULE), il y avait une exception à la règle générale selon laquelle la déclaration complète devait apparaître dans la même liste de déclarations. L'exception consiste en ce qu'une partie déclarative et le corps de paquetage correspondant sont traités comme une seule et même liste de déclarations, du moins en ce qui concerne cette règle.

Ainsi, dans les deux formulations ci-dessus, la déclaration complète du type CELLULE peut être déplacée de la partie privée vers le corps du paquetage PILES. Cela constitue un avantage. En effet, comme conséquence des règles de dépendance, une modification des détails d'implémentation ne nécessite pas la recompilation du programme utilisateur. Cela est réalisable en ce qui concerne l'implémentation, parce qu'on suppose que toutes les valeurs de type accès pour tous les types accès occupent la même quantité d'espace mémoire - typiquement un seul mot.

Enfin, un type accès peut réciproquement se référer à un type privé. On peut donc avoir :

```
type REF_PILE is access PILE;
```

Le seul point intéressant à noter est que si le type accédé est limité privé, un allocateur ne peut pas fournir de valeur initiale, puisque ce serait équivalent à une affectation, et l'affectation n'est pas permise pour les types limités.

Exercice 11.4

1 En supposant que l'exception ERROR est déclarée dans la spécification de PILES, récrire les procédures EMPILER et DEPILER pour qu'elles puissent lever l'exception ERROR plutôt que STORAGE_ERROR et CONSTRAINT_ERROR.

2 Récrire EMPILER, DEPILER et "=" pour utiliser la formulation :

```
type PILE is
    record
        LISTE : LIEN;
    end record;
```

Ne pas tenir compte de la possibilité de la levée d'exceptions.

3 Compléter le paquetage dont la partie visible est :

```
package QUEUES is
    VIDE : exception;
    type QUEUE is limited private;
    procedure ENTRER (Q : in out QUEUE; X : in ITEM);
    procedure RETIRER (Q : in out QUEUE; X : out ITEM);
    function LONGUEUR (Q : QUEUE) return INTEGER;
private
```

Des items entrent dans la queue à une extrémité et sont retirés à l'autre pour qu'un protocole normal de premier venu premier servi soit implémenté. Une tentative de retirer un item d'une queue vide lève l'exception VIDE. Implémenter la queue comme une liste simplement liée, mais conserver les pointeurs sur les deux extrémités de la liste pour éviter l'exploration de la liste. La fonction LONGUEUR retourne le nombre d'items dans la queue ; de nouveau, éviter d'explorer la liste.

11.5 Types accès et contraintes

Les types accès peuvent aussi se référer à des tableaux et à des articles à discriminants. Dans les deux cas, ils peuvent être contraints ou non.

Considérons la représentation d'un arbre généalogique. On peut déclarer :

```
type PERSONNE;
type NOM_DE_PERSONNE is access PERSONNE;
```

```
type PERSONNE is
    record
        SEXE : GENRE;
        NAISSANCE : DATE;
        CONJOINT : NOM_DE_PERSONNE;
        PERE : NOM_DE_PERSONNE;
        PREMIER_ENFANT : NOM_DE_PERSONNE;
        FRERE_OU_SOEUR : NOM_DE_PERSONNE;
    end record;
```

Ce modèle suppose un système monogame et légitime. Les enfants sont reliés par le composant FRERE_OU_SOEUR, et la mère d'une personne est déterminée comme étant le conjoint du père.

Il est peut-être plus utile d'utiliser un type à discriminants pour une personne afin que différents composants puissent exister pour les différents sexes, et plus particulièrement pour que des contraintes appropriées puissent être appliquées. Considérons :

```
type PERSONNE(SEXE : GENRE);
type NOM_DE_PERSONNE is access PERSONNE;

type PERSONNE(SEXE : GENRE) is
    record
        NAISSANCE : DATE;
        PERE : NOM_DE_PERSONNE;
        FRERE_OU_SOEUR : NOM_DE_PERSONNE;

        case SEXE is
            when MASCULIN =>
                EPOUSE : NOM_DE_PERSONNE(FEMININ);
            when FEMININ =>
                EPOUX : NOM_DE_PERSONNE(MASCULIN);
                PREMIER_ENFANT : NOM_DE_PERSONNE;
        end case;

    end record;
```

La déclaration incomplète de PERSONNE donne aussi les discriminants (et toutes les expressions initiales de défaut) ; ceux-ci doivent, bien sûr, concorder avec ceux de la déclaration complète ultérieure. Le composant PERE est maintenant contraint pour toujours à accéder une personne de sexe masculin (ou **null** bien sûr). De même, les composants EPOUSE et EPOUX sont contraints ; notons qu'ils doivent avoir des identificateurs distincts et ne peuvent pas être tous les deux CONJOINT. Cependant, les composants PREMIER_ENFANT et FRERE_OU_SOEUR ne sont pas contraints et peuvent par conséquent accéder à une personne de sexe quelconque. Nous avons profité de l'occasion pour économiser l'espace mémoire : les enfants appartiennent à la mère seulement.

Quand un objet de type PERSONNE est créé par un allocateur, une valeur doit être fournie pour le discriminant soit par l'intermédiaire d'une valeur initiale explicite comme dans :

```
JANET := new PERSONNE'(FEMININ, (22, FEV, 1967), JOHN, null, null, null);
```

soit en fournissant une contrainte de discriminant comme :

```
JANET := new PERSONNE(FEMININ);
```

Notons la distinction subtile selon laquelle une apostrophe est nécessaire dans le cas de la valeur initiale complète, mais non lorsque nous donnons seulement la contrainte ; cela parce que la première prend la forme d'une expression qualifiée tandis que la seconde n'est qu'une indication de sous-type.

On ne peut pas écrire :

```
JANET := new PERSONNE;
```

parce que le type PERSONNE ne possède pas de défaut pour son discriminant. Cependant, nous pouvons déclarer :

```
subtype FEMME is PERSONNE(FEMININ);
```

puis :

```
JANET : new FEMME;
```

Un tel objet ne peut pas voir son discriminant changer. Cette règle s'applique même si le discriminant a une expression initiale de défaut ; les objets créés par un allocateur sont sur ce point différents des objets créés par une déclaration normale d'objet dans laquelle, on s'en souvient, une expression de défaut initiale permet de déclarer des objets non contraints et de changer par la suite leur discriminant.

La raison pour laquelle un objet alloué ne peut pas voir son discriminant changer est la suivante : on peut y accéder à partir de plusieurs objets contraints tels que les composants PERE, et il serait difficile d'assurer que de telles contraintes ne sont pas violées.

Pour nous faciliter la tâche, nous pouvons définir des sous-types :

```
subtype NOM_D_HOMME is NOM_DE_PERSONNE(MASCULIN);
subtype NOM_DE_FEMME is NOM_DE_PERSONNE(FEMININ);
```

Nous pouvons maintenant écrire une procédure pour marier deux personnes.

```
procedure MARIER     (MARIEE : NOM_DE_FEMME;
                      MARIE : NOM_D_HOMME) is
begin
        if MARIEE.EPOUX /= null or MARIE.EPOUSE /= null then
                raise BIGAMIE;
        end if;
        MARIEE.EPOUX := MARIE;
        MARIE.EPOUSE := MARIEE;
end MARIER;
```

Les contraintes sur les paramètres sont vérifiées quand les paramètres sont passés (souvenons-nous que les paramètres accès sont toujours passés par copie). Tenter de marier des gens de sexe incorrect aura pour résultat de lever CONSTRAINT_ERROR au point de l'appel. D'autre part, essayer de se marier avec une personne qui n'existe pas aura pour effet de lever l'exception CONSTRAINT_ERROR dans le corps de la procédure. N'oublions pas que, bien que les paramètres de mode **in** soient des constantes, nous pouvons changer les composants des objets accédés - nous ne changeons pas les valeurs de MARIEE et MARIE pour accéder aux différents objets.

Une fonction peut retourner une valeur accès comme par exemple :

```
function EPOUX (P : NOM_DE_PERSONNE) return NOM_DE_PERSONNE is
begin
        case P.SEXE is
                when MASCULIN =>
                        return P.EPOUSE;
                when FEMALE =>
                        return P.EPOUX;
        end case;
end EPOUX;
```

Le résultat d'une telle fonction peut être directement utilisé pour faire partie d'un nom et nous pouvons donc écrire :

```
EPOUX (P).NAISSANCE
```

pour donner l'anniversaire de l'époux de P. (Voir fin de la section 7.1.) Nous pouvons même écrire :

```
EPOUX (P).NAISSANCE := NOUVELLE_DATE;
```

mais ce n'est possible que parce que la fonction rend une valeur accès. On ne pourrait pas le faire si la fonction retournait une valeur de type PERSONNE et non NOM_DE_PERSONNE. Cependant, nous ne pouvons pas écrire :

```
EPOUX (P) := Q;
```

pour essayer de remplacer notre époux(se) par quelqu'un d'autre, tandis que :

```
EPOUX (P).all := Q.all;
```

est valide et change tous les composants de notre époux(se) pour qu'ils soient les mêmes que ceux de Q.**all**.

La fonction suivante donne naissance à un nouvel enfant. Nous avons besoin, comme paramètres, de la mère, du sexe de l'enfant et de la date.

```
function NOUVEL_ENFANT  (MERE : NOM_DE_FEMME;
                         FILS_OU_FILLE : GENRE;
                         ANNIVERSAIRE : DATE)
                                    return NOM_DE_PERSONNE is
    ENFANT : NOM_DE_PERSONNE;
begin
    if MERE.EPOUX = null then
        raise ILLEGITIME;
    end if;
    ENFANT := new PERSONNE (FILS_OU_FILLE);
    ENFANT.NAISSANCE := ANNIVERSAIRE;
    ENFANT.PERE := MERE.EPOUX;
    declare
        DERNIER : NOM_DE_PERSONNE := MERE.PREMIER_ENFANT;
    begin
        if DERNIER = null then
            MERE.PREMIER_ENFANT := ENFANT;
        else
            while DERNIER.FRERE_OU_SOEUR /= null loop
                DERNIER := DERNIER.FRERE_OU_SOEUR;
            end loop;
```

```
                DERNIER.FRERE_OU_SOEUR := ENFANT;
            end if;
        end;
        return ENFANT;
    end NOUVEL_ENFANT;
```

Notons qu'une contrainte de discriminant n'a pas besoin d'être statique - la valeur de FILS_OU_FILLE n'est pas connue tant que la fonction n'a pas été appelée. Par conséquent, nous ne pouvons pas donner la valeur initiale complète avec l'allocateur, car nous ne savons pas quels composants fournir. Nous allouons donc l'enfant avec simplement la valeur du discriminant, puis affectons séparément la date de la naissance et le père. Les composants restants prennent la valeur de défaut **null**. On peut maintenant écrire :

```
HELEN : NOM_DE_PERSONNE :=
                NOUVEL_ENFANT (BARBARA, FEMININ, (28, SEP, 1969));
```

Les types accès peuvent aussi se référer à des tableaux contraints et non contraints. Nous pouvons avoir :

```
type REF_MATRICE is access MATRICE;
R : REF_MATRICE;
```

puis obtenir de nouvelles matrices avec un allocateur :

```
R := new MATRICE(1 .. 10, 1 .. 10);
```

Ou encore, la matrice peut être initialisée :

```
R := new MATRICE'(1 .. 10 => (1 .. 10 => 0.0));
```

mais de la même façon que pour les articles à discriminants, nous ne pouvons pas écrire simplement :

```
R := new MATRICE;
```

car tous les objets tableaux doivent avoir des bornes. En outre, les bornes ne peuvent pas être modifiées. Cependant, R peut se référer à des matrices de bornes différentes à des instants différents.

Comme l'on pouvait s'y attendre, nous pouvons créer des sous-types :

```
subtype REF_MATRICE_3 is REF_MATRICE(1 .. 3, 1 .. 3);
R_3 : REF_MATRICE_3;
```

et R_3 ne peut alors référencer que des matrices avec les bornes correspondantes. Nous pouvons encore écrire :

```
R_3 : REF_MATRICE(1 .. 3, 1 .. 3);
```

En utilisant :

```
subtype MATRICE_3 is MATRICE(1 .. 3, 1 .. 3);
```

puis on écrit :

```
R_3 := new MATRICE_3;
```

C'est autorisé parce que le sous-type fournit les bornes de tableaux, tout comme nous avions le droit d'écrire :

```
JANET := new FEMME;
```

parce que le sous-type FEMME fournissait le discriminant SEXE.

Cela introduit un autre exemple d'agrégat de tableau avec **others**. Puisque le sous-type MATRICE_3 fournit les bornes de tableaux et qualifie l'agrégat, nous pouvons initialiser le nouvel objet comme suit :

```
R_3 := new MATRICE_3'(others => (others => 0.0));
```

On peut se référer aux composants d'un tableau accédé par le mécanisme habituel, ainsi :

```
R(1, 1) := 0.0;
```

positionne le composant (1, 1) de la matrice accédée par R à zéro. On peut obtenir la matrice totale en utilisant **all**. Ainsi :

```
R_3.all := (1 .. 3 => (1 .. 3 => 0.0));
```

positionne tous les composants de la matrice accédée par R_3 à zéro. Nous pouvons considérer que R(1, 1) est une abréviation de R.**all**(1, 1). Comme dans le cas des articles, le déréférençage est automatique. On peut aussi écrire les attributs R'FIRST(1) ou encore R.**all**'FIRST(1). Dans le cas d'un tableau unidimensionnel, les tranches sont aussi autorisées.

Exercice 11.5

1 Ecrire une fonction pour retourner l'héritier d'une personne. Suivre les règles normales de la primogéniture - l'héritier est l'aîné et à défaut l'aînée. Retourner **null** s'il n'y a pas d'héritier.

2 Ecrire une procédure pour divorcer d'une femme. Le divorce n'est permis que s'il n'y a pas d'enfants.

11.6 Types dérivés

Quelquefois, il est utile d'introduire un nouveau type semblable dans la plupart de ses caractéristiques à un type existant, mais néanmoins distinct. Si T est un type, on écrit :

```
type S is new T;
```

On dit alors de S qu'il est un type dérivé et de T qu'il est le type père de S.

Un type dérivé appartient à la même classe de types que son père. Si T est un type article, S sera un type article et ses composants auront les mêmes noms, etc.

On se souviendra que les points clefs qui distinguent un type sont constitués par son ensemble de valeurs et par son ensemble d'opérations ; nous allons maintenant examiner celles-ci.

L'ensemble des valeurs d'un type dérivé est une copie de l'ensemble des valeurs du type père.

Un exemple : si un type père est un type accès, le type dérivé est aussi un type accès et ils partagent la même collection. Notons que nous disons que l'ensemble des valeurs est une copie ; cela reflète qu'ils sont véritablement des types différents et que les valeurs d'un type ne peuvent pas être affectées à des objets de l'autre type ; cependant, comme nous le verrons dans un instant, la conversion entre les deux types est possible. La notation pour les littéraux et les agrégats (s'il y en a) est la même et toutes les expressions initiales de défaut pour le type ou ses composants sont les mêmes.

Les opérations applicables au type dérivé sont les suivantes. Premièrement, il possède les mêmes attributs que le type père. Deuxièmement, à moins que le type père ne soit limité, et par suite que le type dérivé ne le soit aussi, l'affectation, l'égalité et l'inégalité sont également applicables. Troisièmement, un type dérivé dérivera ou héritera de certains sous-programmes applicables au type père. (Nous disons qu'un sous-programme s'applique à un type s'il possède un ou plusieurs paramètres, ou un résultat de ce type ou d'un des sous-types de ce type.) De tels sous-programmes dérivés sont déclarés implicitement à l'endroit de la définition de type dérivé mais peuvent être redéfinis ultérieurement dans la même région déclarative.

Si le type père est un type prédéfini, les sous-programmes hérités se réduisent aux sous-programmes prédéfinis. Si le type père est un type défini par l'utilisateur, nous avons de nouveau certains sous-programmes prédéfinis tels que < et ceux-ci seront hérités. Si le type père est lui-même un type dérivé, ses sous-programmes hérités seront de nouveau transmis.

De plus, si le type père est déclaré dans la partie visible d'un paquetage, tout sous-programme applicable déclaré dans cette partie visible sera hérité pourvu que le type dérivé soit déclaré après la partie visible. Ainsi, les nouveaux sous-programmes n'appartiennent véritablement au type que dans la mesure où ils peuvent être dérivés avec celui-ci quand nous atteignons la fin de la partie visible. En effet, ce n'est qu'à ce moment-là que la définition de type et ses opérations peuvent être considérées comme complètes au sens abstrait.

Nous allons maintenant illustrer ces règles à l'aide de quelques exemples. Si nous avons :

```
type ENTIER is new INTEGER;
```

alors ENTIER héritera de tous les sous-programmes prédéfinis tels que "+", "-", et "abs" ainsi que des attributs FIRST et LAST.

Si nous dérivons un autre type de ENTIER, ces sous-programmes hérités sont de nouveau transmis. Cependant, supposons que ENTIER est déclaré dans une spécification de paquetage et que cette spécification contient d'autres sous-programmes, comme :

```
package P is
        type ENTIER is new INTEGER;
        procedure INCREMENTER (I : in out ENTIER);
        function "&"(I, J : ENTIER) return ENTIER;
end;
```

Si nous avons maintenant :

```
type ENTIER_1 is new ENTIER;
```

déclaré avant la fin de sa partie visible (soit hors du paquetage, dans sa partie privée ou dans son corps), alors ENTIER_1 héritera des nouveaux sous-programmes INCREMENTER et "&" ainsi que des sous-programmes prédéfinis.

Si nous ne sommes pas satisfaits d'un des sous-programmes dérivés, nous pouvons le redéfinir dans la même région déclarative. Nous pouvons donc écrire :

```
package Q is
        type ENTIER_N is new INTEGER;
        function "abs"(N : ENTIER_N) return ENTIER_N;
end;
```

dans lequel, pour une raison qui nous appartient, nous avons choisi de remplacer l'opérateur prédéfini "abs" par une nouvelle version.

Si nous écrivons maintenant :

```
type ENTIER_P is new ENTIER_N;
```

après la fin de la spécification de paquetage, la nouvelle version de "abs" sera héritée de préférence à la version originelle.

Il existe un petit nombre d'autres règles mineures. Nous ne pouvons rien dériver d'un type privé avant la fin de sa déclaration complète. De même, si le type père est lui-même un type dérivé déclaré dans la partie visible d'un paquetage (tel que ENTIER), un type dérivé de celui-ci (tel que ENTIER_1) ne peut pas être déclaré dans cette partie visible. Cette restriction ne s'applique pas si le type père n'est pas un type privé ; mais souvenons-nous qu'un type dérivé d'un tel type père héritera des sous-programmes prédéfinis mais non des sous-programmes nouveaux ou de remplacement.

Enfin, on doit savoir que les types prédéfinis ne constituent pas vraiment un cas particulier, puisque l'on considère que les sous-programmes prédéfinis sont déclarés dans la partie visible du paquetage STANDARD.

Bien que les types dérivés soient distincts, on peut convertir les valeurs de l'une à l'autre en utilisant la même notation que celle pour les types numériques. Ainsi, étant donné :

```
type S is new T;
TX : T;
SX : S;
```

on peut écrire :

```
TX := T(SX);
```

ou :

```
SX := S(TX);
```

mais non :

```
TX := SX;                                   -- Illégal
```

ou encore :

```
SX := TX;                                   -- Illégal
```

Si des dérivations multiples sont mises en jeu, seule la conversion globale est requise ; les étapes individuelles n'ont pas à être données. Ainsi, si on a :

```
type NS is new S;
type NT is new T;
NSX : NS;
NTX : NT;
```

on peut écrire laborieusement :

```
NSX := NS(S(TX));
```

et :

```
NTX := NT(T(SX));
```

ou plus simplement :

```
NSX := NS(TX);
```

et :

```
NTX := NT(SX);
```

L'introduction des types dérivés étend la possibilité de conversion entre les types tableaux exposés à la section 6.2. En fait, une valeur d'un type tableau peut être convertie à un autre type tableau de base, si le type des composants est le même et si le type de l'indice est le même ou convertible de l'un à l'autre.

Ayant introduit la conversion, on peut maintenant décrire la spécification d'un sous-programme dérivé en détail. On l'obtient à partir de celui du type père en remplaçant simplement toutes les occurrences du type de base père dans la spécification originelle par les contraintes correspondantes, et on convertit les expressions initiales de défaut en ajoutant une conversion de type. Tout paramètre ou résultat d'un type différent reste inchangé. Comme exemple abstrait, considérons :

```
type T is ...;
subtype S is T range L .. R;

function F (X :T; Y : T := E; Z :Q) return S;
```

où E est une expression de type T et le type Q défini de façon indépendante. Si on écrit :

```
type NT is new T;
```

alors tout se passe comme si on avait écrit :

```
subtype NS is NT range NT(L) .. NT(R);
```

et la spécification de la fonction dérivée F sera alors :

```
function F (X : NT; Y : NT := NT(E); Z : Q) return NS;
```

dans laquelle on a remplacé T par NT, S par NS, ajouté une conversion à l'expression E mais laissé le type indépendant Q inchangé. Notons naturellement que les paramètres gardent les mêmes noms.

On peut maintenant récrire le type PILE de la section 11.4 en utilisant un type dérivé comme suit :

```
type CELLULE;
type LIEN is access CELLULE;
type CELLULE is
        record
                VALEUR : INTEGER;
                SUIVANT : LIEN;
        end record;
type PILE is new LIEN;
```

Il est maintenant possible d'écrire la fonction "=" ainsi :

```
function "=" (P, Q : PILE) return BOOLEAN is
        PL : LIEN := LIEN(P);
        QL : LIEN := LIEN(Q);
begin
        -- Même chose que dans l'exercice 11.4(2)
end "=";
```

Utiliser un type dérivé plutôt que faire de PILE un article à un composant présente l'avantage que les procédures EMPILER et DEPILER de la section 11.4 continuent à fonctionner et n'ont pas à être modifiées. Cela parce que le type PILE est toujours un type accès et partage sa collection avec le type LIEN.

Les types dérivés sont souvent utilisés pour les types privés et, en fait nous devons utiliser un type dérivé si nous voulons exprimer le type privé en termes d'un type existant tel que INTEGER dans sa déclaration complète.

Une autre utilisation des types dérivés est nécessaire quand nous voulons utiliser les opérations des types existants mais souhaitons éviter le mélange accidentel d'objets de types conceptuellement différents. Supposons que nous voulons compter des pommes et des oranges. Nous déclarons alors :

```
type POMMES is new INTEGER;
type ORANGES is new INTEGER;
NB_DE_POMMES : POMMES;
NB_D_ORANGES : ORANGES;
```

Puisque les POMMES et les ORANGES sont dérivés du type INTEGER, ils héritent tous deux de "+". On peut donc écrire :

```
NB_DE_POMMES := NB_DE_POMMES+1;
```

et :

```
NB_D_ORANGES := NB_D_ORANGES+1;
```

mais on ne peut pas écrire :

```
NB_DE_POMMES := NB_D_ORANGES;
```

Si on souhaite réellement convertir des oranges en pommes on doit écrire :

```
NB_DE_POMMES := POMMES(NB_D_ORANGES);
```

Dans le chapitre suivant, nous examinerons les types numériques plus en détail, mais il est utile de préciser dès à présent qu'à proprement parler un type tel que INTEGER ne possède pas de littéraux. Les littéraux tels que 1 sont d'un type connu sous le nom d'entier universel, et une conversion implicite à un type entier a lieu si le contexte l'exige. Ainsi nous pouvons nous servir de 1 pour POMMES et ORANGES grâce à cette conversion implicite et non parce que le littéral est hérité. En revanche, les littéraux d'énumération appartiennent véritablement à leur type et sont hérités ; en fait, comme mentionné à la section 7.5, les littéraux d'énumération se comportent comme des fonctions sans paramètre et sont par conséquent considérés comme étant hérités de la même façon que tout autre sous-programme applicable.

Pour revenir à nos pommes et à nos oranges, supposons que nous avons des procédures pour les vendre :

```
procedure VENDRE(N : POMMES);
procedure VENDRE(N : ORANGES);
```

Puis nous pouvons écrire :

```
VENDRE(NB_DE_POMMES);
```

mais :

```
VENDRE(6);
```

est ambigu parce que nous ne savons pas quel fruit vendre. Nous pouvons lever cette ambiguïté par une qualification comme :

```
VENDRE(POMMES'(6));
```

Quand un sous-programme est dérivé, un nouveau sous-programme est effectivement créé. Un appel au sous-programme dérivé est en fait un appel au sous-programme père ; les paramètres de mode **in** et **in out** sont convertis implicitement juste avant l'appel ; les paramètres **in out** et **out** ou un résultat de fonction sont convertis implicitement juste après l'appel.

Ainsi :

```
MES_POMMES + TES_POMMES
```

est en fait :

```
POMMES(INTEGER(MES_POMMES)+INTEGER(TES_POMMES));
```

Les types dérivés sont, d'une certaine façon, une solution de remplacement pour les types privés. Les types dérivés ont l'avantage d'hériter des littéraux, mais ils ont souvent le désavantage d'hériter de trop de choses. Par exemple, nous pouvons dériver les types LONGUEUR et SURFACE de REEL.

```
type LONGUEUR is new REEL;
type SURFACE is new REEL;
```

Nous ne pouvons pas maintenant mélanger les longueurs et les surfaces, mais nous héritons de la faculté de multiplier deux longueurs pour donner une longueur et de multiplier deux surfaces pour donner une surface, ainsi qu'un nombre important d'opérations sans utilité comme l'exponentiation. Bien sûr, il est possible de redéfinir ces opérations pour qu'elles soient utiles ou pour lever des exceptions, mais il est souvent plus simple d'utiliser des types privés et de ne définir que les opérations dont nous avons besoin.

Comme autre exemple d'utilisation de types dérivés, considérons de nouveau le paquetage BANQUE de l'exercice 9.3(1). Dans ce paquetage, nous avons déclaré :

```
subtype ARGENT is NATURAL;
```

pour introduire l'identificateur ARGENT, ainsi que pour s'assurer que les valeurs ne sont jamais négatives. Cependant, comme il n'est qu'un sous-type, nous pouvons toujours mélanger les valeurs et les entiers par erreur. Il serait préférable d'écrire :

```
type ARGENT is new NATURAL;
```

pour qu'une distinction adéquate soit opérée.

Dans la partie privée montrée dans la solution, on peut écrire :

```
type CODE_CLEF is new INTEGER range 0 .. MAX;
```

Les cas ci-dessus illustrent le fait que l'on peut opérer une dérivation à partir d'un sous-type en utilisant soit une marque de type soit, plus généralement, une indication de sous-type. Le type dérivé est alors effectivement anonyme et dérivé à partir du type de base sous-jacent. Dans le cas de CODE_CLEF, tout se passe comme si nous avions écrit :

```
type anon is new INTEGER;
subtype CODE_CLEF is anon range 0 .. anon(MAX);
```

Ainsi, CODE_CLEF n'est pas réellement un type mais un sous-type. L'ensemble des valeurs du nouveau type dérivé est en fait l'ensemble complet des valeurs du type INTEGER. Les opérations dérivées "+", ">", etc. fonctionnent sur l'ensemble complet des valeurs. Ainsi, étant donné :

```
C : CODE_CLEF;
```

nous pouvons tout à fait légalement écrire :

```
C > -2
```

même si -2 ne peut jamais être affecté à C. L'expression booléenne est, bien sûr, toujours vraie.

Le lecteur a peut-être l'impression que les types dérivés ne sont pas très utiles parce que dans les exemples étudiés, il existe généralement une solution de remplacement - impliquant en général des types articles ou des types privés. Cependant, un point important des types dérivés est qu'ils jouent un rôle fondamental dans le mécanisme des types numériques, comme nous le verrons au chapitre suivant.

Concluons ce chapitre en mentionnant une curieuse anomalie concernant le type BOOLEAN, qui n'affecte pas vraiment l'utilisateur normal. Si nous dérivons un type à partir de BOOLEAN, alors les opérateurs relationnels prédéfinis =, <, etc. continuent à rendre un résultat du type prédéfini BOOLEAN, tandis que les opérateurs logiques **and**, **or**, **xor** et **not** sont normalement hérités et délivrent un résultat du type dérivé. Nous ne pouvons pas développer ce point ici, mais nous pouvons dire que cela découle de la nature fondamentale du type BOOLEAN. Cependant, cela signifie que le théorème de l'exercice 4.7(3), selon lequel **xor** et /= sont équivalents, ne s'applique qu'au type BOOLEAN et non à un type dérivé de celui-ci.

Exercice 11.6

1 Déclarer un paquetage contenant les types LONGUEUR et SURFACE avec les redéclarations adéquates de l'opération incorrecte "*".

Point 11

Si un discriminant n'a pas d'expression de défaut, tous les objets doivent être contraints.

Le discriminant d'un objet non contraint ne peut être modifié que par une affectation globale d'article.

Les discriminants ne peuvent servir que pour des bornes de tableaux, ou pour gouverner des parties variantes ou bien dans des discriminants emboîtés ou encore dans des expressions initiales de défaut pour les composants.

Un discriminant dans un agrégat ou gouvernant une partie variantes doit être statique.

Toute partie variantes doit apparaître comme dernier composant d'un article.

Une déclaration incomplète ne peut être utilisée que dans un type accès.

La portée d'un objet accédé est celle du type accès.

Si un objet accédé possède un discriminant, il est toujours contraint.

Les fonctions retournant des valeurs accès peuvent servir dans des noms.

Les objets accès ont une valeur initiale par défaut de **null**.

Un allocateur dans un agrégat est évalué pour chaque valeur d'indice.

Un allocateur muni d'une valeur initiale complète utilise une apostrophe.

Chapitre 12 TYPES NUMÉRIQUES

Nous allons maintenant examiner les types numériques plus en profondeur. En Ada, il existe deux classes de types numériques : les types entiers et les types réels. Les types réels se répartissent à leur tour en types point-flottant et types point-fixe.

Deux problèmes relatifs à la représentation des types numériques sur un ordinateur se posent. D'une part, l'intervalle sûr peut être restreint, et c'est le cas de beaucoup de machines qui possèdent des opérations câblées pour différents intervalles. Cela nous permet de choisir notre propre compromis entre l'intervalle des valeurs et l'espace occupé par ces valeurs. D'autre part, il peut arriver qu'il ne soit pas possible de représenter avec précision toutes les valeurs d'un type ; le fait que ces contraintes varient d'une machine à l'autre a une incidence sur la portabilité des programmes. Ada prend en compte ces difficultés en fournissant des types numériques conçus de telle façon qu'un ensemble minimum reconnu de propriétés soit disponible. Cela permet au programmeur de réduire au minimum les problèmes de portabilité.

Nous traiterons d'abord des types entiers car ils sont concernés par les problèmes d'intervalle mais pas par les problèmes de précision.

12.1 Types entiers

Toutes les implémentations d'Ada possèdent le type prédéfini INTEGER. Il peut y avoir aussi d'autres types prédéfinis tels que LONG_INTEGER, SHORT_INTEGER, etc. L'intervalle des valeurs de ces types prédéfinis est symétrique par rapport à zéro, exception faite d'une valeur négative supplémentaire sur les machines à complément à deux (qui semblent maintenant prendre le pas sur les machines à complément à un). Tous les types prédéfinis possèdent les mêmes opérations prédéfinies.

Nous pouvons avoir ainsi, sur une machine A, les types prédéfinis INTEGER et LONG_INTEGER munis des caractéristiques suivantes :

Intervalle de INTEGER:

```
-32768..+32767                          (16 bits)
```

Intervalle de LONG_INTEGER:

```
-21474_83648..+21474_83647              (32 bits)
```

Sur une machine B nous pouvons avoir les types SHORT_INTEGER, INTEGER, et LONG_INTEGER munis des caractéristiques suivantes :

Intervalle de SHORT_INTEGER:

```
-2048..+2047                            (12 bits)
```

Intervalle de INTEGER:

```
-83_88608..+83_88607                    (24 bits)
```

Intervalle de LONG_INTEGER:

```
-14073_74883_55328..+14073_74883_55327  (48 bits)
```

Dans la plupart des cas le type INTEGER est suffisant sur l'une ou l'autre des machines. C'est la raison pour laquelle nous n'avons utilisé jusqu'à présent que INTEGER dans ce livre. Cependant, supposons que nous sommes en présence d'une application pour laquelle nous avons besoin de manipuler des valeurs signées jusqu'à un million. Le type INTEGER ne convient pas sur la machine A ; d'autre part, il serait déraisonnable d'utiliser LONG_INTEGER sur la machine B. Nous pouvons surmonter cette difficulté en utilisant les types dérivés et en écrivant (pour la machine A) :

```
type ENTIER is new LONG_INTEGER;
```

puis en utilisant ENTIER tout au long du programme. Pour porter le programme sur la machine B, nous remplaçons simplement cette déclaration par :

```
type ENTIER is new INTEGER;
```

Cependant, Ada offre la possibilité de faire ce choix automatiquement ; si nous écrivons :

```
type ENTIER is range -1E6..1E6;
```

alors, l'implémentation choisit implicitement le plus petit type approprié et tout se passe comme si nous avions écrit :

```
type ENTIER is new LONG_INTEGER range -1E6..1E6;
```

ou :

```
type ENTIER is new INTEGER range -1E6..1E6;
```

En fait, ENTIER est un sous-type d'un type anonyme dérivé de l'un des types prédéfinis ; par conséquent, les objets de type ENTIER sont contraints à ne prendre que des valeurs comprises dans l'intervalle -1E6..1E6, et non dans l'intervalle complet du type anonyme. Notons que l'intervalle doit avoir des bornes statiques puisque le choix du type de base se fait à la compilation.

Si, par curiosité, nous voulions savoir quel est l'intervalle total, nous pourrions utiliser ENTIER'BASE'FIRST et ENTIER'BASE'LAST.

L'attribut BASE s'applique à tout type ou sous-type et donne le type de base correspondant. Il ne peut être utilisé que pour former d'autres attributs, comme ci-dessus. Nous pouvons même aller jusqu'à nous assurer d'avoir accès à l'intervalle total du type prédéfini en écrivant :

```
type X is range -1E6..1E6;
type ENTIER is range X'BASE'FIRST..X'BASE'LAST;
```

Cela aurait le mérite discutable d'éviter les vérifications de contraintes quand des valeurs sont assignées à des objets de type ENTIER, compromettant cette portabilité que nous recherchons.

Nous pouvons faire des conversions entre types numériques en utilisant les notations habituelles des conversions de type, soit :

```
type ENTIER is range -1E6..1E6;
type INDICE is range 0..10000;

H : ENTIER;
I : INDICE;
```

Nous pouvons alors écrire :

```
H := ENTIER(I);
I := INDICE(H);
```

Sur la machine A une véritable conversion physique est nécessaire, mais sur la machine B les deux types sont dérivés de INTEGER et la conversion ne coûte rien.

Notons que, comme nous l'avons mentionné au chapitre précédent, nous pouvons faire directement des conversions entre types dérivés apparentés sans avoir à indiquer le détail du mécanisme ; si tel n'était pas le cas nous devrions écrire :

```
H := ENTIER (LONG_INTEGER(INTEGER(I)));
```

sur la machine A et :

```
H := ENTIER (INTEGER(I));
```

sur la machine B, et la portabilité serait perdue.

On considère que les littéraux entiers appartiennent à un type connu sous le nom d'entier universel, dont l'intervalle est au moins aussi grand que celui du plus grand type entier prédéfini. Il possède toutes les opérations usuelles d'un type entier, telles que +,-,< et =. Les nombres entiers déclarés par une déclaration de nombre (voir section 4.1) tels que :

```
DIX : constant := 10;
```

sont aussi de type entier universel. Cependant, il n'existe pas de variables de type entier universel et, par conséquent, la plupart des expressions de type entier universel sont statiques ; de telles expressions sont toujours calculées exactement. La valeur initiale, dans une déclaration de nombre, doit être une expression universelle statique. Ainsi :

```
M : constant := 10;
MM : constant := M*M;
```

est autorisé puisque M*M est une expression statique. En revanche :

```
N : constant INTEGER := 10;
NN : constant := N*N;
```

n'est pas autorisé puisque N*N n'est pas une expression statique de type entier universel, mais simplement une expression statique de type INTEGER.

Il faut noter toutefois que certains attributs tels que POS délivrent des valeurs de type entier universel, et comme POS peut prendre un argument dynamique, certaines expressions de type entier universel peuvent être en fait dynamiques.

La conversion de littéraux entiers, de nombres entiers, et d'attributs de type entier universel en d'autres types entiers est automatique et ne requiert pas de conversion de type explicite. Les problèmes d'ambiguïté exigent cependant que la conversion d'expressions plus générales soit explicite.

Le lecteur se souvient sans doute qu'un intervalle tel que 1..10, apparaissant dans une boucle for ou dans une définition de type tableau, est considéré comme étant de type INTEGER. La règle complète est en fait que les bornes doivent être à leur tour des littéraux entiers, des nombres entiers, ou des attributs de type entier universel, à défaut d'une expression plus générale. Notons, en passant, ce qui suit : spécifier que l'intervalle est de type INTEGER plutôt que de n'importe quel autre type entier, signifie que le type INTEGER a vraiment des propriétés bien particulières.

L'utilisation de déclarations de types entiers, qui reflètent les besoins du programme de préférence à une utilisation arbitraire de INTEGER et LONG_INTEGER, est une pratique saine : d'une part, elle favorise la portabilité, d'autre part elle nous permet de faire la distinction entre différentes classes d'objets. C'était le cas, par exemple, quand nous comptions des pommes et des oranges au chapitre précédent.

Cependant, la portabilité intégrale n'est pas atteinte sans difficultés. Par exemple, supposons :

```
type ENTIER is range -1E6..+1E6;
I, J : ENTIER;
```

et considérons :

```
I := 100_000;
J := I*I;
```

Pour comprendre le comportement de la suite d'instructions, il est indispensable de se souvenir que ENTIER n'est réellement qu'un sous-type d'un type anonyme dérivé de LONG_INTEGER sur la machine A et de INTEGER sur la machine B. Les opérations dérivées +, -, *, /, etc., ont des opérandes et des résultats de ce type anonyme. La contrainte de sous-type n'a de sens que lorsque nous essayons d'affecter une valeur à J. Ainsi J := I*I; est effectivement (sur la machine A) :

```
J := ANON(LONG_INTEGER(I)*LONG_INTEGER(I));
```

et la multiplication est effectuée avec l'opération du type LONG_INTEGER. Le résultat est 1E10, qui est bien dans l'intervalle de LONG_INTEGER. Cependant, si nous essayons d'assigner le résultat à J, nous obtenons CONSTRAINT_ERROR.

Sur la machine B, en revanche, le type est dérivé de INTEGER, et cette fois le résultat de la multiplication est en dehors de l'intervalle de INTEGER. Par conséquent, NUMERIC_ERROR est levée par la multiplication elle-même.

Ainsi, bien que le programme échoue dans les deux cas, l'exception obtenue en fin de compte peut être différente.

Un cas encore pire serait :

```
I := 100_000;
J := (I*I) / 100_000;
```

Sur la machine A le produit intermédiaire et le résultat final sont calculés sans problème et, comme le résultat est dans l'intervalle de J, aucune exception n'est levée. Mais, sur la machine B, nous obtenons de nouveau NUMERIC_ERROR.

(L'analyse ci-dessus n'a pas tenu compte d'une éventuelle optimisation. Or le language autorise une implémentation à utiliser un type plus large pour éviter NUMERIC_ERROR, pourvu que le résultat correct soit obtenu. Néanmoins, l'exemple est sans aucun doute valide si la machine B ne possède pas de type LONG_INTEGER.)

Enfin, notons que la valeur la plus négative et la plus positive supportées par les types prédéfinis entiers sont données par SYSTEM.MIN_INT et SYSTEM.MAX_INT. Ceux-ci, bien évidemment, dépendent de l'implémentation et sont des nombres déclarés dans le paquetage SYSTEM, qui est un paquetage prédéfini de bibliothèque contenant diverses constantes de ce genre, dépendant de l'implémentation.

Exercice 12.1

1 Quels sont, sur les machines A et B, les types utilisés pour représenter :

```
type P is range 1 .. 1000;
type Q is range 0 .. +32768;
type R is range -1E14 .. +1E14;
```

2 Y aurait-il une différence si A et B étaient des machines à complément à un, avec le même nombre de bits pour la représentation?

3 Soient :

```
N : INTEGER := 6;
P : constant := 3;
R : ENTIER := 4;
```

quel est le type de :

```
a) N + P          d) N * N
b) N + R          e) P * P
c) P + R          f) R * R
```

4 Déclarer un type LONGEST_INTEGER qui soit le maximum supporté par l'implémentation.

12.2 Types réels

Les types entiers sont des types exacts. Les types réels, quant à eux, sont approchés et introduisent des problèmes de précision qui ont des effets subtils. Ce livre n'étant pas un traité spécialisé sur les erreurs en analyse numérique, nous ne donnerons pas tous les détails des moyens en Ada permettant de minimiser les erreurs et de maximiser la portabilité. Nous nous contenterons d'en esquisser les principes de base.

Les types réels se répartissent en types point-flottant et types point-fixe. Mis à part les détails de représentation, la différence fondamentale réside dans le fait que les valeurs point-flottant ont une erreur relative, alors que les valeurs point-fixe ont une erreur absolue. Les concepts communs aux types point-flottant et point-fixe sont traités dans cette section, et les détails plus subtils spécifiques à chacun de ces types se trouvent dans les sections suivantes.

Il existe un type réel universel possédant des propriétés similaires à celles du type entier universel. Les littéraux réels (voir 3.4) sont de type réel universel. Les nombres réels déclarés dans une déclaration de nombre telle que :

```
PI : constant := 3.14159_26536;
```

sont aussi de type réel universel. (Le lecteur se souviendra que la différence entre un littéral entier et un littéral réel est qu'un littéral réel comprend toujours un point.)

Outre les opérations habituelles sur les réels, un certain mélange d'opérandes de type entier universel et réel universel est autorisé. Plus précisément, un réel universel peut être multiplié par un entier universel et réciproquement ; de même, la division d'un réel universel par un entier universel est autorisée. Dans tous les cas le résultat est réel universel.

Ainsi, nous pouvons écrire :

```
DEUX_PI : constant := 2*PI;
```

ou bien :

```
DEUX_PI : constant := 2.0*PI;
```

mais pas :

```
PI_PLUS_DEUX : constant := PI+2;
```

car l'addition mixte n'est pas définie. Notons que nous ne pouvons pas opérer de conversion explicite entre entier universel et réel universel, bien que nous puissions toujours convertir le premier en le second par une multiplication par 1.0.

Un concept important est celui des nombres modèles. Quand nous déclarons un type réel T, nous exigeons une certaine précision. L'implémentation utilise dans la plupart des cas une précision plus grande, tout comme l'implémentation d'un type entier utilise un type de base possédant un intervalle plus grand que celui qui est demandé. Il existera un ensemble de nombres modèles, correspondant à la précision demandée, qui ont la garantie d'être exactement représentés. Puisque la précision est généralement plus grande, d'autres valeurs seront aussi représentées exactement. Il existera un intervalle modèle associé à chaque valeur implémentée. Si une valeur est un nombre modèle, l'intervalle modèle est l'intervalle délimité par les deux nombres modèles encadrant la valeur. Sinon, l'intervalle modèle est l'intervalle se composant des deux nombres modèles encadrant la valeur. Des cas particuliers surviennent si une valeur est supérieure au plus grand des nombres modèles T'LARGE.

Quand une opération est effectuée, les bornes du résultat sont données par le plus petit intervalle modèle obtenu quand les valeurs des opérandes décrivent leur intervalle modèle.

Les opérateurs relationnels =, >, etc., sont aussi décrits en termes d'intervalles modèles. Si le résultat est identique, quelles que soient les valeurs choisies dans les intervalles, la valeur de ce résultat n'est pas discutable. Si, en revanche, le résultat dépend des valeurs choisies dans les intervalles, le résultat est indéfini.

Nous illustrerons ce comportement des nombres modèles dans la section suivante à l'aide d'exemples.

Exercice 12.2

1 Soient :

```
DEUX : INTEGER := 2;
E : constant := 2.71828_18285;
MAX : constant := 100;
```

Quel est le type de :

a) DEUX * E	d) DEUX * DEUX
b) DEUX * MAX	e) E * E
c) E * MAX	f) MAX * MAX

2 Soit :

```
N : constant := 100;
```

Déclarez un nombre réel R ayant la même valeur que N.

12.3 Types point-flottant

Comme pour les entiers, toutes les implémentations possèdent un type prédéfini FLOAT et peuvent avoir d'autres types prédéfinis SHORT_FLOAT, LONG_FLOAT et ainsi de suite, avec respectivement moins et plus de précision. Ces types possèdent tous les opérations prédéfinies que nous avons décrites au chapitre 4 comme applicables au type REEL.

Nous pouvons dériver directement notre propre type par :

```
type REEL is new FLOAT;
```

ou éventuellement :

```
type REEL is new LONG_FLOAT;
```

selon la précision implémentée. Toutefois, comme dans le cas des entiers, il est préférable d'indiquer la précision requise et de permettre à l'implémentation de choisir de façon appropriée.

Si nous écrivons :

type REEL **is digits** 7;

nous demandons alors à l'implémentation de dériver REEL d'un type prédéfini ayant au moins sept chiffres de précision.

Le comportement précis est défini en termes de nos nombres modèles. Considérons le cas plus général :

type REEL **is digits** D;

où D est une expression entière statique. *D* est le nombre de chiffres décimaux demandés. Convertissons celui-ci en *B*, le nombre de chiffres binaires correspondants donnant au moins la même précision relative. *B* doit être supérieur d'une unité au plus petit entier supérieur à $D.\text{Log}_2(10)$. En d'autres termes :

$$B-1 < 1 + (3.3219... * D) < B$$

La précision binaire *B* détermine les nombres modèles ; ceux-ci sont par définition 0 et tous les nombres sont de la forme :

$$signe.mantisse.2^{exposant}$$

où :

signe vaut +1 ou -1
$\frac{1}{2} \leq mantisse < 1$
$-4B \leq exposant \leq +4B$

et où la mantisse a exactement *B* chiffres après le point dans la représentation en base deux. On a pris quelque peu arbitrairement l'intervalle [-4*B*,+4*B*] pour l'exposant, qui est un entier, ceci après avoir passé en revue les intervalles fournis par les architectures actuelles.

Quand nous écrivons :

type REEL **is digits** 7;

nous avons la garantie que les nombres modèles du type point-flottant prédéfini choisi par l'implémentation incluront les nombres modèles pour la précision décimale 7.

Comme exemple extrême considérons :

```
type GROSSIER is digits 1;
```

Dans ce cas *D* vaut 1 et *B* vaut 5. Les nombres modèles sont des valeurs dont la mantisse est l'une des valeurs suivantes :

$$^{16}/_{32},\ ^{17}/_{32},\ \dots,\ ^{31}/_{32}$$

et pour lesquelles l'exposant binaire est entre -20 et +20.

Les nombres modèles au voisinage de un sont :

$$^{30}/_{32},\ ^{31}/_{32},\ 1,\ 1^{1}/_{16},\ 1^{2}/_{16},\ 1^{3}/_{16}$$

Les nombres modèles au voisinage de zéro sont :

$$-^{17}/_{32}.2^{-20},\ -^{16}/_{32}.2^{-20},\ 0,\ +^{16}/_{32}.2^{-20},\ +^{17}/_{32}.2^{-20}$$

Notons le changement de précision absolue à un et le trou autour de zéro. Nous entendons par là les sauts entre zéro et les nombres modèles les plus proches, qui, dans le cas présent, sont seize fois la différence entre eux-mêmes et les nombres suivants.

Il y a donc une perte massive de précision à zéro. Ces nombres modèles sont illustrés à la figure 12.1

```
a) autour de 1        ...           x x x x  x  x  x  ...
                                          1

b) autour de 0        ...  x x x x        x        x x x x  ...
                                          0
```

Fig. 12.1 Nombres modèles du type GROSSIER

Les nombres modèles les plus grands sont :

$$^{29}/_{32}.2^{20},\ ^{30}/_{32}.2^{20},\ ^{31}/_{32}.2^{20}$$

ou :

950272, 983040, 1015808

Supposons que nous écrivons :

```
G : GROSSIER := 1.05;
```

alors, sans tenir compte du type point-flottant prédéfini réellement choisi pour G, le littéral 1.05 sera converti en un nombre compris, au sens large, entre 1 et $1^1/_{16}$, nombres modèles encadrant 1.05. Or, nous ne savons pas lequel ; par conséquent, tout ce que nous savons est que la valeur de G appartient à l'intervalle modèle 1 .. $1^1/_{16}$.

Si nous calculons :

```
G := G*G;
```

alors le résultat mathématique calculé doit être compris entre $1^2=1$ et $(1^1/_{16})^2={}^{289}/_{256}=1^{33}/_{256}$. Cependant, $1^{33}/_{256}$ n'est pas un nombre modèle. Nous prenons donc le nombre modèle immédiatement supérieur comme borne supérieure du résultat : c'est $1^3/_{16}$. Par conséquent, tout ce que nous pouvons déduire est que G doit résider dans l'intervalle 1 .. $1^3/_{16}$, et c'est tout! Type GROSSIER oblige.

Le résultat de :

```
G > 1.0
```

n'est pas défini puisque 1>1 est faux mais que $1^3/_{16}>1$ est vrai.

De même :

```
G = 1.0
```

n'est pas défini puisque 1=1 est vrai mais que $1^3/_{16}>1$ est faux.

Cependant :

```
G >= 1.0
```

est bien défini et vrai. Par conséquent, et curieusement, les opérations =, > et >= n'ont pas toujours entre elles les relations habituelles quand elles sont appliquées à des types point-flottant.

L'exemple ci-dessus, bien que caricatural, illustre les erreurs possibles. Le trou autour de zéro est un danger tout particulier - si un résultat tombe dans le trou, nous disons qu'un sous-dépassement est apparu et que toute précision est perdue. Notre valeur s'est engouffrée dans un trou noir.

En pratique, nous sommes un peu mieux lotis car le type GROSSIER sera sans doute dérivé d'un type prédéfini ayant plus de précision. Supposons que, sur une machine donnée, nous n'ayons qu'un type prédéfini FLOAT avec D = 7. Alors :

```
type GROSSIER is digits 1;
```

est équivalent à :

```
type anon is new FLOAT;
subtype GROSSIER is anon digits 1;
```

Le type GROSSIER est par conséquent en substance un sous-type du type dérivé anon et les opérations sur les valeurs seront effectuées avec des nombres de type FLOAT. Pour décrire plus précisément le mécanisme, nous introduisons le concept de nombres sûrs.

Les nombres sûrs d'un type sont un sur-ensemble des nombres modèles et ils ont des propriétés opératoires semblables. Les nombres sûrs ont le même nombre de chiffres significatifs B mais l'intervalle de l'exposant est $\pm E$ où E est au moins égal à $4B$. Ainsi, les nombres sûrs étendent l'intervalle de confiance et permettent à une implémentation de tirer un meilleur parti du matériel. Une autre différence importante est que les nombres sûrs d'un sous-type sont ceux du type de base, tandis que les nombres modèles d'un sous-type sont ceux induits par la précision demandée dans sa définition.

A titre d'exemple, les nombres sûrs du type GROSSIER sont les nombres sûrs de FLOAT, tandis que les nombres modèles de GROSSIER sont ceux définis par $D = 1$. Les opérations s'appliquent aux nombres sûrs, et ce sont ces nombres qui peuvent être logés dans des objets de type GROSSIER.

Ce qu'il faut retenir, c'est que si nous souhaitons écrire un programme portable, nous devons ne pas nous écarter des propriétés des nombres modèles. En revanche, si nous souhaitons tirer le maximum d'une implémentation, nous pouvons exploiter les propriétés des nombres sûrs. Notons aussi qu'une implémentation peut fournir d'autres nombres en plus des nombres sûrs ; on ne peut rien asseoir sur ceux-ci dans la mesure où le langage ne leur définit pas de propriétés autres que celles entraînées par les intervalles modèles et les intervalles sûrs.

Remarquons que nous pourrions aussi imposer une contrainte intervalle sur un sous-type point-flottant ou un objet de la façon suivante :

```
G : GROSSIER range 0.0 .. 100.0;
```

ou :

```
subtype REEL_POSITIF is REEL range 0.0 .. REEL'LAST;
```

et ainsi de suite. Si une contrainte est violée, alors CONSTRAINT_ERROR est levée.

Différents attributs sont disponibles et peuvent être utilisés pour permettre d'écrire des programmes plus portables. Pour tout type (ou sous-type) F (prédéfini ou non), on a :

F'DIGITS	le nombres de chifres décimaux, *D*,
F'MANTISSA	le nombre de chiffres binaires, *B*,
F'EMAX	l'exposant maximum, 4*F'MANTISSA,
F'SMALL	le plus petit nombre modèle positif 2.0**(-F'EMAX-1),
F'LARGE	le plus grand nombre modèle positif 2.0**F'EMAX*(1.0 - 2**(-F'MANTISSA)),
F'EPSILON	la différence entre 1.0 et le nombre modèle qui suit, 2.0**(1 - F'MANTISSA).

De plus, les attributs F'SAFE_EMAX, F'SAFE_SMALL et F'SAFE_LARGE sont disponibles. Ils fournissent les propriétés correspondantes des nombres sûrs du type.

Il y a aussi les attributs usuels F'FIRST et F'LAST. Ceux-ci ne sont pas nécessairement des nombres modèles ou des nombres sûrs, mais les valeurs limites effectives du type ou du sous-type.

DIGITS, MANTISSA, EMAX et SAFE_EMAX sont de type entier universel, SMALL, SAFE_SMALL, LARGE, SAFE_LARGE et EPSILON sont de type réel universel ; FIRST et LAST sont de type F.

L'attribut BASE peut de nouveau être utilisé pour nous permettre de nous renseigner sur le type implémenté. Par conséquent, GROSSIER'DIGITS = 1 et GROSSIER'BASE'DIGITS = 7.

Nous arrêtons là l'exposé sur les types point-flottant, mais nous espérons que le lecteur aura compris les principes mis en jeu. En général, on peut simplement spécifier la précision requise. Cela suffit. Cependant, une approche plus fine est quelquefois requise et dans le doute, il est préférable de demander l'aide d'un analyste numérique professionnel. Pour plus de détails, nous renvoyons le lecteur au MR.

Exercice 12.3

1 Quelle est la valeur de GROSSIER'EPSILON?

2 Calculer l'intervalle modèle dans lequel la valeur de R doit résider après :

```
type REEL is digits 5;

P : REEL := 2.0;
Q : REEL := 3.0;
R : REEL := (P/Q)*Q;
```

3 Quel serait l'effet, si l'on écrivait :

```
P : constant := 2.0;
Q : constant := 3.0;
R : REEL := (P/Q)*Q
```

4 Combien de nombres modèles existe-t-il pour le type GROSSIER?

5 La fonction :

```
function HYPOTENUSE (X, Y : REEL) return REEL is
begin
      return SQRT(X**2 + Y**2);
end;
```

souffre de sous-dépassement si X et Y sont trop petits. La récrire pour éviter cela, en testant X et Y par rapport à une valeur bien choisie. Changer d'échelle si nécessaire.

6 Expliquer pourquoi *B* n'est pas l'entier immédiatement supérieur à $D.\mathrm{Log}_2(10)$, mais le suivant. Utiliser le type GROSSIER pour illustrer la réponse.

7 Quel est le rapport entre la taille du trou autour de zéro et le saut entre les nombres modèles suivants?

12.4 Types point-fixe

Les types point-fixe ne sont normalement utilisés que dans des applications spécialisées ou pour faire de l'arithmétique approchée sur des machines ne possédant pas de dispositifs point-flottant. Nous n'en donnons ici qu'un aperçu.

Le principe général de dérivation à partir de types prédéfinis s'applique aussi aux types point-flottant. Cependant, contrairement aux types entiers et point-flottant, les types point-fixe prédéfinis sont anonymes et ne peuvent donc pas être utilisés directement. Ils doivent l'être par l'intermédiaire d'une déclaration de type point-fixe. Une telle déclaration spécifie une erreur absolue ainsi qu'un intervalle de façon obligatoire. Elle prend la forme suivante :

```
type F is delta D range L..R;
```

En fait, celle-ci demande des valeurs dans l'intervalle de L à R avec une précision de D qui doit être positive. D, L, et R doivent être réels et statiques. La déclaration ci-dessus est trait pour trait équivalente à :

```
type anon is new P;
subtype F is anon range anon(L) .. anon(R);
```

où P est un type point-fixe prédéfini approprié et anonyme.

Un type (ou sous-type) point-fixe est caractérisé par deux attributs, un entier positif *B* et un nombre réel positif *pas*. *B* indique le nombre de bits dont le nombre a besoin (signe mis à part). *pas* est la précision absolue. Les nombres modèles sont par conséquent, outre zéro, tous les nombres de la forme :

signe.mantisse.pas

où :

signe vaut +1 ou -1
$0 < mantisse < 2^B$

La définition :

delta D **range** L .. R;

entraîne une valeur pour le *pas* qui est la plus grande puissance de 2 inférieure ou égale à D, et une valeur pour *B* qui est le plus petit entier tel que L et R ne soient pas distants de plus de *pas* d'un nombre modèle.

Pour illustrer cela, si nous avons :

type T **is delta** 0.1 **range** -1.0 .. +1.0;

alors *pas* vaut $^1/_{16}$ et B vaut 4. Les nombres modèles de T sont par conséquent :

$$-^{15}/_{16}, -^{14}/_{16}, \ldots, -^{1}/_{16}, 0, +^{1}/_{16}, \ldots, +^{14}/_{16}, +^{15}/_{16}$$

Notons soigneusement que L et R sont, en fait, en dehors de l'intervalle des nombres modèles ; ils sont en outre exactement à un *pas* d'un nombre modèle ; la définition permet justement cela.

Si nous avons une implémentation 16 bits typique, nous pourrons dériver T à partir d'un large choix de types prédéfinis, la seule exigence étant que les nombres modèles du type prédéfini comprennent les nombres modèles de T. En prenant comme hypothèse que le type prédéfini a un *B* égal à 15, deux cas extrêmes se présentent : dans un cas le *pas* pourrait valoir 2^{-15}, ce qui nous fournirait une bien plus grande précision mais le même intervalle ; dans l'autre le *pas* pourrait valoir $^1/_{16}$, ce qui nous fournirait un intervalle plus vaste mais la même précision.

Si nous supposons pour la forme que l'implémentation choisit le type prédéfini avec la plus grande précision, les nombres modèles de T seront :

$$-\frac{2^{15}-1}{2^{15}}, \ldots, -\frac{1}{2^{15}}, 0, +\frac{1}{2^{15}}, +\frac{2^{15}-1}{2^{15}}$$

Le concept de nombres sûrs est aussi défini pour les types point-fixe. Les nombres sûrs d'un type point-fixe sont les nombres modèles de son type de base et les nombres sûrs d'un type prédéfini sont simplement ses nombres modèles. Par conséquent, les nombres sûrs de T sont les nombres modèles du type prédéfini choisi. Des remarques semblables s'appliquent à la portabilité, comme dans le cas des types point-flottant. Si nous nous contentons simplement des propriétés des nombres modèles, la portabilité est assurée. Nous pouvons aussi nous appuyer sur les nombres sûrs si nous souhaitons tirer le maximum d'une implémentation particulière.

Pour en revenir au type T, une implémentation différente pourrait n'utiliser que huit bits. De plus, l'utilisation de clauses de représentation (qui seront exposées en détail au chapitre 15) permet de donner au compilateur des instructions plus précises. Nous pouvons écrire :

```
for T'SIZE use 5;
```

ce qui obligera l'implémentation à utiliser les cinq bits minimum. Cela peut être ridicule pour telle ou telle implémentation ; en fait, le compilateur est autorisé à refuser les clauses de représentation qui ne seraient pas raisonnables.

Nous pouvons aussi passer outre à la règle qui veut que le *pas* soit une puissance de 2, par l'utilisation d'une clause de représentation. Ecrire :

```
for T'SIZE use 5;
for T'SMALL use 0.1;
```

aura pour résultat de rendre les nombres modèles égaux à :

-1.5, -1.4, ..., -0.1, 0, +0.1, ..., +1.4, +1.5

Dans ce cas, le type prédéfini aura les mêmes nombres modèles.

L'avantage d'utiliser le défaut standard selon lequel *pas* est une puissance de 2 est que la conversion entre des types point-fixe et d'autres types numériques peut se ramener à des translations de bits. L'utilisation d'autres valeurs de *pas* signifiera en général que la conversion entraîne des multiplications et des divisions implicites.

Il faut savoir que les types point-fixe prédéfinis sont quelque peu éphémères ; ils ne sont pas tant prédéfinis que fabriqués sur place, de façon anonyme, selon les besoins. Cependant, on exige formellement d'une implémentation qu'un seul type prédéfini anonyme. Dans un tel cas le *pas* pour ce type unique est immanquablement une puissance de 2. Par conséquent, toute tentative de spécifier une valeur de *pas*, qui ne serait pas un multiple de cette valeur, est vouée à l'échec. Il s'ensuit qu'une utilisation raffinée des types point-fixe est très liée à l'implémentation.

Un exemple très simple est donné par :

```
DEL : constant := 2.0**(-15);
type FRAC is delta DEL range -1.0 .. 1.0;
```

qui sera représenté de façon purement fractionnelle sur une machine 16 bits à complément à deux. Notons que cela n'a pas vraiment d'importance si la borne supérieure est fixée à 1.0 ou à 1.0 - DEL ; le plus grand nombre modèle sera 1.0 - DEL dans les deux cas.

Enfin, un bon exemple d'utilisation d'une valeur spécifiée pour le *pas* est donné par un type représentant un angle et qui utilise la totalité d'un mot de 16 bits :

```
type ANGLE is delta 0.1 range -PI .. PI;
for ANGLE'SMALL use PI*2**(-15);
```

Notons que la valeur donnée à delta est sans importance puisque c'est la clause de représentation pour ANGLE'SMALL qui l'emporte.

Les opérations arithmétiques +, -, *, / et **abs** peuvent être effectuées sur des valeurs point-fixe. L'addition et la soustraction ne peuvent s'effectuer que sur des valeurs de même type et, bien sûr, retournent un résultat de ce type. La mutiplication et la division sont autorisées entre des types point-fixe différents, mais retournent des valeurs d'un type en précision infinie connu sous le nom de fixe universel. Une telle valeur doit être convertie explicitement par une conversion de type en un type particulier avant que toute autre opération puisse être effectuée. La mutiplication et la division par des valeurs de type INTEGER sont aussi autorisées et celles-ci retournent une valeur du type point-fixe.

Par conséquent, soient :

```
F, G : FRAC;
```

Nous pouvons écrire :

```
F := F + G;
```

mais pas :

```
F := F * G;
```

nous devons spécifier explicitement :

```
F := FRAC (F*G);
```

Le comportement de l'arithmétique point-fixe est, comme celui de l'arithmétique point-flottant, défini en termes des nombres modèles. Les littéraux et les expressions générales de type réel universel sont convertis à une valeur dont on est sûr qu'elle se trouve dans l'intervalle modèle approprié.

Les différents attributs d'un type point-fixe F sont les suivants:

F'DELTA	le delta demandé, *D*,
F'MANTISSA	le nombre de bits, *B*,
F'SMALL	le plus petit nombre modèle positif, le *pas*,
F'LARGE	le plus grand nombre modèle positif, (2**F'MANTISSA-1)*F'SMALL.

De plus, les attributs F'SAFE_SMALL et F'SAFE_LARGE donnent les propriétés correspondantes des nombres sûrs. Notons que F'SAFE_SMALL = F'BASE'SMALL pour les types point-fixe.

Les attributs usuels F'FIRST et F'LAST, quant à eux, donnent les bornes inférieure et supérieure effectives du type ou du sous-type. Bien sûr, celles-ci ne sont pas nécessairement des nombres modèles.

DELTA, SMALL, SAFE_SMALL, LARGE et SAFE_LARGE sont de type réel universel ; MANTISSA est de type entier universel ; FIRST et LAST sont de type F.

Pour plus de détails nous renvoyons le lecteur au RM.

Exercice 12.4

1 Soit F de type FRAC. Calculer l'intervalle modèle de F après :

```
F := 0.1;
```

Point 12

Utiliser les types dérivés pour accroître la portabilité.

Se méfier des dépassements dans l'évaluation des expressions intermédiaires.

Utiliser des nombres de préférence à des constantes.

Se méfier des sous-dépassements dans le trou autour du zéro point-flottant.

Se méfier des opérations relationnelles des types réels.

Dans le doute, consulter un analyste numérique.

Chapitre 13 UNITÉS GÉNÉRIQUES

Ce chapitre a pour objet le mécanisme des génériques, qui nous permet de paramétrer les sous-programmes et les paquetages à l'aide de paramètres. Ceux-ci peuvent aussi bien être des types ou des sous-programmes que des valeurs ou des objets.

13.1 Déclarations et instanciations

L'un des problèmes liés aux langages typés tels qu'Ada est que tous les types doivent être déterminés à la compilation. Ce qui signifie que nous ne pouvons pas passer des types en paramètres lors de l'exécution. Cependant, il arrive souvent que la logique d'un fragment de programme soit indépendante des types mis en jeu ; il est donc inutile de le répéter pour tous les types auxquels nous souhaiterions l'appliquer. Un exemple simple est fourni par la procédure TROC de l'exercice 7.3(1).

```
procedure TROC (X, Y : in out REEL) is
        T : REEL;
begin
        T := X; X := Y; Y := T;
end;
```

Il est clair que la logique est indépendante du type des valeurs troquées. Si nous souhaitons aussi troquer des entiers ou des booléens, nous pouvons bien sûr écrire d'autres procédures. Toutefois, ce serait fastidieux et le mécanisme des génériques nous permet de nous en dispenser. Nous pouvons déclarer :

```
generic
        type ITEM is private;
procedure ECHANGE (X, Y : in out ITEM);

procedure ECHANGE (X, Y : in out ITEM) is
        T : ITEM;
```

```
begin
        T := X; X := Y; Y := T;
end;
```

Le sous-programme ECHANGE est un sous-programme générique qui tient lieu de modèle. La spécification de sous-programme est précédée de la partie formelle générique constituée du mot réservé **generic**, suivi d'une liste (qui peut être nulle) de paramètres génériques formels. Le corps du sous-programme est écrit exactement comme d'habitude mais notons que, dans le cas des sous-programmes génériques, nous devons donner à la fois et séparément le corps et la spécification.

On ne peut pas appeler directement la procédure générique ; toutefois, à partir de celle-ci, nous pouvons créer une véritable procédure par un mécanisme appelé instanciation de générique. Par exemple, nous pouvons écrire :

```
procedure TROC is new ECHANGE (REEL);
```

Cela est une déclaration ; elle indique que TROC sera formé à partir du modèle ECHANGE. On fournit les paramètres génériques effectifs dans une liste de paramètres comme cela ce fait habituellement. Dans le cas présent, le paramètre effectif est le type REEL qui correspond au paramètre générique formel ITEM. Nous pouvons aussi utiliser la notation par nom :

```
procedure TROC is new ECHANGE (ITEM => REEL);
```

Nous avons donc créé maintenant la procedure TROC agissant sur le type REEL et nous pouvons par conséquent l'appeler comme d'ordinaire. Nous pouvons former de nouvelles instanciations :

```
procedure TROC is new ECHANGE (INTEGER);
procedure TROC is new ECHANGE (DATE);
```

et ainsi de suite. Nous créons ici d'autres surcharges de TROC que l'on peut distinguer par le type de leur paramètre, tout comme si nous avions peiné à les écrire in extenso.

A première vue, on pourrait croire que le mécanisme des génériques relève purement d'une expansion de texte, et dans ce cas simple le comportement serait identique. Cependant, la différence importante concerne la signification des identificateurs, dans le corps du générique, qui ne sont ni des paramètres ni locaux au corps. De tels identificateurs non locaux ont une signification qui dépend de l'endroit où le corps de génerique est déclaré et non de l'endroit où il est instancié. Si une substitution de texte était employée, les identificateurs non locaux auraient bien sûr leur signification à l'endroit de l'instanciation et donneraient des résultats très surprenants.

Tout comme nous avons des sous-programmes génériques, nous pouvons avoir des paquetages génériques. Un exemple simple est fourni par le paquetage PILE de la section 8.1. Le problème, avec ce paquetage, est qu'il ne fonctionne qu'avec le type INTEGER alors qu'évidemment, la même logique est applicable quel que soit le type des valeurs manipulées. Nous pouvons aussi profiter de l'occasion pour prendre dans la foulée MAX comme paramètre, afin de ne pas être bloqués par une limite arbitraire de 100. Nous écrivons :

```
generic
        MAX : POSITIVE;
        type ITEM is private;
package PILE is
        procedure EMPILER (X : ITEM);
        function DEPILER return ITEM;
end PILE;

package body PILE is
        S : array (1..MAX) of ITEM;
        DESSUS : INTEGER range 0 .. MAX;
        -- Etc. même chose que précédemment mais
        -- en remplaçant INTEGER par ITEM
end PILE;
```

Nous pouvons maintenant créer une pile d'une taille particulière et d'un type particulier en instanciant le paquetage générique comme suit :

```
declare
        package MA_PILE is new PILE (100, REEL);
        use MA_PILE;
begin
        ...
        EMPILER (X);
        ...
        Y := DEPILER;
        ...
end;
```

Le paquetage MA_PILE qui résulte de l'instanciation se comporte tout comme s'il avait été écrit directement. La clause use permet de se référer à EMPILER et DEPILER. Si nous faisons de nouveau une instanciation :

```
package AUTRE_PILE is new PILE (50, INTEGER);
use AUTRE_PILE;
```

EMPILER et DEPILER sont de nouvelles surcharges et on peut les distinguer par le type fourni par le contexte. Bien sûr, si nous avions déclaré AUTRE_PILE en prenant de nouveau REEL comme paramètre générique effectif, nous devrions utiliser la notation pointée pour distinguer les instances de EMPILER et DEPILER malgré l'utilisation des clauses use.

Les unités génériques et les instanciations de génériques peuvent au même titre être des unités de bibliothèque. Ainsi, ayant introduit le paquetage générique PILE dans la bibliothèque de programme, on peut compiler une instanciation isolée par :

```
with PILE;
package PILE_BOOLEENNE is new PILE (200,BOOLEAN);
```

Si nous ajoutons une exception ERREUR au paquetage comme en section 10.2 pour avoir la déclaration de paquetage générique suivante :

```
generic
        MAX : POSITIVE;
        type ITEM is private;
package PILE is
        ERREUR : exception;
        procedure EMPILER (X : ITEM);
        function DEPILER return ITEM;
end PILE;
```

chaque instanciation donnera naissance à une exception distincte. Comme on ne peut pas surcharger les exceptions, nous devrons naturellement recourir à la notation pointée pour les distinguer.

Nous pouvons, bien sûr, rendre ERREUR commune à toutes les instanciations en la faisant globale au paquetage générique. Celle-ci, ainsi que le paquetage générique, pourraient être déclarés dans un nouveau paquetage :

```
package PILES is
        ERREUR : exception;
```

```
        generic
                MAX : POSITIVE;
                type ITEM is private;
        package PILE is
                procedure EMPILER (X : ITEM);
                function DEPILER return ITEM;
        end PILE;
end PILES;

package body PILES is
        package body PILE is
                ...
        end PILE;
end PILES;
```

Cela illustre la dépendance des identificateurs globaux vis-à-vis des unités génériques. La signification de ERREUR est déterminée indépendamment de l'endroit de l'instanciation.

Les exemples ci-dessus ont montré le cas où les paramètres formels étaient des types ou des entiers. En fait, les paramètres génériques formels peuvent être tous ceux qui sont applicables aux sous-programmes ; ils peuvent aussi être des types et des sous-programmes. Comme nous le verrons dans les sections suivantes, nous pouvons formuler les types et les sous-programmes formels de façon à pouvoir, dans le corps du générique, compter sur le fait que les paramètres génériques effectifs ont les propriétés dont nous avons besoin.

En ce qui concerne les paramètres habituels qui s'appliquent aussi aux sous-programmes, ceux-ci peuvent être de mode **in** ou **in out**, mais pas **out**. Comme dans le cas des sous-programmes, **in** est le mode pris par défaut, comme l'illustre l'exemple ci-dessus.

Un paramètre générique **in** se comporte comme une constante dont la valeur est fournie par le paramètre effectif correspondant. Une expression spécifiant un défaut est autorisée comme dans le cas des sous-programmes ; une telle expression est évaluée lors de l'élaboration de l'instanciation si on n'a pas fourni de paramètre effectif, de la même façon qu'une expression de défaut pour un paramètre de sous-programme est évaluée quand on appelle le sous-programme et que l'on n'a pas fourni de paramètre effectif. Remarquez qu'un paramètre générique de mode **in** ne peut pas être d'un type limité. La cause en est que l'assignation n'est pas autorisée pour les types limités. Notez qu'il s'agit d'un mécanisme différent de celui utilisé par les paramètres de mode **in** des sous-programmes, où les types limités sont autorisés.

Cependant, un paramètre de mode **in out** se comporte comme une variable surnommant le paramètre effectif correspondant. Le paramètre effectif doit par conséquent être le nom d'une variable, et sa signification est prise à l'endroit de l'instanciation utilisant les mêmes règles que pour le surnommage, décrites en section 8.5. Par exemple, selon l'une d'elles, toute contrainte sur le paramètre effectif s'applique aussi au paramètre formel. En revanche, paradoxalement, aucune des contraintes entraînées par la marque de type formelle n'est prise en compte. Il existe une autre règle : si un identificateur faisant partie du nom change par la suite, l'identité de l'objet auquel se réfère le paramètre formel générique ne change pas. En conséquence, le paramètre effectif ne peut pas être un composant d'un article non contraint à discriminant si l'existence même de ce composant dépend de la valeur de ce discriminant. Ainsi, si M est un MUTANT comme en section 11.2, M.ENFANT ne peut pas être un paramètre générique effectif car M peut changer de GENRE. Cependant, M.NAISSANCE serait valide. Cette restriction s'applique aussi au surnommage lui-même.

Dans le corps du générique, on peut utiliser les paramètres génériques formels assez librement à une restriction près. Il y a plusieurs endroits où une expression doit être statique : dans le cas des alternatives d'une instruction case ou d'une partie variantes, dans l'intervalle de la définition d'un type entier, le nombre de chiffres d'une définition de type point-flottant, etc. Dans aucune de ces situations on ne peut utiliser de paramètre générique formel, car alors l'expression ne pourrait pas être statique.

Le dernier exemple de cette section illustre l'emboîtement des génériques. La procédure générique suivante effectue une permutation circulaire de trois valeurs et, par jeu, on l'a écrite en termes de la procédure générique ECHANGE.

```
generic
        type CHOSE is private;
procedure CAB (A, B, C : in out CHOSE);

procedure CAB (A, B, C : in out CHOSE) is
        procedure TROC is new ECHANGE (ITEM => CHOSE);
begin
        TROC (A, B);
        TROC (A, C);
end CAB;
```

Bien que l'emboîtement soit autorisé, celui-ci ne doit pas être récursif.

Exercice 13.1

1 Ecrire une déclaration de paquetage générique en partant du paquetage PILES de la section 11.1 de façon à pouvoir déclarer des piles d'un type arbitraire. Déclarer une PILE P de longueur 30 et de type booléen. Utiliser la notation par nom.

2 Ecrire un paquetage générique contenant à la fois TROC et CAB.

13.2 Types paramètres

Dans les sections précédentes nous avons introduit des types comme paramètres génériques. Les exemples montraient le paramètre formel sous la forme :

```
type T is private;
```

Dans ce cas, dans le sous-programme ou paquetage générique, nous pouvons supposer que l'assignation et l'égalité sont définies pour T. Nous ne pouvons rien supposer d'autre, à moins de fournir d'autres paramètres, comme nous le verrons plus tard. Ainsi, T se comporte dans l'unité générique de façon très semblable à un type privé en dehors du paquetage le définissant ; cette analogie explique la notation pour le paramètre générique formel. Le paramètre générique effectif correspondant doit bien sûr fournir l'assignation et l'égalité et peut donc être n'importe quel type non limité.

Un paramètre générique formel type peut prendre d'autres formes. Elle peut être :

```
type T is limited private;
```

Dans ce cas, l'assignation et l'égalité ne sont pas automatiquement disponibles. Le paramètre effectif correspondant peut être n'importe quel type.

Les formes ci-dessus peuvent toutes deux s'accommoder de discriminants :

```
type T(...) is private;
```

Le type effectif doit avoir des discriminants ayant le même type. Le type formel ne doit pas avoir d'expression de défaut pour les discriminants. Le type effectif, lui, le peut, et dans ce cas ils sont pris en compte dans le contexte.

Le paramètre formel peut aussi être de la forme :

```
type T is (<>);
type T is range <>;
type T is digits <>;
type T is delta <>;
```

Dans le premier cas le paramètre effectif doit être un type discret - énumératif ou entier. Dans les autres cas le paramètre effectif doit être respectivement un type entier, un type point-flottant, ou un type point-fixe. Dans l'unité générique les opérations et attributs prédéfinis appropriés sont disponibles.

Considérons par exemple :

```
generic
        type T is (<>);
function SUIVANT(X : T) return T;

function SUIVANT(X : T) return T is
begin
        if X=T'LAST then
                return T'FIRST;
        else
                return T'SUCC(X);
        end if;
end SUIVANT;
```

Le paramètre formel T exige que le type effectif soit un type discret. Puisque tous les types discrets possèdent les attributs FIRST, LAST et SUCC, nous pouvons utiliser ces attributs dans le corps, sachant que le paramètre effectif les fournira.

Nous pourrions écrire maintenant :

```
function DEMAIN is new SUIVANT(JOUR);
```

pour avoir DEMAIN(DIM)=LUN.

Un type effectif générique peut aussi être un sous-type, mais une contrainte explicite n'est pas autorisée ; en d'autres termes le paramètre effectif doit être simplement une marque de type et non une indication de sous-type. Le type formel générique dénote alors le sous-type. Nous pouvons ainsi avoir :

```
function JOUR_OUVRE_SUIV is new SUIVANT(JOUR_OUVRABLE);
```

pour obtenir JOUR_OUVRE_SUIV(VEN)=LUN. Notez la façon dont le comportement dépend de ce que l'attribut LAST s'applique au sous-type et non au type de base, pour que JOUR'LAST vaille DIM et JOUR_OUVRABLE'LAST VEN.

Le paramètre effectif peut aussi être un type entier. Nous pourrions donc avoir :

```
subtype CHIFFRE is INTEGER range 0 .. 9;
function CHIFFRE_SUIVANT is new SUIVANT(CHIFFRE);
```

et CHIFFRE_SUIVANT(9)=0.

Considérons maintenant le paquetage NOMBRES_COMPLEXES de la section 9.1. On peut rendre celui-ci générique pour que le type point-flottant particulier sur lequel nous bâtissons le type COMPLEXE puisse être paramétré. Il prendrait alors la forme :

```
generic
        type REEL is digits <>;
package NOMBRES_COMPLEXES is
        type COMPLEXE is private;
        -- Comme précédemment
        I : constant COMPLEXE := (0.0, 1.0);
end;
```

Notez que l'on peut utiliser les littéraux 0.0 et 1.0 car ils sont de type réel universel, et que celui-ci peut être converti à n'importe quel type passé comme paramètre effectif. Le paquetage peut être instancié comme suit :

```
package MES_NOMBRES_COMPLEXES is new
NOMBRES_COMPLEXES(MON_REEL);
```

Un type formel générique peut aussi être un type tableau. Le paramètre effectif doit également être un type tableau avec le même type de composant et les mêmes contraintes, et s'il y a lieu, la même dimensionnalité et les mêmes sous-types d'indices. Tous deux doivent être à la fois contraints ou bien non contraints. S'ils sont contraints, les intervalles d'indices doivent être les mêmes pour les indices correspondants.

Un paramètre générique formel peut dépendre d'un type paramètre formel précédent. C'est souvent le cas avec les tableaux. Prenons comme exemple la fonction SOMME de la section 7.1. Celle-ci faisait la somme des éléments d'un tableau réel indexé par un entier. Nous pouvons généraliser cela pour pouvoir faire la somme des éléments de n'importe quel tableau point-flottant indexé par un type quelconque.

```
generic
        type INDICE is (<>);
        type FLOTTANT is digits <>;
        type VEC is array (INDICE range <>) of FLOTTANT;
function SOMME(A : VEC) return FLOTTANT;

function SOMME(A : VEC) return FLOTTANT is
        RESULTAT : FLOTTANT := 0.0;
begin
        for I in A'RANGE loop
                RESULTAT := RESULTAT + A(I);
        end loop;
        return RESULTAT;
end SOMME;
```

Notons que, bien que INDICE soit un type formel, il n'apparaît pas dans le corps du générique ; cependant, on l'utilise implicitement puisque le paramètre de boucle est de type INDICE.

Nous pouvons instancier cela par :

```
function SOMME_VECTEUR is new SOMME(INTEGER, REEL, VECTEUR);
```

et cela donne la fonction SOMME de la section 7.1.

La mise en correspondance des tableaux effectifs et formels a lieu après que tout type formel a été remplacé dans le tableau formel par les types effectifs correspondants. Comme exemple de sous-type d'indice homologue notez que si nous avions :

```
type VECTEUR is array (POSITIVE range <>) of REAL;
```

nous devrions utiliser POSITIVE (ou un sous-type équivalent) comme paramètre effectif pour l'INDICE.

Le dernier cas possible pour un paramètre formel est celui du type accès, sous la forme :

```
type A is access T;
```

où T peut être, mais n'est pas nécessairement, un paramètre formel précédent. Le paramètre effectif correspondant à A doit en ce cas accéder à T. Les contraintes sur le type auquel on accède doivent aussi être les mêmes.

Remarquez qu'il n'y a pas de concept de type article formel. En effet, la structure interne des articles est plutôt arbitraire et les possibilités d'homologie seraient par conséquent rares.

Comme dernier exemple, revenons au problème des ensembles. Nous avons vu en section 6.4 comment on pouvait utiliser un tableau de booléens pour représenter un ensemble. Les exercices 7.1(**4**), 7.2(3) et 7.2(**4**) montraient aussi comment écrire les opérations adaptées pour opérer sur des ensembles du type COULEUR. Le mécanisme des génériques nous permet d'écrire un paquetage pour la manipulation d'ensembles d'un type arbitraire.

Considérons :

```
generic
        type ELEMENTAIRE is (<>),
package ENSEMBLE_DE is
        type ENSEMBLE is private;
        type LISTE is array (POSITIVE range <>) of ELEMENTAIRE;

        VIDE, PLEIN : constant ENSEMBLE;

        function CONSTRUIRE (X : LISTE) return ENSEMBLE;
        function CONSTRUIRE (X : ELEMENTAIRE) return ENSEMBLE;
        function DECOMPOSER (X : ENSEMBLE) return LISTE;

        function "+" (X, Y : ENSEMBLE) return ENSEMBLE; -- Union
        function "*" (X, Y : ENSEMBLE) return ENSEMBLE; -- Intersection
        function "-" (X, Y : ENSEMBLE) return ENSEMBLE;
                -- Différence symétrique
        function "<" (X : ELEMENTAIRE; Y : ENSEMBLE) return BOOLEAN;
                -- Appartenance
        function "<="(X, Y : ENSEMBLE) return BOOLEAN; -- Inclusion
        function TAILLE (X : ENSEMBLE) return NATURAL; -- Nb d'éléments

private
        type ENSEMBLE is array (ELEMENTAIRE) of BOOLEAN;

        VIDE : constant ENSEMBLE := (ENSEMBLE'RANGE => FALSE);
        PLEIN : constant ENSEMBLE := (ENSEMBLE'RANGE => TRUE);
end;
```

Le paramètre générique unique est le type élémentaire. Celui-ci doit, bien sûr, être discret. Le type ENSEMBLE est rendu privé pour qu'on ne puisse pas appliquer les opérations booléennes par mégarde. On utilise les agrégats de type LISTE pour représenter les ensembles sous la forme de littéraux. Les constantes VIDE et PLEIN désignent respectivement les ensembles vide et plein. Les fonctions CONSTRUIRE permettent la création d'un ensemble à partir d'une liste de valeurs élémentaires ou d'une seule valeur élémentaire. DECOMPOSER retransforme un ensemble en liste.

Les opérateurs +, *, et - représentent l'union, l'intersection et la différence symétrique ; ils ont été choisis car ils sont plus naturels que **or**, **and** et **xor**. L'opérateur < vérifie si une valeur élémentaire figure dans un ensemble. L'opérateur <= vérifie si un ensemble est un sous-ensemble d'un autre. Enfin, la fonction TAILLE retourne le nombre de valeurs élémentaires présentes dans un ensemble donné.

Dans la partie privée, le type ENSEMBLE est bien sûr déclaré comme un tableau de booléens indexé par le type élémentaire. Les constantes VIDE et PLEIN sont déclarées comme des tableaux dont les éléments sont respectivement tous FALSE ou tous TRUE. Le corps du paquetage est laissé en exercice.

Pour revenir à la section 6.4, nous pouvons instancier le paquetage pour travailler sur notre type PRIMAIRE par :

```
package ENSEMBLES_PRIMAIRES is new ENSEMBLE_DE (PRIMAIRE);
use ENSEMBLES_PRIMAIRES;
```

Pour comparer, nous pouvons écrire :

```
subtype COULEUR is ENSEMBLE;
BLANC : COULEUR renames VIDE;
NOIR : COULEUR renames PLEIN;
```

et ainsi de suite.

Le principe général régissant l'homologie des types devrait maintenant être clair. Le type formel représente une classe de types ayant certaines propriétés en commun ; ces propriétés peuvent être supposées dans l'unité générique. Le type effectif correspondant doit, par la suite, fournir ces propriétés. Les règles d'homologie sont conçues pour que cela soit assuré en faisant référence aux paramètres uniquement, sans prendre en compte les propriétés du corps du générique. Par conséquent, l'utilisateur n'a pas besoin de consulter le corps à des fins de déverminage. Cette notion d'homologie garantie par le paramètre est appelée modèle du contrat.

Malheureusement, il existe une importante violation du modèle du contrat dans le cas des types non contraints. Si nous avons le type formel élémentaire :

type T **is private**;

celui-ci peut avoir pour homologue un type tableau non contraint tel que VECTEUR, pourvu que nous n'utilisions pas T dans l'unité générique d'une façon qui requerrait que le tableau soit contraint. L'exemple le plus évident est que nous ne devons pas déclarer d'objet de type T. De façon semblable, le type effectif pourrait être non contraint à discriminants si T n'est pas utilisé d'une façon qui exigerait des contraintes. Ainsi, de nouveau, nous ne pourrions pas déclarer d'objets de type T ; néanmoins ceci ne s'applique pas au cas où le type effectif possède des discriminants par défaut : ces défauts sont alors disponibles dans le corps du générique.

On peut appliquer l'attribut CONSTRAINED au type formel T qui rend une valeur booléenne indiquant si le type effectif est un type contraint ou non. Ainsi, en revenant à la section 11.2, T'CONSTRAINED serait TRUE si le type effectif était HOMME mais FALSE si le type effectif était PERSONNE ; dans le cas de MUTANT la contrainte NEUTRE est prise en compte. Souvenons-nous que le paramètre effectif doit être une marque de type et non une indication de sous-type.

Notons enfin une autre petite restriction : le type de l'expression dans une instruction case, ainsi que le type du discriminant dans une variante, ne peuvent pas être des types génériques formels.

Exercice 13.2

1 Instancier SUIVANT pour donner une fonction se comportant comme **not**.

2 Récrire la spécification de NOMBRES_RATIONNELS pour en faire un paquetage générique prenant le type entier en paramètre. Voir l'exercice 9.1(2).

3 Récrire la fonction EXTERNE de l'exercice 7.1(3) pour en faire une fonction générique munie des paramètres convenables. La réinstancier pour donner la fonction d'origine.

4 Récrire le corps du paquetage ENSEMBLE_DE.

13.3 Sous-programmes paramètres

Les paramètres génériques peuvent aussi être des sous-programmes. Dans certains langages, comme Algol ou Pascal, les paramètres de sous-programmes peuvent être eux-mêmes des sous-programmes. Cette disposition est utile pour des applications mathématiques telles que l'intégration. En Ada, les sous-programmes ne peuvent être paramètres que des unités génériques ; on utilise donc le mécanisme des génériques pour ces applications.

Nous pouvons avoir une fonction générique :

```
generic
        with function F(X : REEL) return REEL;
function INTEGRER (A, B : REEL) return REEL;
```

qui évalue :

$$\int_a^b f(x)dx$$

Pour intégrer une fonction particulière, nous devons instancier INTEGRER avec notre fonction comme paramètre générique effectif. Ainsi, supposons que nous ayons besoin de :

$$\int_O^P e^t \sin t \, dt$$

Nous écririons :

```
function G (T : REEL) return REEL is
begin
        return EXP(T)*SIN(T);
end;

function INTEGRER_G is new INTEGRER (G);
```

et notre résultat serait donné par :

```
INTEGRER_G (0.0, P)
```

Notez qu'un sous-programme paramètre formel ressemble à une déclaration précédée d'un **with**. (Le **with** en tête est nécessaire pour éviter l'ambiguïté syntaxique et n'a pas d'autre but.) La correspondance entre les sous-programmes formels et effectifs n'a comme effet que le surnommage du sous-programme effectif par le sous-programme formel. Par conséquent, les règles d'homologie concernant les paramètres, les résultats, etc. sont conformes à ce qui est décrit en section 8.5. En particulier, les contraintes sur les paramètres sont celles du sous-programme effectif, aucune des contraintes impliquées par le sous-programme formel n'est prise en compte. Une fonction formelle sans paramètres peut avoir pour homologue un littéral d'énumération ayant le type du résultat, tout comme dans le cas du surnommage.

La spécification du sous-programme formel peut dépendre de types formels en amont. Ainsi, nous pouvons étendre notre fonction d'intégration pour qu'elle s'applique à n'importe quel type point-flottant en écrivant :

```
generic
        type FLOTTANT is digits <>;
        with function F (X : FLOTTANT) return FLOTTANT;
function INTEGRER (A, B : FLOTTANT) return FLOTTANT;
```

puis :

```
function INTEGRER_G is new INTEGRER (REEL, G);
```

En pratique la fonction INTEGRER aura d'autres paramètres indiquant la précision requise, etc.

On peut aussi se servir des sous-programmes formels pour fournir d'autres propriétés des types paramètres. Considérons la fonction générique SOMME de la section précédente. Nous pouvons encore généraliser celle-ci en passant l'opérateur additif lui-même en paramètre générique.

```
generic
        type INDICE is (<>);
        type ITEM is private;
        type VEC is array (INDICE range <>) of ITEM;
        with function "+" (X, Y : ITEM) return ITEM;
function APPLIQUER (A : VEC) return ITEM;

function APPLIQUER (A : VEC) return ITEM is
        RESULTAT : ITEM := A(A'FIRST);
begin
        for I in INDICE'SUCC(A'FIRST) .. A'LAST loop
                RESULTAT := RESULTAT + A(I);
        end loop;
```

```
        return RESULTAT;
    end APPLIQUER;
```

L'opérateur + a été ajouté comme paramètre et ITEM est maintenant simplement privé et non plus point-flottant. Cela signifie que nous pouvons appliquer la fonction générique à n'importe quelle opération binaire, sur n'importe quel type. Cependant, nous n'avons plus de valeur zéro et devons donc initialiser RESULTAT avec le premier élément du tableau A, puis itérer dans ce qui reste. Ce faisant, nous ne pouvons pas écrire :

```
for I in A'FIRST + 1 .. A'LAST loop
```

car nous n'avons pas fourni l'opérateur + s'appliquant au type INDICE. Au lieu de cela, nous utilisons l'attribut INDICE'SUCC que nous savons disponible puisque nous sommes sûrs que INDICE est un type discret.

Notre fonction SOMME originelle de la section 7.1 est maintenant donnée par :

```
function SOMME is new APPLIQUER (INTEGER, REEL, VECTEUR, "+");
```

Nous pourrions tout aussi bien avoir :

```
function PROD is new APPLIQUER (INTEGER, REEL, VECTEUR, "*");
```

Les sous-programmes génériques paramètres (de la même façon que les objets paramètres) peuvent avoir des valeurs par défaut. Celles-ci sont données dans la partie formelle générique et peuvent prendre deux formes. Dans l'exemple ci-dessus nous pourrions écrire :

```
with function "+" (X, Y : ITEM) return ITEM is <>;
```

Cela signifie que nous pouvons omettre le paramètre effectif correspondant s'il existe à l'endroit de l'instanciation un unique sous-programme avec le même désignateur et une spécification homologue. Avec cette modification à APPLIQUER nous pouvons omettre le dernier paramètre dans l'instanciation produisant SOMME.

L'autre forme de valeur par défaut est quand nous donnons explicitement un nom pour le défaut. Les règles usuelles pour les défauts s'appliquent ; le nom du défaut n'est évalué que si cela est nécessité par l'instanciation, mais dans ce cas, la mise en correspondance des identificateurs dans l'expression qui constitue le nom a lieu à l'endroit de la déclaration. Dans notre exemple :

```
with function "+" (X, Y : ITEM) return ITEM is PLUS;
```

ne pourrait jamais être valide car la spécification de PLUS doit être l'homologue de celle de +, et cependant ITEM n'est connu qu'après l'instanciation. Les seules possibilités valides sont celles où le sous-programme formel n'a pas de paramètres dépendant de types formels ou quand le sous-programme par défaut est un attribut. Ainsi, nous pouvons avoir :

```
with function NEXT (X : T) return T is T'SUCC;
```

Exercice 13.3

1 Soit la fonction :

```
generic
    with function F (X : REEL) return REEL;
function SOLVE return REEL;
```

qui trouve la solution de l'équation f(x)=0, montrer comment obtenir la racine de :

$$e^x + x = 7$$

2 Instancier APPLIQUER pour donner une fonction pour faire un "and" global sur les éléments d'un tableau de booléens.

3 Récrire APPLIQUER pour que l'on puisse passer un tableau nul en paramètre sans lever d'exceptions. Utiliser cette version pour refaire l'exercice précédent.

4 Ecrire une fonction générique EQUALS pour définir l'égalité d'un tableau unidimensionnel d'éléments de type limité privé. Voir l'exercice 9.2(3). L'instancier pour produire la fonction "=" s'appliquant au type TABLEAU_DE_PILES.

5 Décrire comment fabriquer une procédure générique de tri à partir de la procédure TRI de la section 11.3. Les paramètres doivent fournir le type d'élément à trier, le type tableau et l'indice correspondants, ainsi que la règle de comparaison.

Point 13

Le mécanisme des génériques n'est pas du remplacement de texte - les noms non locaux seraient différents.

Les objets paramètres de mode **in out** sont liés par surnommage.

Les objets paramètres de mode **in** sont toujours copiés, contrairement aux paramètres des sous-programmes.

Les sous-programmes génériques ne peuvent pas être surchargés - seules les instanciations peuvent l'être.

Les paramètres formels peuvent dépendre de types paramètres en amont.

Chapitre 14 TACHES

Le dernier sujet restant à introduire sont les tâches. On les a gardées pour la fin, non qu'elles ne soient pas dignes d'intérêt mais parce que, mise à part leur interaction avec les exceptions, elles constituent une partie relativement autonome du langage.

14.1 Parallélisme

Jusqu'à présent nous n'avons considéré que des programmes séquentiels dans lesquels les instructions sont suivies dans l'ordre. Dans beaucoup d'applications, il est pratique d'écrire un programme sous forme de plusieurs activités parallèles qui coopèrent selon les besoins. C'est particulièrement valable pour les programmes qui interagissent en temps réel avec l'extérieur.

En Ada, les activités parallèles sont décrites par l'intermédiaire de tâches. Dans les cas simples, une tâche est décrite lexicalement par une forme proche de celle d'un paquetage. Elle est contituée d'une spécification décrivant l'interface présentée aux autres tâches et d'un corps décrivant le comportement dynamique de la tâche.

```
task T is              -- spécification
   ...
end T;

task body T is         -- corps
   ...
end T;
```

Dans certains cas, une tâche peut ne présenter aucune interface ; alors la spécification se réduit à :

```
task T;
```

Comme exemple simple de parallélisme, considérons une famille faisant son marché pour acheter de quoi faire un repas. Supposons qu'ils ont besoin de viande, de salade et de vin et que ces achats peuvent être effectués en appelant respectivement les procédures ACHETER_VIANDE, ACHETER_SALADE, et ACHETER_VIN. L'expédition pourrait être représentée par :

```
procedure COURSES is
begin
        ACHETER_VIANDE;
        ACHETER_SALADE;
        ACHETER_VIN;
end;
```

Cependant, cette solution correspond au cas d'une famille faisant ses achats les uns après les autres. Il serait bien plus efficace pour cette famille de se séparer : la mère pourrait acheter la viande, les enfants la salade, et le père le vin. Ils se mettent d'accord, par exemple, pour se retrouver sur le parking. Cette solution parallèle peut être représentée par :

```
procedure COURSES is
        task PRENDRE_SALADE;

        task body PRENDRE_SALADE is
        begin
                ACHETER_SALADE;
        end PRENDRE_SALADE;

        task PRENDRE_VIN;

        task body PRENDRE_VIN is
        begin
                ACHETER_VIN;
        end PRENDRE_VIN;
begin
        ACHETER_VIN;
end COURSES;
```

Dans cette formulation, la mère est représentée comme le processeur central et appelle ACHETER_VIANDE directement à partir de la procédure COURSES. Les enfants et le père sont considérés comme des processeurs secondaires et remplissent les tâches localement déclarées PRENDRE_SALADE et PRENDRE_VIN qui, respectivement, appellent les procédures ACHETER_SALADE et ACHETER_VIN.

L'exemple montre la déclaration, l'activation et la terminaison des tâches. Une tâche est une unité de programme ressemblant à un paquetage ; elle est déclarée de façon semblable dans un sous-programme, un bloc, un paquetage ou, bien sûr, dans le corps d'une autre tâche. Une spécification de tâche peut aussi figurer dans une spécification de paquetage ; dans ce cas le corps de la tâche doit se trouver dans le corps du paquetage correspondant. Cependant, une spécification de tâche peut figurer dans le corps mais pas dans la spécification d'une autre tâche.

L'activation d'une tâche est automatique. Dans l'exemple ci-dessus, les tâches locales deviennent actives quand l'unité mère atteint le **begin** qui suit les déclarations de tâches.

Une telle tâche se termine quand elle atteint le **end** final. Ainsi, la tâche PRENDRE_SALADE appelle ACHETER_SALADE et se termine aussitôt après.

On dit d'une tâche déclarée dans la partie déclarative d'un sous-programme, d'un bloc ou d'un corps de tâche qu'elle dépend de ce cadre. Une règle importante stipule qu'on ne peut quitter ce cadre avant que toutes les tâches dépendantes soient terminées. Cette règle de terminaison assure que des objets déclarés dans ce cadre, et donc visibles depuis les tâches locales, ne disparaissent pas tant qu'il existe une tâche qui pourrait y accéder. (Notez qu'une tâche ne peut pas dépendre d'un paquetage - nous reviendrons plus tard sur ce point.)

Il est important de savoir que le programme principal lui-même est considéré comme étant appelé par une hypothétique tâche principale. Nous pouvons maintenant suivre le fil des actions quand la tâche principale appelle la procédure COURSES. Les tâches PRENDRE_SALADE et PRENDRE_VIN sont tout d'abord élaborées ; puis, quand le programme principal atteint le **begin**, ces tâches dépendantes sont activées en parallèle avec la tâche principale. Les tâches dépendantes appellent leurs procédures respectives et se terminent. Pendant ce temps, la tâche principale appelle ACHETER_VIANDE puis atteint le **end** de COURSES. La tâche principale attend alors que les tâches dépendantes se terminent si elles ne l'ont pas déjà fait. Cela correspond à la mère attendant le retour du père et des enfants avec leurs achats.

Par conséquent, dans le cas général, la terminaison comporte deux étapes. Nous disons qu'un cadre est *achevé* lorsqu'il atteint son **end** final. Il deviendra par la suite *terminé* seulement quand toutes les tâches dépendantes, s'il y en a, seront aussi terminées. Bien sûr, si un cadre n'a pas de tâches dépendantes, il devient achevé et terminé en même temps.

Exercice 14.1

1 Récrire la procédure COURSES pour qu'elle contienne trois tâches locales qui fassent apparaître la symétrie de la situation.

14.2 Le rendez-vous

Dans l'exemple de COURSES, les différentes tâches n'interagissaient pas entre elles une fois activées mis à part le fait que leur cadre père devait les attendre pour se terminer. En général cependant, les tâches interagissent entre elles au cours de leur existence. En Ada la réalisation passe par un mécanisme appelé *rendez-vous*. Il ressemble à la situation dans laquelle deux personnes se rencontrent, mènent à bien une transaction puis continuent indépendamment.

Un rendez-vous entre deux tâches a lieu en conséquence de l'appel de l'entrée d'une tâche par une autre tâche. Une entrée est déclarée dans une spécification de tâche comme l'est une procédure dans une spécification de paquetage.

```
task T is
        entry E(...);
end;
```

Comme une procédure, une entrée peut avoir des paramètres de mode **in**, **out** et **in out**. Elle ne peut cependant pas avoir de résultat comme une fonction. On appelle une entrée comme une procédure.

```
T.E(...);
```

Un nom de tâche ne peut figurer dans une clause use ; par conséquent la notation pointée est nécessaire pour appeler l'entrée depuis l'extérieur de la tâche. Bien sûr, une tâche locale peut appeler une entrée de sa mère directement - les règles usuelles de portée et de visibilité s'appliquent.

Le déroulement des instructions à suivre lors d'un rendez-vous est décrit par les instructions accept correspondantes du corps de la tâche contenant la déclaration de l'entrée. Une instruction accept prend généralement la forme :

```
accept E (...) do
        -- suite d'instructions
end E;
```

Les paramètres formels de l'entrée E sont répétés de la même façon que le corps d'une procédure répète les paramètres formels de la déclaration de procédure. Le nom d'entrée suivant le mot réservé **end** est facultatif. Mais il y a une différence importante : le corps de l'instruction accept ne contient qu'une suite d'instructions. Tout traite-exception ou déclaration local doit être fourni dans un bloc local.

Voici la différence la plus importante entre un appel d'entrée et un appel de procédure. Dans le cas d'une procédure, la tâche qui appelle la procédure exécute aussi immédiatement le corps de la procédure, tandis que dans le cas d'une entrée, une tâche appelle l'entrée mais c'est la tâche à laquelle appartient l'entrée qui exécute l'instruction accept correspondante. De plus, l'instruction accept n'est exécutée que lorsqu'une tâche appelle l'entrée et que la tâche possédant l'entrée atteint l'instruction accept. Naturellement, l'un de ces deux événements arrive avant l'autre et la tâche concernée sera suspendue jusqu'à ce que l'autre atteigne l'instruction correspondante. Quand cela se produit, la suite d'instructions de l'instruction accept est exécutée par la tâche appelée pendant que la tâche appelante reste suspendue. Quand le **end** de l'instruction accept est atteint, le rendez-vous est fini et les deux tâches continuent indépendamment. Le mécanisme de passage des paramètres est exactement le même que dans le cas des sous-programmes ; notez que les expressions, dans la liste de paramètres effectifs, sont évaluées avant l'appel.

Nous pouvons produire notre exemple de courses en munissant la tâche PRENDRE_SALADE de deux entrées, une pour que la mère donne l'argent de la salade aux enfants et une pour qu'elle puisse récupérer la salade après. Faisons la même chose pour PRENDRE_VIN (bien que, dans ce cas, le père puisse avoir ses propres fonds et garder le vin pour lui de toute façon).

Nous pouvons aussi remplacer les procédures ACHETER_SALADE et ACHETER_VIN par des fonctions prenant en paramètre l'argent et retournant l'ingrédient approprié. Notre procédure courses peut devenir :

```
procedure COURSES is

        ...

        task PRENDRE_SALADE is
                entry PAYER (A : in ARGENT);
                entry RECUPERER (S : out SALADE);
        end PRENDRE_SALADE;
```

```
        task body PRENDRE_SALADE is
                MONNAIE : ARGENT;
                NOURRITURE : SALADE;
        begin
                accept PAYER (A : in ARGENT) do
                        MONNAIE := A;
                end PAYER;

                NOURRITURE := ACHETER_SALADE(MONNAIE);

                accept RECUPERER (S : out SALADE) do
                        S := NOURRITURE;
                end RECUPERER;
        end PRENDRE_SALADE;

        -- Même chose pour PRENDRE_VIN

begin
        PRENDRE_SALADE.PAYER (50);
        PRENDRE_VIN.PAYER (100);
        BB := ACHETER_VIANDE (200);
        PRENDRE_SALADE.RECUPERER (SS);
        PRENDRE_VIN.RECUPERER (VV);
end;
```

Le résultat final est que les divers ingrédients finissent dans les variables BB, SS, et VV dont la déclaration est laissée à la fantaisie du lecteur.

Le comportement logique doit être noté. Dès que les tâches PRENDRE_SALADE et PRENDRE_VIN deviennent actives, elles rencontrent des instructions accept et attendent jusqu'à ce que la tâche principale appelle l'entrée PAYER de chacune d'elles. Après avoir appelé la fonction ACHETER_VIANDE, la tâche principale appelle les entrées RECUPERER. Curieusement, la mère ne peut récupérer le vin tant qu'elle n'a pas récupéré la salade.

Considérons le problème plus abstrait de fournir une tâche chargée d'être le tampon entre une ou plusieurs tâches produisant des items et une ou plusieurs tâches les consommant. Notre tâche intermédiaire peut ne contenir qu'un item.

```
task TAMPON_ACTIF is
        entry DEPOSER (X : in ITEM);
        entry PRENDRE (X : out ITEM);
end;
```

```
task body TAMPON_ACTIF is
        V : ITEM;
begin
        loop
                accept DEPOSER (X : in ITEM) do
                        V := X;
                end DEPOSER;
                accept PRENDRE (X : out ITEM) do
                        X := V;
                end PRENDRE;
        end loop;
end TAMPON_ACTIF;
```

Les autres tâches peuvent alors donner ou acquérir des items en appelant :

```
TAMPON_ACTIF.DEPOSER (...);
TAMPON_ACTIF.PRENDRE (...);
```

La variable V est la sauvegarde intermédiaire de l'item. Le corps de la tâche est une boucle infinie contenant une instruction accept pour DEPOSER, suivie d'une autre pour PRENDRE. Ainsi, la tâche accepte de façon alternée des appels à DEPOSER et à PRENDRE qui remplissent et vident la variable V.

Plusieurs tâches différentes peuvent appeler DEPOSER et PRENDRE et par conséquent devoir être mises en file d'attente. Chaque entrée possède une file d'attente de tâches attendant pour appeler l'entrée - cette file est traitée avec une politique de "premier venu premier servi" (FIFO) et peut, bien sûr, être vide à un moment donné. Le nombre de tâches dans la file d'attente de l'entrée E est donné par E'COUNT, mais on ne peut utiliser cet attribut que dans le corps de la tâche possédant l'entrée.

Une entrée peut avoir plusieurs instructions accept correspondantes (en général une seule). Chaque exécution d'une instruction accept retire une tâche de la file d'attente.

Notez l'asymétrie du rendez-vous. La tâche appelante doit nommer la tâche appelée mais pas vice-versa. De plus, plusieurs tâches peuvent appeler une entrée et être mises en file d'attente, mais une tâche ne peut être que dans une file à la fois.

Les entrées peuvent se surcharger les unes les autres et se surcharger avec des sous-programmes ; elles obéissent aux mêmes règles. Une entrée peut être surnommée en procédure :

```
procedure ECRIRE (X : in ITEM) renames TAMPON_ACTIF.DEPOSER;
```

Ce mécanisme peut être utile pour éviter une utilisation trop importante de la notation pointée. Une entrée, surnommée ou non, peut être paramètre générique effectif ou par défaut, correspondant à un sous-programme formel.

Une entrée peut ne pas avoir de paramètres :

```
entry SIGNAL;
```

et peut être appelée par :

```
T.SIGNAL;
```

Une instruction accept peut ne pas avoir de corps :

```
accept SIGNAL;
```

Dans ce cas, le but de cet appel est simplement de forcer une synchronisation et non pas de passer des informations. Cependant, à une entrée sans paramètres peut correspondre une instruction accept avec un corps et vice versa. Rien ne nous empêche d'écrire :

```
accept SIGNAL do
    FEU;
end SIGNAL;
```

Dans ce cas, la tâche appelant SIGNAL ne peut continuer qu'après que l'appel à FEU a été mené à bien. Nous pouvons aussi avoir :

```
accept DEPOSER (X : ITEM);
```

bien que, de toute évidence, la valeur du paramètre ne soit pas utilisée.

Il n'y a pas de contraintes particulières en ce qui concerne les instructions d'une instruction accept. Celles-ci peuvent comprendre des appels d'entrées, des appels de sous-programmes, des blocs et d'autres instructions accept (mais pas pour la même entrée). D'autre part, une instruction accept ne peut pas figurer dans un corps de sous-programme mais doit être dans la suite d'instructions de la tâche, bien qu'elle puisse se trouver dans un bloc ou dans une autre instruction accept. Exécuter une instruction return dans une instruction accept est équivalent à atteindre le **end** final, et par conséquent revient à terminer le rendez-vous.

Une tâche peut appeler l'une de ses propres entrées mais, bien sûr, cela conduira automatiquement à un bloquage. Cela peut paraître ridicule mais les langages de programmation permettent beaucoup de choses ridicules telles que les boucles sans fin, etc ... Nous pourrions attendre d'un bon compilateur qu'il nous avertisse des bloquages potentiels évidents.

Exercice 14.2

1 Ecrire le corps d'une tâche dont la spécification est :

```
task CONSTRUIRE_COMPLEXE is
    entry DEPOSER_RL (X : REEL);
    entry DEPOSER_IM (X : REEL);
    entry PRENDRE_COMP (X : out COMPLEX);
end;
```

qui, de façon alternée, construit un complexe à partir des appels de DEPOSER_RL et DEPOSER_IM et délivre le résultat à l'appel de PRENDRE_COMP.

2 Ecrire le corps d'une tâche dont la spécification est :

```
task CONSTRUIRE_LIGNE is
    entry DEPOSER (C : in CHARACTER);
    entry PRENDRE (L : out LINE);
end;
```

où :

```
type LINE is array (1..80) of CHARACTER;
```

La tâche sert de tampon ; de façon alternée, elle construit une ligne en acceptant des appels successifs de DEPOSER et délivre une ligne complète à un appel de PRENDRE.

14.3 Temps et ordonnancement

Nous avons vu qu'un programme Ada peut contenir plusieurs tâches. Conceptuellement, il est préférable de considérer que chacune de ces tâches possède son propre processeur pour que, du moment qu'une tâche n'attend pas qu'un événement se produise, elle s'exécute effectivement.

En pratique, bien sûr, la plupart des implémentations sont dans l'incapacité d'allouer un processeur par tâche et, en fait, dans beaucoup de cas, il n'y aura qu'un seul processeur physique. Il sera alors nécessaire d'allouer le ou les processeurs aux tâches qui sont logiquement en mesure de s'exécuter, au moyen d'un algorithme d'ordonnancement. Cela peut être réalisé de plusieurs façons.

L'un des moyens les plus simples est le découpage du temps en tranches. Il revient à donner le processeur tour à tour à chacune des tâches pendant un intervalle de temps fixe, par exemple 10 millisecondes. Bien sûr, si une tâche ne peut pas utiliser son tour (peut-être parce qu'elle attend une partenaire dans un rendez-vous), un ordonnanceur bien élevé attribuera son tour à la suivante. De même, si une tâche ne peut utiliser la totalité de son tour, le temps restant peut être attribué à une autre tâche.

Le découpage du temps est quelque peu rudimentaire puisqu'il traite toutes les tâches sur le même pied. Il arrive souvent que certaines tâches soient plus urgentes que d'autres et, face à une restriction de ressources de traitement, cette égalité représente un certain gaspillage. L'idée selon laquelle une tâche peut avoir une priorité est donc introduite. Un système simple d'ordonnancement ferait que chaque tâche ait une priorité distincte et que le processeur soit attribué à la tâche de plus haute priorité. Des combinaisons de découpage du temps et d'ordonnancement selon la priorité sont aussi possibles. Un système peut permettre à plusieurs tâches d'avoir la même priorité et de répartir le temps entre elles.

Ada permet à plusieurs stratégies d'ordonnancement d'être utilisées. Si une implémentation possède le concept de priorité, la priorité d'une tâche peut alors être indiquée par un pragma apparaissant quelque part dans la spécification de la tâche comme par exemple

```
task TAMPON_ACTIF is
        pragma PRIORITY (7);
        entry PUT ...
        ...
end;
```

En ce qui concerne le programme principal, qui, nous l'avons vu, est aussi considéré comme une tâche, le pragma se met dans sa partie déclarative la plus extérieure.

La priorité doit être une expression statique du sous-type PRIORITY du type INTEGER, mais l'intervalle effectif du sous-type PRIORITY dépend de l'implémentation. Notez que la priorité d'une tâche est statique et ne peut par conséquent pas être modifiée au cours de l'exécution du programme. Une priorité plus élevée indique un degré d'urgence plus grand. Plusieurs tâches peuvent avoir la même priorité mais, d'autre part, il n'est pas du tout nécessaire que chacune en ait.

L'effet des priorités sur l'ordonnancement des tâches Ada est donné par la règle suivante prise dans le MR (MR 9.8(4)) :

> Si deux tâches de priorités différentes sont toutes deux éligibles pour exécution et pourraient raisonnablement être exécutées en utilisant les mêmes processeurs physiques et les mêmes autres ressources de traitement, alors il ne peut être question que la tâche de priorité inférieure s'exécute tandis que la tâche de priorité supérieure ne s'exécute pas.

Cette règle ne précise rien sur les tâches dont la priorité n'est pas définie, ni sur les tâches de même priorité. L'implémentation est par conséquent libre de faire ce que bon lui semble dans ces situations. De plus, rien n'empêche une implémentation d'avoir PRIORITY'FIRST = PRIORITY'LAST, auquel cas le temps est réparti également entre toutes les tâches et le concept de priorité disparaît. La règle contient aussi l'expression "pourraient raisonnablement être exécutées en utilisant les mêmes ... ressources de traitement" ; cela s'adresse aux systèmes distribués où il pourrait ne pas être raisonnable d'utiliser un processeur à un endroit du système pour exécuter une tâche dans un autre endroit.

Dans le cas d'un rendez-vous, une complication surgit car deux tâches sont en présence. Si les deux tâches ont des priorités explicites, le rendez-vous est exécuté avec la priorité la plus grande. Si seulement une tâche a une priorité explicite, le rendez-vous est éxécuté avec au moins cette priorité. Si aucune des deux tâches n'a de priorité explicite, la priorité du rendez-vous n'est pas définie. Bien sûr, si l'instruction accept contient d'autres appels d'entrées ou instructions accept, la règle s'applique à nouveau.

Les règles du rendez-vous assurent qu'une tâche de haute priorité n'est pas retenue simplement parce qu'elle est engagée dans un rendez-vous avec une tâche de basse priorité. D'autre part, l'ordre d'acceptation des tâches dans une file d'attente d'entrée est toujours "premier venu premier servi" et n'est pas modifié par les priorités. Si une tâche de haute priorité souhaite éviter d'être retenue dans une file d'attente à cause de tâches de priorité inférieure, elle a toujours la possibilité d'utiliser des appels à attente limitée ou conditionnels, comme nous le verrons dans la section suivante.

L'utilisation des priorités requiert quelques précautions. Elles ont été conçues comme des moyens pour ajuster les différents degrés d'urgence et on ne devrait pas les utiliser pour la synchronisation. On ne devrait pas supposer que l'exécution d'une tâche A empêche la tâche B de s'exécuter simplement parce que la tâche A a une priorité plus grande que celle de la tâche B. On peut avoir plusieurs processeurs ou un entretien ultérieur du programme peut changer les priorités à cause d'impératifs temps réel différents. La synchronisation devrait se faire avec les rendez-vous et l'on devrait réserver les priorités pour les ajustements fins de temps de réponse.

Une tâche peut être retenue pour plusieurs raisons ; elle peut attendre une partenaire dans un rendez-vous ou qu'une tâche dépendante se termine. Elle peut aussi être retenue en exécutant une instruction delay, telle que :

```
delay 3.0;
```

Cela suspend la tâche (ou le programme principal) exécutant l'instruction, pendant au moins 3 secondes. (Nous devons dire *au moins* car, après l'expiration de l'intervalle, il peut ne pas y avoir de processeur disponible immédiatement pour exécuter la tâche.) L'expression suivant le mot réservé **delay** est d'un type prédéfini point-fixe DURATION et donne l'intervalle en secondes.

Le type DURATION est un type point-fixe pour que l'addition de valeurs de type DURATION puisse être effectuée sans perte systématique de précision. Si nous additionnons deux nombres modèles point-fixe, nous obtenons toujours un nombre modèle ; ce n'est pas le cas des types point-flottant. D'autre part, nous avons besoin d'exprimer les fractions de seconde d'une façon pratique ; il est donc bien plus satisfaisant d'utiliser un type réel qu'un type entier.

Des délais peuvent être exprimés plus facilement en utilisant les déclarations de nombres adaptées, ainsi :

```
SECONDES  : constant := 1.0;
MINUTES   : constant := 60.0;
HEURES    : constant := 3600.0;
```

Nous pouvons alors écrire

```
delay 2*HEURES+40*MINUTES;
```

Une instruction delay avec un argument zéro ou négatif n'a aucun effet.

Bien que le type DURATION dépende de l'implémentation, nous avons la garantie qu'il autorisera des délais (positifs ou négatifs) jusqu'à au moins un jour (86400) secondes. Les délais supérieurs à un jour (qui sont exceptionnels) devront être programmés à l'aide d'une boucle. A l'autre bout de l'échelle, la plus petite valeur positive de type DURATION, DURATION'SMALL, est garantie inférieure à 20 millisecondes.

On peut effectuer des opérations plus perfectionnées sur le temps en utilisant le paquetage CALENDAR dont la spécification est :

```
package CALENDAR is

    type TIME is private;

    subtype YEAR_NUMBER    is INTEGER range 1901 .. 2099;
    subtype MONTH_NUMBER   is INTEGER range 1 .. 12;
    subtype DAY_NUMBER     is INTEGER range 1 .. 31;
    subtype DAY_DURATION   is DURATION range 0.0 .. 86_400.0;

    function CLOCK return TIME;

    function YEAR     (DATE : TIME)return YEAR_NUMBER;
    function MONTH    (DATE : TIME) return MONTH_NUMBER;
    function DAY      (DATE : TIME) return DAY_NUMBER;
    function SECONDS  (DATE : TIME) return DAY_DURATION;

    procedure SPLIT   (DATE : in TIME;
                       YEAR : out YEAR_NUMBER;
                       MONTH : out MONTH_NUMBER;
                       DAY : out DAY_NUMBER;
                       SECONDS : out DAY_DURATION);

    function TIME_OF (YEAR : YEAR_NUMBER;
                      MONTH : MONTH_NUMBER;
                      DAY : DAY_NUMBER;
                      SECONDS : DAY_DURATION := 0.0) return TIME;

    function "+"  (LEFT : TIME; RIGHT : DURATION) return TIME;
    function "+"  (LEFT : DURATION; RIGHT : TIME) return TIME;
    function "-"  (LEFT : TIME; RIGHT : DURATION) return TIME;
    function "-"  (LEFT : TIME; RIGHT : TIME) return DURATION;

    function "<"  (LEFT, RIGHT : TIME) return BOOLEAN;
    function "<=" (LEFT, RIGHT : TIME) return BOOLEAN;
    function ">"  (LEFT, RIGHT : TIME) return BOOLEAN;
    function ">=" (LEFT, RIGHT : TIME) return BOOLEAN;

    TIME_ERROR : exception; -- peut être levée par TIME_OF, "+", et "-"

private
    -- dépendant de l'implémentation
end;
```

Une valeur de type TIME contient à la fois l'heure et la date ; elle peut être décomposée, au moyen de la procédure SPLIT, en année, mois, jour et durée depuis minuit du jour concerné. On peut encore utiliser les fonctions YEAR, MONTH, DAY et SECONDS pour obtenir les valeurs séparément. D'autre part, on peut utiliser la fonction TIME_OF pour construire une valeur de type TIME à partir des quatre composants ; le paramètre SECONDS a une valeur par défaut de zéro. Notez les sous-types YEAR_NUMBER, MONTH_NUMBER, et DAY_NUMBER ; l'intervalle de YEAR_NUMBER est choisi tel que le calcul des années de saut est simplifié. L'exception TIME_ERROR est levée si les paramètres de TIME_OF satisfont les contraintes, mais elles ne forment néanmoins pas une date correcte. On doit bien faire la différence entre TIME et DURATION. TIME est absolu, DURATION est relatif.

La valeur courante, de type TIME, du temps est retournée par un appel à la fonction CLOCK. Le résultat est, bien sûr, retourné de façon cachée et il n'y a aucun risque d'obtenir une incohérence entre l'heure et la date vers minuit, comme ce serait le cas s'il existait des fonctions distinctes rendant séparément les composants de l'heure et de la date.

Les diverses surcharges de "+", "-" et les opérateurs relationnels nous permettent d'additionner, de soustraire et de comparer les temps et les durées. Essayer de créer un temps en dehors de l'intervalle autorisé pour les années ou de créer une durée en dehors de l'intervalle implémenté aura pour effet de lever TIME_ERROR. Notez les noms étranges des paramètres formels LEFT et RIGHT ; ce sont les noms normaux des paramètres des opérateurs prédéfinis dans le paquetage STANDARD.

Comme exemple d'utilisation du paquetage CALENDAR supposons que l'on veuille qu'une tâche appelle une procédure ACTION à intervalles réguliers, toutes les 5 minutes par exemple. Notre premier essai ressemblera peut-être à :

```
loop
        delay 5*MINUTES;
        ACTION;
end loop;
```

Cependant, ce n'est pas satisfaisant pour deux raisons. D'abord, nous n'avons pas pris en compte le temps d'exécution de la procédure ACTION et le coût fixe de la boucle elle-même ; ensuite nous avons vu qu'une instruction delay met en place un délai minimum seulement. Nous obtiendrons donc inévitablement une dérive cumulative du temps. On peut corriger ceci en écrivant par exemple :

```
declare
        use CALENDAR;
        INTERVALLE : constant DURATION := 5*MINUTES;
        PROCHAIN : TIME := ORIGINE;
begin
        loop
                delay PROCHAIN - CLOCK;
                ACTION;
                PROCHAIN := PROCHAIN + INTERVALLE;
        end loop;
end;
```

Dans cette formulation, PROCHAIN contient le temps auquel ACTION sera de nouveau appelé ; sa valeur initiale est contenue dans ORIGINE et est mise à jour exactement à chaque itération en ajoutant INTERVALLE. On utilise alors l'instruction delay pour attendre la différence entre PROCHAIN et le temps courant obtenu en appelant CLOCK. Cette solution ne produira pas de dérive cumulative pourvu que la somme de la valeur moyenne de la durée d'ACTION, du coût fixe de la boucle et de la mise à jour de PROCHAIN, etc. ne dépasse pas INTERVALLE. Bien sûr, il peut y avoir une dérive locale si un appel donné de ACTION prend un temps plus long ou si d'autres tâches utilisent temporairement les processeurs. Une autre condition doit être respectée pour obtenir le minutage requis : que l'intervalle soit un nombre modèle.

Exercice 14.3

1 Ecrire une procédure générique pour appeler une procédure à intervalles de temps réguliers. Les paramètres génériques devront être la procédure à appeler, le temps du premier appel, l'intervalle et le nombre d'appels. Si le temps du premier appel passé en paramètre est dans le passé utiliser le temps courant comme origine.

2 Quel est le nombre minimal de bits requis pour implémenter le type DURATION ?

14.4 Instructions select

L'instruction select permet à une tâche de choisir un rendez-vous parmi plusieurs possibles.

Considérons le problème de la protection d'une variable V de tout accès non contrôlé. Nous pourrions envisager d'utiliser un paquetage et deux procédures LIRE et ECRIRE.

```
package VARIABLE_PROTEGEE is
        procedure LIRE (X : out ITEM);
        procedure ECRIRE (X : in ITEM);
end;

package body VARIABLE_PROTEGEE is
        V : ITEM;

        procedure LIRE (X : out ITEM) is
        begin
                X := V;
        end;

        procedure ECRIRE (X : in ITEM) is
        begin
                V := X;
        end;

begin
        V := VALEUR_INITIALE;
end VARIABLE_PROTEGEE;
```

Cependant, ce n'est généralement pas satisfaisant. La valeur initiale est positionnée d'une façon plutôt arbitraire. Il serait préférable de pouvoir s'assurer qu'un appel à ECRIRE est d'abord effectué. Nous pouvons bien sûr avoir un marqueur d'état interne et lever une exception si LIRE est appelé en premier, mais cela complique l'interface. Reste le problème principal : rien n'empêche différentes tâches de notre système d'appeler LIRE et ECRIRE simultanément et par là de provoquer des interférences. Pour préciser les choses, supposons que le type ITEM est un article donnant les coordonnées d'un avion ou d'un bateau.

```
type ITEM is
        record
                X_COORD : REEL;
                Y_COORD : REEL;
        end record;
```

Supposons qu'une tâche A obtienne une paire de valeurs et utilise un appel à ECRIRE pour les sauvegarder dans V et qu'une autre tâche B appelle LIRE toutes les fois qu'elle a besoin de la dernière position. Supposons maintenant que A est en train d'exécuter ECRIRE quand elle est interrompue par la tâche B qui appelle rapidement LIRE. Il est évident que B pourrait récupérer une valeur se composant de la nouvelle valeur de la coordonnée en *x* et de l'ancienne coordonnée en *y*, ce qui représenterait sans aucun doute une position où le vaisseau n'a jamais été.

L'utilisation d'une valeur incohérente de ce genre pour calculer la trajectoire du vaisseau à partir de paires régulièrement lues conduit évidemment à des imprécisions.

Le lecteur peut se demander comment, après tout, A pourrait être interrompue. Dans les systèmes uniprocesseurs le découpage du temps peut faire que le tour de B arrive à un moment malheureux. Ou encore B peut avoir une priorité plus grande que celle de A ; si B avait attendu l'expiration d'un délai avant de procéder à la lecture suivante en exécutant une instruction delay, A aurait pu être autorisée à s'exécuter et le délai de B expiré au mauvais moment. Dans les cas concrets de temps réel, les choses arrivent toujours au mauvais moment !

La solution consiste à utiliser une tâche plutôt qu'un paquetage, et des appels d'entrées plutôt que des appels de procédures. Considérons maintenant :

```
task VARIABLE_PROTEGEE is
        entry LIRE (X : out ITEM);
        entry ECRIRE (X : in ITEM);
end;

task body VARIABLE_PROTEGEE is
        V : ITEM;
begin
        accept ECRIRE (X : in ITEM) do
                V := X;
        end;
        loop
                select
                        accept LIRE (X : out ITEM) do
                                X := V;
                        end;
                or
                        accept ECRIRE (X : in ITEM) do
                                V := X;
                        end;
                end select;
        end loop;
end VARIABLE_PROTEGEE;
```

Le corps de la tâche commence par une instruction accept pour l'entrée ECRIRE, assurant que le premier appel accepté est pour ECRIRE ; il n'y a donc plus de risque que la variable soit lue avant d'avoir reçu une valeur. Bien sûr, une tâche pourrait appeler LIRE avant qu'aucune n'ait appelé ECRIRE mais les appels à LIRE sont mis en file d'attente jusqu'à ce qu'un appel à ECRIRE ait été accepté.

Après l'acceptation de l'appel à ECRIRE, la tâche entre dans une boucle infinie contenant une unique instruction select. Une instruction select commence par le mot réservé **select** et se termine par **end select** ; elle contient au moins deux alternatives séparées par **or**. Dans cet exemple chaque alternative se compose d'une instruction accept - une pour LIRE et une pour ECRIRE.

Quand nous rencontrons l'instruction accept plusieurs cas doivent être considérés selon que des appels à LIRE ou à ECRIRE ou aux deux ont été effectués, soit :

- Si ni LIRE ni ECRIRE n'a été appelé, la tâche est suspendue jusqu'à ce que l'un des deux ait été appelé ; alors l'instruction accept correspondante est suivie.

- Si un ou plusieurs appels à LIRE est en file d'attente mais qu'il n'y a aucun appel en attente pour ECRIRE, le premier appel à LIRE est accepté et vice-versa en intervertissant les rôles de LIRE et ECRIRE.

- S'il y a à la fois des appels en attente pour LIRE et ECRIRE, un choix arbitraire est effectué.

Ainsi, chaque exécution de l'instruction select a pour effet de prendre une des branches et de traiter un appel à LIRE ou à ECRIRE. Nous pouvons comparer une tâche à une personne servant deux files de clients qui attendent deux services différents. Si une file seulement a des clients, le serveur s'en occupe ; s'il n'y a pas de clients, le serveur attend le premier client quelle que soit sa demande ; si les deux queues existent, le serveur, selon son humeur, sert l'une ou l'autre et fait un choix arbitraire à chaque fois.

Donc, à chaque tour de boucle, la tâche VARIABLE_PROTEGEE accepte un appel à LIRE ou à ECRIRE selon la demande. Elle empêche ainsi les accès multiples à la variable V puisqu'elle ne peut traiter qu'un appel à la fois mais n'impose aucun ordre pour les appels. Comparez avec la tâche TAMPON_ACTIF en section 14.2, où un ordre était imposé aux appels à DEPOSER et PRENDRE.

Notons aussi que cet exemple illustre un cas où nous avons deux instructions accept pour une entrée. Il se trouve ici que les corps sont identiques, mais ils ne le sont pas nécessairement.

Le lecteur peut se demander ce que l'expression "choix arbitraire" signifie pour décider quelle alternative choisir. L'intention est de n'imposer aucune règle ; l'implémenteur est libre de choisir un mécanisme efficace qui, néanmoins, introduit un degré approprié de non-déterminisme pour que les files soient traitées équitablement et qu'aucune ne soit affamée. Un choix aléatoire équiprobable serait acceptable mais trop difficile à implémenter efficacement. Le point essentiel est qu'un programme ne doit pas supposer quoi que ce soit sur l'algorithme de sélection utilisé ; s'il le fait, il est erroné.

Une forme plus complexe d'instruction select est illustrée par le problème classique du tampon borné. C'est similaire au problème de la section 14.2, sauf que jusqu'à N items peuvent être stockés. Voici une solution :

```
task TAMPON_ACTIF is
        entry DEPOSER (X : in ITEM);
        entry PRENDRE (X : out ITEM);
end;

task body TAMPON_ACTIF is
        N : constant := 8;      -- Par exemple
        A : array (1..N) of ITEM;
        I, J : INTEGER range 1 .. N := 1;
        DECOMPTE : INTEGER range 0 .. N := 0;
begin
        loop
                select
                        when DECOMPTE < N =>
                        accept DEPOSER (X : in ITEM) do
                                A(I) := X;
                        end;
                        I := I mod N + 1; DECOMPTE := DECOMPTE + 1;
                or
                        when DECOMPTE > 0 =>
                        accept PRENDRE (X : out ITEM) do
                                X := A(J);
                        end;
                        J := J mod N + 1; DECOMPTE := DECOMPTE - 1;
                end select;
        end loop;
end TAMPON_ACTIF;
```

Le tampon est constitué du tableau A de longueur N ; celui-ci est un nombre fixé à 8 dans cet exemple. Les variables I et J indexent respectivement la première case libre et la dernière utilisée et

DECOMPTE indique le nombre de cases du tampon. DECOMPTE est non seulement pratique, mais il est nécessaire pour pouvoir distinguer un tampon complètement plein d'un tampon complètement vide, pour lesquels on a dans les deux cas I = J. On utilise ce tampon de façon cyclique pour que I ne doive pas être plus grand que J. La situation de la figure 14.1 montre un tampon partiellement rempli avec DECOMPTE = 5, I = 3, et J = 6. La partie utilisée du tampon est en grisé. Les variables I et J sont toutes deux initialisées à 1 et DECOMPTE est initialisé à 0 de sorte que le tampon soit initialement vide.

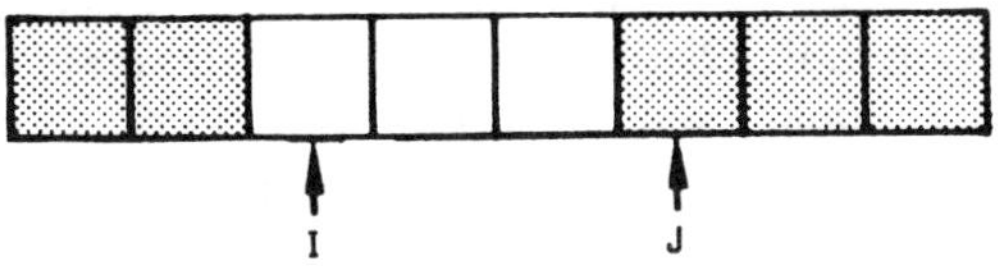

Fig. 14.1 Le tampon borné

Le but de la tâche est de permettre à des items d'être ajoutés et retirés selon la règle du "premier venu premier sorti" pour éviter les débordements ou sous débordements du tampon. Cela est réalisé grâce à une forme plus générale d'instruction select qui comprend l'utilisation de conditions de garde.

Chaque branche de l'instruction select débute par :

when condition =>

et elle est suivie d'une intruction accept, puis d'autres instructions. Chaque fois que l'instruction select est rencontrée, chacune des conditions de garde est évaluée. Le comportement est alors le même que pour l'instruction select sans gardes, mais ne contenant que les branches pour lesquelles la condition était vraie. Une branche sera donc prise et le rendez-vous correspondant effectué. Après l'instruction accept, une branche peut contenir d'autres instructions. Celles-ci sont exécutées par la tâche serveuse comme faisant partie de l'instruction select, mais en dehors du rendez-vous.

Les conditions de garde sont donc des conditions qui doivent être vraies avant qu'un service puisse être offert. L'instruction accept représente le rendez-vous avec le client et l'accomplissement du service. Les instructions suivant l'instruction accept représentent les actions de tenue de compte relatives au service et qui peuvent être effectuées après le départ du client, mais qui doivent être faites avant de servir le client suivant.

Dans notre exemple, la condition pour qu'il soit possible d'accepter un appel à DELIVRER est simplement que le tampon ne soit pas plein ; c'est la condition DECOMPTE < N. De même, nous pouvons accepter un appel à PRENDRE pourvu que le tampon ne soit pas vide ; c'est la condition DECOMPTE > 0. Les instructions dans le corps des instructions accept copient l'item vers ou à partir du tampon. Après la fin du rendez-vous, l'indice I ou J (selon le cas) et DECOMPTE sont mis à jour pour refléter le changement d'état. Notez l'utilisation de **mod** pour mettre à jour I et J de façon cyclique.

Ainsi, nous voyons que la première fois que l'instruction select est exécutée, la condition DECOMPTE < N est vraie mais DECOMPTE > 0 est fausse. Par conséquent, seul un appel à DEPOSER peut être accepté. Celui-ci dépose le premier item dans le tampon. La fois suivante, les deux conditions sont vraies et, par suite, DEPOSER ou PRENDRE peut être accepté, en ajoutant un autre item ou en enlevant un. Et ainsi de suite, cela permet aux items d'être ajoutés ou enlevés ; l'une des conditions de garde devient fausse dans les cas extrêmes, prévenant par là le débordement ou le sous-débordement.

Quelques points doivent être soulignés. Les gardes sont réévaluées au commencement de chaque exécution de l'instruction select (mais l'ordre d'évaluation n'est pas défini). Une garde absente est considérée vraie. Si toutes les gardes se trouvent être fausses, l'exception PROGRAM_ERROR est levée. On doit se rendre compte qu'une garde n'est plus forcément vraie quand le rendez-vous correspondant est effectué, car elle peut utiliser des variables globales et donc être modifiée par une autre tâche. Nous examinerons plus tard un cas où les gardes peuvent changer subrepticement. Dans l'exemple présenté, bien sûr, rien de tout cela ne peut arriver. Une garde est toujours vraie, par conséquent PROGRAM_ERROR ne peut jamais être levée et les deux gardes ne mettent en jeu que la variable locale DECOMPTE, qui ne peut être modifiée entre leur évaluation et les rendez-vous.

Prenons de nouveau l'exemple de la tâche VARIABLE_PROTEGEE. Elle autorise un seul accès à la fois soit en lecture soit en écriture. C'est un peu restrictif ; le problème classique est de n'autoriser bien sûr qu'un écrivain à la fois, mais plusieurs lecteurs en même temps. Une solution simple est indiquée plus bas sous la forme d'un paquetage contenant une tâche locale.

```
package LECTEURS_ECRIVAIN is
        procedure LIRE (X : out ITEM);
        procedure ECRIRE (X : in ITEM);
end;
```

```
package body LECTEURS_ECRIVAIN is
      V : ITEM;

      task CONTROLE is
            entry DEBUT;
            entry FIN;
            entry ECRIRE (X : in ITEM);
      end;

      task body CONTROLE is
            LECTEURS : INTEGER := 0;
      begin
            accept ECRIRE (X : in ITEM) do
                  V := X;
            end;
            loop
                  select
                        accept DEBUT;
                        LECTEURS := LECTEURS + 1;
                  or
                        accept FIN;
                        LECTEURS := LECTEURS - 1;
                  or
                        when LECTEURS = 0 =>
                        accept ECRIRE (X : in ITEM) do
                              V := X;
                        end;
                  end select;
            end loop;
      end CONTROLE;

      procedure LIRE (X : out ITEM) is
      begin
            CONTROLE.DEBUT;
            X := V;
            CONTROLE.FIN;
      end LIRE;

      procedure ECRIRE (X : in ITEM) is
      begin
            CONTROLE.ECRIRE(X);
      end ECRIRE;

end LECTEURS_ECRIVAIN;
```

La tâche CONTROLE possède trois entrées, ECRIRE pour l'écriture, et DEBUT et FIN associées à la lecture. Un appel à DEBUT indique le désir de commencer la lecture et un appel à FIN indique que la lecture est finie. La tâche est emballée dans un paquetage parce que nous désirons fournir un accès en lecture multiple. Ceci est réalisable grâce à une procédure LIRE qui peut être appelée de façon réentrante ; elle impose aussi le protocole d'appeler DEBUT puis FIN.

Tout repose donc sur un paquetage contenant une variable V, la tâche CONTROLE et les procédures d'accès DEBUT et FIN. Comme indiqué précédemment, LIRE impose les appels souhaités de DEBUT et FIN, de part et d'autre de l'instruction X := V ; la procédure ECRIRE se résume à appeler l'entrée ECRIRE.

La tâche CONTROLE déclare la variable LECTEURS qui indique le nombre de lecteurs présents. Comme précédemment, elle commence par une instruction accept pour ECRIRE afin d'assurer l'initialisation de la variable, puis entre dans une boucle contenant une instruction select. Celle-ci a trois branches, une pour chaque entrée. Sur un appel de DEBUT ou de FIN, le décompte du nombre de lecteurs est incrémenté ou décrémenté. Un appel à ECRIRE ne peut être accepté que si la condition LECTEURS = 0 est vraie. Par conséquent, l'écriture est interdite tant qu'il y a des lecteurs. Bien sûr, puisque c'est la tâche CONTROLE qui réalise la lecture, les écritures multiples sont évitées et, de plus, elle ne peut pas au même moment accepter des appels à DEBUT. Donc, la lecture n'est pas possible quand l'écriture se déroule. Cependant, comme nous l'avons vu, les lectures multiples sont autorisées.

Bien que la solution ci-dessus remplisse les conditions générales, elle n'est pas satisfaisante. Un flot serré de lecteurs tiendra un écrivain à l'écart. Puisque l'écriture est sans doute relativement importante, cette situation n'est pas acceptable. Une amélioration évidente serait de rejeter d'autres lectures si un ou plusieurs écrivains attendent. Nous pouvons le réaliser en utilisant l'attribut ECRIRE'COUNT dans une garde ; l'instruction select devient alors :

```
select
        when ECRIRE'COUNT = 0 =>
        accept DEBUT;
        LECTEURS := LECTEURS + 1;
or
        accept FIN;
        LECTEURS := LECTEURS - 1;
```

```
or
        when LECTEURS = 0 =>
        accept ECRIRE (X : in ITEM) do
                V := X;
        end;
end select;
```

L'attribut ECRIRE'COUNT est le nombre de tâches couramment en attente dans la file de l'entrée ECRIRE. L'utilisation de l'attribut COUNT dans les gardes requiert de la méticulosité. Il donne la valeur quand la garde est évaluée et peut très bien changer avant qu'un rendez-vous ne soit accepté. Il peut augmenter parce qu'une autre tâche rejoint la file - cela n'a pas d'importance dans cet exemple. Mais, comme nous le verrons plus tard, il peut aussi diminuer sans crier gare, ce qui conduit à des problèmes. Nous reviendrons sur cet exemple dans un instant.

Il existe d'autre formes d'instruction select. Une ou plusieurs branches peuvent commencer par une instruction delay plutôt que par une instruction accept. Considérons

```
select
        accept LIRE (...) do
        ...
        end;
or
        accept ECRIRE (...) do
        ...
        end;
or
        delay 10*MINUTES;
        -- Instructions de dépassement d'attente
end select;
```

Si aucun appel à LIRE ou à ECRIRE n'est reçu dans un délai de 10 minutes, la troisième branche est prise et les instructions suivant l'instruction delay sont exécutées. La tâche peut décider que, puisque ses services ne sont apparemment plus requis, elle peut faire autre chose ou cela peut être interprété comme une urgence. Dans un système de contrôle de processus, nous pouvons attendre un accusé de reception de l'opérateur confirmant qu'une certaine action a été effectuée et, après un laps de temps approprié, prendre notre propre mesure d'urgence.

```
OPERATEUR.APPEL ("ETEINDRE FEU");
```

```
select
        accept ACCUSER_RECEPTION;
or
        delay 1*MINUTE;
        POMPIERS.APPEL;
end select;
```

Une alternative de délai peut être gardée et, en fait, il peut y en avoir plusieurs dans une instruction accept même si, évidemment, seule la plus courte, ayant une garde vraie, peut être prise. On doit savoir que si l'une des instructions accept est suivie, tous les délais sont annulés - nous pouvons considérer qu'un délai a un rendez-vous avec l'horloge. Un délai est bien sûr fixé au début de l'instruction select et réinitialisé à chaque fois que l'on rencontre l'instruction select. Finalement, notons que le début importe plus que l'achèvement du rendez-vous en ce qui concerne l'expiration du délai.

Une autre forme d'instruction select contient une partie else. Considérons

```
select
        accept LIRE (...) do
            ...
        end;
or
        accept ECRIRE (...) do
            ...
        end;
else
        -- instructions de remplacement
end select;
```

Dans ce cas, la dernière branche est précédée de **else** plutôt que de **or** et se compose simplement d'une suite d'instructions. La branche else est prise sur-le-champ si aucune des autres branches ne peut l'être immédiatement. Une instruction select avec une partie else est comparable à une instruction select possédant une branche avec **delay** 0.0 ; elle expire immédiatement s'il n'y a aucun client à servir. Une instruction select ne peut avoir à la fois une partie else et des alternatives de délai.

Il existe une distinction subtile entre une instruction accept commençant une branche d'un select, et une instruction accept située autre part. Dans le premier cas, l'instruction accept est sujette aux mécanismes de l'instruction select et elle est dans une certaine mesure conditionnelle. Dans le second cas, une fois rencontrée, elle sera suivie advienne que pourra. La même distinction s'applique à une instruction delay commençant une branche d'une instruction select et une autre située ailleurs. Ainsi, si nous changeons le **or** en **else** dans notre action d'urgence pour donner :

```
select
        accept ACCUSER_RECEPTION;
else
        delay 1*MINUTE;
        POMPIERS.APPEL;
end select;
```

le statut du délai est tout à fait différent. Il est simplement l'une des instructions de la suite d'instructions et il est suivi de la même façon que d'habitude. Par conséquent, si nous ne pouvons pas accepter d'appel à ACCUSER_RECEPTION immédiatement, nous nous rabattons sur-le-champ sur la partie else. Le fait que la première instruction soit un délai est anecdotique - nous nous empressons d'attendre une minute, puis appelons les pompiers. Il n'y a pas d'attente limitée.

Si une instruction select possède une partie else, PROGRAM_ERROR ne peut jamais être levée. La partie else ne peut pas être gardée et elle est donc toujours prise si toutes les autres branches ont des gardes et que celles-ci se révèlent être fausses.

Il existe deux autres formes d'instructions select ; elles concernent un appel d'entrée isolé remplaçant la ou les instructions accept. L'appel d'entrée à attente limitée permet à une suite d'instructions d'être exécutée en remplacement d'un appel d'entrée si celui-ci n'est pas accepté dans la durée spécifiée. Ainsi :

```
select
        OPERATEUR.APPEL ("ETEINDRE FEU");
or
        delay 1*MINUTE;
        POMPIERS.APPEL;
end select;
```

appellera les pompiers si l'opérateur n'accepte pas l'appel dans la minute. De nouveau, c'est le début du rendez-vous qui importe plutôt que sa fin. Finalement, il y a l'appel d'entrée conditionnel. Ainsi :

```
select
        OPERATEUR.APPEL ("ETEINDRE FEU");
else
        POMPIERS.APPEL;
end select;
```

appellera les pompiers si l'opérateur ne peut accepter l'appel immédiatement.

Les appels d'entrée à attente limitée et conditionnels sont assez différents de l'instruction accept générale. Ils ne concernent que les appels isolés et sans garde ; par conséquent ces instructions select ont toujours exactement deux branches - une avec l'appel d'entrée, l'autre avec la suite d'instructions de remplacement. Les appels à attente limitée et conditionnels ne s'appliquent qu'aux entrées. Ils ne s'appliquent pas aux procédures, ni même aux entrées surnommées en procédures.

Les appels à attente limitée et conditionnels sont pratiques si une tâche ne veut ne pas attendre inutilement quand un serveur est occupé. Ils correspondent à un client dans un magasin, renonçant et quittant la file après avoir attendu un moment ou, dans le cas conditionnel, à un client extrêmement impatient partant immédiatement s'il ne peut pas être servi sur-le-champ.

Les appels à attente limitée, cependant, nécessitent de l'attention, particulièrement si l'on utilise l'attribut COUNT. Une décision fondée sur la valeur de cet attribut peut être invalidée par un appel à attente limitée retirant inopinément une tâche de la file d'attente d'une entrée. Considérons, par exemple, le paquetage LECTEURS_ECRIVAIN. La situation est telle que les appels d'entrée ne peuvent pas être à attente limitée car ils sont encapsulés dans les procédures LIRE et ECRIRE. Cependant, nous pouvons décider de fournir d'autres surcharges de ces procédures pour procurer ces dispositifs d'attente limitée. Nous pouvons ajouter par exemple :

```
procedure ECRIRE (X : in ITEM; T : DURATION; OK : out BOOLEAN) is
begin
      select
            CONTROLE.ECRIRE (X);
            OK := TRUE;
      or
            delay T;
            OK := FALSE;
      end select;
end ECRIRE;
```

Malheureusement, cela n'est pas valide. Supposons qu'un écrivain attende (on a ECRIRE'COUNT = 1), mais que l'appel soit annulé (à cause d'une attente limitée) entre l'évaluation des gardes et l'exécution d'une instruction accept. Deux cas sont à considérer selon la valeur de LECTEURS. Si LECTEURS = 0, aucune tâche ne peut appeler FIN puisqu'il n'y a pas couramment de LECTEURS ; un appel à DEBUT ne peut pas être accepté parce sa garde est fausse, et l'appel escompté à ECRIRE ne se produira pas car il a été annulé (il a trop attendu) ; par conséquent, tous les nouveaux lecteurs seront inutilement bloqués jusqu'à ce qu'un nouvel écrivain arrive. D'autre part, si LECTEURS > 0, bien que d'autres appels à ECRIRE ne puissent pas être acceptés correctement, de nouveaux appels à DEBUT sont retardés inutilement jusqu'à ce qu'un lecteur présent appelle FIN alors même qu'il n'y a aucun écrivain en attente. Nous cherchons donc une solution de remplacement.

La raison initiale pour utiliser ECRIRE'COUNT était d'empêcher les lecteurs de prendre le pas sur les écrivains. Une possibilité, dans les situations de ce genre, est de commencer par forcer tous les clients à appeler une entrée commune. Il faut alors les traiter dans l'ordre. Cette entrée peut prendre un paramètre pour indiquer le service requis et les lecteurs peuvent être placés sur une file secondaire si nécessaire. Cette technique est illustrée par la solution ci-dessous. La spécification de paquetage est la même que précédemment.

```
package body LECTEURS_ECRIVAIN is
    V : ITEM;
    type SERVICE is (LIRE, ECRIRE);

    task CONTROLE is
        entry DEBUT (S : SERVICE);
        entry FIN_READ;
        entry ECRIRE
        entry FIN_ECRITURE;
    end CONTROLE;

    task body CONTROLE is
        LECTEURS : INTEGER := 0;
        ECRIVAINS : INTEGER := 0;
    begin
        loop
            select
                when ECRIVAINS = 0 =>
                accept DEBUT (S : SERVICE) do
                    case S is
                        when LIRE =>
                            LECTEURS := LECTEURS + 1;
                        when ECRIRE =>
                            ECRIVAINS := 1;
                    end case;
                end DEBUT;
```

```
                or
                        accept FIN_LECTURE;
                        LECTEURS := LECTEURS - 1;
                or
                        when LECTEURS = 0 =>
                        accept ECRIRE;
                or
                        accept FIN_ECRITURE;
                        ECRIVAINS := 0;
                end select;
            end loop;
        end CONTROLE;

        procedure LIRE (X : out ITEM) is
        begin
            CONTROLE.DEBUT (LIRE);
            X := V;
            CONTROLE.FIN_LECTURE;
        end LIRE;

        procedure ECRIRE (X : in ITEM) is
        begin
            CONTROLE.DEBUT (ECRIRE);
            CONTROLE.ECRIRE;
            V := X;
            CONTROLE.FIN_ECRITURE;
        end ECRIRE;

    end LECTEURS_ECRIVAIN;
```

Nous avons introduit une variable ECRIVAINS pour indiquer combien d'écrivains sont dans le système ; elle ne peut prendre que les valeurs 0 et 1. Toutes les requêtes appellent initialement l'entrée commune DEBUT mais doivent attendre qu'il n'y ait plus d'écrivains. Le décompte des lecteurs et des écrivains est alors mis à jour. Un lecteur peut continuer comme précédemment et termine en appelant FIN_LECTURE. Un écrivain, en revanche, doit attendre qu'il n'y ait plus de lecteurs ; il le réalise en appelant ECRIRE puis, pour terminer, appelle FIN_ECRITURE pour que la tâche de contrôle puisse réinitialiser la variable ECRIVAINS à zéro. Le fait de séparer FIN_ECRITURE de ECRIRE nous permet de traiter les appels à attente limitée comme nous le verrons ; nous profitons aussi de l'occasion pour placer l'instruction d'écriture effective dans la procédure ECRIRE afin qu'elle ressemble à celle de la lecture.

Dans cette solution, la variable ECRIVAINS joue le rôle de ECRIRE'COUNT de la solution incorrecte précédente. En faisant le décompte nous-mêmes, nous pouvons contrôler la situation. Les appels de DEBUT et ECRIRE peuvent maintenant être faits avec une attente limitée tant que nous appelons FIN_LECTURE ou FIN_ECRITURE après qu'un appel à DEBUT a été accepté. Le détail des surcharges convenables de LIRE et ECRIRE pour fournir des appels à attente limitée est laissé en exercice.

Notons que la solution ci-dessus ne s'est pas assurée que le premier appel est une écriture. Cela peut être traité de plusieurs manières, en utilisant une entrée spéciale par exemple, ou en plaçant les lecteurs sur une file secondaire pour qu'ils attendent le premier écrivain.

Nous terminons cette section en présentant une solution (rusée) de remplacement à ce qui précède :

```
task CONTROLE is
        entry DEBUT (S : SERVICE);
        entry FIN;
end CONTROLE;

task body CONTROLE is
        LECTEURS : INTEGER := 0;
begin
        loop
                select
                        accept DEBUT (S : SERVICE) do
                                case S is
                                        when LIRE =>
                                                LECTEURS := LECTEURS + 1;
                                        when ECRIRE =>
                                                while LECTEURS > 0 loop
                                                        accept FIN;   -- des lecteurs
                                                        LECTEURS := LECTEURS - 1;
                                                end loop;
                                end case;
                        end DEBUT;

                        if LECTEURS = 0 then
                                accept FIN;                 -- De l'écrivain
                        end if;
```

```
                or
                        accept FIN;                    -- D'un lecteur
                        LECTEURS := LECTEURS - 1;
                end select;
        end loop;
end CONTROLE;

procedure LIRE (X : out ITEM) is
begin
        CONTROLE.DEBUT (LIRE);
        X := V;
        CONTROLE.FIN;
end LIRE;

procedure ECRIRE (X : in ITEM) is
begin
        CONTROLE.DEBUT (ECRIRE);
        V := X;
        CONTROLE.FIN;
end ECRIRE;
```

Cette solution permet à l'écrivain d'attendre dans le rendez-vous que tous les lecteurs aient fini, et l'intégralité du processus d'écriture est traité dans une branche de l'instruction select. Il est possible d'utiliser une entrée FIN commune car la structure est telle que chaque instruction accept ne traite qu'une catégorie d'appelant. Mais elle comporte un inconvénient mineur : les appels à attente limitée sont moins flexibles. Une fois que l'écrivain a été accepté par l'appel à DEBUT, il s'engage à attendre que tous les lecteurs aient fini.

Exercice 14.4

1 Récrire le corps de CONSTRUIRE_COMPLEXE de l'exercice 14.2(1) pour que les appels à DEPOSER_RL et DEPOSER_IM puissent être acceptés dans n'importe quel ordre.

2 Ecrire des procédures supplémentaires LIRE et ECRIRE pour paquetage LECTEURS_ECRIVAIN (final?) pour fournir les appels à attente limitée. Attention à la procédure ECRIRE, pour que les appels des entrées DEBUT et ECRIRE permettent tous deux une attente limitée.

14.5 Types tâches et activation

Il est quelquefois utile d'avoir plusieurs tâches semblables mais distinctes. De surcroît, il n'est souvent pas possible de prédire le nombre de tâches requises. Par exemple, nous pouvons vouloir créer des tâches distinctes pour suivre chaque avion dans la zone de contrôle d'un système de contrôle aérien. Il est clair que l'on a besoin de créer des tâches et de s'en défaire dynamiquement, d'une manière qui n'a rien à voir avec la structure statique du programme.

Une déclaration de type tâche fournit un modèle pour des tâches semblables. Elle est identique aux déclarations simples de tâches que nous avons vues jusqu'à présent, sauf que le mot réservé **type** suit **task** dans la spécification. Ainsi, nous pouvons écrire :

```
task type T is
      entry E (...);
end T;

task body T is
      ...
end T;
```

Le corps de la tâche suit les mêmes règles que précédemment. Pour créer une vraie tâche, nous pouvons utiliser la forme normale des déclarations d'objets. Nous pouvons donc écrire :

```
X : T;
```

ce qui déclare une tâche X de type T. En fait, la forme simple de déclaration de tâche que nous avons utilisée jusqu'à présent comme :

```
task SIMPLE is
      ...
end SIMPLE;
```

est exactement équivalente à :

```
task type ANON is
      ...
end ANON;
```

suivie de :

```
SIMPLE : ANON;
```

On peut utiliser les objets tâches dans les types composés de la façon habituelle. Ainsi, nous pouvons déclarer des tableaux de tâches :

```
TT : array (1..10) of T;
```

des articles contenant des tâches :

```
type ARTICLE is
    record
        CT : T;
        ...
    end record;
```

et ainsi de suite.

On appelle les entrées de ces tâches en utilisant le nom de l'objet tâche ; ainsi, nous écrivons :

```
X.E (...);
TT(1).E (...);
A.CT.E (...);
```

Il importe de constater que les objets tâches ne sont pas des variables mais se comportent comme des constantes. Une déclaration d'objet tâche crée une tâche qui est liée à l'objet de façon permanente. Par conséquent, l'affectation n'est pas autorisée pour les types tâches, pas plus que les comparaisons d'égalité et d'inégalité. Un type tâche est donc une autre forme de type limité. On peut ainsi l'utiliser comme type effectif correspondant à un paramètre générique formel spécifié comme limité privé, et comme type complet dans une partie privée correspondant à un type limité privé. Bien que les objets tâches se comportent comme des constantes, ils ne peuvent pas être déclarés en tant que tels puisqu'une déclaration de constante nécessite une valeur explicite. Les paramètres de sous-programmes peuvent être de types tâches ; ils sont toujours en fait passés par référence, donc les paramètres formel et effectif se réfèrent toujours à la même tâche. Comme dans le cas des autres types limités, en dehors de leur paquetage de définition, les paramètres de mode **out** ne sont pas autorisés ; bien sûr, il n'y a pas de paquetage de définition dans le cas des tâches de toute façon.

En section 14.1, nous avons brièvement introduit l'idée de dépendance. Chaque tâche dépend d'un cadre et une règle générale veut que ce cadre ne puisse être quitté que si toutes les tâches en dépendant sont terminées.

Une tâche déclarée comme objet tâche (ou en utilisant la forme simple abrégée) dépend du bloc, corps de sous-programme ou de tâche englobant dans lequel elle est déclarée. Les paquetages internes ne sont pas soumis à cette règle - parce qu'un paquetage est simplement une division passive et n'a pas de vie propre. Si une tâche est déclarée dans un paquetage (ou dans des paquetages emboîtés), la tâche dépend du bloc, corps de sous-programme ou de tâche dans lequel le ou les paquetages sont eux-mêmes déclarés. Précisons : on dit d'une tâche déclarée dans un paquetage de bibliothèque qu'elle dépend de ce paquetage ; cependant, puisque les paquetages sont passifs, cela n'a aucune incidence sur la terminaison de la tâche et le langage ne définit délibérément pas si ces tâches doivent se terminer ou non.

Nous avons vu précédemment qu'une tâche ne devient active que lorsque l'unité la déclarant atteint le **begin** suivant la déclaration. L'exécution d'une tâche peut être considérée comme un processus en deux phases. La première phase, connue sous le nom d'activation, consiste en l'élaboration des déclarations du corps de tâche tandis que la deuxième phase consiste, bien sûr, en l'exécution de ses instructions. Pendant la phase d'activation, le cadre père n'est pas autorisé à continuer. Si plusieurs tâches sont déclarées dans un cadre leur activation et l'exécution subséquente de leurs instructions ont lieu indépendamment et en parallèle. Quand l'activation de toutes les tâches est achevée, alors seulement,le cadre père enchaîne sur les instructions suivant le **begin**, en parallèle avec les nouvelles tâches.

Ce processus est décrit par la figure 14.2, qui illustre le comportement d'un bloc contenant la déclaration de deux tâches A et B.

```
declare
    ...
    A : T;
    B : T;
    ...
begin
    ...
end;
```

Le temps s'écoule de gauche à droite et un trait plein indique que la tâche ou le cadre est actif, tandis qu'un trait pointillé en indique l'existence dans un état suspendu.

```
père     |----------| - - - - - - - - - -|-----| - - - - -|

      declaré      begin                     end

tâche A     | - - - |-----------------|----| - - - - - -|

         déclarée    activation       exécution

tâche B      | - - |-------------|--------------------|

           déclarée   activation      exécution
```

Fig. 14.2 Activation de tâches

Pour donner un exemple, nous montrons une tâche A finissant son activation après la tâche B ; le père reprend donc son exécution quand la tâche A entre dans la phase d'exécution. Nous montrons aussi la tâche A finissant son exécution et, par conséquent, devenant achevée et terminée avant la tâche B. Le père atteint son **end** et donc devient achevé après que la tâche A a terminé mais avant que la tâche B ait terminé. Le cadre père est de ce fait suspendu jusqu'à ce que B ait terminé. Quand cela devient le cas, l'exécution des instructions suivant le bloc peut reprendre.

Le traitement particulier des activations de tâche est lié aux exceptions. Le lecteur peut se souvenir qu'une exception levée durant l'élaboration de déclarations n'est pas traitée à ce niveau mais immédiatement propagée. Ainsi, une exception levée dans les déclarations d'une nouvelle tâche ne pourrait pas être traitée par cette tâche. Cependant, comme cela vaut manifestement la peine de fournir un moyen de détecter une telle exception, il est évident qu'une exception doit être levée dans le cadre père. L'exception TASKING_ERROR est effectivement levée quelle que soit l'exception au départ. Cela compliquerait les choses si l'exception était levée dans le cadre père, une fois qu'il se serait lancé dans l'exécution en parallèle ; il est donc retenu jusqu'à ce que toutes les nouvelles tâches aient été activées. L'exception TASKING_ERROR est ainsi levée dans le cadre père dès qu'il fait mine de continuer à partir du **begin**. Notons que, si plusieurs nouvelles tâches lèvent des exceptions lors de leur activation, TASKING_ERROR n'est levée qu'une seule fois. De telles tâches deviennent achevées (et non terminées) et n'affectent en rien leurs tâches soeurs activées simultanément.

Autre chose pouvant aller de travers : une exception peut survenir dans les déclarations du cadre père lui-même. Dans ce cas, toute nouvelle tâche qui a été déclarée (aucune n'aura bien sûr été activée car le cadre père n'a pas atteint son **begin**) devient automatiquement terminée et n'est jamais activée.

Des objets tâches peuvent figurer dans un paquetage et sans dépendre du paquetage, ils sont néanmoins activés au franchissement du **begin** du paquetage. S'il ne possède pas d'instructions d'initialisation, tout se passe comme si une suite d'instructions ne contenant qu'une instruction null était fournie. Pire, si un paquetage ne possède pas de corps, tout se passe comme si un corps ne contenant qu'une instruction nulle était fourni. La tâche CONTROLE du paquetage LECTEURS_ECRIVAIN de la section précédente est activée à la fin de la déclaration du corps de paquetage.

On peut aussi créer des tâches par l'intermédiaire de types accès. Nous pouvons écrire :

```
type REF_T is access T;
```

puis, nous pouvons créer une tâche en utilisant un allocateur de la façon habituelle :

```
RX : REF_T := new T;
```

Le type REF_T est un type accès normal et, par conséquent, l'assignation et les comparaisons d'égalité des objets sont autorisées. L'entrée E de la tâche accédée par RX peut être appelée, comme on pouvait s'y attendre, par :

```
RX.E (...);
```

Les tâches créées par l'intermédiaire de types accès obéissent à des règles légèrement différentes en ce qui concerne l'activation et la dépendance. Elles débutent immédiatement leur activation à l'évaluation de l'allocateur, qu'il apparaisse dans une suite d'instructions ou dans une valeur d'initialisation - nous n'attendons pas le **begin** qui suit. En outre, de telles tâches ne dépendent pas du cadre où elles sont créées mais du bloc, du corps de sous-programme ou du corps de tâche contenant la déclaration du type accès. La forte analogie entre les tâches déclarées comme des objets et celles créées par l'intermédiaire d'un allocateur est mise en évidence quand nous considérons les tâches qui sont des éléments d'un objet composé.

Supposons que nous ayons le type quelque peu artificiel suivant :

```
type R is
    record
        A : T;
        I : INTEGER := E;
        B : T;
    end record;
```

où A et B sont des composants d'un type tâche T et E est l'expression d'initialisation pour le composant I.

Si nous déclarons un objet X de type R comme suit :

```
declare
    X : R;
begin
```

cela équivaut à déclarer les objets individuels :

```
declare
    XA : T;
    XI : INTEGER := E;
    XA : T;
begin
```

en utilisant les règles détaillées plus haut.

Supposons maintenant que nous avons un type accès :

```
type REF_R is access R;
```

et que nous créons un objet via un allocateur :

```
RR : REF_R := new R;
```

En premier lieu, les divers composants sont déclarés et l'expression d'initialisation est évaluée et assignée à RR.I. Quand cela a été effectué, alors seulement, les tâches RR.A et RR.B peuvent débuter ; dans un sens, nous attendons le **end record** comme nous attendions le **begin** dans le cas des objets directement déclarés. Les tâches composant sont alors activées en parallèle, mais le cadre père est suspendu et la valeur accès n'est retournée que lorsque toutes les activations sont accomplies, tout comme nous ne pouvions pas franchir le **begin**. De même, si une exception est levée par l'activation de l'une ou des deux tâches composant, au retour de l'allocateur, TASKING_ERROR est levée une fois seulement dans le cadre père. Les tâches fantaisies de ce genre deviennent alors achevées mais n'interfèrent pas avec les autres tâches soeurs. Finalement, si l'évaluation de l'expression E lève une exception dans le cadre père, les tâches composant deviendront terminées sans être même activées.

Le lecteur trouvera sûrement que le mécanisme d'activation est quelque peu tortueux. Cependant, dans la pratique, on n'éprouvera que rarement le besoin d'entrer dans ce genre de détails. Ils sont mentionnés pour montrer que le mécanisme est bien défini plutôt que pour leur utilité quotidienne.

Notons que les entrées d'une tâche peuvent être appelées dès que celle-ci a été déclarée, avant même d'avoir commencé son activation - l'appel sera simplement mis en file d'attente. Cependant, les situations dans lesquelles c'est raisonnablement possible sont rares.

Une utilisation courante des types tâches concerne la création d'agents. Un agent est une tâche qui fait quelque chose pour le compte d'une autre tâche. Comme exemple, supposons qu'une tâche SERVEUR fournisse un service demandé par un appel à une entrée REQUETE. Supposons aussi que SERVEUR peut mettre un certain temps pour accomplir ce service ; si bien qu'il est raisonnable que la tâche appelante UTILISATEUR s'en aille et fasse autre chose en attendant que la réponse soit préparée. La tâche UTILISATEUR peut disposer de différents moyens pour récupérer sa réponse. Elle peut appeler une autre entrée PRETE ; la tâche SERVEUR a besoin de reconnaître l'appelant - elle peut le réaliser en émettant une clef à l'appel de REQUETE et exiger qu'elle soit fournie à l'appel de PRETE. Cela correspond à donner quelque chose à réparer, à recevoir un ticket puis à échanger ce ticket contre l'item réparé. Une autre approche, qui évite les tickets, consiste à créer un agent. C'est comme laisser son adresse et recevoir l'item réparé par la poste. Nous allons illustrer cette approche.

Pour commencer nous déclarons un type tâche comme suit :

```
task type BOITE_AUX_LETTRES is
        entry DEPOSER (X : in ITEM);
        entry RETIRER (X : out ITEM);
end;

task body BOITE_AUX_LETTRES is
        LOCAL : ITEM;
begin
        accept DEPOSER (X : in ITEM) do
                LOCAL := X;
        end;
        accept RETIRER (X : out ITEM) do
                X := LOCAL;
        end;
end BOITE_AUX_LETTRES;
```

Une tâche de ce type se comporte comme une simple boîte aux lettres. Un item peut être déposé et retiré plus tard. Nous allons donner l'identité de la boîte aux lettres au serveur pour que le serveur puisse déposer l'item dans la boîte aux lettres, de laquelle l'utilisateur peut le retirer plus tard. Nous avons besoin d'un type accès :

```
type ADRESSE is access BOITE_AUX_LETTRES;
```

Les tâches SERVEUR et UTILISATEUR prennent maintenant la forme suivante :

```
task SERVEUR is
        entry REQUETE (A : ADRESSE; X : ITEM);
end;

task body SERVEUR is
        REPONSE : ADRESSE;
        SERVICE : ITEM;
begin
        loop
                accept REQUETE (A : ADRESSE; X : ITEM) do
                        REPONSE := A;
                        SERVICE := X;
                end;

                -- Le service est effectué

                REPONSE.DEPOSER(SERVICE);
        end loop;
end SERVEUR;

task UTILISATEUR;

task body UTILISATEUR is
        MA_BOITE : ADRESSE := new BOITE_AUX_LETTRES;
        MON_ITEM : ITEM;
begin
        SERVEUR.REQUETE (MA_BOITE, MON_ITEM);

        -- Faire quelque chose en attendant

        MA_BOITE.RETIRER (MON_ITEM);
end UTILISATEUR;
```

Dans la pratique l'utilisateur peut sonder de temps à autre la boîte aux lettres pour voir si l'item est prêt. On le fait facilement en utilisant un appel d'entrée conditionnel.

```
select
        MA_BOITE.RETIRER (MON_ITEM);
        -- L'item est disponible
else
        ...
        -- Pas encore prêt
end select;
```

Soulignons que l'agent couvre plusieurs fonctions. Il permet au dépôt et au retrait d'être découplés pour que le serveur puisse enchaîner sur le service suivant. Mais peut-être plus encore, cela signifie que le serveur n'a rien besoin de connaître de l'utilisateur ; appeler l'utilisateur directement impliquerait que l'utilisateur soit d'un type tâche particulier et serait tout à fait déraisonnable. Les agents nous permettent d'éliminer la seule propriété exigée de l'utilisateur, à savoir l'existence de l'entrée DEPOSER.

Si les propriétés de découplage n'étaient pas exigées le corps de l'agent pourrait être écrit comme :

```
task body BOITE_AUX_LETTRES is
begin
        accept DEPOSER (X : in ITEM) do
                accept RETIRER (X : out ITEM) do
                        RETIRER.X := DEPOSER.X;
                end;
        end;
end BOITE_AUX_LETTRES;
```

L'agent n'a pas besoin de variable locale dans ce cas, puisqu'elle n'existe que pour venir en aide dans une communication très étroite. Notons aussi l'utilisation de la notation pointée dans les instructions accept emboîtées pour distinguer les deux utilisations de X ; nous pouvons également écrire X := DEPOSER.X; mais l'utilisation de RETIRER donne une meilleure symétrie.

14.6 Terminaison et exceptions

Une tâche peut devenir achevée puis se terminer de diverses façons, y compris en atteignant son **end** final. On aura noté que, dans beaucoup de nos exemples précédents, le corps de la tâche était une boucle sans fin, et de toute évidence, ne se terminait pas. Cela signifie qu'il ne serait jamais possible de quitter un cadre dont dépendrait la tâche. Supposons, par exemple, que nous avons besoin de plusieurs variables protégées dans notre programme. Nous pouvons déclarer un type tâche :

```
task type VARIABLE_PROTEGEE is
        entry LIRE (X : out ITEM);
        entry ECRIRE (X : in ITEM);
end;
```

pour pouvoir déclarer des variables comme :

```
VP : VARIABLE_PROTEGEE;
```

et y accéder par :

```
VP.LIRE (...);
VP.ECRIRE (...);
```

Cependant, nous ne pouvons pas quitter la portée de VP sans terminer la tâche d'une façon ou d'une autre. Nous pouvons bien sûr ajouter une entrée spéciale STOP et l'appeler juste avant de quitter la portée, mais ce n'est pas très pratique. Il est possible de faire en sorte qu'une tâche se termine automatiquement quand elle n'est plus d'aucune utilité en employant une forme spéciale d'alternative select.

Le corps de la tâche peut s'écrire :

```
task body VARIABLE_PROTEGEE is
        V : ITEM;
begin
        accept ECRIRE (X : in ITEM) do
                V := X;
        end;
        loop
                select
                        accept LIRE (X : out ITEM) do
                                X := V;
                        end;
                or
                        accept ECRIRE (X : in ITEM) do
                                X := V;
                        end;
                or
                        terminate;
                end select;
        end loop;
end VARIABLE_PROTEGEE;
```

L'alternative terminate est prise si le cadre dont dépend la tâche a atteint son **end**, est donc achevée, et si toutes les tâches soeurs et les tâches dépendantes sont terminées ou sont aussi susceptibles de prendre une alternative terminate. Dans une telle situation, toutes les tâches sont sans utilité car elles sont les seules à pouvoir appeler leurs entrées et elles sont toutes dormantes. L'ensemble entier se termine donc automatiquement.

En pratique, cela signifie simplement que toutes les tâches de service devraient avoir une alternative terminate et se terminer alors sans problèmes.

Pour plus de rigueur, ECRIRE devrait être contrebalancé par une alternative terminate dans une instruction select, sans quoi nous pouvons rester bloqués si cette entrée n'est jamais appelée.

Une alternative terminate peut être gardée. Cependant, elle ne peut figurer dans une instruction select munie d'une alternative delay ou d'une partie else.

La sélection d'une alternative terminate est rangée dans la catégorie des terminaisons normales - la tâche reste maîtresse de la situation et se termine volontairement.

A l'opposé, l'instruction abort termine inconditionnellement une ou plusieurs tâches. Elle se compose du mot réservé **abort**, suivi d'une liste de noms de tâches, comme par exemple :

abort X, TT(3), RX.**all**;

Si une tâche est avortée, toute tâche en dépendant, ou sous-programme, ou bloc couramment appelé par celle-ci est aussi avorté. Si la tâche est suspendue pour une raison ou une autre, elle devient immédiatement terminée ; tout délai est annulé. Si la tâche se trouve dans une file d'attente, elle en est retirée. Il est encore possible qu'elle n'ait pas commencé son activation ou qu'elle soit sur une instruction accept ou une instruction select en attente d'une partenaire. Si la tâche n'est pas suspendue, elle devient anormale et l'achèvement surviendra dès que ce sera pratique ; en tout cas, aucune nouvelle communication ne sera possible avec cette tâche. La raison de cette assertion plutôt vague doit être cherchée dans les rendez-vous. Si la tâche est engagée dans un rendez-vous quand elle est avortée, nous devons prendre en compte les effets sur la partenaire. Ils dépendent de la situation. Si la tâche appelée est avortée, la tâche appelante reçoit l'exception TASKING_ERROR. En revanche, si la tâche appelante est avortée, la tâche appelée n'est pas affectée ; le rendez-vous se poursuit jusqu'à la fin, mais l'appelant est dans un état anormal et, enfin, quand le rendez-vous est achevé, l'appelant devient proprement achevé. Le dessein est clair ; si une tâche demande un service, que le serveur meurt, et que ce service ne peut donc pas être fourni, le client doit être avisé. Par ailleurs, si le client meurt, tant pis - mais nous devons éviter de troubler le serveur qui risque d'avoir une base de données dans un état critique.

Notons que les règles ci-dessus sont formulées en termes d'achèvement de tâches plutôt que de leur terminaison. Cela parce qu'une tâche mère ne peut pas être terminée tant que ses tâches dépendantes ne le sont pas et si l'une d'elles est l'appelant dans un rendez-vous avec un tiers, sa terminaison sera retardée. Ainsi, l'achèvement des tâches est le meilleur de ce qui peut être imposé individuellement, et la terminaison surviendra donc automatiquement et normalement.

L'instruction abort est très violente et ne devrait être utilisée que dans des cas extrêmes. Elle peut être appropriée pour qu'une tâche de commande avorte un sous-système complet en réponse à l'injonction d'un opérateur.

L'instruction abort peut aussi prouver son utilité dans un traite-exception. Souvenons-nous que nous ne pouvons pas quitter un cadre tant que toutes les tâches dépendantes ne sont pas terminées. Ainsi, si une exception est levée dans un cadre, nous ne pouvons pas faire le ménage dans ce cadre et propager l'exception dans le modèle stratifié tant que des tâches dépendantes sont encore vivantes ; par conséquent, l'une des actions du coup de balai peut être d'avorter toutes les tâches dépendantes ; la procédure NETTOYAGE de la section 10.2 jouera précisément ce rôle.

Cependant, il est probablement toujours préférable d'essayer une fermeture contrôlée et de ne recourir à l'instruction abort qu'en dernière extrémité. Les instructions de la tâche de commande peuvent être :

```
select
        T.FERMETURE;
or
        delay 60*SECONDES;
        abort T;
end select;
```

Si la tâche esclave n'accepte pas la FERMETURE dans la minute, la tâche est avortée sans autre forme de procès. Nous supposons, bien sûr, que la tâche esclave sonde l'entrée FERMETURE au moins toutes les minutes en utilisant une instruction accept conditionnelle comme :

```
select
        accept FERMETURE;
        -- Faire le ménage et mourir
```

```
else
        -- Continuer normalement
end select;
```

Si nous ne pouvons pas faire confiance à l'esclave pour faire la fermeture, même après avoir accepté l'appel d'entrée, la tâche de commande peut toujours émettre un abort après un moment pour se couvrir. Avorter une tâche déjà terminée n'a pas d'effet. La tâche de commande peut donc être :

```
select
        T.FERMETURE;
        delay 10*SECONDES;
or
        delay 60*SECONDES;
end select;
abort T;
```

Bien sûr, même cela n'est pas complètement sûr puisqu'un esclave facétieux peut continuer sans fin dans le rendez-vous lui-même :

```
accept FERMETURE do
        loop
                PUT("HORS D'ATTEINTE");
        end loop;
end;
```

Un niveau minimum de coopération est nécessaire !

L'état de la tâche T peut être déterminé par l'évaluation de deux attributs. Ainsi, T'TERMINATED est vrai si la tâche est terminée. L'autre attribut, T'CALLABLE, est vrai à moins que la tâche ne soit achevée, terminée ou anormale, attendant d'être avortée. L'utilisation de ces attributs réclame de l'attention. Par exemple, entre le moment où l'on détermine que la tâche n'est pas terminée et celui où une action est entreprise sur la foi de cette information, la tâche peut s'être terminée. Cependant, l'inverse n'est pas possible puisqu'une tâche ne peut pas être relancée ; il est donc relativement sûr d'entreprendre une action en se fiant à l'information selon laquelle la tâche s'est terminée.

Pour illustrer l'impact d'une terminaison anormale et la façon dont elle peut être traitée, considérons la tâche CONTROLE du paquetage LECTEURS_ECRIVAIN de la section 14.4 dans sa forme finale :

```
task body CONTROLE is
        LECTEURS : INTEGER := 0;
begin
        loop
                select
                        accept DEBUT (S : SERVICE) do
                                case S is
                                        when LIRE =>
                                                LECTEURS := LECTEURS + 1;
                                        when ECRIRE =>
                                                while LECTEURS > 0 loop
                                                        accept FIN;    -- des lecteurs
                                                        LECTEURS := LECTEURS - 1;
                                                end loop;
                                end case;
                        end DEBUT;
                        if LECTEURS = 0 then
                                accept FIN; -- de l'écrivain
                        end if;
                or
                        accept FIN; -- d'un lecteur
                        LECTEURS := LECTEURS - 1;
                end select;
        end loop;
end CONTROLE;
```

Supposons qu'une tâche lecteur appelle DEBUT puis soit avortée avant d'appeler FIN. La variable LECTEURS sera incohérente et ne pourra plus jamais repasser à zéro. Le lecteur suivant sera bloqué éternellement. De même, si une tâche écrivain qui a appelé DEBUT est avortée avant d'appeler FIN, tous les autres utilisateurs seront bloqués éternellement.

La difficulté que nous avons rencontrée est que notre tâche CONTROLE suppose un certain comportement de la part des tâches appelantes, et ce comportement n'est pas garanti. (Nous avions une difficulté semblable avec notre solution élémentaire pour cet exemple en section 14.4 pour l'attribut COUNT et les appels d'entrées à attente limitée.) Nous pouvons tourner cette nouvelle difficulté en utilisant des tâches agent intermédiaires, sur lesquelles nous avons la garantie qu'elles ne peuvent pas être avortées.

La suite montre l'utilisation d'agents pour les lecteurs ; une technique semblable peut être appliquée aux écrivains. Le corps de paquetage devient alors :

```
package body LECTEURS_ECRIVAIN is
    V : ITEM;
    type SERVICE is (LIRE, ECRIRE);

    task type AGENT_LECTEUR is
        entry LIRE (X : out ITEM);
    end;

    type RAL is access AGENT_LECTEUR;

    task CONTROLE is
        entry DEBUT (S : SERVICE);
        entry FIN;
    end CONTROLE;

    task body CONTROLE is
        -- Comme précédemment
    end CONTROLE;

    task body AGENT_LECTEUR is
    begin
        select
            accept LIRE (X : out ITEM) do
                CONTROLE.DEBUT (LIRE);
                X := V;
                CONTROLE.FIN;
            end;
        or
            terminate;
        end select;
    end AGENT_LECTEUR;

    procedure LIRE (X : out ITEM) is
        A : RAL := new AGENT_LECTEUR;
    begin
        A.LIRE (X);
    end LIRE;

    procedure ECRIRE (X : in ITEM) is
    begin
        ...
    end ECRIRE;
end LECTEURS_ECRIVAIN;
```

Si, maintenant, nous avortons la tâche appelant la procédure LIRE, soit le rendez-vous avec l'agent est en cours, auquel cas il se terminera, soit le rendez-vous n'est pas en cours, auquel cas il n'y aura pas d'interférence. Par conséquent, l'agent fait son travail complètement ou pas du tout. Notons que si nous avions fait de l'agent une tâche directe (et non un accès à un objet tâche), la tâche avortante appelant la procédure LIRE avorterait aussi immédiatement l'agent car il serait une tâche dépendante. L'utilisation d'un type accès rend l'agent dépendant du cadre dans lequel LECTEURS_ECRIVAIN est déclaré et peut donc continuer à vivre.

L'agent contient une instruction select avec une alternative terminate. Cela assure que si une tâche utilisateur est avortée entre la création de l'agent et l'appel de l'agent, celui-ci peut néanmoins mourir tranquillement quand le cadre dont il dépend est quitté.

Résumons les raisons pour lesquelles la solution ci-dessus fonctionne :

- L'agent est invisible et, par conséquent, ne peut pas être avorté.

- Si la tâche appelante est terminée anormalement, la tâche appelée (l'agent) n'est pas affectée.

- L'agent est un accès à une tâche et ne dépend pas de l'appelant.

La morale de tout cela est de ne pas utiliser l'abort sans prendre de précautions ; ou, si vous ne pouvez pas faire confiance aux tâches appelantes, d'utiliser des agents secrets et indestructibles.

Terminons cette section en exposant quelques points en souffrance concernant les exceptions. L'exception TASKING_ERROR relève d'un échec général de communication. Comme nous l'avons vu, celle-ci est levée si un échec survient pendant l'activation de tâche, elle est aussi levée dans l'appelant d'un rendez-vous si le serveur est avorté. En outre, quelle que soit la façon dont une tâche est achevée, toutes les tâches encore en attente sur ses entrées reçoivent TASKING_ERROR. De même, appeler l'entrée d'une tâche déjà achevée lève TASKING_ERROR dans l'appelant.

Si une exception est levée au cours d'un rendez-vous (résultat d'une action menée par la tâche appelée) et n'est pas traitée dans l'instruction accept, celle-ci est propagée dans les deux tâches à la fois en tant que telle, parce qu'il est raisonnable qu'elles aient toutes deux besoin de savoir. Bien sûr, si l'intruction accept traite l'exception de façon interne, cela coupe court à la discussion.

Finalement, si une exception n'est pas traitée par la tâche, comme dans le programme principal, la tâche est abandonnée et l'exception est perdue ; elle n'est pas propagée dans le cadre père car il serait trop gênant de le faire. Cependant, nous pouvons attendre de l'environnement d'exécution qu'il nous fournisse un message de diagnostic. S'il ne le fait pas, une pratique saine consisterait à introduire un traite-exception général dans toutes les tâches importantes au niveau le plus extérieur, pour nous prémunir contre la perte des exceptions et contre la mort silencieuse de la tâche.

Exercice 14.6

1 Récrire la tâche TAMPON_ACTIF de la section 14.4 pour qu'elle ait la spécification suivante :

```
task TAMPON_ACTIF is
        entry DEPOSER (X : in ITEM);
        entry FIN;
        entry PRENDRE (X : out ITEM);
end;
```

La tâche écrivain appelle DEPOSER comme avant, et pour finir appelle FIN. La tâche lecteur appelle PRENDRE comme avant ; un appel de PRENDRE, quand il n'y a plus d'items, lève l'exception globale FINI.

14.7 Allocation des ressources

Lors de la conception des tâches Ada, il est important de se souvenir que les seules files d'attente sur lesquelles nous avons un contrôle sont celles des entrées et que ces files sont traitées strictement sur le mode "premier venu premier servi" (FIFO). Ce peut être un problème dans des situations où il existe des requêtes de priorités différentes et où des requêtes plus tardives peuvent être satisfaites même si des requêtes arrivées plus tôt doivent attendre. (Notons que, dans cette section, nous supposerons que les tâches appelantes ne sont pas avortées.)

Les requêtes à priorité peuvent être traitées par une famille d'entrées. Une famille ressemble à un tableau unidimensionnel. Supposons que nous avons trois niveaux de priorité donnés par :

```
type PRIORITE is (URGENTE, NORMALE, BASSE);
```

et que nous avons une tâche CONTROLEUR donnant accès à une action sur un type DATA, mais avec des requêtes pour l'action sur trois files différentes, selon des requêtes priorité. Nous pouvons le réaliser avec trois entrées distinctes, mais l'utilisation d'une famille d'entrées est plus adéquate. Considérons :

```
task CONTROLEUR is
        entry REQUETE (PRIORITE) (D : DATA);
end;

task body CONTROLEUR is
begin
        loop
                select
                        accept REQUETE (URGENTE) (D : DATA) do
                                ACTION (D);
                        end;
                or
                        when REQUETE (URGENTE)'COUNT = 0 =>
                        accept REQUETE (NORMALE) (D : DATA) do
                                ACTION (D);
                        end;
                or
                        when REQUETE (URGENTE)'COUNT = 0 and
                                REQUETE (NORMALE)'COUNT = 0 =>
                        accept REQUETE (BASSE) (D : DATA) do
                                ACTION (D);
                        end;
                end select;
        end loop;
end CONTROLEUR;
```

REQUETE est une famille d'entrées, indexée par un intervalle discret, le type PRIORITE ici. Evidemment cette approche n'est possible que si le nombre de niveaux de priorités est faible. S'il est important, une technique plus élaborée est nécessaire. Nous pouvons tester les priorités tour à tour, ainsi :

```
task body CONTROLEUR is
begin
        loop
                for P in PRIORITE loop
                        select
                                accept REQUETE (P) (D : DATA) do
                                        ACTION (D);
                                end;
                                exit;
```

```
                else
                        null;
                end select;
            end loop;
        end loop;
    end CONTROLEUR;
```

Malheureusement, cela n'est pas satisfaisant puisque la tâche CONTROLEUR sonde continuellement quand toutes les files sont vides. Nous avons besoin d'un mécanisme par lequel la tâche puisse attendre la première requête. C'est réalisable par un processus en deux phases ; la tâche appelante doit d'abord s'enregistrer en appelant une entrée commune, puis appeler l'entrée appropriée de la famille. Les détails sont laissés en exercice au lecteur.

Illustrons maintenant une technique assez générale qui permet effectivement aux requêtes d'une entrée unique d'être traitées dans un ordre arbitraire. Considérons le problème d'allouer une partie des ressources d'un ensemble. Nous ne souhaitons pas bloquer une requête plus tardive qui peut être satisfaite, simplement parce qu'une requête arrivée plus tôt doit attendre la libération de ressources dont elle a besoin. Nous supposons que les ressources sont représentées par un type discret RESSOURCE. Nous pouvons heureusement utiliser le paquetage ENSEMBLE_DE de la section 13.2.

```
package ENSEMBLE_DE_RESSOURCES
                    is new ENSEMBLE_DE (RESSOURCE);
use ENSEMBLE_DE_RESSOURCES;
```

puis :

```
package ALLOCATEUR_DE_RESSOURCES is
    procedure REQUETE (E : ENSEMBLE);
    procedure LIBERER (E : ENSEMBLE);
end;

package body ALLOCATEUR_DE_RESSOURCES is
    task CONTROLE is
        entry PREMIERE (E : ENSEMBLE; OK : out BOOLEAN);
        entry ENCORE (E : ENSEMBLE; OK : out BOOLEAN);
        entry LIBERER (E : ENSEMBLE);
    end;
```

```
task body CONTROLE is
        LIBRES : ENSEMBLE := PLEIN;
        EN_ATTENTE : INTEGER := 0;
        procedure ESSAYER (E : ENSEMBLE; OK : out BOOLEAN) is
        begin
                if S <= LIBRES then
                        LIBRES := LIBRES - E;
                        OK := TRUE; -- Allocation réussie
                else
                        OK := FALSE; -- Echec, essayer plus tard
                end if;
        end ESSAYER;

begin
        loop
                select
                        accept PREMIERE         (E : ENSEMBLE;
                                                OK : out BOOLEAN) do
                                ESSAYER (E, OK);
                                if not OK then
                                        EN_ATTENTE := EN_ATTENTE + 1;
                                end if;
                        end;
                or
                        accept LIBERER (E : ENSEMBLE) do
                                LIBRES := LIBRES + S;
                        end;
                        for I in 1 .. EN_ATTENTE loop
                                accept ENCORE   (E : ENSEMBLE;
                                                OK : out BOOLEAN) do
                                        ESSAYER (E, OK);
                                        if OK then
                                                EN_ATTENTE :=
                                                        EN_ATTENTE - 1;
                                        end if;
                                end;
                        end loop;
                end select;
        end loop;
end CONTROLE;

procedure REQUETE (E : ENSEMBLE) is
        ALLOUEES : BOOLEAN;
begin
        CONTROLE.PREMIERE (E, ALLOUEES);
```

```
            while not ALLOUEE loop
                  CONTROLE.ENCORE (E, ALLOUEES);
            end loop;
      end REQUETE;

      procedure LIBERER (E : ENSEMBLE) is
      begin
            CONTROLE.LIBERER (E);
      end LIBERER;
end ALLOCATEUR_DE_RESSOURCES;
```

Voici un autre exemple d'un paquetage contenant une tâche de contrôle ; la structure générale est semblable à celle du paquetage LECTEURS_ECRIVAIN introduit à la section 14.4. Le paquetage ALLOCATEUR_DE_RESSOURCES contient deux procédures REQUETE et LIBERER, qui ont comme paramètre l'ensemble E de ressource à acquérir ou à libérer. Le type ENSEMBLE provient de l'instanciation de ENSEMBLE_DE. Ces procédures appellent les entrées de la tâche CONTROLE selon les besoins.

La tâche CONTROLE possède trois entrées, PREMIERE, ENCORE et LIBERER. Les entrées PREMIERE et ENCORE sont similaires ; elles possèdent toutes les deux le paramètre E énonçant la suite de ressources exigées, et le paramètre OK qui indique si la tentative d'acquérir les ressources a réussi ou non. Les instructions accept pour PREMIERE et ENCORE sont identiques et appellent la procédure commune ESSAYER. Celle-ci teste l'ensemble E par rapport à l'ensemble LIBRES des ressources disponibles en utilisant l'opérateur d'inclusion "<=" de (l'instanciation de) ENSEMBLE_DE. Si toutes les ressources requises sont disponibles, LIBRES est modifié en conséquence, en utilisant l'opérateur différence symétrique "-" de ENSEMBLE_DE_RESSOURCES, et OK est positionné à TRUE ; si elles ne sont pas toutes disponibles, OK est positionné à FALSE. L'entrée LIBERER restitue les ressources passées par l'intermédiaire du paramètre E en mettant à jour LIBRES, utilisant l'opérateur d'union "+" de ENSEMBLE_DE_RESSOURCES. Notons que la déclaration de LIBRES lui donne la valeur PLEIN qui provient aussi de ENSEMBLE_DE_RESSOURCES.

Les entrées PREMIERE et ENCORE sont appelées par la procédure REQUETE. Elle fait immédiatement un tentative d'acquérir les ressources par un appel à PREMIERE ; si elles ne sont pas disponibles, le booléen ALLOUEES est positionné à FALSE et la requête est mise en file d'attente en appelant ENCORE. Cet appel est réitéré jusqu'à ce qu'il soit réussi. L'entrée LIBERER est simplement appelée par la procédure LIBERER.

Dans le corps de CONTROLE se trouve l'incontournable instruction select, dans une boucle. Elle possède deux branches, une pour PREMIERE et une pour ENCORE. Ainsi, un appel à LIBERER est toujours acceptable et un appel à PREMIERE est aussi prestement accepté, sauf quand la tâche traite les conséquences de LIBERER. Après un appel à LIBERER, les requêtes qui ne pouvaient pas être satisfaites par leur appel à PREMIERE et qui ont donc été placées dans la file d'attente de ENCORE sont reprises en considération ; en effet, les ressources restituées par l'appel à LIBERER peuvent satisfaire une ou plusieurs requêtes à des points arbitraires de la file. La file est explorée en opérant un rendez-vous avec chaque appel ; un utilisateur qui ne peut pas être satisfait se replace dans la file par un autre appel à ENCORE dans la procédure REQUETE. Pour que chaque utilisateur n'ait qu'un seul nouvel essai, l'exploration est opérée par une boucle contrôlée par la variable EN_ATTENTE. Celle-ci indique combien d'appelants ont appelé PREMIERE sans succès et sont donc en attente dans le système. Elle vaut initialement zéro et elle est incrémentée à chaque échec d'un appel à PREMIERE et décrémentée à chaque appel réussi à ENCORE. Notons que nous ne pouvons pas utiliser ENCORE'COUNT ; un bloquage pourrait intervenir si toutes les ressources étaient restituées entre un appel infructueux à PREMIERE et l'appel à ENCORE. Le comportement des écrivains et des lecteurs refait surface ici encore ; éviter l'attribut COUNT - ne comptons que sur nous-mêmes.

La solution ci-dessus est raisonnablement satisfaisante bien qu'il y ait un risque d'inéquité. Certaines tâches peuvent se prendre la main mutuellement au début et à la fin de la file ; un nouveau venu peut aussi manquer un tour.

Il est intéressant de modifier la solution ci-dessus pour que les requêtes soient toujours satisfaites dans l'ordre. Cela fait qu'une requête plus tardive est retenue en faveur d'une plus ancienne, même si les resources qu'elles demandent sont assez différentes. L'essentiel de la solution est de n'autoriser qu'une tâche en attente à la fois dans le système. La modification est laissée en exercice au lecteur.

Pour ce problème modifié, la solution de remplacement suivante convient peut-être mieux. Elle a le mérite d'éviter l'association de l'ordonnancement des tâches avec la tâche en attente appelant ENCORE de façon répétée. Nous ne montrons que la tâche CONTROLE et la procédure REQUETE :

```
task CONTROLE is
        entry ENREGISTREMENT (E : ENSEMBLE);
        entry REQUETE;
        entry LIBERER (E : ENSEMBLE);
end;

task body CONTROLE is
        LIBRES : ENSEMBLE := PLEIN;
        EN_ATTENTE : INTEGER := 0;
        REQUISES : ENSEMBLE;
begin
        loop
                select
                        when EN_ATENTE = 0 =>
                        accept ENREGITREMENT (E : ENSEMBLE); do
                                REQUISES := E;
                        end;
                        EN_ATTENTE := EN_ATTENTE + 1;
                or
                        when EN_ATENTE > 0 and then
                                REQUISES <= LIBRES =>
                        accept REQUETE do
                                LIBRES := LIBRES - REQUISES;
                        end;
                        EN_ATENTE := EN_ATTENTE - 1;
                or
                        accept LIBERER (E : ENSEMBLE) do
                                LIBRES := LIBRES + E;
                        end;
                end select;
        end loop;
end CONTROLE;

procedure REQUETE (E : ENSEMBLE) is
begin
        CONTROLE.ENREGISTREMENT (E);
        CONTROLE.REQUETE;
end REQUETE;
```

Dans cette solution, nous utilisons une condition de garde qui est vraie quand la requête peut être satisfaite. Un appel à ENREGISTREMENT est exigé pour transmettre d'abord le paramètre parce que, bien sûr, une condition de garde ne peut dépendre des paramètres de l'entrée même qu'elle garde. Notons la forme de contrôle en raccourci qui évite l'évaluation de REQUISES <= LIBRES quand il n'y a pas de tâches en attente. La variable EN_ATTENTE pourrait être un booléen ; sa valeur ne peut être que zéro ou un.

Exercice 14.7

1 Modifier la première forme du paquetage ALLOCATEUR_DE_RESSOURCES pour que les requêtes soient traitées strictement dans l'ordre.

2 Récrire la tâche CONTROLEUR sous la forme d'un paquetage contenant une tâche, de façon à éliminer le sondage. La spécification du paquetage devrait être :

```
package CONTROLEUR is
    procedure REQUETE (P : PRIORITE; D : DATA);
end;
```

14.8 Comparaison avec les paquetages

Les tâches et les paquetages comportent une ressemblance lexicale mutuelle et superficielle - ils ont tous deux des spécifications et des corps. Cependant, les différences sont nombreuses :

- Une tâche est une construction active, tandis qu'un paquetage est passif.
- Une tâche peut seulement avoir des entrées dans sa spécification. Un paquetage peut avoir tout sauf des entrées. Une tâche ne peut avoir de partie privée.
- Un paquetage peut apparaître dans une clause use, contrairement à une tâche.
- Un paquetage peut être unité de bibliothèque, contrairement à une tâche. Cependant, un corps de tâche peut être une sous-unité.

La distinction globale est que le paquetage doit être considéré comme l'outil principal de structuration, tandis que la tâche est conçue pour la synchronisation. Ainsi, typiquement, un système se composera d'un paquetage (générique si besoin est) contenant une ou plusieurs tâches. La structure générale a, comme nous l'avons vu, le mérite de donner un contrôle complet sur les outils fournis ; les tâches internes ne peuvent pas être avortées par accident et les appels d'entrées ne peuvent pas épuiser leur attente par accident, si elles ne sont pas visibles.

Enfin, illustrons l'utilisation des types tâches comme types (limités) privés par le paquetage générique suivant, qui fournit un type général TAMPON :

```
generic
        N : POSITIVE;
        type ITEM is private;
package TAMPONS is
        type TAMPON is limited private;
        procedure DEPOSER (TMP : in out TAMPON; X : in ITEM);
        procedure PRENDRE (TMP : in out TAMPON; X : out ITEM);
private
        task type CONTROLE is
                entry DEPOSER (X : in ITEM);
                entry PRENDRE (X : out ITEM);
        end;
        type TAMPON is new CONTROLE;
end;

package body TAMPONS is

        task body CONTROLE is
                T : array (1..N) of ITEM;
                I, J : INTEGER range 1 .. N := 1;
                DECOMPTE : INTEGER range 0 .. N := 0;
        begin
                loop
                        select
                                when DECOMPTE < N =>
                                accept DEPOSER (X : in ITEM) do
                                        T(I) := X;
                                end;
                                I := I mod N + 1; DECOMPTE := DECOMPTE + 1;
                        or
                                when DECOMPTE > 0 =>
                                accept PRENDRE (X : out ITEM) do
                                        X := T(I);
                                end;
                                J := J mod N + 1; DECOMPTE := DECOMPTE - 1;
                        or
                                terminate;
                        end select;
                end loop;
        end CONTROLE;
```

```
        procedure DEPOSER (TMP : in out TAMPON; X : in ITEM) is
        begin
                TMP.DEPOSER (X);
        end DEPOSER;

        procedure PRENDRE (TMP : in out TAMPON; X : out ITEM) is
        begin
                TMP.PRENDRE (X);
        end PRENDRE;

end TAMPONS;
```

Le tampon est implémenté comme un objet tâche, d'un type tâche dérivé de CONTROLE, pour que, lorsque nous déclarons un objet de type TAMPON, une nouvelle tâche soit créée ; celle-ci à son tour déclare l'espace mémoire pour le tampon réel. Les appels aux procédures DEPOSER et PRENDRE accèdent au tampon en appelant les entrées correspondantes de la tâche appropriée. Notons que l'instruction select contient une alternative terminate pour que l'objet tâche disparaisse automatiquement quand nous quittons la portée de sa déclaration. De plus, le système résiste même si la tâche appelante est avortée.

Exercice 14.8

1 Dans une échoppe de cordonnier se trouvent un homme prenant les commandes et trois autres réparant effectivement les chaussures. La boutique peut stocker 100 chaussures à réparer. La personne prenant les commandes note l'adresse du propriétaire et celle-ci est attachée aux chaussures ; il dépose ensuite les chaussures dans le stock. Chaque réparateur prend des chaussures dans le stock dès qu'il est libre, les répare et les envoie par la poste.

Ecrire un paquetage CORDONNIERS dont la spécification est :

```
package CORDONNIERS is
        procedure REPARER (A : ADRESSE; C : CHAUSSURES);
end;
```

Le corps de paquetage devrait contenir quatre tâches représentant les diverses personnes. Utiliser une instanciation du paquetage TAMPONS afin de fournir l'espace pour les chaussures et des tâches agent comme des boîtes aux lettres pour les livrer.

Point 14

Une tâche est active alors qu'un paquetage est passif.

Une spécification de tâche ne peut contenir que des entrées.

Une tâche ne peut pas être générique.

Un nom de tâche ne peut pas apparaître dans une clause use.

Des entrées peuvent être surchargées et surnommées en procédures.

L'attribut COUNT ne peut être utilisé que dans la tâche possédant l'entrée.

Une instruction accept ne doit pas apparaître dans un sous-programme.

Ne pas utiliser les priorités pour la synchronisation.

Un délai n'établit qu'un minimum.

L'ordre d'évaluation des gardes n'est pas défini.

Une instruction select ne peut avoir qu'une partie else, une seule alternative terminate, une ou plusieurs alternatives de délai.

Une alternative terminate ou de délai peut être gardée.

Plusieurs alternatives peuvent se référer à la même entrée.

Se méfier de l'attribut COUNT dans les gardes.

Les types tâches sont limités.

Une tâche déclarée comme objet est dépendante d'un bloc, d'un sous-programme ou du corps de tâche mais non d'un paquetage interne.

Une tâche créée par un allocateur dépend du bloc, sous-programme ou corps de tâche contenant la définition de type accès.

Une tâche créée comme objet est rendue active au **begin** suivant (réel ou suppléé).

Une tâche créée par un allocateur est activée immédiatement.

Ne pas utiliser **abort** sans que ce soit justifié.

Chapitre 15 INTERFACES EXTERNES

Dans ce chapitre, nous considérons divers aspects de l'interface des programmes Ada avec l'environnement extérieur. Cela comprend des domaines évidents comme les entrées-sorties, le traitement des interruptions, etc. mais nous verrons aussi la transposition de nos programmes Ada abstraits pour une machine. Cependant, l'exposé ne peut pas être complet car beaucoup de détails de ce domaine dépendent de la machine. Le but est donc de donner au lecteur une vue d'ensemble des outils disponibles.

15.1 Entrées-sorties

Contrairement à beaucoup de langages, Ada ne possède pas de dispositifs intrinsèques pour les entrées-sorties. Des dispositifs généraux existants, tels que la surcharge des sous-programmes et l'instanciation des génériques, sont utilisés. Cela a le mérite de permettre le développement de différents paquetages d'entrées-sorties pour différents domaines d'application sans altérer le langage lui-même. D'un autre côté, cette approche peut entraîner des risques d'anarchie dans ce domaine ; le lecteur se souviendra sans doute que telle fut l'une des raisons de la disgrâce d'Algol 60. Pour prévenir cette anarchie le MR fournit des paquetages prédéfinis pour les entrées-sorties. Nous exposons les principes généraux de ces paquetages dans cette section et la suivante. Pour plus de détails, nous renvoyons le lecteur au MR.

On distingue deux catégories d'entrées-sorties : les binaires et les textuelles. Considérons comme exemple :

```
I : INTEGER := 75;
```

Nous pouvons écrire l'image binaire de I dans le fichier F par :

```
WRITE (F, I);
```

et le motif transmis peut être (sur une machine 16 bits) :

```
0000 0000 0100 1011
```

En fait, on peut considérer le fichier comme un tableau d'éléments de type INTEGER. D'autre part, nous pouvons écrire la forme textuelle de I ainsi :

```
PUT (F, I);
```

et le motif transmis peut être alors :

```
0011 0111 0011 0101
```

qui est la représentation des charactères '7' et '5' sans bits de parité. Dans ce cas, on peut considérer le fichier comme un tableau d'éléments de type CHARACTER.

Les entrées-sorties de la catégorie binaire sont à leur tour divisées en accès séquentiel et accès direct et sont fournies par deux paquetages génériques distincts nommés SEQUENTIAL_IO et DIRECT_IO. Les entrées-sorties de texte (qui sont toujours séquentielles) sont fournies par le paquetage spécifique non générique TEXT_IO. Il existe aussi un paquetage IO_EXCEPTIONS, qui contient les déclarations des exceptions utilisées par les trois autres paquetages. Nous traitons d'abord de SEQUENTIAL_IO, puis enchaînerons avec DIRECT_IO et verrons TEXT_IO dans la section suivante.

La spécification de SEQUENTIAL_IO est la suivante :

```
with IO_EXCEPTIONS;
generic
        type ELEMENT_TYPE is private;
package SEQUENTIAL_IO is
        type FILE_TYPE is limited private;
        type FILE_MODE is (IN_FILE, OUT_FILE);

        -- Gestion des fichiers

        procedure CREATE    (FILE : in out FILE_TYPE;
                             MODE : in FILE_MODE := OUT_FILE;
                             NAME : in STRING := "";
                             FORM : in STRING := "");
```

```
        procedure OPEN        (FILE : in out FILE_TYPE;
                               MODE : in FILE_MODE;
                               NAME : in STRING;
                               FORM : in STRING := "");
        procedure CLOSE       (FILE : in out FILE_TYPE);
        procedure DELETE      (FILE : in out FILE_TYPE);
        procedure RESET       (FILE : in out FILE_TYPE;
                               MODE : in FILE_MODE);
        procedure RESET       (FILE : in out FILE_TYPE);
        function MODE         (FILE : in FILE_TYPE) return FILE_MODE;
        function NAME         (FILE : in FILE_TYPE) return STRING;
        function FORM         (FILE : in FILE_TYPE) return STRING;
        function IS_OPEN      (FILE : in FILE_TYPE) return BOOLEAN;

        -- Opérations d'entrées-sorties

        procedure READ        (FILE : in FILE_TYPE;
                               ITEM : out ELEMENT_TYPE);
        procedure WRITE       (FILE : in FILE_TYPE;
                               ITEM : in ELEMENT_TYPE);
        function END_OF_FILE  (FILE : in FILE_TYPE) return BOOLEAN;

        -- Exceptions

        STATUS_ERROR  : exception renames
                              IO_EXCEPTIONS.STATUS_ERROR;
        MODE_ERROR    : exception renames
                              IO_EXCEPTIONS.MODE_ERROR;
        NAME_ERROR    : exception renames
                              IO_EXCEPTIONS.NAME_ERROR;
        USE_ERROR     : exception renames
                              IO_EXCEPTIONS.USE_ERROR;
        DEVICE_ERROR  : exception renames
                              IO_EXCEPTIONS.DEVICE_ERROR;
        END_ERROR     : exception renames
                              IO_EXCEPTIONS.END_ERROR;
        DATA_ERROR    : exception renames
                              IO_EXCEPTIONS.DATA_ERROR;

    private
        -- Lié à l'implémentation
    end SEQUENTIAL_IO;
```

Le paquetage possède un unique paramètre générique donnant le type de l'élément à manipuler. Notons que les types limités (et ceux-ci, heureusement, comprennent les types tâches) ne peuvent pas être manipulés puisque le paramètre générique formel est privé et non limité privé.

A l'extérieur, un fichier a un nom qui est une chaîne de caractères, mais à l'intérieur d'un programme, nous nous référons à un fichier en utilisant des objets de type FILE_TYPE. Un fichier ouvert possède aussi une valeur associée du type énumératif FILE_MODE ; celle-ci est IN_FILE ou OUT_FILE, selon qu'un accès exclusif en lecture ou en écriture est requis. Un accès en lecture-écriture n'est pas permis pour les fichiers séquentiels. Le mode d'un fichier est initialement positionné quand le fichier est ouvert ou créé mais il peut être changé par la suite en appelant la procédure RESET. La manipulation des fichiers séquentiels se fait en utilisant des sous-programmes dont le comportement est généralement conforme à ce que l'on attend.

Comme exemple, supposons que nous avons un fichier contenant les recensements de diverses populations et que nous souhaitons faire la somme de ces différents recensements. Les populations sont enregistrées comme des valeurs de type INTEGER et le nom du fichier est "POP47". (Les conventions concernant les noms externes des fichiers dépendent de l'implémentation.) La somme calculée sera écrite dans un nouveau fichier appelé "TOTAL47". Cela peut être réalisé par le programme suivant :

```
with SEQUENTIAL_IO;
procedure CALCULER_POP_TOTALE is
        package INTEGER_IO is new SEQUENTIAL_IO (INTEGER);
        use INTEGER_IO;

        FICHIER_DONNEES      : FILE_TYPE;
        FICHIER_RESULTAT     : FILE_TYPE;
        VALEUR               : INTEGER;
        TOTAL                : INTEGER := 0;
begin
        OPEN (FICHIER_DONNEES, IN_FILE, "POP47");

        while not END_OF_FILE (FICHIER_DONNEES) loop
                READ (FICHIER_DONNEES, VALEUR);
                TOTAL := TOTAL + VALEUR;
        end loop;
        CLOSE (FICHIER_DONNEES);

        -- On écrit le résultat

        CREATE (FICHIER_RESULTAT, NAME => "TOTAL47");
        WRITE (FICHIER_RESULTAT, TOTAL);
```

```
        CLOSE (FICHIER_RESULTAT);
    end CALCULER_POP_TOTALE;
```

La première chose à faire est d'instancier le paquetage générique SEQUENTIAL_IO avec le paramètre INTEGER. La clause use nous permet de nous référer directement aux entités du paquetage nouvellement créé.

On se réfère au fichier possédant les données à lire par l'intermédiaire de l'objet FICHIER_DONNEES, au fichier de sortie par FICHER_RESULTAT ; ces deux objets sont de type FILE_TYPE. Notons que ce type est limité privé ; cela permet à l'implémentation d'utiliser des techniques semblables à celles décrites dans la section 9.3, où nous traitions l'exemple de gestion de clefs.

L'appel à OPEN établit la correspondance entre FICHIER_DONNEES et le fichier externe "POP47", et positionne son mode en lecture. Le fichier externe est alors ouvert en lecture et positionné au début.

Nous obéissons ensuite à l'instruction loop jusqu'à ce que la fonction END_OF_FILE indique la fin du fichier lu. A chaque itération, un appel à READ copie l'élément dans VALEUR et positionne le fichier sur l'élément suivant. TOTAL est mis à jour par la suite. Quand toutes les valeurs du fichier ont été lues, ce fichier est fermé par un appel à CLOSE.

L'appel à CREATE crée un nouveau fichier externe du nom de "TOTAL47", établit la correspondance entre celui-ci et FICHIER_RESULTAT, et positionne le mode par défaut en écriture. Nous écrivons alors notre total dans le fichier et le fermons.

Les procédures CREATE et OPEN ont un paramètre supplémentaire FORM ; celui-ci est fourni pour pouvoir spécifier des informations auxiliaires liées à l'implémentation ; sa valeur par défaut est vide, son utilisation n'est donc pas obligatoire. Notons que le paramètre NAME de CREATE a aussi une valeur par défaut vide ; cette valeur correspond à un fichier temporaire. Les procédures CLOSE et DELETE ferment le fichier toutes les deux, coupant ainsi la connection entre la variable fichier et le fichier externe. On peut par la suite réutiliser la variable pour un autre fichier. DELETE détruit aussi le fichier externe si l'implémentation le permet.

Les procédures surchargées RESET repositionnent le fichier au début, comme dans le cas de OPEN. On peut aussi utiliser RESET pour changer le mode d'accès, pour pouvoir le lire après, par exemple, avoir écrit un fichier.

Les fonctions MODE, NAME et FORM retournent les propriétés correspondantes des fichiers. La fonction IS_OPEN indique si le fichier est ouvert ; c'est-à-dire si la variable fichier est associée à un fichier externe ou non.

Les procédures READ et WRITE repositionnent et apprêtent automatiquement le fichier pour l'appel suivant de telle façon que le fichier soit traité séquentiellement. La fonction END_OF_FILE ne s'applique qu'à un fichier en lecture et retourne TRUE s'il n'y a plus d'éléments à lire.

Si nous faisons quelque chose de faux, l'une des exceptions du paquetage IO_EXCEPTIONS est levée. Ce paquetage est le suivant :

```
package IO_EXCEPTIONS is
        STATUS_ERROR    : exception;
        MODE_ERROR      : exception;
        NAME_ERROR      : exception;
        USE_ERROR       : exception;
        DEVICE_ERROR    : exception;
        END_ERROR       : exception;
        DATA_ERROR      : exception;
        LAYOUT_ERROR    : exception;
end IO_EXCEPTIONS;
```

Notons que c'est l'exemple de paquetage qui n'a pas besoin de corps. Ces diverses exceptions sont déclarées dans ce paquetage plutôt que dans SEQUENTIAL_IO pour que les mêmes exceptions s'appliquent à toutes les instanciations de SEQUENTIAL_IO. Si elles se trouvaient dans SEQUENTIAL_IO, chaque instanciation créerait des exceptions différentes et ce serait assez incommode dans le cas des programmes manipulant plusieurs types de fichiers, puisque des traite-exceptions généraux devraient se référer à chaque instance. Les déclarations restantes, d'autre part, permettent de se référer aux exceptions sans utiliser le nom IO_EXCEPTION. Pour le détail des situations dans lesquelles chaque exception est levée, nous renvoyons le lecteur au MR.

Si l'accès séquentiel est trop contraignant, nous pouvons utiliser DIRECT_IO qui ressemble beaucoup à SEQUENTIAL_IO, mais qui nous permet de manipuler la position du fichier directement.

Nous avons vu précédemment que l'on peut considérer un fichier comme un tableau unidimensionnel. Les éléments, dans le fichier, sont ordonnés et chacun d'eux possède un indice positif associé. Celui-ci prend des valeurs entre 1 et une valeur supérieure qui peut changer puisque l'on peut ajouter des éléments à la fin du fichier. Tous les éléments n'ont pas forcément de valeur définie dans le cas des fichiers directs.

A un fichier direct est associé un indice courant qui indique la position de l'élément suivant à transférer. Quand un fichier est ouvert ou créé, cet indice est positionné à 1 pour que le programme soit prêt à lire ou à écrire le premier élément. La différence principale entre les entrées-sorties séquentielles et directes est que, dans le cas séquentiel, l'indice est implicite et ne peut être modifié que par des appels à READ, WRITE et RESET, tandis que, dans le cas direct, l'indice est explicite et peut être manipulé directement.

Les dispositions supplémentaires de DIRECT_IO sont les suivantes. Le type énumératif FILE_MODE possède une troisième valeur INOUT_FILE pour permettre un accès en lecture-écriture ; c'est aussi le mode par défaut quand un fichier est créé. Les types et sous-types :

```
type COUNT is range 0 .. défini_par_l_implémentation;
subtype POSITIVE_COUNT is COUNT range 1 .. COUNT'LAST;
```

sont introduits pour pouvoir se référer à l'indice, et pour finir on dispose des sous-programmes supplémentaires dont la spécification apparaît ci-dessous :

```
procedure READ        (FILE  : in FILE_TYPE;
                       ITEM  : out ELEMENT_TYPE;
                       FROM  : POSITIVE_COUNT);
procedure WRITE       (FILE  : in FILE_TYPE;
                       ITEM  : in ELEMENT_TYPE;
                       TO    : POSITIVE_COUNT);
procedure SET_INDEX   (FILE  : in FILE_TYPE;
                       TO    : in POSITIVE_COUNT);
function INDEX        (FILE  : in FILE_TYPE)
                              return POSITIVE_COUNT;
function SIZE         (FILE  : in FILE_TYPE)
                              return COUNT;
```

Les surcharges supplémentaires de READ et de WRITE positionnent d'abord l'indice à la valeur donnée par le troisième paramètre puis se comportent comme précédemment. Un appel à INDEX retourne la valeur d'indice courant ; SET_INDEX positionne l'indice courant à la valeur donnée et un appel à SIZE retourne le nombre d'éléments dans le fichier. Notons qu'un fichier ne peut pas contenir de trous ; tous les éléments de 1 à SIZE existent, bien que certains puissent avoir des valeurs indéfinies.

Pour illustrer la manipulation de ces positions, nous pouvons modifier notre exemple pour utiliser DIRECT_IO et écrire la population totale à la fin d'un fichier existant appelé "TOTAUX". Les instructions finales deviennent alors :

```
        -- On écrit le résultat

        OPEN (FICHIER_RESULTAT, OUT_FILE, "TOTAUX");
        SET_INDEX (FICHIER_RESULTAT, SIZE (FICHIER_RESULTAT) + 1);
        WRITE (FICHIER_RESULTAT,TOTAL);
        CLOSE (FICHIER_RESULTAT);
end CALCULER_POP_TOTALE;
```

Notons que, si nous positionnons l'indice courant bien au-delà de la fin du fichier et que nous y écrivons, cela aura pour résultat d'ajouter plusieurs éléments indéfinis et, enfin, l'élément nouvellement écrit.

Notons aussi que le langage ne définit pas s'il est possible d'écrire un fichier avec SEQUENTIAL_IO et de le lire avec DIRECT_IO et vice-versa. Cela dépend de chaque implémentation.

Exercice 15.1

1 Ecrire une procédure générique de bibliothèque pour copier un fichier sur un autre, mais en écrivant les éléments dans l'ordre inverse. Passer les noms externes en paramètres.

15.2 Entrées-sorties de texte

Les entrées-sorties de texte, que nous avons rencontrées au chapitre 2 pour la première fois, sont la forme la plus familière ; elles fournissent deux procédures surchargées pour transmettre des valeurs comme des flots de caractères ainsi que d'autres sous-programmes tels que NEW_LINE pour contrôler le formatage. De plus, on introduit le concept de fichiers courants par défaut pour éviter la répétition fastidieuse du nom de fichier dans les divers appels de sous-programmes. Ainsi, si F est le fichier courant de sortie par défaut, nous pouvons écrire :

```
PUT ("MESSAGE");
```

plutôt que :

```
PUT (F, "MESSAGE");
```

Il y a deux fichiers courants par défaut, un de mode OUT_FILE pour la sortie, et un de mode IN_FILE pour l'entrée. Il n'y a pas de fichier de mode INOUT_FILE dans le paquetage TEXT_IO.

Quand nous entrons dans notre programme, ces deux fichiers sont positionnés sur les fichiers standard par défaut qui sont automatiquement ouverts ; nous pouvons supposer que ces fichiers sont connectés à des fichiers externes appropriés comme un terminal interactif ou (pour les amateurs d'antiquités) un lecteur de cartes et une imprimante pleine ligne. Si nous souhaitons en utiliser d'autres et voulons éviter de répéter leurs noms dans les appels à PUT et GET, nous pouvons changer les fichiers par défaut pour qu'ils se réfèrent aux nôtres. Nous pouvons aussi les repositionner à leur valeur initiale. On l'effectue grâce aux sous-programmes :

```
function STANDARD_OUTPUT return FILE_TYPE;
function CURRENT_OUTPUT return FILE_TYPE;
procedure SET_OUTPUT (FILE : in FILE_TYPE);
```

On dispose de sous-programmes semblables pour l'entrée. La fonction STANDARD_OUTPUT retourne le fichier de sortie initial par défaut, CURRENT_OUTPUT retourne la valeur du fichier de sortie courant par défaut et la procédure SET_OUTPUT nous permet de changer le fichier de sortie courant par défaut en celui indiqué par le paramètre.

Nous pouvons ainsi parenthéser un fragment de programme par :

```
F : FILE_TYPE;
...
OPEN (F, ...);
SET_OUTPUT (F);
-- Utiliser PUT
SET_OUTPUT (STANDARD_OUTPUT);
```

Ainsi, après avoir utilisé F, nous pouvons repositionner le fichier par défaut à sa valeur initiale.

Le cas plus général apparaît quand nous souhaitons repositionner le fichier par défaut à sa valeur antérieure qui peut, cela s'entend, ne pas être la valeur standard. Le lecteur se souviendra que le type FILE_TYPE est limité privé et que, par suite, l'assignation de valeurs est interdite ; par conséquent, il apparaît à première vue impossible de faire une copie de la valeur par défaut initiale. Cependant, on peut se tirer d'affaire. Nous pouvons écrire :

```
procedure TRAVAIL (ANCIEN, NOUVEAU : FILE_TYPE) is
begin
        SET_OUTPUT (NOUVEAU);
        ACTION;
        SET_OUTPUT (ANCIEN);
end;
```

puis :

```
TRAVAIL (CURRENT_OUTPUT, F);
```

Quand nous appelons TRAVAIL, la valeur courante d'alors est préservée dans le paramètre ANCIEN, duquel il peut être récupéré pour l'appel réparateur de SET_OUTPUT. Cependant, bien que cela fonctionne, c'est une véritable acrobatie.

La spécification complète de TEXT_IO est relativement longue, c'est pourquoi on n'a reproduit ici que sa forme générale.

```
with IO_EXCEPTIONS;
package TEXT_IO is
        type FILE_TYPE is limited private;
        type FILE_MODE is (IN_FILE, OUT_FILE);

        type COUNT is range 0 .. défini_par_l_implémentation;
        subtype POSITIVE_COUNT is COUNT range 1 .. COUNT'LAST;
        UNBOUNDED : constant COUNT := 0; -- Longueur de ligne et de page

        subtype FIELD is INTEGER
                                range 0 .. défini_par_l_implémentation;
        subtype NUMBER_BASE is INTEGER range 2 .. 16;
        type TYPE_SET is (LOWER_CASE, UPPER_CASE);

        -- Gestion de fichiers

        -- CREATE, OPEN, CLOSE, DELETE, RESET, MODE, NAME,
        -- FORM et IS_OPEN comme pour SEQUENTIAL_IO

        -- Contrôle des fichiers d'entrée et de sortie par défaut

        function SET_OUTPUT (FILE : in FILE_TYPE);
        function STANDARD_OUTPUT return FILE_TYPE;
        function CURRENT_OUTPUT return FILE_TYPE;

        -- Même chose pour l'entrée
```

```
-- Spécification des longueurs de ligne et de page

procedure SET_LINE_LENGTH (TO : in COUNT);
procedure SET_PAGE_LENGTH (TO : in COUNT);
function LINE_LENGTH return COUNT;
function PAGE_LENGTH return COUNT;

-- Même chose avec le paramètre FILE

-- Contrôle des colonnes, lignes et pages

procedure  NEW_LINE (SPACING : in POSITIVE_COUNT := 1);
procedure  SKIP_LINE (SPACING : in POSITIVE_COUNT := 1);
function   END_OF_LINE return BOOLEAN;
procedure  NEW_PAGE;
procedure  SKIP_PAGE;
function   END_OF_PAGE return BOOLEAN;
function   END_OF_FILE return BOOLEAN;
procedure  SET_COL (TO : in POSITIVE_COUNT);
procedure  SET_LINE (TO : in POSITIVE_COUNT);
function   COL return POSITIVE_COUNT;
function   LINE return POSITIVE_COUNT;
function   PAGE return POSITIVE_COUNT;

-- Même chose avec le paramètre FILE

-- Entrées-sorties de caractères

procedure GET (FILE : in FILE_TYPE; ITEM : out CHARACTER);
procedure GET (ITEM : out CHARACTER);
procedure PUT (FILE : in FILE_TYPE; ITEM : in CHARACTER);
procedure PUT (ITEM : in CHARACTER);

-- Entrées-sorties de chaîne

procedure GET (ITEM : out STRING);
procedure PUT (ITEM : in STRING);
procedure GET_LINE (ITEM : out STRING; LAST : out NATURAL);
procedure PUT_LINE (ITEM : in STRING);

-- Même chose avec le paramètre FILE
```

```
-- Paquetage générique pour les entrées-sorties de types entiers
generic
	type NUM is range <>;
package INTEGER_IO is
	DEFAULT_WIDTH : FIELD := NUM'WIDTH;
	DEFAULT_BASE : NUMBER_BASE := 10;

	procedure GET	(ITEM : out NUM; WIDTH : in FIELD := 0);
	procedure PUT	(ITEM : in NUM;
			 WIDTH : in FIELD := DEFAULT_WIDTH;
			 BASE : in NUMBER_BASE
					:= DEFAULT_BASE);

	-- Même chose avec le paramètre FILE

	procedure GET	(FROM : in STRING;
			 ITEM : out NUM;
			 LAST : out POSITIVE);
	procedure PUT	(TO : out STRING;
			 ITEM : in NUM;
			 BASE : in NUMBER_BASE
					:= DEFAULT_BASE);
end INTEGER_IO;

-- Paquetage générique pour les entrées-sorties de types réels

generic
	type NUM is digits <>;
package FLOAT_IO is
	DEFAULT_FORE : FIELD := 2;
	DEFAULT_AFT : FIELD := NUM'DIGITS - 1;
	DEFAULT_EXP : FIELD := 3;

	procedure GET	(ITEM : out NUM; WIDTH : in FIELD := 0);
	procedure PUT	(ITEM : in NUM;
			 FORE : in FIELD := DEFAULT_FORE;
			 AFT : in FIELD := DEFAULT_AFT;
			 EXP : in FIELD := DEFAULT_EXP);

	-- Même chose avec le paramètre FILE

	procedure GET	(FROM : in STRING;
			 ITEM : out NUM;
			 LAST : out POSITIVE);
```

```
        procedure PUT    (TO : out STRING;
                          ITEM : in NUM;
                          AFT : in FIELD := DEFAULT_AFT;
                          EXP : in FIELD := DEFAULT_EXP);
end FLOAT_IO;

generic
        type NUM is digits <>;
package FIXED_IO is
        DEFAULT_FORE : FIELD := NUM'FORE;
        DEFAULT_AFT : FIELD := NUM'AFT;
        DEFAULT_EXP : FIELD := 0;

        -- puis comme FLOAT_IO

end FIXED_IO;

-- Paquetage générique pour les entrées-sorties de types énumératifs

generic
        type ENUM is (<>);
package ENUMERATION_IO is
        DEFAULT_WIDTH : FIELD := 0;
        DEFAULT_SETTING : TYPE_SET := UPPER_CASE;

        procedure GET    (ITEM : out ENUM);
        procedure PUT    (ITEM : in ENUM;
                          WIDTH : in FIELD := DEFAULT_WIDTH;
                          SET : in TYPE_SET := DEFAULT_SETTING);

        -- Même chose avec le paramètre FILE

        procedure GET    (FROM : in STRING;
                          ITEM : out ENUM;
                          LAST : out POSITIVE);
        procedure PUT    (TO : out STRING;
                          ITEM : in ENUM;
                          SET : in TYPE_SET := DEFAULT_SETTING);
end ENUMERATION_IO;

-- Exceptions

STATUS_ERROR : exception renames
            IO_EXCEPTIONS.STATUS_ERROR;
```

```
    ...
    LAYOUT_ERROR : exception renames
                    IO_EXCEPTIONS.LAYOUT_ERROR;
private
    -- Dépendant de l'implémentation
end TEXT_IO;
```

Les types FILE_TYPE et FILE_MODE et les divers sous-programmes de gestion de fichier sont semblables à ceux de SEQUENTIAL_IO puisque la nature des fichiers est, bien sûr, séquentielle.

Les procédures PUT et GET apparaissent sous deux formes pour les caractères et les chaînes, une avec le paramètre FILE, l'autre sans ; les deux ne sont montrées que pour le type CHARACTER.

Dans le cas du type CHARACTER, un appel à PUT ne fait qu'émettre un caractère ; pour le type STRING, un appel à PUT émet les caractères de la chaîne.

Un problème survient dans le cas des types numériques et énumératifs car il n'y a pas un nombre fixe de ces types. On résout le problème en utilisant des paquetages génériques internes pour chacun. Ainsi, pour les entrées-sorties d'entiers, nous instancions le paquetage INTEGER_IO avec le type approprié :

```
package ES_ENTIERES is new INTEGER_IO (INTEGER);
use ES_ENTIERES;
```

Pour les entrées-sorties entières, PUT apparaît sous trois formes, une avec fichier, une sans et une avec une chaîne comme destination ; seules les deux dernières sont montrées.

Dans le cas de PUT vers un fichier, il y a deux paramètres de formatage WIDTH et BASE qui possèdent les valeurs par défaut DEFAULT_WIDTH et DEFAULT_BASE. La largeur par défaut est initialement NUM'WIDTH, qui rend le plus petit nombre de caractères approprié aux valeurs du type exprimées en base 10. La base 10 est aussi incidemment la base par défaut initiale. Ces valeurs par défaut peuvent être modifiées par l'utilisateur, en assignant directement de nouvelles valeurs aux variables DEFAULT_WIDTH et DEFAULT_BASE ; souvenons-nous qu'un paramètre par défaut est réévalué à chaque appel qui le requiert et, par conséquent, le défaut obtenu est toujours la valeur courante de ces variables. L'entier est émis comme un littéral entier sans traits bas ni zéros de tête, mais précédé d'un signe moins s'il est négatif. Il est comblé avec des espaces de tête pour atteindre la largeur spécifiée ; si le champ est trop étroit, il est étendu selon les besoins. Ainsi, un défaut de 0 a pour effet de n'émettre que le nombre de caractères strictement nécessaires. Si la base 10 est spécifiée explicitement ou par défaut, la valeur est émise en utilisant la syntaxe des littéraux décimaux ; si la base n'est pas 10 alors la syntaxe des littéraux basés est utilisée.

Dans le cas de PUT vers une chaîne, la largeur de champ est prise comme longueur de la chaîne. Si elle est trop courte, LAYOUT_ERROR est levée.

Une technique semblable est utilisée pour les types réels. La valeur est émise comme un littéral décimal sans traits bas ni zéros de tête, mais précédée d'un signe moins si elle est négative. Si EXP est nul, il n'y a pas d'exposant et le format se compose de FORE caractères avant le point et de AFT caractères après celui-ci. Si EXP est non nul, un exposant signé dans un champ de EXP caractères est émis après la lettre E, avec zéros de tête, si nécessaire. La valeur de l'exposant est telle qu'un seul chiffre apparaît après le point. Si les parties FORE et EXP du champ sont inadéquates, elles sont étendues selon les besoins. La base 10 est toujours utilisée, et la valeur est arrondie à la taille de AFT spécifiée.

Les paramètres de format par défaut pour les types point-flottant sont 2, NUM'DIGITS - 1, et 3 ; cela donne une forme avec exposant, munie d'un espace ou d'un signe moins, d'un seul chiffre avant le point, de NUM'DIGITS-1 chiffres après, et d'un exposant à deux chiffres. Les paramètres correspondants pour les types point-fixe sont NUM'FORE, NUM'AFT et 0 ; cela donne une forme sans exposant et les attributs donnent le champ de largeur minimale pour émettre toutes les valeurs de ce type avec la précision appropriée.

Les types énumératifs utilisent une technique semblable. Une largeur par défaut nulle est utilisée. Si des espaces doivent être utilisés, ils se placent après la valeur et non avant, comme dans le cas des types numériques. Les majuscules sont normalement utilisées, mais l'emploi de minuscules peut être spécifié. Une valeur d'un type caractère qui est un littéral caractère est émise entre apostrophes.

Notons la distinction subtile entre PUT défini directement pour le type CHARACTER et pour les types énumératifs :

```
TEXT_IO.PUT ('X');
```

émet le seul caractère X, tandis que :

```
package CHAR_IO is new TEXT_IO.ENUMERATION_IO (CHARACTER);
...
CHAR_IO.PUT ('X');
```

émet le caractère X entre apostrophes.

GET fonctionne de façon semblable ; un appel à GET saute tout termine-ligne ou termine-page. Dans le cas du type CHARACTER le caractère suivant est lu. Dans le cas du type STRING, la procédure GET lit exactement le nombre de caractères déterminé par le type effectif. Dans le cas des types énumératifs, les blancs de tête (espaces ou tabulations horizontales) sont aussi sautés ; l'entrée se termine par un caractère qui ne fait pas partie de la valeur ou par un termine-ligne. Les types numériques ont normalement le même comportement, mais ils ont aussi un paramètre optionnel WIDTH et, si celui-ci a une valeur non nulle, la lecture cesse après avoir lu ce nombre de caractères, blancs sautés compris. Dans le cas de GET, où la source est une chaîne et non un fichier, la valeur de LAST pointe sur le dernier caractère lu ; la fin de chaîne se comporte comme un fin de fichier. Si l'item n'a pas la forme correcte, DATA_ERROR est levée.

Un fichier texte est considéré comme une suite de lignes. Les caractères d'une ligne ont une position de colonne commençant à 1. La longueur de ligne en sortie peut être fixe ou variable. Une longueur de ligne fixe est appropriée pour la sortie de tables, une longueur de ligne variable pour dialoguer. On peut changer la longueur de ligne à l'intérieur d'un fichier. Elle n'est pas fixée initialement. Les lignes sont, de même, groupées en pages.

En sortie, un appel à PUT a pour effet de placer tous les caractères sur la ligne courante en commençant à la position de ligne courante. Cependant, si la longueur de ligne est fixe et que les caractères ne peuvent pas tenir sur le reste de la ligne, une nouvelle ligne est créée et tous les caractères y sont placés en commençant au début. S'ils ne peuvent toujours pas être placés, LAYOUT_ERROR est levée. Si la longueur n'est pas fixe, les caractères sont toujours placés à la fin de la ligne courante.

Le formatage est contrôlé par plusieurs sous-programmes. Dans certains cas, ils s'appliquent à la fois à des fichiers en entrée et en sortie ; alors si le paramètre fichier est omis, ils sont considérés comme s'appliquant au cas du fichier en sortie et le fichier de sortie par défaut est pris. La plupart du temps, un programme ne s'applique qu'à un sens et l'omission du fichier donne naturellement le défaut dans ce sens.

La fonction COL retourne la position courante de ligne et la procédure SET_COL établit la position à la valeur donnée. Un appel à SET_COL ne peut aller en arrière. En sortie, des espaces supplémentaires sont produits et, en entrée, des caractères sont sautés. Si le paramètre de SET_COL se trouve être égal à la valeur courante de COL, il n'y a aucun effet ; s'il est supérieur, cela entraîne un appel à NEW_LINE ou à SKIP_LINE.

La procédure NEW_LINE (en sortie seulement) émet le nombre donné de lignes (le défaut est 1) et repositionne la colonne courante à 1. Les positions libres à la fin de la ligne sont comblées avec des espaces. La procédure SKIP_LINE (en entrée seulement) progresse du nombre donné de lignes (le défaut est 1) et repositionne la colonne courante. La fonction END_OF_LINE (en entrée seulement) retourne TRUE si nous avons atteint la fin d'une ligne.

La fonction LINE_LENGTH (en sortie seulement) retourne la longueur courante de ligne si elle est fixe et zéro sinon. La procédure SET_LINE_LENGTH (en sortie seulement) fixe la longueur de ligne à la valeur donnée ; une valeur de zéro indique une longueur variable.

On trouve aussi des sous-programmes semblables pour le contrôle des lignes à l'intérieur des pages. Il s'agit de LINE, SET_LINE, NEW_PAGE, SKIP_PAGE, END_OF_PAGE, PAGE_LENGTH, et de SET_PAGE_LENGTH. Enfin, la fonction PAGE retourne le numéro courant de page à partir du début du fichier. SET_PAGE n'existe pas.

Les procédures PUT_LINE et GET_LINE sont particulièrement adaptées aux lignes de longueur fixe. Un appel à PUT_LINE émet la chaîne et passe à la ligne. Un appel à GET_LINE lit la suite de caractères et les place dans la chaîne jusqu'à ce que la fin de la chaîne ou de la ligne soit atteinte, puis passe à la ligne suivante ; LAST pointe sur le dernier caractère lu. Des appels successifs à PUT_LINE et GET_LINE permettent donc de manipuler des lignes entières.

Le paquetage TEXT_IO peut paraître compliqué mais tout ce dont nous avons besoin pour des sorties simples est PUT et NEW_LINE et celles-ci, comme nous l'avons vu, sont assez simples.

Exercice 15.2

1 Qu'émettent les appels suivants? On supposera les valeurs initiales pour les défauts.

a) PUT ("TOTO");	d) PUT (120, 8, 8);
b) PUT (120);	e) PUT (-38.0);
c) PUT (120,8);	f) PUT (0.07, 6, 3, 1);

On supposera que les valeurs réelles sont d'un type avec **digits** = 6 et que les valeurs entières sont d'un type à 16 bits.

15.3 Interruptions

L'interruption constitue un autre moyen de faire parvenir des données à un programme. En Ada cela se réalise par le mécanisme du rendez-vous. De l'intérieur du programme, une interruption apparaît comme un appel d'entrée effectué par une tâche dont la priorité est supérieure à celle de toutes les autres tâches du programme. Le traite-interruption est donc naturellement représenté dans le programme par une tâche munie d'une instruction accept pour l'entrée correspondante. Cette entrée est identifiée comme entrée d'interruption par ce que l'on appelle une clause de représentation d'adresse, qui fournit l'adresse matériel appropriée.

Comme exemple, supposons qu'un programme veut agir en conséquence de l'apparition d'une interruption résultant de la fermeture d'un contact électrique, et que cette interruption est associée à l'adresse 8#72#. Nous pouvons écrire :

```
task TRAITE_CONTACT is
        entry CONTACT;
        for CONTACT use at 8#72#;
end;

task body TRAITE_CONTACT is
begin
        loop
                accept CONTACT do
                        ...
                end;
        end loop;
end TRAITE_CONTACT;
```

Le corps de l'instruction accept correspond à la réponse directe à l'interruption. La règle selon laquelle la tâche extérieure et hypothétique a une priorité supérieure à celle de n'importe quelle tâche logiciel assure que la réponse prend le pas sur les tâches ordinaires.

Une entrée d'interruption n'a généralement pas de paramètres, mais elle peut avoir des paramètres de mode **in**, par l'intermédiaire desquels on passe des informations de contrôle. Une instruction accept pour une entrée d'interruption peut figurer dans une instruction select.

Le comportement détaillé des appels à des entrées d'interruption dépend quelque peu de l'implémentation. Ils peuvent par exemple apparaître comme des appels d'entrées conditionnels et par conséquent se perdre si une tâche n'est pas immédiatement prête à exécuter l'instruction accept correspondante. L'interprétation exacte de l'adresse dans la clause de représentation dépend aussi de l'implémentation.

15.4 Clauses de représentation

Dans la section précédente, nous avons introduit la clause de représentation comme un moyen de fournir au compilateur des informations supplémentaires au sujet de l'entrée d'interruption. Les clauses de représentation prennent des formes variées et s'appliquent à diverses entités. Leur but, en général, est de fournir au compilateur des indications concernant la façon dont l'entité doit être implémentée.

Une clause d'adresse est la forme utilisée pour une entrée. Elle sert à assigner une adresse à un objet, à indiquer l'adresse de début du code d'un sous-programme, d'un paquetage ou d'une tâche, ou, comme nous l'avons vu, à spécifier une interruption à laquelle une entrée doit être liée.

Une clause de longueur nous permet de spécifier la quantité de mémoire à allouer pour les objets d'un type, pour la collection d'un type accès et pour l'espace de travail d'un type tâche. On réalise cela en indiquant la valeur de certains attributs. Ainsi :

```
type BYTE is range 0..255;
for BYTE'SIZE use 8;
```

assure que les objets de type BYTE n'occupent que 8 bits.

On indique l'espace pour les collections d'accès et les tâches en utilisant l'attribut STORAGE_SIZE. L'unité n'est pas alors le bit mais l'unité de mémoire. Le nombre de bits par unité de mémoire dépend de l'implémentation et il est donné par la constante STORAGE_UNIT du paquetage SYSTEM. Ainsi, si nous voulons nous assurer que la collection d'accès pour :

```
type LISTE is access CELLULE;
```

loge 500 cellules, nous écrivons :

```
for LISTE'STORAGE_SIZE use 500*(CELLULE'SIZE/SYSTEM.STORAGE_UNIT);
```

De même, l'espace des données de chaque tâche d'un type tâche peut être indiqué par :

```
for BOITE_AUX_LETTRES'STORAGE_SIZE use 128;
```

On peut aussi indiquer la valeur de *pas* pour un type point-fixe par une clause de longueur.

On peut utiliser une clause de représentation d'énumération, comme un agrégat, pour spécifier les codes entiers internes pour les littéraux d'un type énumératif. Nous pouvons avoir une valeur de statut transmise à notre programme par un positionnement individuel de bits, ainsi :

```
type STATUT is (ARRET, PRET, MARCHE);
for STATUT use (ARRET => 1, PRET => 2, MARCHE => 4);
```

Il existe une contrainte quant à l'ordre des valeurs : il doit être le même que l'ordre logique des littéraux. Cependant, malgré les trous, les fonctions SUCC, PRED, POS et VAL fonctionnent toujours selon l'ordre logique.

La dernière forme de clause de représentation sert à indiquer le formatage d'un type article. Ainsi, nous avons :

```
type REGISTRE is range 0 .. 15;
type CODE_OP is (...);

type RR is
    record
        CODE : CODE_OP;
        R1 : REGISTRE;
        R2 : REGISTRE;
    end record;
```

qui représente une instruction machine de format RR dans le système IBM 370 ; nous pouvons ensuite spécifier la transposition exacte par :

```
for RR use
    record at mod 2
        CODE at 0 range 0 .. 7;
        R1 at 1 range 0 .. 3;
        R2 at 1 range 4 .. 7;
    end record;
```

La clause d'alignement facultative :

```
at mod 2;
```

indique que l'article doit être aligné à une frontière de double mot. L'alignement est donné en termes de nombre d'unité de mémoire et, dans le cas du 370, une unité de mémoire sera naturellement un byte de 8 bits.

La position et la taille de chaque composant sont donnés par rapport au début de l'article. La valeur après **at** donne une unité de mémoire et l'intervalle est en termes de bits. Le nombre de bits peut aller au-delà de l'unité de mémoire ; nous pouvons aussi bien écrire :

```
R1 at 0 range 8 .. 11;
```

Si nous ne spécifions pas l'emplacement de chaque composant, le compilateur a la liberté de jongler aves le reste comme bon lui semble. Cependant, nous devons allouer suffisamment d'espace pour ceux que nous spécifions, de plus ils ne doivent pas se chevaucher à moins d'être dans des alternatives distinctes d'une partie variantes.

Enfin, notons qu'une clause de représentation doit figurer dans la même région déclarative que la déclaration à laquelle elle se réfère.

15.5 Considérations d'implémentation

Il est dificile d'être très précis dans ce domaine puisque tant d'éléments dépendent de l'implémentation. Cependant, il existe un paquetage SYSTEM qui comprend les valeurs de diverses constantes de la machine. Sa spécification est la suivante :

```
package SYSTEM is
        type ADDRESS is défini_par_l_implémentation;
        type NAME is type_énumératif_défini_par_l_implémentation;

        SYSTEM_NAME      : constant NAME
                                  := défini_par_l_implémentation;

        STORAGE_UNIT     : constant := défini_par_l_implémentation;
        MEMORY_SIZE      : constant := défini_par_l_implémentation;

        -- Nombres nommés liés au système

        MIN_INT          : constant := défini_par_l_implémentation;
        MAX_INT          : constant := défini_par_l_implémentation;
        MAX_DIGITS       : constant := défini_par_l_implémentation;
        MAX_MANTISSA     : constant := défini_par_l_implémentation;
        FINE_DELTA       : constant := défini_par_l_implémentation;
        TICK             : constant := défini_par_l_implémentation;
```

```
    -- Autres déclarations liées au système

    subtype PRIORITY is INTEGER
                                range défini_par_l_implémentation;

    ...
end SYSTEM;
```

Le type ADDRESS est celui utilisé dans les clauses d'adresse et rendu par l'attribut correspondant. Les nombres STORAGE_UNIT et MEMORY_SIZE donnent la taille de l'unité de mémoire en bits et la taille mémoire en unités de mémoire ; tous les deux sont de type entier universel. MIN_INT et MAX_INT donnent respectivement la valeur la plus négative et la plus positive des types entiers. MAX_DIGITS est le plus grand nombre de chiffres décimaux pouvant être spécifiés dans une déclaration de type point-flottant et MAX_MANTISSA est le plus grand nombre de chiffres binaires dans la mantisse des nombres modèles d'un type point-fixe ; ils sont tous de type entier universel.

Divers pragmas nous permettent de positionner certains paramètres de l'implémentation, et des attributs nous permettent de lire la valeur de certains paramètres. Les pragmas et les attributs prédéfinis sont rassemblés à l'annexe 1, bien qu'une implémentation soit libre d'en ajouter d'autres.

Certains pragmas nous permettent de guider le compilateur pour l'équilibre de l'implémentation entre intégrité et efficacité, ainsi qu'entre l'espace et le temps.

On peut utiliser le pragma SUPPRESS pour indiquer que les vérifications à l'éxécution associées à des conditions qui donneraient lieu à la levée d'exceptions peuvent être omises si cela conduit à produire des programmes plus efficaces. Cependant, on doit se souvenir qu'un pragma est tout au plus une recommandation et que, par conséquent, il n'existe aucune garantie que l'exception ne sera pas levée. Elle peut par ailleurs, bien sûr, être propagée depuis une autre unité compilée avec vérifications.

Les vérifications correspondant à l'exception CONSTRAINT_ERROR sont : ACCESS_CHECK (qui vérifie que la valeur accès n'est pas nulle quand une tentative d'accéder à un composant est faite), DISCRIMINANT_CHECK (qui vérifie qu'une valeur de discriminant est cohérente avec le composant auquel on tente d'accéder ou avec une contrainte), INDEX_CHECK (qui vérifie qu'un indice est dans un intervalle), LENGTH_CHECK (qui vérifie que le nombre de composants d'un tableau a son homologue) et RANGE_CHECK (qui vérifie que diverses contraintes sont satisfaites).

Les vérifications correspondant à NUMERIC_ERROR sont DIVISION_CHECK (qui vérifie le deuxième opérande de /, **rem**, et **mod**) et OVERFLOW_CHECK (qui vérifie le débordement numérique). Notons qu'une implémentation a aussi la liberté de lever CONSTRAINT_ERROR dans ces cas.

La vérification correspondant à STORAGE_ERROR est STORAGE_CHECK (qui vérifie que l'espace pour une collection d'accès ou une tâche n'a pas été dépassé).

La vérification correspondant à PROGRAM_ERROR est ELABORATION_CHECK (qui vérifie qu'une unité a bien été élaborée).

Le pragma prend la forme suivante :

```
pragma SUPPRESS (RANGE_CHECK);
```

auquel cas il s'applique à toutes les opérations de l'unité concernée ; il peut encore lister les types et les objets sur lesquels il est sensé s'appliquer. Ainsi :

```
pragma SUPPRESS (ACCESS_CHECK, LIST);
```

indique qu'aucune vérification ne doit être faite quand on accède aux objets du type accès LISTE.

Les autres pragmas de cette catégorie s'appliquent à l'équilibre entre vitesse et espace. Il s'agit de CONTROLLED, INLINE, OPTIMIZE, et de PACK ; ils sont décrits à l'annexe 1.

Enfin, il existe différents attributs liés à la machine, définis pour les types réels. On peut citer l'attribut MACHINE_ROUNDS, qui indique si un arrondi est effectué pour le type concerné. Un autre attribut, MACHINE_OVERFLOWS, indique si NUMERIC_ERROR ou CONSTRAINT_ERROR est levée lors des calculs qui débordent l'intervalle du type. Si un programme utilise ces attributs, un surcroît d'attention est nécessaire pour assurer sa portabilité.

15.6 Programmation sans vérifications

Quelquefois l'intégrité rigide d'un langage fortement typé est une gêne. Ceci est particulièrement vrai pour la programmation système où, en différents points du programme, un objet est vu sous différents angles. On peut contourner cette difficulté en utilisant la fonction générique UNCHECKED_CONVERSION. Sa spécification est :

```
generic
        type SOURCE   is limited private;
        type TARGET   is limited private;
function UNCHECKED_CONVERSION (S : SOURCE) return TARGET;
```

Par exemple, les valeurs de type STATUS de la section 15.4 peuvent arriver à notre programme sous la forme de valeurs de type BYTE. Pour effectuer la conversion, nous instancions d'abord la fonction générique comme suit :

```
function BYTE_EN_STATUS is
        new UNCHECKED_CONVERSION (BYTE, STATUS);
```

puis, nous pouvons écrire :

```
B : BYTE := ...
S : STATUS;
...
S : BYTE_EN_STATUS (B);
```

L'effet d'une conversion sans vérifications est nul ; le motif de bits de la source est simplement passé sans modification et réinterprété comme le motif de bits de la cible. Il est clair que certaines conditions doivent être remplies pour que ce soit possible ; une condition évidente, qui peut être imposée par l'implémentation, est que le nombre de bits dans la représentation des deux types soit le même.

Un autre domaine où l'on peut donner au programmeur une liberté supplémentaire concerne la déallocation des types accès. Comme mentionné en section 11.3, la présence ou l'absence d'un ramasse-miettes est possible. Quoi qu'il en soit nous pouvons préférer faire notre propre ménage, peut-être parce que cela nous donne un meilleur contrôle sur le temps dans un programme temps réel. Nous pouvons le réaliser au moyen de la procédure générique UNCHECKED_DEALLOCATION. Sa spécification est :

```
generic
        type OBJECT is limited private;
        type NAME is access OBJECT;
procedure UNCHECKED_DEALLOCATION (X : in out NAME);
```

Nous pouvons prendre notre vieille connaissance :

```
type LIST is access CELLULE;
```

puis écrire :

```
procedure LIBERER is new UNCHECKED_DEALLOCATION (CELLULE, LIST);
```

et encore :

```
L : LISTE;
...
LIBERER (L);
```

Après un appel à LIBERER, la valeur de L sera **null** et la cellule sera libérée. Bien sûr, si nous avons par erreur une autre valeur pointant sur la cellule, nous pouvons nous attendre au pire ; le progamme sera erroné.

Si nous utilisons la déallocation sans vérification, la responsabilité nous incombe de l'utiliser correctement. Nous devrons aussi insérer :

```
pragma CONTROLLED (LISTE);
```

pour indiquer au compilateur que nous nous chargeons de LISTE, et qu'un éventuel ramasse-miettes doit laisser ce type.

L'utilisation de ces deux formes de programmation sans vérification requiert de l'attention, et il est préférable de restreindre l'utilisation de ces programmes génériques à des parties privilégiées du programme.

15.7 Autres langages

Une autre forme possible de communication entre un programme Ada et le monde extérieur utilise d'autres langages. Il peut s'agir de langages machine ou d'autre langages de haut niveau tels que FORTRAN. Le MR prescrit des méthodes générales, mais les détails pratiques sont tellement liés à l'implémentation qu'une description générale semble sans objet, et nous renvoyons par conséquent le lecteur aux documents spécifiques de l'implémentation concernée.

Chapitre 16 CONCLUSION

Ce dernier chapitre couvre différents aspects généraux d'Ada. Les trois premières sections font le point sur les sujets introduits par étapes tout au long de ce livre, pour mettre en évidence leur cohérence interne et leurs relations sous-jacentes. On trouvera ensuite une section concernant la question importante de la portabilité. Enfin, nous examinerons la question de la conception de programmes et de sa relation avec Ada.

16.1 Noms et expressions

Le concept de nom doit être clairement distingué de celui d'identificateur. Un identificateur est une forme syntaxique tel que FRED, dont on se sert à plusieurs effets, y compris pour introduire des entités quand elles sont déclarées. En revanche, un nom est la forme dont on se sert pour dénoter les entités en général plus complexes. Dans le MR et plus particulièrement dans les règles de syntaxe, on se sert du terme de nom simple pour se référer à un identificateur après qu'il a été introduit pour la première fois ; nous avons évité ce terme pour ne pas paraître pédants.

Du point de vue de la syntaxe, un nom commence par un identificateur tel que FRED ou un symbole opérateur tel que "+" et peut ensuite être suivi d'une ou de plusieurs des entités suivantes dans un ordre arbitraire :

- Une expression indexante entre parenthèses ou plus ; elle dénote un composant de tableau.

- Un intervalle discret entre parenthèses ; il dénote une tranche de tableau.

- Un point suivi d'un identificateur, d'un opérateur ou d'un **all** ; il dénote un composant d'article, une valeur accès ou une entité dans un paquetage, une tâche, un sous-programme, un bloc ou une boucle.

- Une apostrophe suivie d'un identificateur, qui peut être indexé ; il dénote un attribut.

- Une liste de paramètres effectifs entre parenthèses ; elle dénote un appel de fonction.

Un appel de fonction dans un nom doit délivrer un tableau, un article, ou une valeur accès et être suivi d'une indexation, d'une prise de tranche ou d'attribut, ou d'une sélection de composant. Cela ne signifie pas qu'un appel de fonction doit toujours être suivi de l'une de ces formes ; il peut délivrer une valeur pour faire partie d'une expression, mais s'il doit faire partie d'un nom, il doit obligatoirement en être ainsi. Ce point s'éclaircit en considérant l'instruction affectation. Le membre de gauche doit être un nom, tandis que le membre de droite doit être une expression. Ainsi, comme nous l'avons vu dans la section 11.5, nous pouvons écrire :

```
EPOUX(P).NAISSANCE := NOUVELLE_DATE;
```

mais non :

```
EPOUX(P) := Q;
```

bien que :

```
Q := EPOUX(P);
```

soit parfaitement correct. (Ada est légèrement moins cohérent qu'Algol 68 à cet égard.)

Les noms sont simplement l'une des catégories de primaires composant une expression. Les autres sont des littéraux (littéraux numériques, littéraux d'énumération, chaînes et **null**), des agrégats, des allocateurs, des appels de fonction (non considérés comme des noms), des conversions de types et des expressions qualifiées ainsi que des expressions entre parenthèses. Les expressions mettant en jeu des opérateurs scalaires ont été résumés à la section 4.9. Pour plus de commodité tous les opérateurs et leur utilisation prédéfinie sont récapitulés à la figure 16.1. Souvenons-nous qu'une expression peut aussi comprendre les formes de contrôle en raccourci **and then** et **or else** et les tests d'appartenance **in** et **not in**, bien que ceux-ci n'entrent pas dans la classe des opérateurs.

Opérateur	Opérande(s)		Résultat
and or xor	BOOLEAN ou tableau		même
	unidimensionnel de BOOLEAN		même
= /=	tout type non limité		BOOLEAN
< <= > >=	scalaire ou tableau		BOOLEAN
	unidimensionnel de scalaires		BOOLEAN
+ - (binaire)	numérique		même
&	tableau unidimensionnel		même
+ - (unaire)	numérique		même
*	entier	entier	même
	point-fixe	INTEGER	même point-fixe
	INTEGER	point-fixe	même point-fixe
	point-fixe	point-fixe	point-fixe univ.
	point-flottant	point flottant	même
/	entier	entier	même
	point-fixe	INTEGER	même point-fixe
	point-fixe	point-fixe	point-fixe univ.
	point-flottant	point-flottant	même
mod rem	entier	entier	même
**	entier	INTEGER >= 0	même entier
	point-flottant	INTEGER	même point-flottant
not	BOOLEAN ou tableau		même
	unidimensionnel de BOOLEAN		même
abs	numérique		même

Fig. 16.1 Opérateurs prédéfinis

Le lecteur attentif notera que la syntaxe dans l'annexe 4 utilise la forme syntaxique "expression_simple" dans certains cas plutôt que "expression". Une des raisons à cela est qu'on veut éviter une ambiguïté potentielle concernant l'utilisation de "in" en tant que test d'appartenance dans le cas des intervalles.

Nous nous sommes parfois référés à la nécessité que certaines expressions soient statiques. Comme nous l'avons expliqué au chapitre 2, cela veut dire que celles-ci peuvent être évaluées à la compilation. Une expression est statique si tous ses constituants entrent dans l'une des catégories suivantes :

- Un littéral numérique ou d'énumération.
- Un nombre nommé.
- Une constante initialisée par une expression statique.
- Une constante statique surnommée.
- Un opérateur prédéfini.
- Un attribut statique ou un attribut fonctionnel avec des paramètres statiques.
- Une expression statique qualifiée pourvu que toute contrainte mise en jeu soit statique.

Un dernier point concernant les expressions : les bornes de tableaux. Si une expression délivre une valeur tableau, celle-ci aura des bornes pour chaque dimension. Une telle expression sert dans différents contextes qui peuvent être divisés en catégories selon les règles s'appliquant à l'homologie des bornes.

La première catégorie comprend l'affectation et l'initialisation dans une déclaration d'objet. Dans ces deux cas, les bornes de l'expression n'ont pas à avoir pour homologues celles de l'objet ; l'important est que le nombre de composants dans chaque dimension soit le même. Ainsi, comme on l'a vu à la section 6.2, on peut écrire :

```
V : VECTEUR(1 .. 5);
W : VECTEUR(0 .. 4);
...
V := W;
```

Les mêmes règles d'homologie s'appliquent dans le cas des opérateurs prédéfinis d'égalité et d'inégalité.

La deuxième catégorie de contextes comprend ceux où un tableau est utilisé comme paramètre effectif, résultat de fonction, valeur initiale dans un allocateur ou dans une expression qualifiée. Dans tous ces cas, un type ou un sous-type tableau est mis en jeu mais il doit y avoir une homologie parfaite ; s'il n'est pas contraint, le "résultat" prend les bornes de l'expression. Ainsi, si on a une fonction :

```
function F return VECTEUR_5 is
        V : VECTEUR(1 .. 5);
        W : VECTEUR(0 .. 4);
begin
        ...
```

on peut alors écrire **return** V mais non **return** W. Si, cependant, la spécification était :

```
function F return VECTEUR
```

on pourrait écrire soit **return** V soit **return** W.

Quelques complications se font jour avec les agrégats tableaux. Dans le cas d'un agrégat par nom sans **others**, les bornes sont évidentes ; un tel agrégat peut servir dans n'importe lequel des contextes mentionnés jusqu'à présent. Dans le cas des agrégats par position sans **others**, les bornes ne sont pas évidentes bien que le nombre d'éléments le soit ; de tels agrégats peuvent aussi servir dans n'importe lequel des contextes mentionnés. Avec un type contraint, dans tous les cas de la première catégorie et de la deuxième catégorie, les bornes sont déduites de celles exigées par la contrainte. Avec un type non contraint, dans les cas de la deuxième catégorie, la borne inférieure est donnée par S'FIRST, où S est le sous-type d'indice. Enfin, si un agrégat (par position ou par nom) comporte **others**, ni les bornes, ni le nombre de composants ne sont évidents. Un tel agrégat peut servir dans une situation de la deuxième catégorie avec un type contraint ; de plus, un agrégat positionnel avec **others** est aussi autorisé dans une situation de la première catégorie.

Des règles semblables s'appliquent aux agrégats emboîtés ; le contexte de l'agrégat total s'applique transitivement à ces composants.

Curieusement, une conversion de type tableau comme celle décrite à la section 6.2 n'entre pas gracieusement dans l'une ou l'autre des deux catégories. Si le type est contraint, les règles d'homologie de l'affection sont utilisées ; si le type est non contraint, le résultat prend les bornes de l'opérande comme lors d'une qualification.

Exercice 16.1

1 Soient :

```
L : INTEGER := 6;
M : constant INTEGER := 7;
N : constant := 8;
```

classer les expressions suivantes comme statiques ou non statiques et donner leur type :

a) L+1
b) M+1
c) N+1

16.2 Equivalence des types

Il est nécessaire d'insister sur les règles régissant les équivalences de types. La règle fondamentale est que chaque définition de type introduit un nouveau type. Rappelons la différence entre une définition de type et une déclaration de type. Une définition de type introduit un type tandis qu'une déclaration de type introduit aussi un identificateur y faisant référence. Ainsi :

```
type T is (A, B, C);
```

est une déclaration de type, tandis que :

```
(A, B, C)
```

est une définition de type.

La plupart des types ont un nom, mais dans certains cas on peut trouver un type anonyme. Le cas apparaît dans toute sa clarté lors de la déclaration d'objets tableaux et tâches. Ainsi :

```
A : array (I range G .. D) of C;
```

est une version condensée de :

```
type anon is array (I range <>) of C;
A : anon (G .. D);
```

et :

```
task T is ...
```

est un raccourci de :

```
task type anon is ...
T : anon;
```

On a affaire à des cas plus subtils lorsqu'une déclaration de type apparente n'est en fait qu'une déclaration de sous-type (avec les types tableaux, les types dérivés et les types numériques) :

```
type T is array (I range G .. D) of C;
```

est un raccourci de :

```
subtype index is I range G .. D;
type anon is array (index range <>) of C;
subtype T is anon (index);
```

et :

```
type S is new T contrainte;
```

est un raccourci de :

```
type anon is new T;
subtype S is anon contrainte;
```

et enfin :

```
type T is range G .. D;
```

est un raccourci de :

```
type anon is new type_entier;
subtype T is anon range G .. D;
```

où type_entier est l'un des types entiers prédéfinis.

Quand nous interprétons la règle selon laquelle chaque définition de type introduit un nouveau type, souvenons-nous qu'une instanciation de générique est équivalente à cet égard à une substitution de texte. Ainsi chaque instanciation de paquetage comprenant une définition de type dans sa spécification introduit un type distinct. On se souviendra qu'une règle semblable s'applique à l'identification des différentes exceptions. Chaque déclaration d'exception textuellement distincte introduit une nouvelle exception ; une exception, dans une procédure récursive, est la même pour chaque incarnation, mais une instanciation de générique introduit des exceptions différentes.

Souvenons-nous aussi que des déclarations multiples sont équivalentes à plusieurs déclarations individuelles énoncées explicitement. Ainsi, si nous avons :

```
A, B : array (I range G .. D) of C;
```

A et B sont de deux types anonymes différents.

16.3 Résumé des structures

Ada possède quatre formes de structures dans lesquelles des déclarations peuvent apparaître ; il s'agit des blocs, des sous-programmes, des paquetages et des tâches. Elles sont classées de plusieurs façons. Tout d'abord, les paquetages et les tâches ont des spécifications et des corps séparés ; en ce qui concerne les sous-programmes cette séparation est optionnelle. En revanche, la séparation est impossible et inapplicable pour les blocs puisqu'un bloc ne possède pas de spécification. Nous pouvons aussi considérer la compilation séparée : les corps de paquetages, de tâches et de sous-programmes peuvent tous être des sous-unités, mais seuls les paquetages peuvent être des unités de bibliothèque. Notons ainsi que seuls les paquetages et les sous-programmes peuvent être génériques. Enfin, les tâches, les sous-programmes et les blocs peuvent avoir des tâches dépendantes, mais les paquetages ne le peuvent pas puisqu'ils ne sont que des unités de contrôle à portée passive. Les diverses propriétés des cadres sont résumées à la figure 16.2.

Propriétés	Blocs	Sous-programmes	Paquetages	Tâches
séparation	non	optionnelle	oui	oui
sous-unités	non	oui	oui	oui
unités de bibliothèque	non	oui	oui	non
unités génériques	non	oui	oui	non
tâches dépendantes	oui	oui	non	oui

Fig. 16.2 Propriétés des cadres

Nous pouvons aussi considérer la portée et l'emboîtement de ces quatre cadres structurels. (Notons qu'un bloc est une instruction tandis que les autres sont des déclarations.) Chaque unité peut apparaître dans n'importe lequel des autres cadres, et cet emboîtement lexical peut en principe se poursuivre indéfiniment, bien que dans la pratique un niveau de trois soit rarement dépassé. Les seules restrictions à cet emboîtement sont qu'un bloc, étant une instruction, ne peut pas apparaître dans une spécification de paquetage, mais seulement dans son corps (et seulement directement dans sa suite d'initialisation). Bien sûr, aucun de ces cadres ne peut apparaître dans une spécification de tâche, mais de nouveau, uniquement dans son corps. Dans la pratique, cependant, certaines combinaisons se verront rarement. Les blocs apparaîtront dans les corps de sous-programmes et de tâches. Les sous-programmes apparaîtront sous forme d'unités de bibliothèques et dans les paquetages, mais plus rarement dans les tâches et les autres sous-programmes. Les paquetages seront communément des unités de bibliothèque ou feront partie d'autres paquetages. Les tâches apparaîtront pratiquement toujours dans des paquetages et parfois dans d'autres tâches ou sous-programmes.

Le *Manuel de référence* reste vague sur le concept de programme Ada. Cela ne surprend pas puisqu'Ada se préoccupe des composants logiciels, et les considérations relatives à un programme complet sont sans doute hors sujet, en particulier si l'on considère les sujets d'actualité que sont les systèmes parallèles et distribués. Cependant, pour des systèmes simples, nous pouvons considérer qu'un programme est composé d'unités de bibliothèques provenant d'une bibliothèque particulière. Le MR ne précise pas la manière dont le programme est lancé mais, comme il est mentionné aux sections 2.2 et 8.2, on peut imaginer qu'une des unités de bibliothèque étant un sous-programme sera appelée par un tour de passe-passe en dehors du langage lui-même. De plus, nous devons imaginer que ce flot de contrôle de départ est associé à une tâche anonyme. La priorité de cette tâche peut être positionnée par le pragma PRIORITY dans la partie déclarative la plus extérieure de ce sous-programme principal.

Le programme principal doit se servir presque à coup sûr d'unités de bibliothèque dépendantes telles que TEXT_IO. Celles-ci doivent être élaborées avant d'entrer dans le programme principal et, de nouveau, nous en imaginons la réalisation par l'intermédiaire de notre tâche anonyme. L'ordre dans lequel ces élaborations sont effectuées n'est pas précisé mais il doit être compatible avec le réseau de dépendance des unités. De plus, le pragma ELABORATE peut servir à s'assurer qu'un corps est élaboré avant l'unité qui l'appelle ; ceci peut être nécessaire pour éviter PROGRAM_ERROR. Si aucun ordre cohérent ne peut être trouvé le programme est illégal ; s'il existe plusieurs ordres possibles pour le programme et que le comportement du programme dépend de l'ordre, le programme est erroné.

D'autres questions se posent : le programme principal peut-il avoir des paramètres? Quelles sont les restrictions concernant leur type et leur mode? Le programme principal peut-il être une fonction? Les réponses dépendent de l'implémentation. De nouveau, cela est conforme à l'idée selon laquelle Ada appartient au monde ouvert des composants logiciels plutôt qu'à celui, fermé, des programmes complets. Il peut être, bien sûr, très pratique pour un programme principal d'avoir des paramètres, de même qu'il est commode que l'appel et le passage des paramètres soient effectués par l'intermédiaire d'un tour de passe-passe associé à l'interprétation d'une instruction dans un langage de commande qui n'est pas Ada.

Le dernier point à préciser dans cette section concerne la bibliothèque mathématique. Le MR n'impose pas l'existence d'une telle bibliothèque comme il impose l'existence des paquetages d'entrées-sorties. En revanche, nous avons supposé son existence dans la section 4.9 ainsi que dans l'exercice 2.2(1). L'un des problèmes que la bibliothèque mathématique doit surmonter concerne la nature dérivée des types point-flottant définis par l'utilisateur. Les règles régissant les types dérivés sont telles que toute bibliothèque, pour un type prédéfini tel que FLOAT, ne sera pas automatiquement héritée par un type dérivé tel que REEL. En revanche, on peut construire la bibliothèque mathématique comme un paquetage générique :

```
generic
        type F is digits <>;
package MATH_LIB is
        function SQRT (X : F) return F;
        function LOG (X : F) return F;
        ...
end MATH_LIB;
```

On peut alors utiliser la bibliothèque mathématique avec un type tel que REEL en écrivant :

```
package MATH_LIB_REELLE is new MATH_LIB (REEL);
use MATH_LIB_REELLE;
```

16.4 Portabilité

Un programme Ada peut ou peut ne pas être portable. Dans de nombreux cas, un programme prendra en considération le matériel sur lequel il tourne ; c'est particulièrement vrai des applications embarquées. Un tel programme ne peut pas être transféré à une autre machine sans modifications substantielles. D'autre part, il est très souhaitable d'écrire des bibliothèques de programmes portables pour qu'ils puissent être réutilisés dans des applications différentes. Dans certains cas, un composant de bibliothèque sera totalement portable ; le plus souvent, il formulera certaines exigences vis-à-vis de l'implémentation ou il sera paramétré pour pouvoir s'accommoder de son environnement sans ambages. Cette section offre des règles de conduite générales concernant l'écriture de programmes Ada portables.

Les programmes erronés sont à éviter, ainsi que ceux qui comportent des ordres de dépendance incorrects. Ils peuvent être assez traîtres. Un programme peut très bien marcher de façon satisfaisante sur une implémentation et sembler superficiellement portable. Cependant, s'il a la malchance de dépendre d'une caractéristique indéfinie, son comportement sur une autre implémentation ne sera pas garanti. Un exemple courant de ce qui précède, dans la plupart des langages de programmation, apparaît avec des variables non initialisées. Il est clair que la valeur voulue est zéro. En outre, beaucoup de systèmes d'exploitation remettent à zéro la zone de programme avant de charger le programme. Dans de telles circonstances, le programme se comportera correctement mais sera susceptible de produire des résultats surprenants s'il est transféré sur une implémentation différente. Par conséquent, le concept de programme erroné n'est pas confiné au monde d'Ada. Dans les chapitres précédents nous avons indiqué plusieurs causes possibles à ces programmes erronés. Pour plus de commodité nous les rassemblons ici.

Un groupe important de situations concerne l'ordre d'évaluation des expressions. Puisqu'une expression peut comprendre un appel de fonction et qu'une fonction peut avoir des effets de bord, il s'ensuit que des ordres d'évaluation différents produisent quelquefois des résultats différents. L'ordre d'évaluation des éléments suivants n'est pas défini :

- Les opérandes d'un opérateur binaire.
- La destination et la valeur d'une affectation.
- Les composants d'un agrégat.
- Les paramètres d'un sous-programme ou d'un appel d'entrée.
- Les expressions d'indice dans un nom multidimensionnel.
- Les expressions dans un intervalle.
- Les gardes dans une instruction select.

Il existe une situation importante dans laquelle une valeur poubelle peut être obtenue :

- La lecture d'une variable non initialisée avant son affectation.

Il existe deux situations où le mécanisme n'est pas défini par le langage :

- Le passage de paramètres tableaux, articles et privés.

- L'algorithme pour choisir une branche dans une instruction select.

Il existe aussi des situations dans lesquelles le programmeur a la liberté de s'affranchir du carcan du modèle des types ; un abus de cette possibilité peut conduire à des programmes erronés. Exemples :

- La suppression des exceptions.

- La libération de mémoire sans vérifications.

- La conversion sans vérification.

Enfin, rappelons que l'ordre d'élaboration des unités de bibliothèque n'est pas défini.

Les types numériques sont une autre source importante de problèmes de portabilité ; la raison étant bien sûr le compromis nécessaire entre l'obtention d'un comportement absolument uniforme sur toutes les machines et la maximisation des performances. Ada se sert du concept des nombres modèles pour formuler ce compromis. En principe, si nous nous appuyons sur les propriétés de ceux-ci, nos programmes seront portables. Dans la pratique, ce n'est pas facile à réaliser ; le lecteur se souviendra des problèmes de débordement dans les expressions intermédiaires, mentionnés à la section 12.1.

Il existe divers attributs qui, utilisés correctement, permettent de rendre nos programmes plus portables. Ainsi, nous pouvons nous servir de BASE pour déterminer ce qui se passe réellement et de MACHINE_OVERFLOWS pour voir si NUMERIC_ERROR ou CONSTRAINT_ERROR peut être levé. Cependant, une mauvaise utilisation de ces attributs peut induire des programmes tout à fait non portables.

Il existe néanmoins une règle simple à suivre. Nous devons toujours déclarer nos propres types réels et ne pas utiliser les types prédéfinis tels que FLOAT. L'idéal consisterait à prendre une approche semblable pour les types entiers, mais le langage nous encourage à penser que le type entier possède un intervalle raisonnable.

Les tâches constituent un autre domaine important. Tout programme utilisant des tâches est susceptible de souffrir de problèmes de portabilité car les temps d'exécution des instructions varient d'une machine à l'autre. Cela influence les temps d'exécution relatifs des tâches ainsi que leur temps d'exécution propre. Dans certains cas, un programme peut être incapable de tourner sur une machine particulière, parce qu'elle ne dispose pas de ressources de traitement suffisantes. Des lignes de conduites clairement tracées sont presque impossibles à déterminer, mais les éléments suivants peuvent être gardés à l'esprit.

Prendre garde que le type DURATION soit suffisamment précis pour l'application. Souvenons-nous que des boucles régulières ne sont pas réalisées commodément si l'intervalle requis n'est pas un nombre modèle.

Eviter l'utilisation non synchronisée des variables partagées, autant que possible. Quelquefois, des considérations de temps exigent des techniques rapides et malpropres ; consultez votre gourou temps-réel si vous succombez à cette tentation. Dans les cas simples, le pragma SHARED peut permettre d'éviter les interférences entre tâches.

L'utilisation de l'instruction abort posera aussi des problèmes de portabilité à cause de sa nature asynchrone.

Eviter aussi l'utilisation des priorités. Si le besoin de priorités apparaît pour obtenir des temps de réponse adéquats, c'est que le programme arrive probablement aux limites des ressources de la machine.

La vitesse finie de la machine nous amène au dernier point de cette section - l'espace disponible fini. Il est clair que différentes machines possèdent des tailles différentes et, par conséquent, un programme qui tourne de façon satisfaisante sur une machine peut lever STORAGE_ERROR sur une autre. De plus, différentes implémentations peuvent utiliser différentes stratégies d'allocation pour les types accès et les données des tâches. Nous avons vu comment les clauses de représentations peuvent servir au contrôle de l'allocation de mémoire et, par là, réduisent les problèmes de portabilité. Cependant, il vaut mieux éviter l'utilisation, non étudiée ici, de la récursion et des types accès.

Exercice 16.4

1 La variable globale I est de type INTEGER et la fonction F est :

```
function F return INTEGER is
begin
        I := I+1;
        return I;
end F;
```

Expliquer pourquoi les fragments de programme suivants sont illégaux. Supposer que, dans chaque cas, I est initialisé à 1.

```
a) I := I+F;                c) AA(I, F) := 0;
b) A(I) := F;
```

16.5 Conception des programmes

Cette dernière section considère la question de l'architecture des programmes Ada. A un moment où des compilateurs viables commercialement font juste leur apparition, la somme d'expérience sur Ada commence seulement à prendre de l'ampleur. Par conséquent les lignes de conduite énumérées dans cette section doivent être prises avec un certain recul bien qu'il semble n'y avoir aucune raison de mettre en doute leur validité générale. Notons aussi que nous traitons seulement la question de la conception des programmes en Ada. Nous supposons que le lecteur a une connaissance de base des principes généraux de la conception des programmes.

Il existe différents points de bas niveau et de style sans doute évidents. Les identificateurs doivent avoir des noms évocateurs. Le programme doit être mis en page de façon ordonnée - le style utilisé dans ce livre suit celui recommandé par la syntaxe du MR. Des commentaires appropriés doivent être inclus. La structure de bloc doit être utilisée pour restreindre les déclarations à leur zone d'utilisation. Chaque fois que cela est possible, n'écrire une information qu'une seule fois ; ainsi, les déclarations de nombres et de constantes doivent être utilisées de préférence à des littéraux explicites, etc.

La programmation peut, *grosso modo*, se résumer à l'abstraction et à la transposition du problème sur des constructions dans le langage de programmation. Dans la section 1.2 nous avons vu que le développement des langages de programmation a introduit différents niveaux d'abstraction, et qu'Ada en particulier a introduit un degré d'abstraction inconnu dans les autres langages couramment utilisés.

Un concept important dans la conception et l'utilisation des abstractions est le cachement de l'information. L'information ne doit être accessible qu'aux parties du programme qui en ont logiquement besoin. L'utilisation des paquetages et des types de données privés pour cacher les détails inutiles est la clef de voûte d'une programmation Ada bien conçue. Bien sûr, comme nous l'avons indiqué précédemment, Ada est un langage qui vise à encourager le développement de composants logiciels réutilisables ; le paquetage est un composant clef.

La conception d'un programme Ada se concentre donc sur la mise en place d'un groupe de paquetages et de leurs interfaces mutuelles. Souvent, nous souhaiterons utiliser un ou plusieurs paquetages existants. Pour que ce soit possible, il est clair que ceux-ci doivent avoir été conçus avec des interfaces cohérentes, propres et suffisamment générales. La difficulté réside peut-être dans le choix des éléments, lesquels éléments sont suffisamment reliés ou fondamentaux pour figurer ensemble dans un paquetage. Il réside aussi dans le degré de généralité que doit avoir le paquetage. Si un paquetage est trop général, il sera lourd et inefficace ; s'il n'est pas assez général, son utilité s'en trouvera limitée.

L'interface d'un paquetage est fournie par sa spécification ; celle-ci donne la syntaxe d'utilisation de l'interface, la sémantique devant aussi être définie et également fournie à l'aide d'un commentaire. Ainsi, considérons le paquetage PILE de la section 8.1 ; sa spécification garantit qu'il fournira les sous-programmes EMPILER et DEPILER avec certains types de paramètres et de résultats. Cependant, la spécification ne garantit pas par elle-même que l'appel à DEPILER retirera et retournera effectivement l'élément du haut de la pile. Du point de vue du langage, il serait acceptable d'avoir un corps de paquetage tel que :

```
package body PILE is
        procedure EMPILER (X : INTEGER) is
        begin
                null;
        end;

        function DEPILER return INTEGER is
        begin
                return 0;
        end;
end PILE;
```

Cependant, dans le monde futur de l'industrie des composants logiciels, toute entreprise vendant de tels paquetages mettra rapidement la clef sous la porte.

Considérons maintenant certaines catégories d'éléments apparentés qui peuvent constituer des paquetages utiles.

Une forme simple de paquetage peut se composer simplement d'un groupe de types et de constantes apparentés et ne pas avoir de corps. Le paquetage ASCII entre dans cette catégorie. On en trouve un autre exemple à la section 8.1 dans le paquetage DIURNE ; c'est un mauvais exemple - s'il possède un tableau DEMAIN, il devrait certainement comprendre aussi HIER. On trouve des exemples meilleurs avec les paquetages de constantes mathématiques apparentées, les conversions de constantes (anglo-saxonnes à métriques), les tables de constantes physiques, les constantes chimiques, comme, par exemple :

```
package ELEMENTS is
        type ELEMENT is (H, HE, LI, ...);
        -- Méfions-nous de l'astate et de l'indium (At et In sont réservés)
        MASSE_ATOMIQUE : array (ELEMENT) of REAL
                := (1.008, 4.003, 6.940, ...);
        ...
end ELEMENTS;
```

Un autre cas apparaît quand le paquetage contient des fonctions apparentées par domaine d'application. Un exemple évident en est fourni par la bibliothèque mathématique mentionnée à la section 16.3. Les fonctions individuelles sont alors véritablement indépendantes, bien que pour des raisons d'efficacité SIN et COS, par exemple, partageront vraisemblablement une procédure commune. Le corps de paquetage nous permet de cacher une telle procédure à l'utilisateur car son existence n'est qu'un détail d'implémentation.

Quelquefois, on a besoin d'un paquetage pour cacher un effet de bord utile - exemple : le paquetage ALEATOIRE de l'exercice 8.1(1).

Les paquetages tels que SEQUENTIAL_IO rassemblent un grand nombre d'informations cachées et fournissent un nombre équivalent de services. Le problème est ici de décider si nous devons fournir des programmes additionnels ou nous contenter de ceux qui sont absolument nécessaires. Le paquetage TEXT_IO contient un grand nombre de sous-programmes facilitant la tâche du programmeur.

Beaucoup de paquetages ont comme caractéristique d'être un moyen de fournir un accès contrôlé à une certaine forme de base de données. La base de données peut ne contenir qu'un élément comme dans le paquetage ALEATOIRE, ou elle peut contenir la table des symboles d'un compilateur ou encore une base de données commerciale en vraie grandeur, etc. Le paquetage BANQUE, à la section 9.3, en est un autre exemple.

On utilise beaucoup les paquetages pour fournir de nouveaux types de données et leurs opérations associées. Des exemples sont fournis par les paquetages NOMBRES_COMPLEXES (section 9.1), NOMBRES_RATIONNELS (exercice 9.1(2)) et QUEUES (exercice 11.4(3)). Dans de tels cas, l'utilisation de types privés nous permet de séparer la représentation du type des opérations agissant sur lui. D'une certaine façon, les nouveaux types peuvent être considérés comme des extensions naturelles du langage.

Les paquetages de ce genre soulèvent le problème de déterminer si nous devons utiliser des procédures ou des fonctions. Ada n'est pas aussi souple que certains autres langages ; les nouvelles formes d'opérateurs ne peuvent pas être introduites et les niveaux de priorité sont fixés. Cela tempère une utilisation trop enthousiaste des opérateurs qui pourrait transfigurer Ada complètement, comme c'est possible avec des langages tels que POP-2. Ada nous réserve cependant son lot de surprises. Nous pouvons écrire :

```
function "-" (X, Y : INTEGER) return INTEGER is
begin
      return STANDARD."+" (X, Y);
end "-";
```

Il est évident qu'il est déraisonnable de le faire. Ainsi, en règle générale, il vaut mieux réduire le nombre des surprises.

Les opérateurs doivent être considérés comme des fonctions de nature mathématique. En général, les propriétés algébriques normales des opérateurs doivent être préservées quand c'est possible. Ainsi "+" doit être commutatif. L'arithmétique avec des mélanges de types doit être évitée, mais il existe des cas où c'est nécesaire.

Les définitions des opérateurs dans le paquetage NOMBRES_COMPLEXES ont les propriétés attendues et n'autorisent pas les opérandes mixtes. Nous pouvons peut-être ajouter les opérateurs unaires "+" et "-" pour compléter, comme nous l'avons fait pour le paquetage NOMBRES_RATIONNELS. Il serait bon qu'une conversion de type puisse se faire par surcharge du nom du type afin que nous puissions écrire COMPLEXE (2.0) plutôt que CONS (2.0, 0.0). Cependant, Ada n'autorise pas cela. La conversion de type de cette forme est restreinte aux types numériques prédéfinis et dérivés.

D'autre part, considérons les opérateurs du paquetage CALENDAR de la section 14.3. Ici, le centre du problème est une addition mixte, la commutativité est préservée par deux surcharges de "+".

L'introduction de types mathématiques tels que COMPLEXE et RATIONNEL est toujours mieux servie par l'utilisation de types privés. Nous aurons alors besoin de fournir des fonctions de construction et d'extraction en plus des opérations naturelles. En général, les opérations de construction et d'extraction sont fournies plus aisément par une notation fonctionnelle tandis que les opérations naturelles peuvent être fournies sous forme d'opérateurs. Cependant, dans le cas des nombres rationnels, l'opérateur de division "/" fournit une notation plus naturelle pour la construction.

Il est assez difficile de savoir ce qu'il faut fournir dans un paquetage pour un type mathématique. Le minimum peut être assez laconique et pousser les utilisateurs à développer eux-mêmes les sous-programmes supplémentaires. En revanche, un paquetage trop généreux peut être encombrant. Par exemple, devons-nous fournir un opérateur relationnel et si oui, devons-nous les fournir tous les quatre? Devons-nous inclure les entrées-sorties correspondantes? Nous laissons au lecteur le soin de répondre à ces questions selon son expérience et les besoins de l'application.

Un autre point important est l'allocation de mémoire. Elle est bien illustrée par un type tel que POLYNOME, introduit à la section 11.1. Si celui-ci est implémenté en utilisant un article à discriminant tel que :

```
type POLYNOME(DEGRE : INDICE := 0) is
    record
        A : VECTEUR_ENTIER (0 .. DEGRE);
    end record;
```

dans le cas des polynômes non contraints, le compilateur pourra allouer l'espace maximum pouvant être requis. Il est par conséquent important que l'intervalle du discriminant ait une borne supérieure raisonnable. Si nous écrivons :

```
type POLYNOME(DEGRE : INTEGER := 0) is ...
```

alors chaque polynôme non contraint peut demander l'espace pour INTEGER'LAST et l'on tombera rapidement en panne d'espace.

Si tous les polynômes sont assez petits, l'utilisation d'article à discriminant sera satisfaisante. Si, en revanche, ceux-ci sont susceptibles de varier beaucoup en taille, il est probablement préférable d'utiliser des types accès. Bien sûr, une stratégie mixte peut être utilisée - un tableau fixe pour les premiers termes, puis un type accès pour le reste. Pour que de telles stratégies de remplacement puissent être organisées correctement et cachées à l'utilisateur, il est clair que le polynôme doit être un type privé. L'écriture d'un paquetage est laissée en exercice informel au lecteur.

Lors de la conception de paquetages, la question se pose de savoir quoi faire quand quelque chose se passe mal. Cela nous amène à examiner les exceptions. Bien qu'elles ne soient pas un concept nouveau pour les langages de programmation, elles ne sont pas très largement utilisées, sauf en PL/I, et l'expérience avec PL/I n'a pas été concluante. Cependant, les exceptions en Ada diffèrent de celles de PL/I sur un point très important. En Ada, le contrôle ne peut pas revenir au point où l'exception a été levée et on est forcé de considérer une issue séparée pour la partie de programme qui s'est mal passée.

Cela étant dit, les exceptions demandent néanmoins de l'attention. Au chapitre 10 nous avons mis en garde contre l'utilisation inutile des exceptions et en particulier contre la levée des exceptions prédéfinie puisque nous n'avons aucune garantie, quand nous traitons une telle exception, qu'elle a été levée pour la bonne raison.

Le premier but devrait toujours être d'avoir une interface propre et complète. Comme exemple, considérons de nouveau la fonction factorielle et l'action à entreprendre quand le paramètre n'est pas valide. Nous pouvons considérer :

- Imprimer un message.
- Retourner une valeur de défaut.
- Retourner un état via un paramètre BOOLEAN.
- Appeler une procédure d'erreur.
- Lever une exception.

L'impression d'un message est très peu satisfaisante parce que cela soulève tout un ensemble de problèmes de détail tels que l'identification du fichier, le format du message, etc. De plus, cela ne donne au programme appelant aucun contrôle sur les actions qu'il voudrait entreprendre et un fichier à définir se trouve encombré de messages. Reste encore la question de savoir quoi faire après avoir imprimé le message.

Une autre possibilité consiste à retourner une valeur de défaut, par exemple -1, comme dans l'exercice 10.1(2). Elle n'est pas satisfaisante puisqu'il n'existe encore aucune garantie que l'utilisateur testera cette valeur de défaut en retour. Si on fait confiance à l'utilisateur pour faire ce test on peut tout aussi bien lui faire confiance pour tester le paramètre de la fonction avant l'appel.

Si nous souhaitons retourner une valeur d'état via un autre paramètre, alors, comme nous l'avons vu à l'introduction de EMPILER et DEPILER à la section 10.2, nous ne pouvons plus nous servir de fonctions, nous devons utiliser des procédures. Nous devons aussi faire confiance de nouveau à l'appelant, comme dans le cas de la valeur de défaut.

Nous pouvons appeler une procédure globale fournie par l'utilisateur. Cela signifie que nous devons nous mettre d'accord sur un nom standard, ce qui n'est pas satisfaisant. Nous ne pouvons pas passer la procédure d'erreur en paramètre. S'en remettre aux mécanismes des génériques revient à utiliser un marteau-pilon pour écraser une mouche. Dans tous les cas, comme avec l'impression du message, nous aurons le problème de savoir quoi faire après et comment retourner finalement de la fonction. Il serait naïf de croire que le programme peut simplement s'arrêter. Le directeur de l'aciérie ne souhaiterait certainement pas que la partie de contrôle du programme s'arrête simplement parce qu'un problème mineur est apparu ailleurs ; on doit avoir un moyen de continuer.

Il n'existe que deux moyens de sortir d'un sous-programme Ada ; par retour au point d'appel ou par propagation d'une exception (l'instruction goto et les étiquettes des autres langages sont efficacement remplacées par l'exception). Nous semblons avoir écarté la possibilité de retourner au point de l'appel par souci de sécurité et, par conséquent, être arrivés à la conclusion que la levée d'une exception est la solution qui convient.

Nous devons prendre en considération, quand nous décidons d'utiliser des exceptions, la question de savoir si la condition se produit pendant le cours normal des opérations ou non. Si on répond à cette question par l'affirmative, une exception n'est probablement pas indiquée. Comme exemple, la condition de fin de fichier dans le paquetage SEQUENTIAL_IO est testée par une fonction booléenne et non par une exception. Nous nous attendons bien sûr à atteindre la fin d'un fichier et nous devons par conséquent la tester - voir la réponse à l'exercice 15.1(1).

D'autre part, si nous utilisons le paquetage PILE dans, par exemple, un interpréteur d'expressions mathématiques, alors, pourvu que l'interpréteur soit écrit correctement, nous savons qu'un sous-dépassement de pile est impossible. On peut accepter une exception pour cette condition imprévue. Notons aussi que lorsque nous utilisons SEQUENTIAL_IO, si nous tentons de lire au-delà de la fin du fichier, l'exception END_ERROR est levée.

La levée des exceptions n'est cependant pas une panacée. Nous ne pouvons pas de la sorte mettre le problème dans un placard. L'exception doit être traitée quelque part sinon le programme se terminera. C'est en fait l'un de leurs avantages - si l'utilisateur ne fait rien, le programme se termine sagement, tandis que si nous retournons des valeurs d'état et que l'utilisateur ne fait rien, le programme erre sans doute de façon stérile.

Toute utilisation irréfléchie de **others** dans un traite-exception doit être évitée. Si nous écrivons **others**, nous indiquons en fait que n'importe quoi peut mal se passer et que nous devons prendre une mesure adéquate ; nous ne devons pas utiliser **others** comme un moyen pratique de piéger toutes les exceptions que nous prévoyons.

Un autre domaine important de la conception est celui de l'utilisation des tâches. On peut en général déterminer assez clairement si un problème réclame l'utilisation de tâches, mais souvent moins clairement comment les tâches doivent se répartir les différentes activités.

Il y a peut-être deux problèmes majeurs à résoudre relatifs à l'interaction entre les tâches. Le premier a trait à la transmission de messages entre les tâches, le second au contrôle de l'accès des données communes à plusieurs tâches.

Le rendez-vous fournit un mécanisme naturel pour la transmission synchrone de messages ; des exemples sont fournis par l'interaction entre la mère et les autres membres de la famille dans la procédure COURSES de la section 14.2 et par l'interaction entre le serveur et le client dans le paquetage CORDONNIER de l'exercice 14.8(1). Si la transmission a besoin d'être découplée pour que l'expéditeur puisse continuer sans attendre que le message soit reçu, alors une tâche intermédiaire est requise. La tâche TAMPON de la section 14.4 et le type tâche BOITE_AUX_LETTRES de la section 14.5 en sont l'illustration.

L'accès contrôlé aux données communes est, en Ada, également réalisé par une tâche intermédiaire, tandis que dans d'autres langages il peut passer par des structures de contrôle passives telles que les moniteurs ou bien des primitives de bas niveau telles que les sémaphores. L'approche Ada fournit généralement une solution plus claire et plus sûre au problème. Un exemple en est fourni par la tâche VARIABLE_PROTEGEE de la section 14.4. Assez souvent, la tâche est contenue dans un paquetage pour forcer le respect du protocole requis ; exemples : les paquetages LECTEURS_ECRIVAIN de la section 14.4 et le paquetage ALLOCATEUR_DE_RESSOURCES de la section 14.7.

Quelquefois la distinction entre le passage de messages et le contrôle de l'accès de données est floue ; la tâche TAMPON, au niveau macroscopique, passe des messages, tandis qu'au niveau microscopique elle contrôle l'accès au tampon.

Un autre classement des tâches peut se faire entre utilisateurs et serveurs. Une tâche serveur pur est une tâche avec des entrées, mais qui n'appelle aucune autre tâche, tandis que les tâches utilisateur n'ont pas d'entrées mais doivent connaître le nom des tâches serveur pour appeler leurs entrées. Quelquefois, une tâche est partiellement serveur et partiellement utilisateur ; exemple : le type tâche AGENT_LECTEUR de la section 14.6.

Le problème, lors de la conception d'un ensemble de tâches en interaction, est de décider comment organiser les entrées. Notre modèle intuitif de serveurs et d'utilisateurs devrait être utile. Les entrées appartiennent au serveur. Un autre critère est fourni par l'examen des alternatives ; si une tâche doit avoir un choix de rendez-vous via une instruction select, elle doit posséder les entrées et, par conséquent, être un serveur. Une instruction select peut servir à accepter un parmi plusieurs appels d'entrées mais ne peut pas servir à appeler une parmi plusieurs entrées.

On ne saurait trop insister sur le fait qu'avorter des tâches ne doit pas se faire à la légère. L'instruction abort est réservée pour les cas extrêmes seulement. On peut néanmoins l'utiliser dans une tâche superviseur où il peut être souhaitable de fermer un sous-système complet en réponse à une commande d'opérateur humain.

La raison pour laquelle on souhaite éviter avorter des tâches est que cela rend très difficile de fournir des services sûrs comme nous l'avons examiné dans le paquetage LECTEURS_ECRIVAIN à la section 14.6. Si nous savons que les utilisateurs ne peuvent pas être terminés de façon anormale, l'utilisation d'agents secrets n'est pas nécessaire ; bien sûr, cet exemple devrait être considéré comme l'illustration de ce qu'il est possible de faire plutôt que de ce qu'il est obligatoire de faire.

Un programme Ada multi-tâches sera souvent considéré comme un ensemble de tâches en coopération agencées dans une même application. Dans de telles circonstances, nous pouvons faire confiance aux tâches appelantes pour respecter les protocoles nécessaires et la construction de serveurs s'en trouve simplifiée.

L'utilisation d'appels d'entrées à attente limitée requiert aussi de l'attention mais constitue une exigence très commune et très naturelle pour les systèmes temps-réel. Les services doivent autant que possible pouvoir faire face aux appels à attente limitée.

Enfin, se pose la question des génériques et de leur paramétrisation. Devons-nous écrire des paquetages spécifiques ou très généraux? C'est un problème courant des sous-programmes et les génériques ne font qu'ajouter une nouvelle dimension. Comme on l'a indiqué au début de la section, l'expérience de l'utilisation d'Ada est limitée et, par conséquent, il semble prématuré de donner des avis dans ce domaine. Bien sûr, dans le marché futur des composants logiciels, il est vraisemblable que des paquetages de toutes sortes de généralités et de performances seront disponibles. Nous pouvons conclure en imaginant une conversation dans notre boutique de logiciel :

Client : Puis-je jeter un coup d'oeil à votre paquetage de lecteurs-écrivain que vous avez dans la vitrine?

Serveur : Certainement. Est-ce la version robuste qui vous intéresse - celle qui ne craint pas l'abort? Sinon nous avons cette version propre pour appelants sûrs. Elle vient d'arriver.

Client : Bon - c'est pour un système bien rôdé, cette dernière me semble être ce dont j'ai besoin. Combien coûte-t-il?

Serveur : 250 ECUs, mais il y a une offre spéciale : un exemplaire gratuit de ce générateur de nombre aléatoire et 10 % de réduction sur votre prochaine certification.

Client : Hum! Est-elle validée?

Serveur : Tous nos produits respectent les standards les plus élevés. Le mécanisme des paramètres suit ES98263 et possède le certificat international multi-tâches habituel.

Client : C'est bon, je la prends.

Serveur : Voulez-vous la prendre telle quelle ou voulez-vous que je vous l'instancie?

Client : Ne faites rien, je préfère l'instancier moi-même.

...

Sur cette note de fantaisie nous arrivons à la fin de ce livre. Nous espérons que le lecteur aura acquis une bonne compréhension des principes d'Ada dans leurs grandes lignes ainsi que dans les détails. Une compréhension meilleure viendra avec l'usage et l'auteur espère avoir contribué à préparer le lecteur à son futur travail.

Annexe 1 MOTS RESERVES, ATTRIBUTS ET PRAGMAS

Cette annexe fournit la liste des mots réservés, des attributs prédéfinis, et des pragmas. Une implémentation peut définir d'autres attributs et pragmas mais pas d'autres mots réservés.

Les listes des attributs et des pragmas sont extraites des annexes A et B du Manuel de référence. Les références ont été modifiées pour renvoyer aux sections de ce livre.

A1.1 Mots réservés

Les mots suivants sont réservés ; leur utilisation est décrite dans les sections indiquées.

abort	14.6
abs	4.5
accept	14.2
access	11.3
all	11.3
and	4.7, 4.9
array	6.1
at	15.4
begin	4.2, 7.1, 8.1, 14.1
body	8.1, 14.1
case	5.2, 11.2
constant	4.1
declare	4.2
delay	14.3
delta	12.4, 13.2
digits	12.3, 13.2
do	14.2

subtype	4.4
task	14.1
terminate	14.6
then	4.9, 5.1
type	4.3
use	8.1, 15.4
when	5.2, 5.3, 10.1, 11.2, 14.4
while	5.3
with	8.2, 13.3
xor	4.7

Les mots réservés **delta, digits** et **range** sont aussi utilisés comme attributs.

A1.2 Attributs prédéfinis

Les attributs suivants sont prédéfinis par le langage.

P'ADDRESS Pour un préfixe P qui dénote un objet, une unité de programme, une étiquette ou une entrée :

Rend l'adresse de la première unité de mémoire allouée à P. Pour un sous-programme, un paquetage, une unité tâche, ou une étiquette, cette valeur se réfère au code machine associé au corps ou à l'instruction correspondant. Pour une entrée pour laquelle une clause d'adresse a été donnée, la valeur se réfère à l'interruption matériel correspondante. La valeur de cet attribut est du type ADDRESS défini dans le paquetage SYSTEM. (Voir 15.4.)

P'AFT Pour un préfixe P qui dénote un sous-type point-fixe :

Rend le nombre de chiffres décimaux nécessaires après le point décimal pour supporter la précision du sous-type P, à moins que le delta de P ne soit supérieur à 0.1, auquel cas cet attribut rend la valeur un. (P'AFT est le plus petit entier positif N tel que (10**N)*P'DELTA soit supérieur ou égal à un.) La valeur de cet attribut est du type *entier_universel*. (Voir 15.2.)

P'BASE Pour un préfixe P qui dénote un type ou un sous-type :

Cet attribut rend le type de base de P. Il n'est autorisé que comme le préfixe du nom d'un autre attribut : par exemple, P'BASE'FIRST. (Voir 12.1.)

P'CALLABLE Pour un préfixe P approprié à un type tâche :

Rend la valeur FALSE lorsque l'exécution de la tâche P est achevée ou terminée, ou bien si la tâche est anormale ; rend la valeur TRUE sinon. La valeur de cet attribut est du type prédéfini BOOLEAN. (Voir 14.6.)

P'CONSTRAINED Pour un préfixe P qui dénote un objet d'un type à discriminants :

Rend la valeur TRUE si une contrainte de discriminant s'applique à l'objet P, ou si l'objet est une constante (y compris un paramètre formel ou générique de mode **in**) ; rend la valeur FALSE sinon. Si P est un paramètre générique formel de mode **in out**, ou bien si P est un paramètre formel de mode **in out** ou **out**, et si la marque de type donnée dans la spécification de paramètre correspondante dénote un type non contraint à discriminants, alors la valeur de cet attribut est obtenue à partir du paramètre effectif correspondant. La valeur de cet attribut est du type prédéfini BOOLEAN. (Voir 11.1.)

P'CONSTRAINED Pour un préfixe P qui dénote un type ou un sous-type privé :

Rend la valeur FALSE si P dénote un type privé non formel contraint à discriminants ; rend aussi la valeur FALSE si P dénote un type privé formel générique et si le sous-type effectif associé est soit un type non contraint à discriminants, soit un type tableau non contraint ; rend la valeur TRUE sinon. La valeur de cet attribut est du type prédéfini BOOLEAN. (Voir 13.2.)

P'COUNT Pour un préfixe P qui dénote une entrée d'une unité tâche :

Rend le nombre courant d'appels d'entrée dans la file d'attente de l'entrée (si l'attribut est évalué par l'exécution d'une instruction accept pour l'entrée P, ce nombre ne comprend pas la tâche appelante). La valeur de cet attribut est du type prédéfini BOOLEAN. (Voir 14.4.)

P'DELTA Pour un préfixe P qui dénote un sous-type point-fixe :

Rend la valeur de delta spécifiée dans la définition de précision fixe du sous-type P. La valeur de cet attribut est du type *réel_universel*. (Voir 12.4.)

P'DIGITS Pour un préfixe P qui dénote un sous-type point-flottant :

Rend le nombre de chiffres décimaux dans la mantisse décimale des nombres modèles du sous-type P. (Cet attribut rend le nombre D de la section 12.3.) La valeur de cet attribut est du type *entier_universel.*

P'EMAX Pour un préfixe P qui dénote un sous-type point-flottant :

Rend la plus grande valeur d'exposant dans la forme canonique binaire des nombres modèles du sous-type P. (Cet attribut rend la valeur 4*B de la section 12.3.) La valeur de cet attribut est du type *entier_universel.*

P'EPSILON Pour un préfixe P qui dénote un sous-type point-flottant :

Rend la valeur absolue de la différence entre le nombre modèle 1.0 et le nombre modèle qui lui est juste supérieur, pour le sous-type P. La valeur de cet attribut est du type *réel_universel.* (Voir 12.3.)

P'FIRST Pour un préfixe P qui dénote un type scalaire ou un sous-type d'un type scalaire :

Rend la borne inférieure de P. La valeur de cet attribut est du même type que P. (Voir 4.8.)

P'FIRST Pour un préfixe P approprié à un type tableau, ou qui dénote un sous-type tableau contraint :

Rend la borne inférieure du premier intervalle d'indice. La valeur de cet attribut est du type de cette borne supérieure. (Voir 6.1.)

P'FIRST(N) Pour un préfixe P approprié à un type tableau, ou qui dénote un sous-type tableau contraint :

Rend la borne inférieure du N-ème intervalle d'indice. La valeur de cet attribut est du type de cette borne inférieure. L'argument N doit être une expression statique du type *entier_universel.* La valeur de N doit être positive (non nulle) et ne doit pas dépasser la dimensionnalité du tableau. (Voir 6.1.)

P'FIRST_BIT Pour un préfixe P qui dénote un composant d'un objet d'article :

Rend le décalage entre le début de la première des unités de mémoire occupées par le composant et le premier bit occupé par le composant. Ce décalage est mesuré en bits. La valeur de cet attribut est du type *entier_universel.* (Voir 15.4.)

P'FORE Pour un préfixe P qui dénote un sous-type point-fixe :

Rend le nombre minimal de caractères nécessaires à la partie entière de la représentation décimale de n'importe quelle valeur du sous-type P, en supposant que cette représentation ne comporte pas d'exposant, mais comprend un préfixe de un caractère qui est un signe moins ou bien ou un espace. (Ce nombre minimal ne comprend aucun zéro supplémentaire ou trait bas, et est deux au minimum.) La valeur de cet attibut est du type *entier_universel.* (Voir 15.2.)

P'IMAGE Pour un préfixe P qui dénote un type ou sous-type discret :

Cet attribut est une fonction à un seul paramètre. Le paramètre effectif X doit être une valeur du type de base de P. Le type du résultat est le type prédéfini STRING. Le résultat est l'*image* de la valeur de X, c'est-à-dire une suite de caractères qui représente la valeur lorsqu'elle est affichée. L'image d'une valeur entière est le littéral décimal correspondant, sans trait bas, ni zéro de tête, ni exposant, ni espace de traîne ; mais avec un unique caractère de tête qui est soit un espace, soit un signe moins.

L'image d'une valeur d'énumération est soit l'identificateur correspondant en majuscules soit le littéral caractère correspondant (y compris les deux apostrophes), sans espaces de tête ou de traîne. L'image d'un caractère autre qu'un caractère graphique est définie par l'implémentation.

P'LARGE Pour un préfixe P qui dénote un sous-type réel :

Rend le plus grand nombre modèle positif du sous-type P. La valeur de cet attribut est du type *réel_universel.* (Voir 12.3 et 12.4.)

P'LAST Pour un préfixe P qui dénote un type scalaire ou un sous-type d'un type scalaire :

Rend la borne supérieure de P. La valeur de cet attribut est du même type que P. (Voir 4.8.)

P'LAST Pour un préfixe P approprié à un type tableau, ou qui dénote un sous-type tableau contraint :

Rend la borne supérieure du premier intervalle d'indice. La valeur de cet attribut est du type de cette borne supérieure. (Voir 6.1.)

P'LAST(N) Pour un préfixe P approprié à un type tableau, ou qui dénote un sous-type tableau contraint :

Rend la borne supérieure du N-ème intervalle d'indice. La valeur de cet attribut est du type de cette borne supérieure. L'argument N doit être une expression statique du type *entier_universel*. La valeur de N doit être positive (non nulle) et ne doit pas dépasser la dimensionnalité du tableau. (Voir 6.1.)

P'LAST_BIT Pour un préfixe P qui dénote un composant d'un composant d'article :

Rend le décalage entre le début de la première des unités de mémoire occupées par le composant et le dernier bit occupé par le composant. Ce décalage est mesuré en bits. La valeur de cet attribut est du type *entier_universel*. (Voir 15.4.)

P'LENGTH Pour un préfixe P qui est approprié à un tableau, ou qui dénote un sous-type tableau contraint :

Rend le nombre de valeurs du premier intervalle d'indice (zéro pour un intervalle vide). La valeur de cet attribut est du type *entier_universel*. (Voir 6.1.)

P'LENGTH(N) Pour un préfixe P qui est approprié à un tableau, ou qui dénote un sous-type tableau contraint :

Rend le nombre de valeurs du N-ème intervalle d'indice (zéro pour un intervalle vide). La valeur de cet attribut est du type *entier_universel*. L'argument N doit être une expression statique du type *entier_universel*. La valeur de N doit être positive (non nulle) et ne doit pas dépasser la dimensionnalité du tableau. (Voir 6.1.)

P'MACHINE_EMAX Pour un préfixe P qui dénote un sous-type point-flottant :

Rend la plus grande valeur d'*exposant* de la représentation machine du type de base P. La valeur de cet attribut est du type *entier_universel*. (Voir 15.5.)

P'MACHINE_EMIN Pour un préfixe P qui dénote un sous-type point-flottant :

Rend la plus petite valeur (la plus négative) d'*exposant* de la représentation machine du type de base P. La valeur de cet attribut est du type *entier_universel.* (Voir 15.5.)

P'MACHINE_MANTISSA Pour un préfixe P qui dénote un sous-type point-flottant :

Rend le nombre de chiffres dans la *mantisse* de la représentation machine du type de base de P (les chiffres sont des chiffres généralisés dans l'intervalle 0 à P'MACHINE_RADIX - 1). La valeur de cet attribut est du type *entier_universel.* (Voir 15.5.)

P'MACHINE_OVERFLOWS Pour un préfixe P qui dénote un type ou un sous-type réel :

Rend la valeur TRUE si toutes les opérations prédéfinies sur des valeurs du type de base de P soit fournissent un résultat correct, soit lèvent l'exception NUMERIC_ERROR dans les cas de dépassement ; rend la valeur FALSE sinon. La valeur de cet attribut est du type prédéfini BOOLEAN. (Voir 15.5.)

P'MACHINE_RADIX Pour un préfixe P qui dénote un type ou un sous-type point-flottant :

Rend la valeur de la *base* utilisée par la représentation machine du type de base de P. La valeur de cet attribut est du type *entier_universel.* (Voir 15.5.)

P'MACHINE_ROUNDS Pour un préfixe P qui dénote un type ou un sous-type réel :

Rend la valeur TRUE si toutes les opérations prédéfinies sur des valeurs du type de base de P retournent soit un résultat exact, soit un résultat arrondi ; rend la valeur FALSE sinon. La valeur de cet attribut est du type prédéfini BOOLEAN. (Voir 15.5.)

P'MANTISSA Pour un préfixe P qui dénote un sous-type réel :

Rend le nombre de chiffres binaires dans la mantisse binaire des nombres modèles du sous-type P. (Cet attribut rend le nombre B de la section 12.3 pour un type point-flottant, ou de la section 12.4 pour un point-fixe). La valeur de cet attribut est du type *entier_universel.*

P'POS Pour un préfixe qui dénote un type ou un sous-type discret :

Cet attribut est une fonction à un seul paramètre. Le paramètre effectif X doit être une valeur du type de base de P. Le type du résultat est *entier_universel*. Le résultat est le numéro de position de la valeur du paramètre effectif. (Voir 4.8.)

P'POSITION Pour un préfixe P qui dénote un composant d'un composant d'article :

Rend le décalage entre le début de la première des unités de mémoire occupées par l'article et la première des unités de mémoire occupées par le composant. Ce décalage est mesuré en unités de mémoire. La valeur de cet attribut est du type *entier_universel*. (Voir 15.5.)

P'PRED Pour un préfixe qui dénote un type ou un sous-type discret :

Cet attribut est une fonction à un seul paramètre. Le paramètre effectif X doit être une valeur du type de base de P. Le résultat est la valeur dont le numéro de position est inférieur d'une unité à celui de X. L'exception CONSTRAINT_ERROR est levée si X est égal à P'BASE'FIRST. (Voir 4.8.)

P'RANGE Pour un préfixe P qui est approprié à un tableau, ou qui dénote un sous-type tableau contraint :

Rend le premier intervalle d'indice de P, à savoir, l'intervalle P'FIRST..P'LAST. (Voir 6.1.)

P'RANGE(N) Pour un préfixe P qui est approprié à un tableau, ou qui dénote un sous-type tableau contraint :

Rend le N-ème intervalle d'indice de P, à savoir, l'intervalle P'FIRST(N)..P'LAST(N). (Voir 6.1.)

P'SAFE_EMAX Pour un préfixe P qui dénote un sous-type point-flottant :

Rend la plus grande valeur d'exposant dans la forme canonique binaire des nombres sûrs du type de base de P. (Cet attribut rend le nombre E de la section 12.3.) La valeur de cet attribut est du type *entier_universel*.

P'SAFE_LARGE Pour un préfixe P qui dénote un sous-type réel :

Rend le plus grand nombre sûr positif du type de base de P. La valeur de cet attribut est du type *réel_universel*. (Voir 12.3 et 12.4.)

P'SAFE_SMALL Pour un préfixe P qui dénote un sous-type réel :

Rend le plus petit nombre sûr positif (non nul) du type de base de P. La valeur de cet attribut est du type *réel_universel*. (Voir 12.3 et 12.4.)

P'SIZE Pour un préfixe P qui dénote un objet :

Rend le nombre de bits alloués pour contenir cet objet. La valeur de cet attribut est du type *entier_universel*. (Voir 15.4.)

P'SIZE Pour un préfixe P qui dénote un type ou un sous-type :

Rend le nombre minimal de bits dont l'implémentation a besoin pour contenir n'importe quel objet possible de ce type ou sous-type. La valeur de cet attribut est du type *entier_universel*. (Voir 15.4.)

P'SMALL Pour un préfixe P qui dénote un sous-type réel :

Rend le plus petit nombre positif (non nul) du sous-type P. La valeur de cet attribut est du type *réel_universel*. (Voir 12.3 et 12.4.)

P'STORAGE_SIZE Pour un préfixe P qui dénote un type ou un sous-type accès :

Rend le nombre total d'unités de mémoire réservées pour la collection associée au type de base de P. La valeur de cet attribut est du type *entier_universel*. (Voir 15.4.)

P'STORAGE_SIZE Pour un préfixe P qui dénote un type tâche ou un objet tâche :

Rend le nombre total d'unités de mémoire réservées pour chaque activation d'une tâche du type P ou pour l'activation de l'objet tâche P. La valeur de cet attribut est du type *entier_universel*. (Voir 15.4.)

P'SUCC Pour un préfixe P qui dénote un type ou un sous-type discret :

Cet attribut est une fonction à un seul paramètre. Le paramètre effectif X doit être une valeur du type de base de P. Le résultat est la valeur dont le numéro de position est supérieur d'une unité à celui de X. L'exception CONSTRAINT_ERROR est levée si X est égal à P'BASE'LAST. (Voir 4.8.)

P'TERMINATED Pour un préfixe P approprié à un type tâche :

Rend la valeur TRUE lorsque l'exécution de la tâche P est terminée ; rend la valeur FALSE sinon. La valeur de cet attribut est du type prédéfini BOOLEAN. (Voir 14.6.)

P'VAL Pour un préfixe P qui dénote un type ou un sous-type discret :

Cet attribut est une fonction spéciale à un seul paramètre qui peut être de n'importe quel type entier. Le type du résultat est le type de base de P. Le résultat est la valeur dont le numéro de position est la valeur *entier_universel* correspondant à X. L'exception CONSTRAINT_ERROR est levée si cette valeur entier_universel correspondant à X n'appartient pas à l'intervalle P'POS(P'BASE'FIRST)..P'POS(P'BASE'LAST). (Voir 4.8.)

P'VALUE Pour un préfixe P qui dénote un type ou un sous-type discret :

Cet attribut est une fonction à un seul paramètre. Le paramètre effectif X doit être une valeur de type prédéfini STRING. Le type du résultat est le type de base de P. Les éventuels caractères en tête ou en queue de la suite de caractères qui constituent le paramètre ne sont pas pris en compte.

Pour un type énumératif, si la suite de caractères a la syntaxe d'un littéral d'énumération et si ce littéral existe dans le type de base de P, le résultat est la valeur d'énumération correspondante. Pour un type entier, si la chaîne de caractères a la syntaxe d'un littéral entier, précédé d'un éventuel unique signe plus ou signe moins, et s'il y a une valeur correspondante dans le type de base de P, le résultat est cette valeur. Dans tous les autres cas, l'exception CONSTRAINT_ERROR est levée.

P'WIDTH Pour un préfixe P qui dénote un type ou un sous-type discret :

Rend la longueur maximale des images des valeurs du sous-type P (l'*image* est la suite de caractères retournée par l'attribut IMAGE). La valeur de cet attribut est du type *entier_universel*. (Voir 15.2.)

A1.3 Pragmas prédéfinis

Les pragmas suivants sont prédéfinis par le langage.

CONTROLLED Prend comme unique argument le nom simple d'un type accès. Ce pragma n'est autorisé qu'en direct dans la partie déclarative ou dans la spécification de paquetage, qui contient la déclaration du type accès ; la déclaration doit figurer avant le pragma. Ce pragma n'est pas autorisé pour un type dérivé. Ce pragma spécifie que la récupération automatique de mémoire ne doit pas être effectuée pour les objets désignés par les valeurs du type accès, sauf en quittant le plus intérieur des corps de sous-programmes, instructions blocs, ou corps de tâche, englobant la déclaration de ce type accès, ou bien après avoir quitté le programme principal. (Voir 11.3.)

ELABORATE Prend comme argument un ou plusieurs noms simples dénotant des unités de bibliothèque. Ce pragma n'est autorisé qu'immédiatement après la clause de contexte d'une unité de compilation (avant l'unité de bibliothèque ou l'unité secondaire qui suit). Chaque argument doit être le nom simple d'une unité de bibliothèque mentionnée par la clause de contexte. Ce pragma spécifie que le corps d'unité de bibliothèque correspondant doit être élaboré avant le corps de l'unité de bibliothèque ancêtre de la sous-unité. (Voir 16.3.)

INLINE Prend comme argument un ou plusieurs noms ; chaque nom est le nom d'un sous-programme, ou bien le nom d'un sous-programme générique. Ce pragma n'est autorisé qu'à un endroit d'élément déclaratif dans la partie déclarative ou dans une spécification de paquetage, ou après une unité de bibliothèque dans une compilation, mais avant toute unité de compilation qui la suit. Ce pragma spécifie qu'une expansion en ligne des corps de sous-programmes devrait être effectuée pour chaque appel chaque fois que cela est possible ; dans le cas d'un sous-programme générique, le pragma s'applique aux appels de ses instanciations. (Voir 15.5.)

INTERFACE Prend comme arguments un nom de langage et un nom de sous-programme. Ce pragma est autorisé à l'endroit d'un élément déclaratif, et doit dans ce cas s'appliquer à un sous-programme déclaré par un élément déclaratif antérieur de la même partie déclarative ou de la même spécification de paquetage. Ce pragma est aussi autorisé pour une unité de bibliothèque ; dans ce cas le pragma doit apparaître après la déclaration de sous-programme, et avant toute unité de compilation qui suit. Le pragma spécifie l'autre langage (et par là les conventions d'appel) et informe le compilateur qu'un module objet sera fourni pour le sous-programme correspondant. (Voir 15.7.)

LIST Prend comme unique argument l'un des identificateurs ON ou OFF. Ce pragma est autorisé partout où un pragma est autorisé. Il spécifie que le listage de la compilation doit être poursuivi ou suspendu jusqu'à ce qu'un pragma LIST avec un argument opposé soit donné dans la même compilation. Le pragma lui-même est toujours listé si la compilation produit un listage.

MEMORY_SIZE Prend comme unique argument un littéral numérique. Ce pragma n'est autorisé qu'au début d'une compilation, avant toute unité de compilation (s'il y en a). L'effet de ce pragma est d'utiliser la valeur, pour la définition du nombre nommé MEMORY_SIZE, du littéral numérique spécifié. (Voir 15.5.)

OPTIMIZE Prend comme unique argument l'un des identificateurs TIME ou SPACE. Ce pragma n'est autorisé que dans une partie déclarative et s'applique au bloc ou corps qui englobe la partie déclarative. Il spécifie si c'est le temps ou l'espace qui est le critère principal d'optimisation.

PACK Prend comme unique argument le nom simple d'un type article ou tableau. Les emplacements autorisés pour ce pragma et les restrictions sur le nom de type sont régis par les mêmes règles que pour une clause de représentation. Le pragma spécifie que l'économie de mémoire devrait être le principal critère de choix de la représentation du type donné. (Voir 15.5.)

PAGE Ce pragma n'a pas d'argument, et il est autorisé partout où un pragma est autorisé. Il spécifie que le texte de programme qui suit le pragma devrait commencer sur une nouvelle page (si le compilateur est en train de produire un listage).

PRIORITY Prend comme unique argument une expression statique du sous-type entier prédéfini PRIORITY. Ce pragma n'est autorisé que dans la spécification d'une unité tâche ou en direct dans la partie déclarative la plus externe d'un programme principal. Il spécifie la priorité de la tâche (ou des tâches du type tâche) ou la priorité du programme principal. (Voir 14.3.)

SHARED Prend comme unique argument le nom simple d'une variable. Ce pragma n'est autorisé que pour une variable déclarée par une déclaration d'objet et dont le type est un type scalaire ou accès ; la déclaration de variable et le pragma doivent figurer tous deux (dans cet ordre) en direct dans la même partie déclarative ou dans la même spécification de paquetage. Ce pragma spécifie que toute lecture ou mise à jour de la variable est un point de synchronisation pour cette variable. Une implémentation doit restreindre les objets pour lesquels ce pragma est autorisé à ceux pour lesquels chaque lecture ou mise à jour directe est implémentée en une opération indivisible. (Voir 16.4.)

STORAGE_UNIT Prend comme unique argument un littéral numérique. Ce pragma n'est autorisé qu'au début d'une compilation, avant la première unité de compilation (s'il y en a) de la compilation. L'effet de ce pragma est d'utiliser, pour la définition du nombre nommé STORAGE_UNIT, la valeur du littéral numérique spécifié. (Voir 15.5.)

SUPPRESS Prend comme arguments l'identificateur d'une vérification et aussi facultativement le nom d'un objet, d'un type ou sous-type, d'un sous-programme, d'une unité tâche, ou d'une unité générique. Ce pragma n'est autorisé qu'en direct dans une partie déclarative, ou en direct dans une spécification de paquetage. Dans ce dernier cas, la seule forme autorisée est celle ayant un nom qui dénote une entité (ou plusieurs sous-programmes surchargés) déclarée en direct dans la spécification de paquetage. La permission d'omettre la vérification donnée s'étend depuis l'endroit du pragma, jusqu'à la fin de la région déclarative associée à la plus intérieure des instructions bloc et unités de programmes englobantes. Pour un pragma donné dans une spécification de paquetage, la permission s'étend jusqu'à la fin de la portée de l'entité nommée.

Si le pragma comprend un nom, la permission d'omettre la vérification donnée est encore plus restreinte : elle n'est donnée que pour des opérations sur l'objet nommé ou sur tous les objets ayant le type de base du type ou sous-type nommé ; pour des appels d'un sous-programme nommé ; pour des activations de tâches du type tâche nommé ; ou pour des instanciations de l'unité générique donnée. (Voir 15.5.)

SYSTEM_NAME Prend comme unique argument un littéral d'énumération. Ce pragma n'est autorisé qu'au début d'une compilation, avant la première unité de compilation (s'il y en a) de la compilation. L'effet de ce pragma est de se servir du littéral d'énumération ayant l'identificateur spécifié pour la définition de la constante SYSTEM_NAME. Ce pragma n'est autorisé que si l'identificateur spécifié correspond à l'un des littéraux du type NAME déclaré dans le paquetage SYSTEM. (Voir 15.5.)

Annexe 2 ENVIRONNEMENT PREDEFINI DU LANGAGE

Comme mentionné précédemment, certaines entités sont prédéfinies par leur déclaration dans un paquetage spécial appelé STANDARD. On ne doit pas pour autant croire que ce paquetage existe nécessairement ; le compilateur se comporte simplement comme s'il existait. Bien sûr, comme nous le verrons, certaines entités déclarées dans STANDARD ne peuvent pas vraiment être déclarées en Ada. L'effet général de STANDARD est indiqué par la spécification ci-dessous, qui est tirée de l'annexe C du Manuel de référence.

Les opérateurs prédéfinis pour les types déclarés dans le paquetage STANDARD sont donnés en commentaires puisqu'ils sont implicitement déclarés. Les italiques sont utilisés pour des identificateurs qui ne sont pas disponibles pour l'utilisateur (tels que l'identificateur réel universel) et pour des informations non définies (telles que celles qui dépendent de l'implémentation).

```
package STANDARD is

    type BOOLEAN is (FALSE, TRUE);

    -- Les opérateurs relationnels prédéfinis pour ce type sont les
    -- suivants :

    -- function "="   (LEFT, RIGHT : BOOLEAN) return BOOLEAN;
    -- function "/="  (LEFT, RIGHT : BOOLEAN) return BOOLEAN;
    -- function "<"   (LEFT, RIGHT : BOOLEAN) return BOOLEAN;
    -- function "<="  (LEFT, RIGHT : BOOLEAN) return BOOLEAN;
    -- function ">"   (LEFT, RIGHT : BOOLEAN) return BOOLEAN;
    -- function ">="  (LEFT, RIGHT : BOOLEAN) return BOOLEAN;

    -- Les opérateurs logiques prédéfinis et l'opérateur logique
    -- prédéfini de négation sont les suivants :

    -- function "and" (LEFT, RIGHT : BOOLEAN) return BOOLEAN;
    -- function "or"  (LEFT, RIGHT : BOOLEAN) return BOOLEAN;
    -- function "xor" (LEFT, RIGHT : BOOLEAN) return BOOLEAN;
```

```
-- function "not"  (RIGHT : BOOLEAN) return BOOLEAN;

-- Le type universel entier_universel est prédéfini.

type INTEGER is défini_par_l_implémentation;

-- Les opérateurs prédéfinis de ce type sont les suivants :

-- function "="    (LEFT, RIGHT : INTEGER) return BOOLEAN;
-- function "/="   (LEFT, RIGHT : INTEGER) return BOOLEAN;
-- function "<"    (LEFT, RIGHT : INTEGER) return BOOLEAN;
-- function "<="   (LEFT, RIGHT : INTEGER) return BOOLEAN;
-- function ">"    (LEFT, RIGHT : INTEGER) return BOOLEAN;
-- function ">="   (LEFT, RIGHT : INTEGER) return BOOLEAN;

-- function "+"    (RIGHT : INTEGER) return INTEGER;
-- function "-"    (RIGHT : INTEGER) return INTEGER;
-- function "abs"  (RIGHT : INTEGER) return INTEGER;

-- function "+"    (LEFT, RIGHT : INTEGER) return INTEGER;
-- function "-"    (LEFT, RIGHT : INTEGER) return INTEGER;
-- function "*"    (LEFT, RIGHT : INTEGER) return INTEGER;
-- function "/"    (LEFT, RIGHT : INTEGER) return INTEGER;
-- function "rem"  (LEFT, RIGHT : INTEGER) return INTEGER;
-- function "mod"  (LEFT, RIGHT : INTEGER) return INTEGER;
-- function "**"   (LEFT : INTEGER; RIGHT : INTEGER) return INTEGER;

-- Une implémentation peut fournir des types prédéfinis
-- supplémentaires. Il est recommandé que les noms de ces types se
-- terminent par INTEGER, comme dans SHORT_INTEGER ou
-- LONG_INTEGER. La spécification de chaque opérateur pour
-- le type entier_universel, ou pour tout type entier prédéfini
-- supplémentaire, est obtenu en remplaçant INTEGER par le nom
-- du type dans la spécification de l'opérateur correspondant du
-- type INTEGER, sauf pour l'opérande de droite de l'opérateur
-- puissance.

-- Le type universel réel_universel est prédéfini.

type FLOAT is défini_par_l_implémentation;

-- Les opérateurs prédéfinis de ce type sont les suivants :

-- function "="    (LEFT, RIGHT : FLOAT) return BOOLEAN;
-- function "/="   (LEFT, RIGHT : FLOAT) return BOOLEAN;
-- function "<"    (LEFT, RIGHT : FLOAT) return BOOLEAN;
```

```
-- function "<="  (LEFT, RIGHT : FLOAT) return BOOLEAN;
-- function ">"   (LEFT, RIGHT : FLOAT) return BOOLEAN;
-- function ">="  (LEFT, RIGHT : FLOAT) return BOOLEAN;

-- function "+"   (RIGHT : FLOAT) return FLOAT;
-- function "-"   (RIGHT : FLOAT) return FLOAT;
-- function "abs" (RIGHT : FLOAT) return FLOAT;

-- function "+"   (LEFT, RIGHT : FLOAT) return FLOAT;
-- function "-"   (LEFT, RIGHT : FLOAT) return FLOAT;
-- function "*"   (LEFT, RIGHT : FLOAT) return FLOAT;
-- function "/"   (LEFT, RIGHT : FLOAT) return FLOAT;
-- function "**"  (LEFT : FLOAT; RIGHT : INTEGER) return FLOAT;

-- Une implémentation peut fournir des types point-flottant
-- prédéfinis supplémentaires. Il est recommandé que les noms de
-- ces types supplémentaires se terminent par FLOAT, comme dans
-- SHORT_FLOAT ou LONG_FLOAT. La spécification de
-- chaque opérateur pour le type réel_universel, ou pour tout type
-- point-flottant prédéfini supplémentaire, est obtenue en
-- remplaçant FLOAT par le nom du type dans la spécification de
-- l'opérateur correspondant du type FLOAT.

-- De plus, les opérateurs suivants sont prédéfinis pour les types
-- universels:

-- function "*"   (LEFT : entier_universel;
                   RIGHT : réel_universel) return réel_universel;

-- function "*"   (LEFT : réel_universel;
                   RIGHT : entier_universel) return réel_universel;

-- function "/"   (LEFT : réel_universel;
                   RIGHT : entier_universel) return réel_universel;

-- Le type fixe_universel est prédéfini. Les seuls opérateurs déclarés
-- pour ce type sont:

-- function "*"   (LEFT : tout_type_point_fixe;
                   RIGHT : tout_type_point_fixe) return fixe_universel;

-- function "/"   (LEFT : tout_type_point_fixe;
                   RIGHT : tout_type_point_fixe) return fixe_universel;

-- Les caractères suivants forment le jeu de caractères normalisé
-- Ascii. Les littéraux caractères correspondant aux caractères de
```

```
-- contrôle ne sont pas des identificateurs ; ils sont indiqués en
-- italique dans cette définition.

type CHARACTER is

  ( nul,  soh,  stx,  etx,    eot,  ack,  ack,  bel,
    bs,   ht,   lt,   vt,     ff,   cr,   so,   si,
    dle,  dc1,  dc2,  dc3,    dc4,  nak,  syn,  etb,
    can,  em,   sub,  esc,    fs,   gs,   rs,   us,

    ' ',  '!',  '"',  '#',    '$',  '%',  '&',  ''',
    '(',  ')',  '*',  '+',    ',',  '-',  '.',  '/',
    '0',  '1',  '2',  '3',    '4',  '5',  '6',  '7',
    '8',  '9',  ':',  ';',    '<',  '=',  '>',  '?',

    '@',  'A',  'B',  'C',    'D',  'E',  'F',  'G',
    'H',  'I',  'J',  'K',    'L',  'M',  'N',  'O',
    'P',  'Q',  'R',  'S',    'T',  'U',  'V',  'W',
    'X',  'Y',  'Z',  '[',    '\',  ']',  '^',  '_',

    '`',  'a',  'b',  'c',    'd',  'e',  'f',  'g',
    'h',  'i',  'j',  'k',    'l',  'm',  'n',  'o',
    'p',  'q',  'r',  's',    't',  'u',  'v',  'w',
    'x',  'y',  'z',  '{',    '|',  '}',  '~',  del);

  for CHARACTER use -- Jeu des 128 caractères Ascii, sans trou
    (0, 1, 2, 3, 4, 5, ..., 125, 126, 127);

  -- Les opérateurs prédéfinis pour le type CHARACTER sont
  -- les mêmes que pour tout type énumératif

package ASCII is
  -- caractères de contrôle

  NUL        : constant CHARACTER := nul;
  SOH        : constant CHARACTER := soh;
  STX        : constant CHARACTER := stx;
  ETX        : constant CHARACTER := etx;
  EOT        : constant CHARACTER := eot;
  ENQ        : constant CHARACTER := enq;
  ACK        : constant CHARACTER := ack;
  BEL        : constant CHARACTER := bel;
  BS         : constant CHARACTER := bs;
  HT         : constant CHARACTER := ht;
  LF         : constant CHARACTER := lf;
  VT         : constant CHARACTER := vt;
```

```
FF          : constant CHARACTER := ff;
CR          : constant CHARACTER := cr;
SO          : constant CHARACTER := so;
SI          : constant CHARACTER := si;
DLE         : constant CHARACTER := dle;
DC1         : constant CHARACTER := dc1;
DC2         : constant CHARACTER := dc2;
DC3         : constant CHARACTER := dc3;
DC4         : constant CHARACTER := dc4;
NAK         : constant CHARACTER := nak;
SYN         : constant CHARACTER := syn;
ETB         : constant CHARACTER := etb;
CAN         : constant CHARACTER := can;
EM          : constant CHARACTER := em;
SUB         : constant CHARACTER := sub;
ESC         : constant CHARACTER := esc;
FS          : constant CHARACTER := fs;
GS          : constant CHARACTER := gs;
RS          : constant CHARACTER := rs;
US          : constant CHARACTER := us;
DEL         : constant CHARACTER := del;

-- Autres caractères

EXCLAM      : constant CHARACTER := '!';
QUOTATION   : constant CHARACTER := '"';
SHARP       : constant CHARACTER := '#';
DOLLAR      : constant CHARACTER := '$';
PERCENT     : constant CHARACTER := '%';
AMPERSAND   : constant CHARACTER := '&';
COLON       : constant CHARACTER := ':';
SEMICOLON   : constant CHARACTER := ';';
QUERY       : constant CHARACTER := '?';
AT_SIGN     : constant CHARACTER := '@';
L_BRACKET   : constant CHARACTER := '[';
BACK_SLASH  : constant CHARACTER := '\';
R_BRACKET   : constant CHARACTER := ']';
CIRCUMFLEX  : constant CHARACTER := '^';
UNDERLINE   : constant CHARACTER := '_';
GRAVE       : constant CHARACTER := '`';
L_BRACE     : constant CHARACTER := '{';
BAR         : constant CHARACTER := '|';
R_BRACE     : constant CHARACTER := '}';
TILDE       : constant CHARACTER := '~';
```

```
        -- Minuscules

        LC_A          : constant CHARACTER := 'a';
        ...
        LC_Z          : constant CHARACTER := 'z';

end ASCII;

-- Sous-types prédéfinis :

subtype NATURAL is INTEGER range 0 .. INTEGER'LAST;
subtype POSITIVE is INTEGER range 1 .. INTEGER'LAST;

-- Type chaîne prédéfini :

type STRING is array (POSITIVE range <>) of CHARACTER;

pragma PACK (STRING);

-- Les opérateurs prédéfinis pour ce type sont les suivants :

-- function "="   (LEFT, RIGHT : STRING) return BOOLEAN;
-- function "/="  (LEFT, RIGHT : STRING) return BOOLEAN;
-- function "<"   (LEFT, RIGHT : STRING) return BOOLEAN;
-- function "<="  (LEFT, RIGHT : STRING) return BOOLEAN;
-- function ">"   (LEFT, RIGHT : STRING) return BOOLEAN;
-- function ">="  (LEFT, RIGHT : STRING) return BOOLEAN;

-- function "&" (LEFT : STRING; RIGHT : STRING) return STRING;
-- function "&" (LEFT : CHARACTER; RIGHT : STRING) return STRING;
-- function "&" (LEFT : STRING; RIGHT : CHARACTER) return STRING;
-- function "&" (LEFT : CHARACTER; RIGHT : CHARACTER) return STRING;

type DURATION is delta défini_par_l_implémentation range
                       défini_par_l_implémentation;

-- Les opérateurs prédéfinis pour le type DURATION sont les
-- mêmes que pour tout type point-fixe

-- Les exceptions prédéfinies :

CONSTRAINT_ERROR    : exception;
NUMERIC_ERROR       : exception;
PROGRAM_ERROR       : exception;
```

```
    STORAGE_ERROR          : exception;
    TASKING_ERROR          : exception;

end STANDARD;
```

La spécification ci-dessus n'est pas complète. Par exemple bien que l'on puisse écrire le type BOOLEAN en montrant les littéraux FALSE et TRUE, les formes de contrôle en raccourci ne peuvent pas être exprimées explicitement. De plus, tout type supplémentaire introduit de nouvelles surcharges de certains opérateurs. Tous les types, sauf les types limités, introduisent de nouvelles surcharges de = et /=. Tous les types tableaux unidimensionnels non limités introduisent de nouvelles surcharges de & et ceux avec des composants booléens introduisent aussi de nouvelles surcharges de **and**, **or**, **xor** et **not**. Enfin, tous les types point-fixe introduisent de nouvelles surcharges de +, - , *, /, et **abs**.

De plus, il existe aussi d'autres unités de bibliothèque prédéfinies telles que CALENDAR (voir section 14.3), SEQUENTIAL_IO et DIRECT_IO (voir section 15.1), TEXT_IO (voir section 15.2), SYSTEM (voir section 15.5) ainsi que UNCHECKED_CONVERSION et UNCHECKED_DEALLOCATION (voir section 15.6).

Annexe 3 GLOSSAIRE

Le glossaire qui suit est une reproduction de l'appendice D du *Manuel de référence.* Les termes en italique, dans les descriptions abrégées ci-dessous, sont elles-mêmes des entrées dans le glossaire ou sont décrites sous des entrées pour des termes apparentés.

Accept (instruction accept). Voir *entrée.*

Accès (type accès). Une valeur d'un type accès (une *valeur accès*) est soit la valeur null, soit une valeur qui *désigne* un *objet* créé par un *allocateur.* L'objet désigné peut être lu ou mis à jour via la valeur accès. La définition d'un type accès spécifie le type des objets désignés par les valeurs du type accès. Voir aussi *collection.*

Agrégat. L'évaluation d'un agrégat rend une valeur d'un *type composé.* La valeur est spécifiée en donnant la valeur de chacun des composants. Des associations par position ou bien des associations par nom peuvent être utilisées pour indiquer quelle valeur est associée à quel composant.

Affectation. L'affectation est l'*opération* qui remplace la valeur courante d'une *variable* par une nouvelle valeur. Une *instruction affectation* spécifie une variable à gauche, et à droite, une *expression* dont la valeur sera la nouvelle valeur de la variable.

Allocateur. L'évaluation d'un allocateur crée un *objet* et retourne une nouvelle *valeur accès* qui *désigne* l'objet.

Article (type article). Une valeur d'un type article est constituée de *composants* qui sont habituellement de *types* ou *sous-types* différents. Pour chaque composant d'une valeur article ou d'un *objet* article, la définition du type article spécifie un identificateur qui détermine de façon unique le composant dans l'article.

Association par nom. Une association par nom spécifie l'association d'un élément à une ou plusieurs positions dans une liste, en nommant les positions.

Association par position. Une association par position spécifie l'association d'un élément avec une position dans une liste, en utilisant la même position dans le texte pour spécifier l'élément.

Attribut. L'évaluation d'un attribut rend une caractéristique prédéfinie d'une entité nommée ; certains attributs sont des *fonctions.*

Bloc (instruction bloc). Une instruction bloc est une instruction qui peut contenir une suite d'instructions. Elle peut comprendre également une *partie déclarative* et des *traite-exceptions* ; leurs effets sont locaux à l'instruction bloc.

Collection. Une collection est l'ensemble de tous les *objets* créés par l'évaluation d'*allocateurs* pour un *type accès.*

Compilation. Voir unité de compilation.

Composant. Un composant est une valeur qui fait partie d'une valeur plus grande, ou un *objet* qui fait partie d'un objet plus grand.

Composant indexé. Un composant indexé *dénote* un *composant* d'un *tableau.* C'est une forme de *nom* contenant des expressions qui spécifient les valeurs des *indices* du composant de tableau. Un composant indexé peut aussi dénoter une *entrée* dans une famille d'entrées.

Composant sélecté. Un composant sélecté est un *nom* constitué d'un *préfixe* et d'un identificateur appelé *sélecteur.* Les composants sélectés sont utilisés pour dénoter des composants d'article, des *entrées*, et des *objets désignés* par des valeurs accès ; ils sont aussi utilisés comme *noms développés.*

Composé (type composé). Un type composé est un type dont les valeurs ont des *composants.* Il y a deux sortes de types composés : les *types tableaux* et les *types articles.*

Constante. Voir *objet.*

Contexte (clause de contexte). Voir *unité de compilation.*

Contrainte. Une contrainte détermine un sous-ensemble des valeurs d'un *type.* Une valeur de ce sous-ensemble *satisfait* à la contrainte.

Contrainte de discriminant. Une contrainte de discriminant sur un *type article* ou un *type privé* spécifie une valeur pour chaque discriminant du type.

Contrainte d'indice. Une contrainte d'indice pour un *type tableau* spécifie les bornes inférieure et supérieure de chaque *intervalle* d'indice du type tableau.

Contrainte intervalle. Une contrainte intervalle d'un *type* spécifie un *intervalle* et par là détermine le sous-ensemble des valeurs du type qui *appartiennent* à l'intervalle.

Corps. Un corps définit l'exécution d'un *sous-programme*, d'un *paquetage*, ou d'une tâche. Un *corps souche* est une forme de corps qui indique que cette exécution est définie par une *sous-unité* compilée séparément.

Déclaration. Une déclaration associe un identificateur (ou quelqu'autre notation) à une entité. Cette association est effective dans une région de texte appelée *portée* de la déclaration. Dans la portée d'une déclaration, il y a des endroits où il est possible d'utiliser l'identificateur pour se référer à l'entité déclarée associée. En de tels endroits, l'identificateur est dit être un *nom simple* de l'entité ; le *nom* est dit *dénoter* l'entité associée.

Dénoter. Voir déclaration.

Dérivé (type dérivé). Un type dérivé est un *type* dont les opérations et les valeurs sont des répliques de celles d'un type existant. Le type existant est appelé le *type père* du type dérivé.

Désigner. Voir *type accès*, *tâche.*

Discret (type discret). Un type discret est un *type* qui a un ensemble ordonné de valeurs distinctes. Les types discrets sont les *types énumératifs* et les *types entiers.* Les types discrets sont utilisés pour l'indexation et l'itération, et pour les choix dans les instructions case et les *variantes* d'article.

Discriminant. Un discriminant est un *composant* particulier d'un *objet* ou d'une valeur d'un *type article.* Les *sous-types* d'autres composants, ou même leur présence ou leur absence, peuvent dépendre de la valeur du discriminant.

Elaboration. L'élaboration d'une *déclaration* est le processus par lequel la déclaration produit ses effets (comme la création d'un *objet*) ; ce processus survient lors de l'exécution du programme.

Elément lexical. Un élément lexical est un identificateur, un *littéral*, un délimiteur, ou un commentaire.

Entier (type entier). Un type entier est un *type discret* dont les valeurs représentent tous les nombres entiers d'un *intervalle* spécifique.

Entrée. Une entrée est utilisée pour la communication entre *tâches*. Vue de l'extérieur, une entrée est appelée comme un sous-programme est appelé ; son comportement interne est spécifié par une ou plusieurs *instructions accept* qui spécifient les actions à exécuter lorsque l'entrée est appelée.

Enumératif (type énumératif). Un type énumératif est un *type discret* dont les valeurs sont représentées par des littéraux d'énumération qui sont donnés explicitement dans la *déclaration de type*. Ces littéraux d'énumération sont des identificateurs ou des *littéraux caractères*.

Evaluation. L'évaluation d'une *expression* est le processus par lequel la valeur de l'expression est calculée. Ce processus a lieu lors de l'exécution du programme.

Exception. Une exception est un cas d'erreur qui peut survenir lors de l'exécution du programme. *Lever une exception*, c'est abandonner l'exécution normale du programme de façon à signaler qu'une erreur a eu lieu. Un *traite-exception* est une partie du texte du programme spécifiant une réponse à l'exception. Exécuter un tel texte s'appelle *traiter* l'exception.

Expression. Une expression définit le calcul d'une valeur.

Expression qualifiée. Une expression qualifiée est une expression précédée par une indication de son *type* ou *sous-type*. Une telle qualification est utilisée si, en son absence, l'expression pourrait être ambiguë (par exemple en conséquence de la *surcharge*).

Fonction. Voir *sous-programme*.

Générique. Voir *unité générique*.

Indice. Voir *type tableau*.

Instance. Voir *unité générique*.

Instruction. Une instruction spécifie une ou plusieurs actions à exécuter lors de l'exécution d'un *programme*.

Intervalle. Un intervalle est un ensemble de valeurs contiguës d'un *type scalaire*. Un intervalle est spécifié en donnant les bornes inférieure et supérieure pour les valeurs. On dit d'une valeur de l'intervalle qu'elle *appartient* à l'intervalle.

Lever une exception. Voir *exception.*

Limité (type limité). Un type limité est un *type* pour lequel ni l'affectation, ni la comparaison prédéfinie d'égalité n'est implicitement déclarée. Tous les types *tâches* sont limités. Un opérateur d'égalité peut être explicitement déclaré pour un type limité.

Littéral. Un littéral représente une valeur littéralement, c'est-à-dire au moyen de lettres et d'autres caractères. Un littéral est un littéral numérique, un littéral d'énumération, un littéral caractère, ou bien un littéral chaîne.

Mode. Voir *paramètre.*

Modèle (nombre modèle). Un nombre modèle est une valeur d'un *type réel* qui peut être représentée exactement. Les *opérations* d'un type réel sont définies en termes des opérations sur les nombres modèles du type. Les propriétés des nombres modèles et de leurs opérations sont des propriétés minimales préservées par toutes les implémentations du type réel.

Nom. Un nom est une construction qui représente une entité : on dit que le nom *dénote* l'entité, et que l'entité est la signification du nom. Voir aussi *déclaration*, *préfixe.*

Nom développé. Un nom développé *dénote* une entité qui est *déclarée* en direct dans une construction. Un nom développé a la forme d'un *composant sélecté* : le *préfixe* dénote la construction (une *unité de programme* ; une *instruction bloc*, *loop*, ou *accept*) ; le *sélecteur* est le *nom simple* de l'entité.

Objet. Un objet contient une valeur. Un programme crée un objet en *élaborant* une *déclaration d'objet* ou bien en *évaluant* un *allocateur.* La déclaration ou l'allocateur spécifie un *type* pour l'objet : l'objet ne peut contenir que des valeurs de ce type.

Opérateur. Un opérateur est une *opération* qui a un ou plusieurs opérandes. Un opérateur unaire est écrit avant un opérande ; un opérateur binaire est écrit entre deux opérandes. Cette notation est une forme particulière d'*appel de fonction.* Un opérateur peut être déclaré comme une fonction. Beaucoup d'opérateurs sont implicitement déclarés par la *déclaration* d'un *type* (par exemple, la plupart des déclarations de type impliquent la déclaration de l'opérateur d'égalité pour les valeurs de ce type).

Opération. Une opération est une action élémentaire associée à un ou plusieurs *types*. Elle est soit implicitement déclarée par la *déclaration* du type, ou elle est un *sous-programme* qui a un *paramètre* ou un *résultat* de ce type.

Paquetage. Un paquetage spécifie un groupe d'entités logiquement apparentées, comme des *types*, des *objets* ayant ces types, et des *sous-programmes* avec des *paramètres* ayant ces types. Il est écrit sous la forme d'une *déclaration de paquetage* et d'un *corps de paquetage*. La déclaration de paquetage a une *partie visible* contenant les *déclarations* qui peuvent être explicitement utilisées hors du paquetage. Elle peut aussi avoir une *partie privée* qui contient les détails structurels qui complètent la spécification des entités visibles mais qui ne concernent pas l'utilisateur du paquetage. Le *corps de paquetage* contient les implémentations des *sous-programmes* (et éventuellement des *tâches* ou d'autres *paquetages*) qui ont été spécifiés dans la déclaration de paquetage. Un paquetage est l'une des formes d'*unités de programme*.

Paramètre. Un paramètre est l'une des entités nommées associées à un *sous-programme*, une *entrée*, ou une *unité générique*, et est utilisé pour communiquer avec le corps de sous-programme, l'instruction accept, ou le corps de générique correspondant. Un *paramètre formel* est un identificateur utilisé pour dénoter dans le corps l'entité nommée. Un *paramètre effectif* est l'entité associée au paramètre formel par un *appel de sous-programme*, un *appel d'entrée*, ou une *instanciation de générique*. Le *mode* d'un paramètre spécifie si le paramètre effectif associé fournit une valeur pour le paramètre formel, ou si c'est le formel qui fournit une valeur au paramètre effectif, ou les deux. L'association des paramètres effectifs aux paramètres formels peut être spécifiée par des *associations par nom*, ou des *associations par position*, ou par une combinaison des deux.

Partie déclarative. Une partie déclarative est une suite de *déclarations*. Elle peut aussi contenir des informations apparentées comme des *corps de sous-programme* et des *clauses de représentation*.

Partie privée. Voir *paquetage*.

Partie variantes. Une partie variantes d'un *article* spécifie des alternatives de *composants* d'article, dépendant d'un *discriminant* de l'article. Chaque valeur du discriminant établit une alternative particulière de la partie variantes.

Partie visible. Voir *paquetage.*

Père (type père). Voir *type dérivé.*

Point-fixe (type point-fixe). Voir *réel* (*type réel*).

Point-flottant (type point-flottant). Voir *réel* (*type réel*).

Portée. Voir *déclaration.*

Pragma. Un pragma fournit des informations au compilateur.

Préfixe. Un préfixe est utilisé comme première partie de certaines formes de nom. Un préfixe est un *appel de fonction*, ou un *nom.*

Privé (type privé). Un type privé est un *type* dont la structure et l'ensemble des valeurs sont clairement définis, mais non directement disponibles pour l'utilisateur du type. Un type privé est connu uniquement par ses *discriminants* (s'il y en a) et par l'ensemble des *opérations* définies pour lui. Un type privé et les opérations qui s'y appliquent sont définis dans la *partie visible* du *paquetage*, ou dans une *partie formelle générique.* L'*affectation*, l'égalité et l'inégalité sont aussi définies pour les types privés, à moins que le type privé ne soit *limité.*

Procédure. Voir *sous-programme.*

Programme. Un programme est composé d'un certain nombre d'*unités de compilation*, dont l'une est un *sous-programme* appelé le *programme principal.* L'exécution du programme consiste en l'exécution du programme principal, lequel peut lancer des *sous-programmes* déclarés dans les autres unités de compilation du programme.

Qualification. Voir *expression qualifiée.*

Réel (type réel). Un type réel est un *type* dont les valeurs représentent des approximations des nombres réels. Il y a deux sortes de nombres réels : des *types point-fixe* spécifiés par une marge d'erreur absolue, et des *types point-flottant* spécifiés par une marge d'erreur relative exprimée comme un nombre de chiffres décimaux significatifs.

Rendez-vous. Un rendez-vous est l'interaction qui se produit entre deux *tâches* parallèles quand une tâche a appelé une *entrée* de l'autre tâche et qu'une *instruction accept* correspondante est exécutée par l'autre tâche pour le compte de la tâche appelante.

Représentation (clause de représentation). Une clause de représentation dirige le compilateur dans le choix de la transposition d'un *type*, d'un *objet* ou d'une *tâche* pour les caractéristiques de la machine sous-jacente qui exécute un programme. Dans certains cas, les clauses de représentation définissent complètement la transposition ; dans d'autres cas, elles ne font que fournir des critères pour choisir une transposition.

Satisfaire. Voir *contrainte*, *sous-type*.

Scalaire (type scalaire). Un *objet* ou une valeur d'un *type* scalaire n'a pas de composants. Un type scalaire est un *type discret* ou un *type réel*. Les valeurs d'un type scalaire sont ordonnées.

Sélecteur. Voir *composant sélecté*.

Simple (nom simple). Voir *déclaration*, *nom*.

Sous-composant. Un sous-composant est un *composant*, ou un composant d'un autre sous-composant.

Sous-programme. Un sous-programme est une *procédure* ou bien une *fonction*. Une procédure spécifie une suite d'actions et est lancée par une instruction *appel de procédure*. Une fonction spécifie une suite d'actions et retourne aussi une valeur appelée le *résultat* et ainsi un *appel de fonction* est une *expression*. Un sous-programme est écrit sous la forme d'une *déclaration de sous-programme*, laquelle spécifie son *nom*, ses *paramètres formels* et (pour une fonction) son résultat ; et d'un *corps de sous-programme* qui spécifie la suite d'actions. L'appel de sous-programme spécifie les *paramètres effectifs* qu'il faut associer aux paramètres formels. Un sous-programme est l'une des formes d'*unité de programme*.

Sous-type. Un sous-type d'un *type* caractérise un sous-ensemble des valeurs du type. Le sous-ensemble est déterminé par une *contrainte* sur le type. Chaque valeur dans l'ensemble des valeurs d'un sous-type *appartient* au sous-type et *satisfait* à la contrainte qui détermine le sous-type.

Sous-unité. Voir *corps*.

Surcharge. Un identificateur peut avoir plusieurs significations différentes en un point donné du texte d'un programme : cette propriété est appelée *surcharge*. Par exemple, un littéral d'énumération surchargé peut être un identificateur qui apparaît dans les définitions de deux ou plusieurs *types énumératifs*. La signification effective d'un identificateur surchargé est déterminée par le contexte. Les *sous-programmes*, *agrégats*, *allocateurs* et *littéraux* chaîne peuvent aussi être surchargés.

Surnom (déclaration de surnom). Une déclaration de surnom déclare un autre *nom* pour une entité.

Tableau (type tableau). Une valeur d'un type tableau est constituée de *composants* qui sont tous du même *sous-type* (et par conséquent du même type). Chaque composant est repéré de façon unique par un *indice* (pour un tableau unidimensionnel) ou par une suite d'indices (pour un tableau multidimensionnel). Chaque indice doit être une valeur d'un *type discret* et doit appartenir à l'*intervalle* d'indice correct.

Tâche. Une tâche fonctionne en parallèle avec d'autres parties du programme. Elle est écrite sous la forme d'une *spécification de tâche* (qui spécifie le *nom* de la tâche et les noms et *paramètres formels* de ses entrées), et d'un *corps de tâche* qui définit son exécution. Une *unité tâche* est l'une des formes d'*unité de programme*. Un *type tâche* est un *type* qui permet des *déclarations* ultérieures d'un nombre quelconque de tâches similaires du type. On dit d'une valeur d'un type tâche qu'elle *désigne* une tâche.

Traite-exception. Voir *exception*.

Type. Un type caractérise à la fois un ensemble de valeurs et un ensemble d'*opérations* applicables à ces valeurs. Une *définition de type* est une construction du langage qui définit un type. Un type est un *type accès*, un *type tableau*, un *type privé*, un *type article*, un *type scalaire*, ou bien un *type tâche*.

Unité de compilation. Une unité de compilation est la *déclaration* ou le *corps* d'une *unité de programme*, présentée pour la compilation comme un texte indépendant. Elle est éventuellement précédée d'une *clause de contexte*, qui nomme d'autres unités de compilation dont elle dépend, au moyen d'une ou plusieurs *clauses with*.

Unité de programme. Une unité de programme est une *unité générique*, un *paquetage*, un *sous-programme*, ou une *unité tâche*.

Unité générique. Une unité générique est un modèle pour un ensemble de *sous-programmes*, ou bien pour un ensemble de *paquetages*. Un sous-programme ou un paquetage créé en utilisant ce modèle est appelé une *instance* de l'unité générique. Une *instanciation de générique* est la forme de *déclaration* qui crée une instance. Une unité générique est écrite comme un sous-programme ou un paquetage, mais avec la spécification précédée par une *partie formelle générique* qui peut déclarer des *paramètres formels génériques.* Un paramètre formel générique est un *type*, un *sous-programme*, ou bien un *objet.* Une unité est une des formes d'*unité de programme.*

Use (clause use). Une clause use réalise la *visibilité directe* des *déclarations* qui apparaissent dans les *parties visibles* des *paquetages* nommés.

Variable. Voir *objet.*

Visibilité. En un point donné du texte du programme, la *déclaration* d'une entité avec un certain identificateur est dite *visible* si l'entité est une signification acceptable pour une occurrence de l'identificateur en ce point. La déclaration est *visible* par *sélection* à l'endroit du *sélecteur* dans un *composant sélecté*, ou à l'endroit du nom dans une *association par nom.* Sinon, la déclaration est *directement visible*, c'est-à-dire si l'identificateur tout seul a cette signification.

With (clause with). Voir *unité de compilation.*

Annexe 4 SYNTAXE

Les règles de syntaxe suivantes viennent aussi de l'appendice E du *Manuel de référence*. Les règles ont été réordonnées pour les faire correspondre à l'ordre d'introduction des sujets dans ce livre, mais les règles individuelles n'ont pas changé.

On notera que les règles de construction des éléments lexicaux, rassemblées sous le titre "Chapitre 3", ont un statut légèrement différent de celui des autres règles, puisque les espaces et le saut de lignes peuvent être intercalés librement entre les éléments lexicaux mais non dans les éléments lexicaux.

Les règles ont été numérotées pour faciliter les références ; on trouvera un index à la section A4.2.

A4.1 Règles de syntaxe

Chapitre 2

1 pragma ::= **pragma** identificateur
    [(association_d_argument {, association_d_argument})];

2 association_d_argument ::=
    [identificateur_*d_argument* =>] nom
  | [identificateur_*d_argument* =>] expression

Chapitre 3

3 caractère_graphique ::= caractère_graphique_de_base
  | minuscule | autre_caractère_spécial

4 caractère_graphique_de_base ::= majuscule
| chiffre | caractère_spécial
| caractère_espace

5 caractère_de_base ::= caractère_graphique_de_base
| caractère_de_formatage

6 identificateur ::= lettre {[trait_bas] lettre_ou_chiffre}

7 lettre_ou_chiffre ::= lettre | chiffre

8 lettre ::= majuscule | minuscule

9 littéral_numérique ::= littéral_décimal | littéral_basé

10 littéral_décimal ::= entier [.entier] [exposant]

11 entier ::= chiffre{[trait_bas] chiffre}

12 exposant ::= E [+] entier | E - entier

13 littéral_basé ::= base # entier_basé [.entier_basé] # [exposant]

14 base ::= entier

15 entier_basé ::= chiffre_généralisé {[trait_bas] chiffre_généralisé}

16 chiffre_généralisé ::= chiffre | lettre

17 littéral_caractère ::= 'caractère_graphique'

18 littéral_chaîne ::= "{caractère_graphique}"

Chapitre 4

19 déclaration_de_base ::=
déclaration_d_objet | déclaration_de_nombre
| déclaration_de_type | déclaration_de_sous_type
| déclaration_de_sous_programme | déclaration_de_paquetage
| déclaration_de_tâche | déclaration_de_générique
| déclaration_d_exception | instanciation_de_générique
| déclaration_de_surnom | déclaration_de_constante_différée

20 déclaration_d_objet ::=
  liste_d_identificateurs: **[constant]** indication_de_sous_type
   [:= expression];
| liste_d_identificateurs: **[constant]**
définition_de_tableau_contraint
   [:= expression];

21 déclaration_de_nombre ::=
liste_d_identificateurs: **constant** := expression*_statique_universelle*;

22 liste_d_identificateurs ::= identificateur {, identificateur}

23 instruction_affectation ::= nom*_de_variable* := expression;

24 instruction_bloc ::=
[nom_simple*_de_bloc*:]
  [declare
    partie_déclarative]
  begin
    suite_d_instructions
  exception
    traite_exception
    {traite_exception}
  end [nom_simple*_de_bloc*]

25 déclaration_de_type ::=
  déclaration_de_type_complet
| déclaration_de_type_incomplet
| déclaration_de_type_privé

26 déclaration_de_type_complet ::=
type identificateur [partie_discriminants] **is** définition_de_type;

27 définition_de_type ::=
  définition_de_type_énumératif | définition_de_type_entier
| définition_de_type_réel | définition_de_type_tableau
| définition_de_type_article | définition_de_type_accès
| définition_de_type_dérivé

28 déclaration_de_sous_type ::=
subtype identificateur **is** indication_de_sous_type;

29 indication_de_sous_type ::= marque_de_type [contrainte]

30 marque_de_type ::= nom*_de_type* | nom*_de_sous_type*

31 contrainte ::=
contrainte_intervalle | contrainte_point_flottant
| contrainte_point_fixe | contrainte_d_indice
| contrainte_de_discriminant

32 contrainte_intervalle ::= **range** intervalle

33 intervalle ::= attribut_*intervalle*
| expression_simple .. expression_simple

34 définition_de_type_énumératif ::=
(spécification_de_littéral_d_énumération
{, spécification_de_littéral_d_énumération})

35 spécification_de_littéral_d_énumération ::= littéral_d_énumération

36 littéral_d_énumération ::= identificateur | littéral_caractère

37 nom ::=
nom_simple | littéral_caractère
| symbole_opérateur | composant_indexé
| tranche | composant_sélecté
| attribut

38 nom_simple ::= identificateur

39 préfixe ::= nom | appel_de_fonction

40 attribut ::= préfixe'désignateur_d_attribut

41 désignateur_d_attribut ::=
nom_simple [(expression_*statique_universelle*)]

42 expression ::=
relation { **and** relation} | relation { **and then** relation}
| relation { **or** relation} | relation { **or else** relation}
| relation { **xor** relation}

43 relation ::=
expression_simple [opérateur_relationnel expression_simple]
| expression_simple [**not**] **in** intervalle
| expression_simple [**not**] **in** marque_de_type

44 expression_simple ::=
[opérateur_additif_unaire] terme
{opérateur_additif_binaire terme}

45 terme ::= facteur { opérateur_multiplicatif facteur }

46 facteur ::= primaire [** primaire] | **abs** primaire | **not** primaire

47 primaire ::=
littéral_numérique | **null** | agrégat | littéral_chaîne | nom
| allocateur | appel_de_fonction | conversion_de_type
| expression_qualifiée | (expression)

48 opérateur_logique ::= **and** | **or** | **xor**

49 opérateur_relationnel ::= = | /= | < | <= | > | >=

50 opérateur_additif_binaire ::= + | - | &

51 opérateur_additif_unaire ::= + | -

52 opérateur_multiplicatif ::= * | / | **mod** | **rem**

53 opérateur_prioritaire ::= ** | **abs** | **not**

54 conversion_de_type ::= marque_de_type (expression)

55 expression_qualifiée ::=
marque_de_type (expression)
| marque_de_type'agrégat

Chapitre 5

56 suite_d_instructions ::= instruction {instruction}

57 instruction ::=
{étiquette} instruction_simple
| {étiquette} instruction_composée

58 instruction_simple ::=
instruction_null | instruction_affectation
| instruction_appel_de_procédure | instruction_exit
| instruction_return | instruction_goto
| instruction_appel_d_entrée | instruction_delay
| instruction_abort | instruction_raise
| instruction_machine

59 instruction_composée ::=
instruction_if | instruction_case
| instruction_loop | instruction_bloc
| instruction_accept | instruction_select

60 étiquette ::= <<nom_simple_*d_étiquette*>>

61 instruction_null ::= **null;**

62 instruction_if ::=
if condition **then**
suite_d_instructions
{ **elsif** condition **then**
suite_d_instructions
[**else**
suite_d_instructions
end if;

63 condition ::= expression_*booléenne*

64 instruction_case ::=
case expression **is**
alternative_d_instruction_case
{alternative_d_instruction_case}
end case;

65 alternative_d_instruction_case ::=
when choix {| choix} => suite_d_instructions

66 choix ::=
expression_simple | intervalle_discret
| **others** | nom_simple_de_composant

67 intervalle_discret ::= indication_de_sous_type_discret | intervalle

68 instruction_loop ::=
[nom_simple_*de_boucle*:]
[schéma_d_itération] **loop**
suite_d_instructions
end loop [nom_simple_*de_boucle*];

69 schéma_d_itération ::= **while** condition
| **for** spécification_de_paramètre_boucle

70 spécification_de_paramètre_du_boucle ::=
identificateur **in** [**reverse**] intervalle_discret

71 instruction_exit ::= **exit** [nom_*de_boucle*] [**when** condition];

72 instruction_goto ::= **goto** nom_*d_étiquette*;

Chapitre 6

73 définition_de_type_tableau ::=
définition_de_tableau_non_contraint
| définition_de_tableau_contraint

74 définition_de_tableau_non_contraint ::=
array (définition_de_sous_type_d_indice
{, définition_de_sous_type_d_indice}) **of**
indication_de_sous_type_*de_composant*

75 définition_de_tableau_contraint ::=
array contrainte_d_indice **of**
indication_de_sous_type_*de_composant*

76 définition_de_sous_type_d_indice ::= marque_de_type **range** <>

77 contrainte_d_indice ::= (intervalle_discret {, intervalle_discret})

78 composant_indexé ::= préfixe (expression {, expression})

79 tranche ::= préfixe (intervalle_discret)

80 agrégat ::=
(association_de_composant {, association_de_composant})

81 association_de_composant ::= [choix {| choix } =>] expression

82 définition_de_type_article ::=
    record
    liste_de_composants
    end record

83 liste_de_composants ::=
    déclaration_de_composant {déclaration_de_composant}
  | {déclaration_de_composant} partie_variantes
  | **null**;

84 déclaration_de_composant ::=
    liste_d_identificateurs :
    définition_de_sous_type_de_composant [:= expression];

85 définition_de_sous_type_de_composant ::=
    indication_de_sous_type

86 composant_sélecté ::= préfixe . sélecteur

87 sélecteur ::= nom_simple
  | littéral_caractère | symbole_opérateur | **all**

Chapitre 7

88 déclaration_de_sous_programme ::=
    spécification_de_sous_programme;

89 spécification_de_sous_programme ::=
    procedure identificateur [partie_formelle]
  | **function** désignateur [partie_formelle] **return** marque_de_type

90 désignateur ::= identificateur | symbole_opérateur

91 symbole_opérateur ::= littéral_chaîne

92 partie_formelle ::=
    (spécification_de_paramètre {; spécification_de_paramètre})

93 spécification_de_paramètre ::=
  list_d_identificateurs : mode marque_de_type [:= expression]

94 mode ::= [**in**] | **in out** | **out**

95 corps_de_sous_programme ::=
spécification_de_sous_programme is
begin
suite_d_instructions
[**exception**
traite_exception
{traite_exception}]
end [désignateur];

96 instruction_appel_de_procédure ::=
nom_*de_procédure* [partie_paramètres_effectifs];

97 appel_de_function ::=
nom_*de_fonction* [partie_paramètres_effectifs]

98 partie_paramètres_effectifs ::=
(association_de_paramètre {, association_de_paramètre})

99 association_de_paramètre ::=
[paramètre_formel =>] paramètre_effectif

100 paramètre_formel ::= nom_simple_*de_paramètre*

101 paramètre_effectif ::= expression
| nom_*de_variable* | marque_de_type (nom_*de_variable*)

102 instruction_return ::= **return** [expression];

Chapitre 8

103 déclaration_de_paquetage ::= spécification_de_paquetage;

104 spécification_de_paquetage ::=
package identificateur **is**
{ élément_déclaratif_de_base }
[**private**
{ élément_déclaratif_de_base }
end [nom_simple_*de_paquetage*]

105 corps_de_paquetage ::=
package body nom_simple_*de_paquetage* **is**
[partie_déclarative]
[**begin**
suite_d_instructions
[**exception**
traite_exception
{traite_exception}]]
end [nom_simple_*de_paquetage*];

106 partie_déclarative ::=
{élément_déclaratif_de_base} {élément_déclaratif_ultérieur}

107 élément_déclaratif_de_base ::=
déclaration_de_base | clause_de_représentation
| clause use

108 élément_déclaratif_ultérieur ::=
corps | déclaration_de_sous_programme
| déclaration_de_paquetage | déclaration_de_tâche
| déclaration_de_générique | clause_use
| instanciation_de_générique

109 corps ::= corps_vrai | corps_souche

110 corps_vrai ::= corps-de_sous_programme
| corps_de_paquetage | corps_de_tâche

111 clause_use ::= use nom_*de_paquetage* {, nom_*de_paquetage*};

112 compilation ::= {unité_de_compilation}

113 unité_de_compilation ::=
clause_de_contexte unité_de_bibliothèque
| clause_de_contexte unité_secondaire

114 unité_de_bibliothèque ::= déclaration_de_sous_programme
| déclaration_de_paquetage | déclaration_de_générique
| instanciation_de_générique | corps_de_sous_programme

115 unité_secondaire ::= corps_d_unité_de_bibliothèque | sous_unité

116 corps_d_unité_de_bibliothèque ::=
corps_de_sous_programme | corps_de_paquetage

117 clause_de_contexte ::= {clause_with {clause_use}}

118 clause_with ::=
with nom_simple_*d_unité* {, nom_simple_*d_unité*};

119 corps_souche ::=
spécification_de_sous_programme **is separate**;
| **package body** nom_simple_*de_paquetage* **is separate**;
| **task body** nom_simple_*de_tâche* **is separate**;

120 sous_unité ::= **separate** (nom_*de_sous_unité_mère*) corps_vrai

121 déclaration_de_surnom ::=
identificateur : marque_de_type **renames** nom_*d_objet*;
| identificateur : **exception renames** nom_*d_exception*;
| **package** identificateur **renames** nom_*de_paquetage*;
| spécification_de_sous_programme **renames**
nom_de_sous_programme_ou_d_entrée

Chapitre 9

122 déclaration_de_type_privé ::=
type identificateur [partie_discriminants] **is** [**limited**] **private**;

123 déclaration_de_constante_différée ::=
liste_d_identificateur : **constant** marque_de_type;

Chapitre 10

124 traite_exception ::=
when choix_d_exception {| choix_d_exception} =>
suite_d_instructions

125 choix_d_exception ::= nom_*d_exception* | **others**

126 déclaration_d_exception ::= liste_d_identificateurs : **exception**;

125 instruction_raise ::= **raise** [nom_*d_exception*]

Chapitre 11

128 partie_discriminants ::=
(spécification_de_discriminant {; spécification_de_discriminant})

129 spécification_de_discriminant ::=
liste_d_identificateurs : marque_de_type [:= expression]

130 contrainte_de_discriminant ::=
(association_de_discriminant
{, association_de_discriminant})

131 association_de_discriminant ::=
[nom_simple_de_discriminant
{| nom_simple_de_discriminant } =>] expression

132 partie_variantes ::=
case nom_simple_*de_discriminant* **is**
variante
{variante}
end case;

133 variante ::= **when** choix {| choix } => liste_de_composants

134 définition_de_type_accès ::= **access** indication_de_sous_type

135 déclaration_de_type_incomplet ::=
type identificateur [partie_discriminants];

136 allocateur ::= **new** indication_de_sous_type
| **new** expression_qualifiée

137 définition_de_type_dérivé ::= **new** indication_de_sous_type

Chapitre 12

138 définition_de_type_entier ::= contrainte_intervalle

139 définition_de_type_réel ::= contrainte_point_flottant
| contrainte_point_fixe

140 contrainte_point_flottant ::=
définition_de_précision_point_flottant [contrainte_intervalle]

141 définition_de_précision_point_flottant ::=
digits expression_simple_*statique*

142 contrainte_point_fixe ::=
définition_de_précision_point_fixe [contrainte_intervalle]

143 définition_de_précision_point_fixe ::=
delta expression_simple_*statique*

Chapitre 13

144 déclaration_de_générique ::= spécification_de_générique;

145 spécification_de_générique ::=
partie_formelle_générique spécification_de_sous_programme
| partie_formelle_générique spécification_de_paquetage

146 partie_formelle_générique ::=
generic {déclaration_de_paramètre_générique}

147 déclaration_de_paramètre_générique ::=
liste_d_identificateurs :
[**in** [**out**]] marque_de_type [:= expression];
| **type** identificateur **is** définition_de_type_générique;
| déclaration_de_type_privé
| **with** spécification_de_sous_programme [**is** name];
| **with** spécification_de_sous_programme [**is** <>];

148 définition_de_type_générique ::=
(<>) | **range** <> | **digits** <> | **delta** <>
| définition_de_type_tableau | définition_de_type accès

149 instanciation_de_générique ::=
package identificateur **is**
new nom_*de_paquetage_générique*
[partie_générique_effective];
| **procedure** identificateur **is**
new nom_*de_procédure_générique*
[partie_générique_effective];
| **function** désignateur **is**
new nom_*de_fonction_générique*
[partie_générique_effective];

150 partie_générique_effective ::=
(association_générique {, association_générique})

151 association_générique ::=
[paramètre_formel_générique =>]
paramètre_effectif_générique

152 paramètre_formel_générique ::=
nom_simple_*de_paramètre* | symbole_opérateur

153 paramètre_effectif_générique ::=
expression | nom_*de_variable*
| nom_*de_sous_programme* | nom_*d_entrée*
| marque_de_type

Chapitre 14

154 déclaration_de_tâche ::= spécification_de_tâche;

155 spécification_de_tâche ::=
task [**type**] identificateur [**is**
{déclaration_d_entrée}
{clause_de_représentation}
end [nom_simple_*de_tâche*]]

156 corps_de_tâche ::=
task body nom_simple_*de_tâche* **is**
[partie_déclarative]
begin
suite_d_instructions
[**exception**
traite_exception
{traite_exception}]
end [nom_simple_*de_tâche*];

157 déclaration_d_entrée ::=
entry identificateur [(intervalle_discret)] [partie_formelle];

158 instruction_appel_d_entrée ::=
nom_*d_entrée* [partie_paramètres_effectifs];

159 instruction_accept ::=
accept nom_simple_*d_entrée* [(indice_d_entrée)]
[partie_formelle] [**do**
suite_d_instructions
end [nom_simple_*d_entrée*]];

160 indice_d_entrée ::= expression

161 instruction_delay ::= **delay** expression_simple;

162 instruction_select ::= attente_sélective
| appel_d_entrée_conditionnel
| appel_d_entrée_à_attente_limitée

163 attente_sélective ::=
select
alternative_de_select
{ **or**
alternative_de_select}
[**else**
suite_d_instructions]
end select;

164 alternative_de_select ::=
[**when** condition =>]
alternative_d_attente_sélective

165 alternative_d_attente_sélective ::= alternative_accept
| alternative_delay | alternative_terminate

166 alternative_accept ::= instruction_accept [suite_d_instructions]

167 alternative_delay ::= instruction_delay [suite_d_instructions]

168 alternative_terminate ::= **terminate**;

169 appel_d_entrée_conditionnel ::=
select
instruction_appel_d_entrée
[suite_d_instructions]
else
suite_d_instructions
end select;

170 appel_d_entrée_à_attente_limitée ::=
select
instruction_appel_d_entrée
[suite_d_instructions]
or
alternative_delay
end select;

171 instruction_abort ::= **abort** nom_*de_tâche* {, nom_*de_tâche*};

Chapitre 15

172 clause_de_représentation ::=
clause_de_représentation_de_type | clause_d_adresse

173 clause_de_représentation_de_type ::= clause_de_longueur
| clause_de_représentation_d_énumération
| clause_de_représentation_d_article

174 clause_de_longueur ::= **for** attribut **use** expression_simple;

175 clause_de_représentation_d_énumération ::=
for nom_simple*_de_type* **use** agrégat;

176 clause_de_représentation_d_article ::=
for nom_simple*_de_type* **use**
record [clause_d_alignement]
{clause_de_composant}
end record;

177 clause_d_alignement ::= **at mod** expression_simple*_statique*;

178 clause_de_composant ::=
nom*_de_composant* **at** expression_simple*_statique*
range intervalle*_statique*;

179 clause_d_adresse ::= **for** nom_simple **use at** expression_simple;

180 instruction_machine ::= marque_de_type'agrégat*_article*;

A4.2 Index de la syntaxe

Cet index récapitule les catégories syntaxiques par ordre alphabétique et donne le numéro de définition provenant de la section précédente.

Catégorie	Numéro de définition
compilation	112
composant_indexé	78
composant_sélecté	86
condition	63
contrainte	31
contrainte_de_discriminant	130
contrainte_d_indice	77
contrainte_intervalle	32
contrainte_point_fixe	142
contrainte_point_flottant	140
conversion_de_type	54
corps	109
corps_de_paquetage	105
corps_de_sous_programme	95
corps_de_tâche	156
corps_d_unité_de_bibliothèque	116
corps_souche	119
corps_vrai	110
déclaration_de_base	19
déclaration_de_composant	84
déclaration_de_constante_différée	123
déclaration_de_générique	144
déclaration_de_nombre	21
déclaration_de_paquetage	103
déclaration_de_paramètre_générique	147
déclaration_de_sous_programme	88
déclaration_de_sous_type	28
déclaration_de_surnom	121
déclaration_de_tâche	154
déclaration_de_type	25
déclaration_de_type_complet	26
déclaration_de_type_incomplet	135
déclaration_de_type_privé	122
déclaration_d_entrée	157
déclaration_d_exception	126
déclaration_d_objet	20
définition_de_précision_point_fixe	143
définition_de_précision_point_flottant	141
définition_de_sous_type_de_composant	85
définition_de_sous_type_d_indice	76
définition_de_tableau_contraint	75
définition_de_tableau_non_contraint	74

Catégorie	**Numéro de définition**
définition_de_type	27
définition_de_type_accès	134
définition_de_type_article	82
définition_de_type_dérivé	137
définition_de_type_entier	138
définition_de_type_énumératif	34
définition_de_type_générique	148
définition_de_type_réel	139
définition_de_type_tableau	73
désignateur	90
désignateur_d_attribut	41
élément_déclaratif_de_base	107
élément_déclaratif_ultérieur	108
entier	11
entier_basé	15
étiquette	60
exposant	12
expression	42
expression_qualifiée	55
expression_simple	44
facteur	46
identificateur	6
indication_de_sous_type	29
indice_d_entrée	160
instanciation_de_générique	149
instruction	57
instruction_abort	171
instruction_accept	159
instruction_affectation	23
instruction_appel_de_procédure	96
instruction_appel_d_entrée	158
instruction_bloc	24
instruction_case	64
instruction_composée	59
instruction_delay	161
instruction_exit	71
instruction_goto	72
instruction_if	62
instruction_loop	68
instruction_machine	180
instruction_null	61
instruction_raise	125

Catégorie	Numéro de définition
instruction_return	102
instruction_select	162
instruction_simple	58
intervalle	33
intervalle_discret	67
lettre	8
lettre_ou_chiffre	7
liste_de_composants	83
liste_d_identificateurs	22
littéral_basé	13
littéral_caractère	17
littéral_chaîne	18
littéral_décimal	10
littéral_d_énumération	36
littéral_numérique	9
marque_de_type	30
mode	94
nom	37
nom_simple	38
opérateur_additif_binaire	50
opérateur_additif_unaire	51
opérateur_logique	48
opérateur_multiplicatif	52
opérateur_prioritaire	53
opérateur_relationnel	49
paramètre_effectif	101
paramètre_effectif_générique	153
paramètre_formel	100
paramètre_formel_générique	152
partie_déclarative	106
partie_discriminants	128
partie_formelle	92
partie_formelle_générique	146
partie_générique_effective	150
partie_paramètres_effectifs	98
partie_variantes	132
pragma	1
préfixe	39
primaire	47
relation	43
schéma_d_itération	69
sélecteur	87

Catégorie	Numéro de définition
sous_unité	120
spécification_de_discriminant	129
spécification_de_générique	145
spécification_de_littéral_d_énumération	35
spécification_de_paquetage	104
spécification_de_paramètre	93
spécification_de_paramètre_du_boucle	70
spécification_de_sous_programme	89
spécification_de_tâche	155
suite_d_instructions	56
symbole_opérateur	91
terme	45
traite_exception	124
tranche	79
unité_de_bibliothèque	114
unité_de_compilation	113
unité_secondaire	115
variante	133

RÉPONSES AUX EXERCICES

Des réponses types sont fournies pour tous les exercices. Dans certains cas ils ne représentent pas nécessairement la meilleure technique pour résoudre un problème mais ne font qu'utiliser les primitives connues au point de la discussion.

Réponses 2

Exercice 2.2

1

```
package MATHS_SIMPLES is
        function RACINE_CARREE(F : FLOAT) return FLOAT;
        function LOG(F : FLOAT) return FLOAT;
        function EXP(F : FLOAT) return FLOAT;
        function SIN(F : FLOAT) return FLOAT;
        function COS(F : FLOAT) return FLOAT;
end MATHS_SIMPLES;
```

Les quelques premières lignes de notre programme IMPRIMER_RACINES peuvent maintenant devenir :

```
with MATHS_SIMPLES, ES_SIMPLES;
procedure IMPRIMER_RACINES is

        use MATHS_SIMPLES, ES_SIMPLES;
        ...
```

Réponses 3

Exercice 3.3

1 Les compositions suivantes ne représentent pas des identificateurs légaux :

b) contient &
c) contient des tirets
e) tirets consécutifs
f) ne commence pas par une lettre
g) trait bas de traîne
h) deux identificateurs légaux
i) légal - mot réservé cependant

Exercice 3.4

1 a) légal - réel
b) illégal - aucun chiffre avant le point
c) légal - entier
d) illégal - entier avec un exposant négatif
e) illégal - # de fermeture manquant
f) légal - réel
g) illégal - C pas chiffre de base 12
h) illégal - pas nombre avant l'exposant
i) légal - entier - casse sans importance
j) legal - entier
k) illégal - trait bas dans l'exposant
l) illégal - entier avec exposant négatif

2 a) $224 = 14 \times 16$
b) $6144 = 3 \times 2^{11}$
c) 4095.0
d) 4095.0

3 a) 32 façons :

41, 2#101001#, 3#1112#, ...
10#41#, ... 16#29#
41E0, 2#101001#E0, ... 16#29#E0

b) 40 façons. Par exemple (a) plus, puisque 150 n'est pas premier mais que $2 \times 3 \times 5^2 = 150$:

2#1001011#E1
3#1212#E1
5#110#E1
5#11#E2
6#41#E1
10#15#E1
15#A#E1

et bien sûr :

15E1

Exercice 3.5

1 a) 7
b) 1
c) 1
d) 12

2 a) Celui-ci se compose de trois éléments :

l'identificateur	delay
le littéral	2.0
le symbole	;

b) Celui-ci se compose de quatre éléments :

l'identificateur	delay2
le symbole	.
le littéral	0
le symbole	;

Le cas (a) est une instruction delay légale, (b) n'est rien du tout.

Réponses 4

Exercice 4.1

1
```
R : REEL := 1.0;
```

2
```
ZERO : constant REEL := 0.0;
UN : constant REEL := 1.0;
```

Mais il vaut mieux écrire des déclarations de nombres :

```
ZERO : constant := 0.0;
UN : constant := 1.0;
```

3 a) **var** est illégal - ce n'est pas Pascal mais Ada.
b) Le point-virgule de fin est manquant.
c) Une déclaration de constante doit posséder une valeur initiale.
d) Affectation multiple interdite - ce n'est pas Algol mais Ada.
e) Rien - en supposant que M et N sont de type entier.
f) 2PI n'est pas un identificateur réel.

Exercice 4.2

1 Il y a quatre erreurs :

1 Point-virgule manque après les déclarations de J, K.
2 K est utilisé avant qu'une valeur ne lui ait été affectée.
3 = au lieu de := dans la déclaration de P.
4 Q n'est ni déclaré ni initialisé.

Exercice 4.5

1 a) -105
b) -3
c) 0
d) -3
e) -3
f) illégal
g) -1
h) 2

2 Toutes les variables sont réelles.

```
a) B**2 - 4.0*A*C
b) (4.0/3.0)*PI*R**3              -- parenthèses inutiles
c) (P*PI*A**4)/(8.0*L*ETA)        -- parenthèses inutiles
```

Exercice 4.6

1 a) SAM
b) SAM
c) 2

2
```
a) type ARC_EN_CIEL is (RED, ORANGE, JAUNE, VERT,
                        BLEU, INDIGO, VIOLET);
b) type PIERRE is (AMBRE, OPALE, QUARTZ);
```

3

```
MARIE'VAL ((N-1) mod 8)
```

ou peut-être mieux :

```
MARIE'VAL ((N-1) mod (MARIE'POS(MARIE'LAST)+1))
```

4
```
J := JOUR'VAL((JOUR'POS(D)+N-1) mod 7);
```

5 Si X et Y sont tous deux surchargés alors X < Y sera ambigu. Nous devrions utiliser une qualification comme T'(X) < T'(Y).

Exercice 4.7

1
```
T : constant BOOLEAN := TRUE;
F : constant BOOLEAN := FALSE;
```

2 Les valeurs sont TRUE ou FALSE, non T ou F qui sont des noms de constantes.

a) FALSE
b) TRUE
c) TRUE
d) TRUE
e) FALSE

3 L'expression vaut toujours TRUE. Les opérateurs prédéfinis **xor** et /= opérant sur des valeurs booléennes sont les mêmes.

Exercice 4.9

1 Toutes les variables sont réelles sauf N dans l'exemple (c) où il est entier.

```
a) 2.0*PI*SQRT(L/G)
b) M_0/SQRT(1.0-(V/C)**2)
c) SQRT(2.0*PI*REEL(N))*(REEL(N)/E)**N
```

2

```
SQRT(2.0*PI*X)*EXP(X*LN(X)-X)
```

Réponses 5

Exercice 5.1

1

```
declare
        FIN_DE_MOIS : INTEGER;
begin
        if MOIS = SEP or MOIS = APR or MOIS = JUN or MOIS = NOV then
                FIN_DE_MOIS := 30;
        elsif MOIS = FEV then
                if ANNEE mod 4 = 0 then
                        FIN_DE_MOIS := 29;
                else
                        FIN_DE_MOIS := 28;
                end if;
        else
                FIN_DE_MOIS := 31;
        end if;
        if JOUR /= FIN_DE_MOIS then
                JOUR := JOUR+1;
        else
                JOUR := 1;
                if MOIS /= DEC then
                        MOIS := NOM_DE_MOIS'SUCC (MOIS);
                else
                        MOIS := JAN;
                        ANNEE := ANNEE+1;
                end if;
        end if;
end;
```

Si aujourd'hui est 31 Dec 2099, CONSTRAINT_ERROR sera levée quand on tentera d'affecter 2100 à ANNEE. Notons que l'intervalle 1901 .. 2099 simplifie le calcul de l'année de saut.

2

```
if X < Y then
        declare
                T : REEL := X;
        begin
                X := Y; Y := T;
        end;
end if;
```

Exercice 5.2

1

```
declare
        FIN_DE_MOIS : INTEGER;
begin
        case MOIS is
                when SEP | APR | JUN | NOV =>
                        FIN_DE_MOIS := 30;
                when FEV =>
                        if ANNEE mod 4 = 0 then
                                FIN_DE_MOIS := 29;
                        else
                                FIN_DE_MOIS := 28;
                        end if;
                when others =>
                        FIN_DE_MOIS := 31;
        end case;
        -- puis comme précédemment
        ...
end;
```

2

```
subtype HIVER is NOM_DE_MOIS range JAN .. MAR;
subtype PRINTEMPS is NOM_DE_MOIS range AVR .. JUN;
subtype ETE is NOM_DE_MOIS range JUL .. SEP;
subtype AUTOMNE is NOM_DE_MOIS range OCT .. DEC;
...
case M is
        when HIVER              => LABOURER;
        when PRINTEMPS          => SEMER;
        when ETE                => SOIGNER;
        when AUTOMNE            => RECOLTER;
end case;
```

Notons que si nous souhaitions considérer l'hiver comme formé des mois de décembre à février, nous ne pourrions pas déclarer de sous-type convenable.

3

```
case J is
        when 1 .. 10        => BOMBANCE;
        when 11 .. 20       => MINIMUM;
        when others         => DISETTE;
end case;
```

Nous ne pouvons pas écrire 21 .. FIN_DE_MOIS parce que ceci ne constitue pas un intervalle statique. En fait, **others** couvre toutes les valeurs de type INTEGER car, bien que J soit contraint, ses contraintes ne sont pas statiques.

Exercice 5.3

1

```
declare
        SOMME : INTEGER := 0;
        I : INTEGER;
begin
        loop
                GET(I);
                exit when I<0;
                SOMME := SOMME+1;
        end loop;
end;
```

2

```
declare
        COPIE : INTEGER := N;
        DECOMPTE : INTEGER := 0;
begin
        while COPIE mod 2 = 0 loop
                COPIE := COPIE/2;
                DECOMPTE := DECOMPTE+1;
        end loop;
        ...
end;
```

3

```
declare
        G : REEL := -LN(REEL(N));
begin
        for P in 1 .. N loop
```

```
                G := G+1.0/REEL(P);
        end loop;
        ...
end;
```

Exercice 5.4

1
```
for I in 1 .. N loop
        for J in 1 .. M loop
                if condition_OK then
                        VALEUR_I := I;
                        VALEUR_J := J;
                        goto RECHERCHE;
                end if;
        end loop;
end loop;

<<RECHERCHE>>
```

Ce n'est pas une solution si bonne que cela car nous n'avons aucune garantie qu'il n'existe aucun autre endroit du programme où une instruction goto se branche à l'étiquette.

Réponses 6

Exercice 6.1

1
```
declare
        F : array (0 .. N) of INTEGER;
begin
        F(0) := 0; F(1) := 1;
        for I in 2 .. F'LAST loop
                F(I) := F(I-1)+F(I-2);
        end loop;
        ...
end;
```

2
```
declare
        MAXI : INTEGER := T'FIRST(1);
        MAXJ : INTEGER := T'FIRST(2);
        MAX : REEL := T(MAXI, MAXJ);
begin
        for I in T'RANGE(1) loop
                for J in T'RANGE(2) loop
```

```
                    if T(I, J) > MAX then
                        MAX := T(I, J);
                        MAXI := I;
                        MAXJ := J;
                    end if;
                end loop;
            end loop;
            -- MAXI, MAXJ contient maintenant le résultat
        end;
```

3
```
        declare
            JOURS_DANS_MOIS : array (NOM_DE_MOIS) of INTEGER
                := (31, 28, 31, 30, 31, 30, 31, 31, 30, 31, 30, 31);
            FIN_DE_MOIS : INTEGER;
        begin
            if ANNEE mod 4 = 0 then
                JOURS_DANS_MOIS (FEV) := 29;
            end if;
            FIN_DE_MOIS := JOURS_DANS_MOIS(MOIS);
            -- puis comme exercice 5.1(1)
        end;
```

4
```
        HIER : constant array (JOUR) of JOUR
            := (DIM, LUN, MAR, MER, JEU, VEN, SAM);
```

5
```
        ORB : constant array (BOOLEAN, BOOLEAN) of BOOLEAN
            := ((FALSE, TRUE), (TRUE, TRUE));
```

6
```
        UNITE : constant array (1..3, 1..3) of REEL
                                    :=  ((1.0, 0.0, 0.0)
                                         ((0.0, 1.0, 0.0)
                                         ((0.0, 0.0, 1.0));
```

Exercice 6.2

1
```
        JOURS_DANS_MOIS : array (NOM_DE_MOIS) of INTEGER
                := NOM_DE_MOIS'   (SEP | AVR | JUN | NOV => 30,
                                   FEV => 28, others => 31);
```

2
```
        ZERO : constant MATRICE := (1..N => (1..N => 0.0));
```

3 Cela ne peut pas être effectué avec les outils à notre disposition pour le moment. Voir l'exercice 7.1(6).

4
```
        type BBB is array (BOOLEAN, BOOLEAN) of BOOLEAN;
```

Exercice 6.3

1
```
ROMAIN_VERS_INTEGER
        := constant array (CHIFFRE_ROMAIN) of INTEGER
                := (1, 5, 10, 50, 100, 500, 1000);
```

2
```
declare
        V : INTEGER := 0;
begin
        for I in R'RANGE loop
                if I /= R'LAST and then
                        ROMAIN_VERS_INTEGER(R(I))<
                                ROMAIN_VERS_INTEGER(R(I+1)) then
                        V := V-ROMAIN_VERS_INTEGER(R(I));
                else
                        V := V-ROMAIN_VERS_INTEGER(R(I));
                end if;
        end loop;
        ...
end;
```

Exercice 6.4

1 BLANC, BLEU, JAUNE, VERT, ROUGE, VIOLET, ORANGE, NOIR

2 a) NOIR
b) VERT
c) ROUGE

3 **not** (TRUE **xor** TRUE) = TRUE
not (TRUE **xor** FALSE) = FALSE

Le résultat suit.

4 Un agrégat de longueur un doit être donné par nom.

5
```
if R'LAST >= 2 and then R(R'LAST-1..R'LAST)="IV" then
        R(R'LAST-1..R'LAST) := "VI";
end if;
```

6 a) 1
b) 5

Nous notons par conséquent que &, comme **and**, **or** et **xor**, n'est pas strictement commutatif.

Exercice 6.5

1
```
declare
    JOURS_DANS_MOIS : array (NOM_DE_MOIS) of INTEGER
            := NOM_DE_MOIS'    (SEP | AVR | JUN | NOV => 30,
                                FEV => 28, others => 31);
    FIN_DE_MOIS : INTEGER;
begin
    if J.ANNEE mod 4 = 0 then
        JOURS_DANS_MOIS (FEV) := 29;
    end if;
    FIN_DE_MOIS := JOURS_DANS_MOIS(MOIS);
    if J.JOUR /= FIN_DE_MOIS then
        J.JOUR := J.JOUR+1;
    else
        J.JOUR := 1;
        if J.MOIS /= DEC then
            J.MOIS := NOM_DE_MOIS'SUCC(J.MOIS);
        else
            J.MOIS := JAN;
            J.ANNEE := J.ANNEE+1;
        end if;
    end if;
end;
```

2
```
C1, C2, C3 : COMPLEXE;

a) C3 := (C1.RL+C2.RL, C1.IM+C2.IM);
b) C3 := (C1.RL*C2.RL-C1.IM*C2.IM, C1.RL*C2.IM+C1.IM*C2.RL);
```

3
```
declare
    INDICE : INTEGER;
begin
    for I in GENS'RANGE loop
        if GENS(I).NAISSANCE.ANNEE >= 1950 then
            INDICE := I;
            exit;
        end if;
    end loop;
    -- Nous supposons qu'il existe une telle personne
end;
```

Réponses 7

Exercice 7.1

1

```
function PAIR (X : INTEGER) return BOOLEAN is
begin
        return X mod 2 = 0;
end PAIR;
```

2

```
function FACTORIELLE(N : NATURAL) return POSITIVE is
begin
        if N=0 then
                return 1;
        else
                return N*FACTORIELLE(N-1);
        end if;
end FACTORIELLE;
```

3

```
function EXTERIEUR (T, U : VECTEUR) return MATRICE is
        C : MATRICE(T'RANGE, U'RANGE);
begin
        for I in T'RANGE loop
                for J in U'RANGE loop
                        C(I, J) := T(I)*U(J);
                end loop;
        end loop;
        return C;
end EXTERIEUR;
```

4

```
type TABLEAU_PRIMAIRE is array (INTEGER range <>) of PRIMAIRE;
function COMPOSER_COULEUR(P : TABLEAU_PRIMAIRE)
                                                return COULEUR is
        C : COULEUR := (F, F, F);
begin
        for I in P'RANGE loop
                C(P(I)) := T;
        end loop;
        return C;
end COMPOSER_COULEUR;
```

Notons que des valeurs multiples sont autorisées de façon que :

```
COMPOSER_COULEUR((R, R, R))=ROUGE
```

5
```
function VALEUR(R : CHIFFRE_ROMAIN) return INTEGER is
        V : INTEGER := 0;
begin
        for I in R'RANGE loop
                if I /= R'LAST and then
                        ROMAIN_VERS_INTEGER(R(I)) <
                                ROMAIN_VERS_INTEGER(R(I+1)) then
                                V := V-ROMAIN_VERS_INTEGER(R(I));
                else
                        V := V+ROMAIN_VERS_INTEGER(R(I));
                end if;
        end loop;
        return V;
end VALEUR;
```

6
```
function UNITE(N : NATURAL) return MATRICE is
        M : MATRICE(1..N, 1..N);
begin
        for I in 1..N loop
                for J in 1..N loop
                        if I - J then
                                M(I, J) := 1.0;
                        else
                                M(I, J) := 0.0;
                        end if;
                end loop;
        end loop;
        return M;
end UNITE;
```

Nous pouvons alors déclarer :

```
UNITE_N : constant MATRICE := UNITE(N);
```

7
```
function PGCD(X, Y : NATURAL) return NATURAL is
begin
        if Y = 0 then
                return X;
        else
                return PGCD(Y, X mod Y);
        end if;
end PGCD;
```

ou

```
function PGCD(X, Y : NATURAL) return NATURAL is
        XX : INTEGER := X;
        YY : INTEGER := Y;
        ZZ : INTEGER;
begin
        while YY /= 0 loop
                ZZ := XX mod YY;
                XX := YY;
                YY := ZZ;
        end loop;
        return XX;
end PGCD;
```

Notons que X et Y doivent être copiés car les paramètres formels se comportent comme des constantes.

Exercice 7.2

1

```
function "<" (X, Y : NOMBRE_ROMAIN) return BOOLEAN is
begin
        return VALEUR(X) < VALEUR(Y);
end "<";
```

2

```
function "+" (X, Y : COMPLEXE) return COMPLEXE is
begin
        return (X.RL+Y.RL, X.IM+Y.IM);
end "+";

function "*" (X, Y : COMPLEXE) return COMPLEXE is
begin
        return (X.RL*Y.RL-X.IM*Y.IM, X.RL*Y.IM+X.IM*Y.RL);
end "*";
```

3

```
function "<" (P : PRIMAIRE; C : COULEUR) return BOOLEAN is
begin
        return C(P);
end "<";
```

4

```
function "<=" (X, Y : COULEUR) return BOOLEAN is
begin
        return (X and Y) = X;
end "<=";
```

Exercice 7.3

1

```
procedure TROC(X, Y : in out REEL) is
        T : REEL;
begin
        T := X; X := Y; Y := T;
end TROC;
```

2

```
procedure INV (X : in out VECTEUR) is
        INVERSE : VECTEUR(X'RANGE);
begin
        for I in X'RANGE loop
                INVERSE(I) := X(X'FIRST+X'LAST-I);
        end loop;
        X := INVERSE;
end INV;
```

ou peut-être :

```
procedure INV (X : in out VECTEUR) is
begin
        for I in X'FIRST..X'FIRST+X'LENGTH/2-1 loop
                TROC (X(I), X(X'FIRST+X'LAST-I));
        end loop;
        X := INVERSE;
end INV;
```

Cette procédure peut s'appliquer à un tableau L de type LIGNE par :

```
INV(VECTEUR(R));
```

3 Le fragment est erroné car le résultat dépend de la façon dont le paramètre est passé (par copie ou par référence). S'il est copié T(1) devient 2.0 ; s'il est passé par référence, T(1) devient 4.0.

Exercice 7.4

1

```
function AJOUTER(X : INTEGER; Y : INTEGER := 1) return INTEGER is
begin
        return X+Y;
end AJOUTER;
```

Les 6 appels suivants sont équivalents :

```
AJOUTER(N);
```

```
AJOUTER(N, 1);
AJOUTER(X => N, Y => 1);
AJOUTER(X => N);
AJOUTER(N, Y => 1);
AJOUTER(Y => 1, X => N);
```

2

```
function VIN_PREFERE return VIN is
begin
        case AUJOURD_HUI is
                when LUN .. VEN => return MUSCADET;
                when SAM|DIM => return CHAMPAGNE;
        end case;
end;

procedure KIR           (BASE : VIN := VIN_PREFERE;
                         COMMENT : STYLE := GLACE;
                         PLUS : EXTRA := SIROP);
```

Cet exemple illustre le fait que les défauts sont évalués chaque fois qu'ils sont requis et peuvent par conséquent changer de temps à autre.

Exercice 7.5

1 La forme par nom d'appel :

```
COMMANDER (D => VACHERIN);
```

n'est pas ambiguë puisque les noms des paramètres formels sont différents.

Réponses 8

Exercice 8.1

1

```
package ALEATOIRE is
        MODULE : constant := 2**13;
        subtype REDUIT is INTEGER range 0 .. MODULE;
        procedure INIT (ORIGINE : REDUIT);
        function SUIVANT return REDUIT;
end;

package body ALEATOIRE is
        MULTIPLICATEUR : constant := 5**5;
        X : REDUIT;
```

```
        procedure INIT(ORIGINE : REDUIT) is
        begin
                X := ORIGINE;
        end INIT;

        function SUIVANT return REDUIT is
        begin
                X := X*MULTIPLICATEUR mod MODULE;
                return X;
        end SUIVANT;

end ALEATOIRE;
```

2

```
package NOMBRES_COMPLEXES is
        type COMPLEXE is
                record
                        RL, IM : REEL := 0.0;
                end record;

        I : constant COMPLEXE := (0.0, 1.0);

        function "+" (X, Y : COMPLEXE) return COMPLEXE;
        function "-" (X, Y : COMPLEXE) return COMPLEXE;
        function "*" (X, Y : COMPLEXE) return COMPLEXE;
        function "/" (X, Y : COMPLEXE) return COMPLEXE;
end;

package NOMBRES_COMPLEXES is

        function "+" (X, Y : COMPLEXE) return COMPLEXE is
        begin
                return (X.RL+Y.RL, X.IM+Y.IM);
        end "+";

        function "-" (X, Y : COMPLEXE) return COMPLEXE is
        begin
                return (X.RL-Y.RL, X.IM-Y.IM);
        end "-";

        function "*" (X, Y : COMPLEXE) return COMPLEXE is
        begin
                return (X.RL*Y.RL-X.IM*Y.IM, X.RL*Y.IM+X.IM*Y.RL);
        end "*";
```

```
        function "/" (X, Y : COMPLEXE) return COMPLEXE is
              D : REAL := Y.RL**2+Y.IM**2;
        begin
              return ((X.RL*Y.RL+X.IM*Y.IM)/D, (X.IM*Y.RL-X.RL*Y.IM)/D);
        end "/";

  end NOMBRES_COMPLEXES;
```

Exercice 8.2

1

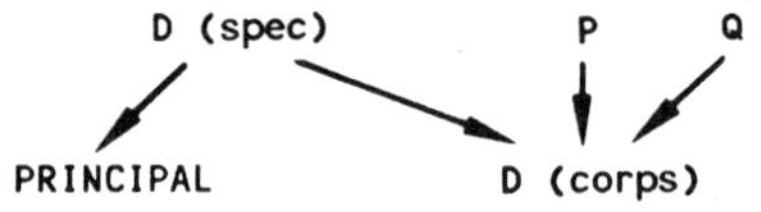

Il existe 8 ordres de compilation différents possibles.

Exercice 8.3

1

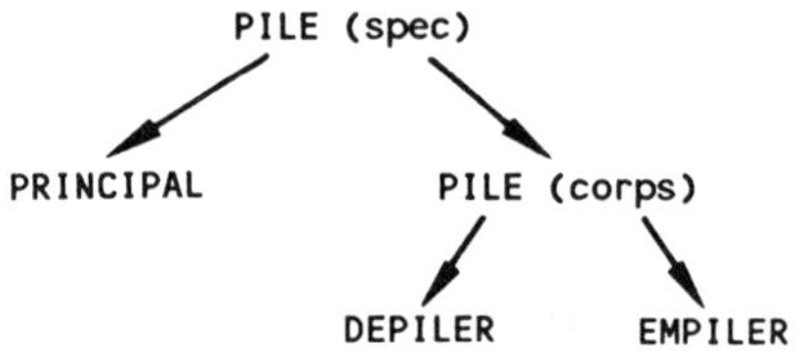

Il existe 18 ordres de compilation différents possibles.

Réponses 9

Exercice 9.1

1 Dans le corps de paquetage nous pouvons écrire :

```
function "*" (X : REEL; Y : COMPLEXE) return COMPLEXE is
begin
      return (X*Y.RL, X*Y.IM);
end "*";
```

mais à l'extérieur nous ne pouvons qu'écrire :

```
function "*" (X : REEL; Y : COMPLEXE) return COMPLEXE is
      use NOMBRES_COMPLEXES;
begin
      return CONS(X, 0.0)*Y;
end "*";
```

et de même en interchangeant les opérandes.

2

```
package NOMBRES_RATIONNELS is
        type RATIONNEL is private;

        function "+"(X : RATIONNEL) return RATIONNEL; -- + unaire
        function "-"(X : RATIONNEL) return RATIONNEL; -- - unaire

        function "+"(X, Y : RATIONNEL) return RATIONNEL;
        function "-"(X, Y : RATIONNEL) return RATIONNEL;
        function "*"(X, Y : RATIONNEL) return RATIONNEL;
        function "/"(X, Y : RATIONNEL) return RATIONNEL;

        function "/"(X : INTEGER; Y : POSITIVE) return RATIONNEL;
        function NUMERATEUR(R : RATIONNEL) return INTEGER;
        function DENOMINATEUR(R : RATIONNEL) return POSITIVE;

private
        type RATIONNEL is
                record
                        NUM : INTEGER;                  -- numérateur
                        DEN : POSITIVE;                 -- dénominateur
                end record;
end;


package body NOMBRES_RATIONNELS is

        function NORMALISER (X : RATIONNEL) return RATIONNEL is
                -- Éliminer les facteurs communs
                G : POSITIVE := PGCD(abs R.NUM, R.DEN);
        begin
                return (R.NUM/G, R.DEN/G);
        end NORMALISER;

        function "+"(X : RATIONNEL) return RATIONNEL is
        begin
                return X;
        end "+";

        function "-"(X : RATIONNEL) return RATIONNEL is
        begin
                return (-X.NUM,X.DEN);
        end "-";
```

```
        function "+"(X, Y : RATIONNEL) return RATIONNEL is
        begin
              return NORMALISER(
                          (X.NUM*Y.DEN+Y.NUM*X.DEN, X.DEN*Y.DEN));
        end "+";

        function "-"(X, Y : RATIONNEL) return RATIONNEL is
        begin
              return NORMALISER(
                          (X.NUM*Y.DEN-Y.NUM*X.DEN, X.DEN*Y.DEN));
        end "-";

        function "*"(X, Y : RATIONNEL) return RATIONNEL is
        begin
              return NORMALISER((X.NUM*Y.NUM, X.DEN*Y.DEN));
        end "*";

        function "/"(X, Y : RATIONNEL) return RATIONNEL is
        begin
              return NORMALISER((X.NUM*Y.DEN, X.DEN*Y.NUM));
        end "/";

        function "/"(X : INTEGER; Y : POSITIVE) return RATIONNEL is
        begin
              return NORMALISER((X, Y));
        end "/";

        function NUMERATEUR(R : RATIONNEL) return INTEGER is
        begin
              return X.NUM;
        end NUMERATEUR;

        function DENOMINATEUR(R : RATIONNEL) return POSITIVE is
        begin
              return X.DEN;
        end DENOMINATEUR;

  end NOMBRES_RATIONNELS;
```

3 Bien que le type de base des paramètres soit INTEGER et soit donc le même que pour la division entière prédéfinie, le type des résultats est différent. Les types des résultats sont pris en compte dans l'application des règles de cachement pour les fonctions. Voir section 7.5.

Exercice 9.2

1

```
package PILES is
        type PILES is limited private;
        VIDE : constant PILE;
        ...
private
        ...
        VIDE : constant PILE := ((1..MAX => 0), 0);
end;
```

Notons que VIDE doit être initialisé car c'est une constante, en dépit du fait que HAUT (le seul composant intéressant) est automatiquement initialisé.

2

```
function VIDE(P : PILE) return BOOLEAN is
begin
        return P.HAUT = 0;
end VIDE;

function PLEINE(P : PILE) return BOOLEAN is
begin
        return P.HAUT = MAX;
end PLEINE;
```

3

```
function "="(T, U : TABLEAU_DE_PILES) return BOOLEAN is
begin
        if T'LENGTH /= U'LENGTH then
                return FALSE;
        end if;
        for I in T'RANGE loop
                if T(I) /= U(I+U'FIRST-T'FIRST) then
                        return FALSE;
                end if;
        end loop;
        return TRUE;
end "=";
```

Notons que cela utilise = redéfinie (via /=) s'appliquant au type PILE. Ce mode de définition de l'égalité de tableau s'applique clairement à n'importe quel type.

4

```
procedure AFFECTATION(P : in PILE; Q : out PILE) is
begin
        Q.HAUT := P.HAUT;
        for I in 1..P.HAUT loop
```

```
            Q.P(I) := P.P(I);
        end loop;
    end;
```

5
```
    package PILES is
        type PILE is private;
        procedure EMPILER(P : in out PILE; X : in INTEGER);
        procedure DEPILER(P : in out PILE; X : out INTEGER);
    private
        MAX : constant := 100;
        BIDON : constant := 0;
        type VECTEUR_ENTIER is array (INTEGER range <>) of INTEGER;
        type PILE is
            record
                P : VECTEUR_ENTIER(1..MAX) := (1..MAX => BIDON);
                HAUT : ENTIER range 0..MAX := BIDON;
            end record;
    end;

    package body PILES is

        procedure EMPILER(P : in out PILE; X : in INTEGER) is
        begin
            P.HAUT := P.HAUT+1;
            P.P(P.HAUT) := X;
        end;

        procedure DEPILER(P : in out PILE; X : out INTEGER);
        begin
            X := P.P(P.HAUT);
            P.P(P.HAUT) := BIDON;
            P.HAUT := P.HAUT-1;
        end;
    end PILES;
```

Notons l'utilisation de BIDON comme valeur de défaut pour les composants inutilisés de la pile.

Exercice 9.3

1
```
    private
        MAX : constant := 1000; -- nombre de comptes
        subtype CODE_CLEF is INTEGER range 0..MAX;
```

```
        type CLEF is
              record
                    CODE : CODE_CLEF := 0;
              end record;
end;

package body BANQUE is
        POSITION : array (CODE_CLEF range 1..CODE_CLEF'LAST) of
                    ARGENT := (others => 0);
        LIBRE : array (CODE_CLEF range 1..CODE_CLEF'LAST) of BOOLEAN
              := (others => TRUE);

        function VALIDE (C : CLEF) return BOOLEAN is
        begin
              return C.CODE /= 0;
        end VALIDE;

        procedure OUVRIR_COMPTE(C : in out CLEF; A : in ARGENT) is
        begin
              if C.CODE = 0 then
                    for I in LIBRE'RANGE loop
                          if LIBRE(I) then
                                LIBRE(I) := FALSE;
                                POSITION(I) := M;
                                C.CODE := I;
                          end if;
                    end loop;
              end if;
        end OUVRIR_COMPTE;

        procedure CLOTURER_COMPTE(C : in out CLEF; A : out ARGENT) is
        begin
              if VALIDE(C) then
                    A := POSITION(C.CODE);
                    LIBRE(C.CODE) := TRUE;
                    C.CODE := 0;
              end if;
        end CLOTURER_COMPTE;

        procedure DEPOSER(C : in CLEF; A : in ARGENT) is
        begin
              if VALIDE(C) then
                    POSITION(C.CODE) := POSITION(C.CODE)+A;
              end if;
        end DEPOSER;
```

```
        procedure RETIRER(C : in out CLEF; A : in out ARGENT) is
        begin
            if VALIDE(C) then
                if A > POSITION(C.CODE) then
                    CLOTURER_COMPTE(C, M);
                else
                    POSITION(C.CODE) := POSITION(C.CODE)-A;
                end if;
            end if;
        end RETIRER;

        function RELEVE(C : CLEF) return ARGENT is
        begin
            if VALIDE(C) then
                return POSITION(C.CODE);
            end if;
        end RELEVE;

    end BANQUE;
```

Différentes formulations sont possibles. Il peut être plus clair de déclarer un type article représentant un compte contenant les deux composants LIBRE et POSITION.

Notons que la fonction RELEVE lèvera PROGRAM_ERROR si la clef n'est pas valide. Nous pourrions, de façon équivalente, retourner une valeur conventionnelle 0, mais il serait peut-être mieux de lever notre propre exception comme décrit dans le chapitre suivant.

2 Une formulation équivalente représentant le coffre peut être celle dans laquelle le type limité privé est donné par :

```
type COFFRE is
    record
        CODE : CODE_TIRELIRE := 0;
        POSITION : ARGENT;
    end record;
```

Dans ce cas l'argent est gardé dans la variable déclarée par l'utilisateur. La banque sait seulement quels coffres ont été attribués mais n'en connaît pas le contenu. Les détails sont laissés au lecteur.

3 Puisque le paramètre est de type privé, il n'est pas précisé si le paramètre est passé par copie ou par référence. S'il est passé par

copie, l'appel de ACTION fonctionnera tandis que, s'il est passé par référence, ce ne sera pas le cas. Le programme est par conséquent erroné. Cependant, cela ne semble pas être une réponse très satisfaisante et peut être considéré comme un trou dans la définition d'Ada.

Une légère amélioration pour ACTION serait de vérifier (via, par exemple, VALIDE) si la clef passée en paramètre est libre et n'est pas passée par référence au tableau LIBRE, mais cela ne constituerait pas une protection une fois que les clefs sont remises en circulation. Cependant, une solution blindée peut être construite en utilisant les types accès qui seront décrits au chapitre 11.

4 Il en est empêché par la règle mentionnée dans la section précédente selon laquelle, hors du paquetage de définition, on ne peut pas déclarer de procédure possédant un paramètre de mode out de type limité. Le but de cette règle est précisément d'éviter ce genre de violations des types privés. (Notons qu'en toute circonstance le paramètre peut être passé par référence.)

Réponses 10

Exercice 10.1

1
```
procedure SECOND_DEGRE        (A, B, C : in REEL;
                               RACINE_1, RACINE_2 : out REEL;
                               OK : out BOOLEAN) is
        D : constant REEL := B**2-4.0*A*C;
begin
        RACINE_1 := (-B+SQRT(D))/(2.0*A);
        RACINE_2 := (-B-SQRT(D))/(2.0*A);
        OK := TRUE;
exception
        when NUMERIC_ERROR | CONSTRAINT_ERROR =>
                OK := FALSE
end SECOND_DEGRE;
```

2
```
function FACTORIELLE(N : INTEGER) return INTEGER is
        function ESCLAVE(N : NATURAL) return POSITIVE is
        begin
                if N = 0 then
                        return 1;
                else
```

```
                return N*ESCLAVE(N-1);
            end if;
        end ESCLAVE;

    begin
        return ESCLAVE(N);
    exception
        when CONSTRAINT_ERROR|NUMERIC_ERROR|STORAGE_ERROR =>
            return -1;

    end FACTORIELLE;
```

Exercice 10.2

1

```
    package ALEATOIRE is
        MAUVAIS : exception;
        MODULE : constant := 2**13;
        subtype REDUIT is INTEGER range 0 .. MODULE;
        procedure INIT (ORIGINE : REDUIT);
        function SUIVANT return REDUIT;
    end;

    package body ALEATOIRE is
        MULTIPLICATEUR : constant := 5**5;
        X : REDUIT;

        procedure INIT(ORIGINE : REDUIT) is
        begin
            if ORIGINE mod 2 = 0 loop
                raise MAUVAIS;
            end if;
            X := ORIGINE;
        end INIT;

        function SUIVANT return REDUIT is
        begin
            X := X*MULTIPLICATEUR mod MODULE;
            return X;
        end SUIVANT;

    end ALEATOIRE;
```

2

```
    function FACTORIELLE(N : INTEGER) return INTEGER is

        function ESCLAVE(N : NATURAL) return POSITIVE is
        begin
```

```
            if N = 0 then
                  return 1;
            else
                  return N*ESCLAVE(N-1);
            end if;
      end ESCLAVE;

begin
      return ESCLAVE(N);
exception
      when NUMERIC_ERROR | STORAGE_ERROR =>
            raise CONSTRAINT_ERROR;
end FACTORIELLE;
```

Exercice 10.3

1

```
package BANQUE is
      ALARME : exception;
      subtype ARGENT is NATURAL;
      type CLEF is limited private;
      -- comme précédemment
private
      -- comme précédemment
end;

package body BANQUE is
      POSITION : array (CODE_CLEF range 1..CODE_CLEF'LAST) of
                                                                  ARGENT
            := (others => 0);
      LIBRE : array (CODE_CLEF range 1..CODE_CLEF'LAST) of BOOLEAN
            := (others => TRUE);

      function VALIDE (C : CLEF) return BOOLEAN is
      begin
            return C.CODE /= 0;
      end VALIDE;

      procedure VALIDER (C : CLEF) is
      begin
            if not VALIDE(K) then
                  raise ALARME;
            end if;
      end VALIDER;
```

```
        procedure OUVRIR_COMPTE(C : in out CLEF; A : in ARGENT) is
        begin
              if C.CODE = 0 then
                    for I in LIBRE'RANGE loop
                          if LIBRE(I) then
                                LIBRE(I) := FALSE;
                                POSITION(I) := M;
                                C.CODE := I;
                                return;
                          end if;
                    end loop;
              else
                    raise ALARME;
              end if;
        end OUVRIR_COMPTE;

        procedure CLOTURER_COMPTE(C : in out CLEF; A : out ARGENT) is
        begin
              VALIDER(C);
              A := POSITION(C.CODE);
              LIBRE(C.CODE) := TRUE;
              C.CODE := 0;
        end CLOTURER_COMPTE;

        procedure DEPOSER(C : in CLEF; A : in ARGENT) is
        begin
              VALIDER (C);
              POSITION(C.CODE) := POSITION(C.CODE)+A;
        end DEPOSER;

        procedure RETIRER(C : in out CLEF; A : in out ARGENT) is
        begin
              VALIDER (C);
              if A > POSITION(C.CODE) then
                    raise ALARME;
              else
                    POSITION(C.CODE) := POSITION(C.CODE)-A;
              end if;
        end RETIRER;

        function RELEVE(C : CLEF) return ARGENT is
        begin
              VALIDER (C);
              return POSITION(C.CODE);
        end RELEVE;
end BANQUE;
```

Par commodité, nous avons déclaré la procédure VALIDER, qui donne l'alarme dans la plupart des cas. L'ALARME est aussi explicitement levée si nous tentons de nous mettre à découvert mais comme mentionné dans le texte, nous ne pouvons pas en même temps clôturer le compte. Toute tentative d'ouvrir un compte avec une clef en circulation lèvera aussi ALARME. Nous ne levons cependant pas ALARME si la banque vient à court de comptes à ouvrir ; nous avons laissé le soin à l'utilisateur de tester à l'aide d'un appel à VALIDE que la clef qu'il a reçue est bonne ; la raison profonde est que ce n'est pas de la faute de l'utilisateur si la banque est à court de clefs.

2 Supposons que N vaut 2. Alors au troisième appel, on ne pénètre pas dans P et l'exception est levée et traitée au deuxième niveau. Le traite-exception appelle de nouveau P sans succès mais cette fois, puisqu'une exception levée dans un traite-exception ne peut pas être traitée en ce point et est propagée un niveau au-dessus, l'exception est traitée au premier niveau. Le motif se répète, mais l'exception est finalement propagée au-delà du premier niveau vers l'appel d'origine. Il y a en tout 3 appels fructueux et 4 infructueux. Le diagramme suivant peut aider à y voir plus clair ;

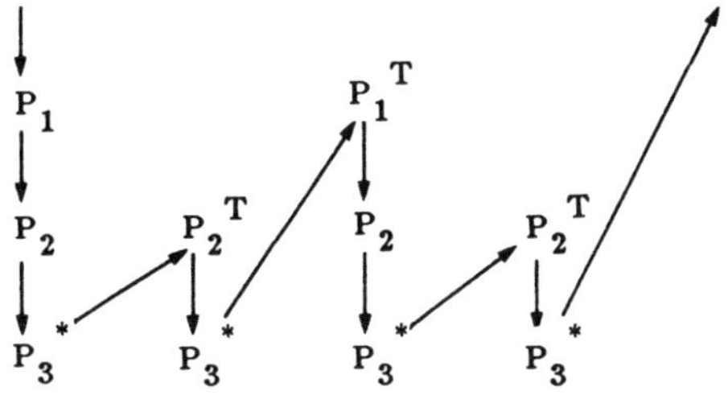

Une étoile * indique un appel infructueux, T indique un appel à partir d'un traite-exception.

Plus généralement, supposons que C_n est le nombre total d'appels pour le cas N = n. Nous avons donc :

$$C_{n+1} = 2\,C_n + 1$$

avec la condition initiale $C_0 = 1$, puisque dans le cas N = 0 il est évident qu'il n'y a qu'un appel qui échoue. Il s'ensuit que le nombre total d'appels C_N est $2^{N+1}-1$. Parmi ceux-ci 2^N sont unfructueux et 2^N-1 sont fructueux.

Je remercie Bob Bishop de British Telecom qui m'a fourni cet exemple.

Réponses 11

Exercice 11.1

1

```
TRACE((M'LENGTH, M))
```

Si les deux dimensions de M ne sont pas égales, CONSTRAINT_ERROR sera levée. Notons que les bornes inférieures ne sont pas nécessairement égales à 1 ; tout ce qui importe est que le nombre de composants dans chaque dimension soit le même.

2

```
package PILES is
        type PILE(MAX : NATURAL) is limited private;
        VIDE : constant PILE;
        ...
private
        type VECTEUR_ENTIER is array (INTEGER range <>) of INTEGER;
        type PILE(MAX : NATURAL) is
                record
                        P : VECTEUR_ENTIER(1..MAX);
                        HAUT : INTEGER := 0;
                end record;
        VIDE : constant PILE(0) := (0, (others => 0), 0);
end;
```

Nous avons naturellement choisi de faire de VIDE une pile dont la valeur MAX est zéro. Notons que la fonction "=" ne compare que les parties de piles qui sont en service. Ainsi, nous pouvons écrire P = VIDE pour tester si une pile P est vide quelle que soit sa valeur de MAX.

3

```
function PLEINE(P : PILE) return BOOLEAN is
begin
        return P.HAUT = P.MAX;
end PLEINE;
```

4

```
Z : POLYNOME := (0, (0 => 0));
```

La notation par nom doit être utilisée car le tableau n'a qu'un composant.

5
```
function "*" (P, Q : POLYNOME) return POLYNOME is
        R : POLYNOME(P.DEGRE+Q.DEGRE)
                        := (P.DEGRE+Q.DEGRE, (others => 0));
begin
        for I in P.T'RANGE loop
                for J in Q.T'RANGE loop
                        R.T(I+J) := R.T(I+J)+P.T(I)*Q.T(J);
                end loop;
        end loop;
        return R;
end "*";
```

Le fait d'écrire P.T'RANGE ou 0 .. P.DEGRE est purement une affaire de goût.

6
```
function "-" (P, Q : POLYNOME) return POLYNOME is
        TAILLE : INTEGER;
begin
        if P.DEGRE > Q.DEGRE then
                TAILLE := P.DEGRE;
        else
                TAILLE := Q.DEGRE;
        end if;

        declare
                R : POLYNOME(TAILLE);
        begin
                for I in 0 .. P.DEGRE loop
                        R.T(I) := P.T(I);
                end loop;
                for I in P.DEGRE+1 .. R.DEGRE loop
                        R.T(I) := 0;
                end loop;
                for I in 0 .. Q.DEGRE loop
                        R.T(I) := R.T(I)-Q.T(I);
                end loop;
                return NORMALISER(R);
        end;
end "-";
```

Il existe plusieurs façons équivalentes d'écrire cette fonction. Nous pouvons initialiser R.T en utilisant des affectations de tranches.

```
R.T(0 .. P.DEGRE) := P.T;
R.T(P.DEGRE+1 .. R.DEGRE) := (P.DEGRE+1 .. P.DEGRE => 0);
```

ou encore plus succinctement :

```
R.T := P.T & (P.DEGRE+1..R.DEGRE => 0);
```

7
```
procedure TRONQUER(P : in out POLYNOME) is
begin
        if P'CONSTRAINED then
                raise ERREUR_TRONCATION;
        else
                P := (P.DEGRE-1, P.T(0..P.DEGRE-1));
        end if;
end TRONQUER;
```

Exercice 11.2

1
```
procedure RASER(P : in out PERSONNE) is
begin
        if P.SEXE=FEMININ then
                raise ERREUR_RASAGE;
        else
                P.BARBU := FALSE;
        end if;
end RASER;
```

2
```
procedure STERILISER(M : in out MUTANT) is
begin
        if M'CONSTRAINED and M.SEXE /= NEUTRE then
                raise ERREUR_STERILISATION;
        else
                M := (NEUTRE, M.NAISSANCE);
        end if;
end STERILISER;
```

3
```
type FIGURE is (CERCLE, CARRE, RECTANGLE);
type OBJET(FORME : FIGURE) is
        record
                case FORME is
                        when CERCLE =>
                                RAYON : REEL;
                        when CARRE =>
                                COTE : REEL;
                        when RECTANGLE =>
                                LONGUEUR, LARGEUR : REEL;
                end case;
        end record;
```

4
```
function AIRE(X :OBJET) return REEL is
begin
    case X.FORME is
        when CERCLE =>
            return PI*X.RAYON**2;
        when CARRE =>
            return X.COTE**2;
        when RECTANGLE =>
            return X.LONGUEUR*X.LARGEUR;
    end case;
end AIRE;
```

Notons la similarité entre l'instruction case dans la fonction AIRE et la partie variantes de type OBJET.

5
```
function F(DEGRE : INTEGER) return VECTEUR_ENTIER;
type POLYNOME(DEGRE : INDEX := 0) is
    record
        T : VECTEUR_ENTIER(0 .. DEGRE) := F(DEGRE);
    end record;

function F(DEGRE : INTEGER) return VECTEUR_ENTIER is
    R : VECTEUR_ENTIER(0 .. N);
begin
    for I in 0 .. DEGRE-1 loop
        R(I) := 0;
    end loop;
    R(DEGRE) := 1;
    return R;
end;
```

Pour pouvoir déclarer la fonction et le type dans la même partie déclarative, nous devons d'abord donner la spécification de fonction seule parce qu'une déclaration ne peut pas suivre un corps comme indiqué en section 7.6. Il importe peu que l'on se réfère à F avant que son corps ne soit élaboré pourvu qu'on ne l'appelle pas. Ainsi, si nous déclarons un polynôme (sans valeur initiale) avant le corps de F, l'élaboration de cet objet lèvera PROGRAM_ERROR.

Exercice 11.3

1
```
procedure ABOUTER(PREMIERE : in out LIEN; SECONDE : in LIEN) is
    L : LIEN := PREMIERE;
begin
    if PREMIERE = null then
        PREMIERE := SECONDE;
```

```
        else
                while L.SUIVANT /= null loop
                        L := L.SUIVANT;
                end loop;
                L.SUIVANT := SECONDE;
        end if;
end ABOUTER;
```

2
```
function TAILLE(A : ARBRE) return INTEGER is
begin
        if A = null then
                return 0;
        else
                return TAILLE(A.GAUCHE)+TAILLE(A.DROIT)+1;
        end if;
end TAILLE;
```

3
```
function COPIER(A : ARBRE) return ARBRE is
begin
        if A = null then
                return null;
        else
                return new NOEUD'(A.VALEUR,
                                        COPIER(A.GAUCHE), COPIER(A.DROIT));
        end if;
end COPIER;
```

Exercice 11.4

1
```
procedure EMPILER(P : in out PILE; X : in INTEGER) is
begin
        P := new CELLULE'(X, P);

exception
        when STORAGE_ERROR =>
                raise ERROR;
end;
procedure DEPILER(P : in out PILE; X : out INTEGER) is
begin
        if P = null then
                raise ERROR;
        else
                X := P.VALEUR;
                P := P.SUIVANT;
        end if;
end;
```

2
```
procedure EMPILER(P : in out PILE; X : in INTEGER) is
begin
        P.LISTE := new CELLULE'(X, P.LISTE);
end;

procedure DEPILER(P : in out PILE; X : out INTEGER) is
begin
        X := P.LISTE.VALEUR;
        P.LISTE := P.LISTE.SUIVANTE;
end;

function "=" (P, Q : PILE) return BOOLEAN is
        PL : LIEN := P.LISTE;
        QL : LIEN := Q.LISTE;
begin
        while PL /= null and QL /= null loop
                PL := PL.SUIVANTE;
                QL := QL.SUIVANTE;
                if PL.VALEUR /= QL.VALEUR then
                        return FALSE;
                end if;
        end loop;
        return PL = QL;
end "=";
```

3
```
package QUEUES is
        VIDE : exception;
        type QUEUE is limited private;
        procedure ENTRER(Q : in out QUEUE; X : in ITEM);
        procedure RETIRER(Q : in out QUEUE; X : out ITEM);
        function LONGUEUR(Q : QUEUE) return INTEGER;
private
        type CELLULE;
        type LIEN is access CELLULE;
        type CELLULE is
                record
                        VALEUR : ITEM;
                        SUIVANTE : LIEN;
                end record;
        type QUEUE is
                record
                        COMPTEUR : INTEGER := 0;
                        PREMIERE, DERNIERE : LIEN;
                end record;
end;
```

```
package body QUEUES is

        procedure ENTRER(Q : in out QUEUE; X : in ITEM) is
                L : LIEN;
        begin
                L := new CELLULE'(VALEUR => X, SUIVANTE => null);
                Q.DERNIERE.SUIVANTE := L;
                Q.DERNIERE := L;
                Q.COMPTEUR := Q.COMPTEUR+1;
        end;

        procedure RETIRER(Q : in out QUEUE; X : out ITEM) is
        begin
                if Q.COMPTEUR = 0 then
                        raise VIDE;
                end if;
                X := Q.PREMIERE.VALEUR;
                Q.PREMIERE := Q.PREMIERE.SUIVANTE;
                Q.COMPTEUR := Q.COMPTEUR-1;
        end RETIRER;

        function LONGUEUR(Q : QUEUE) return INTEGER is
        begin
                return Q.COMPTEUR;
        end LONGUEUR;

end QUEUES;
```

Exercice 11.5

1

```
function HERITIER (P : NOM_DE_PERSONNE)
                                        return NOM_DE_PERSONNE is
        MERE : NOM_DE_FEMME;
begin
        if P.SEXE = MASCULIN then
                MERE := P.EPOUSE;
        else
                MERE := P;
        end if;
        if MERE = null or else MERE.PREMIER_ENFANT = null then
                return null;
        end if;
        declare
                ENFANT : NOM_DE_PERSONNE := MERE.PREMIER_ENFANT;
        begin
                while ENFANT.SEXE = FEMININ loop
```

```
                if ENFANT.FRERE_OU_SOEUR = null then
                    return MERE.PREMIER_ENFANT;
                end if;
                ENFANT := ENFANT.FRERE_OU_SOEUR;
            end loop;
            return ENFANT;
        end;
    end HERITIER;
```

2

```
    procedure DIVORCE(F : NOM_DE_FEMME) is
    begin
        if F = null
            or else (F.MARI = null or F.PREMIER_ENFANT /= null) then
            return;    -- divorce impossible
        end if;
        F.MARI.EPOUSE := null;
        P.MARI := null;
    end DIVORCE;
```

Exercice 11.6

1

```
    package P is
        type LONGUEUR is new REEL;
        type SURFACE is new REEL;
        function "*"(X, Y : LONGUEUR) return LONGUEUR;
        function "*"(X, Y : LONGUEUR) return SURFACE;
        function "*"(X, Y : SURFACE) return SURFACE;
    end;

    package body P is
        function "*"(X, Y : LONGUEUR) return LONGUEUR is
        begin
            raise CONSTRAINT_ERROR;
        end;

        function "*"(X, Y : LONGUEUR) return SURFACE is
        begin
            return SURFACE(REEL(X)*REEL(Y));
        end;

        function "*"(X, Y : SURFACE) return SURFACE is
        begin
            raise CONSTRAINT_ERROR;
        end;

    end;
```

Réponses 12

Exercice 12.1

1 P : sur A : INTEGER, sur B : SHORT_INTEGER
Q : sur A : LONG_INTEGER, sur B : INTEGER
R : sur A : pas implémentable, sur B : LONG_INTEGER

2 Non, le seul cas délicat est le type Q sur la machine A. Le fait de passer aux compléments à un transforme l'intervalle de INTEGER en :

```
-32767 .. 32767
```

et par conséquent seul INTEGER'FIRST est modifié.

3 a) INTEGER
b) illégal - la conversion doit être explicite
c) ENTIER'BASE
d) INTEGER
e) entier universel
f) ENTIER'BASE

4 **type** LONGEST_INTEGER **is range** SYSTEM.MIN_INT .. SYSTEM.MAX_INT;

Exercice 12.2

1 a) illégal
b) INTEGER
c) réel universel
d) INTEGER
e) réel universel
f) entier universel

2 R : **constant** := N * 1.0;

Exercice 12.3

1 $^1/_{16}$

2 REEL a un B = 18.

Les valeurs des variables P et Q sont des nombres modèles. Cependant le résultat P/Q=$^2/_3$ ne l'est pas. Les nombres réels les plus proches peuvent être déterminés en considérant 2/3 comme le motif régulier :

0.10101010...

Le nombre modèle inférieur (I) est obtenu en tronquant après 18 chiffres. La différence entre $^2/_3$ et L est $^2/_3$ divisé par 2**18 (translaté de 18 chiffres binaires vers la droite). Par conséquent L vaut $^2/_3(1-2^{-18})$. Le nombre modèle supérieur est obtenu en ajoutant 2^{-18} à L. Ainsi P/Q est consigné dans l'intervalle modèle :

$$^2/_3(1-2^{-18}), ^2/_3(1+2^{-19})$$

Les bornes mathématiques pour (P/Q)*Q sont obtenues en multipliant les bornes de cet intervalle par 3. La borne inférieure est alors $2(1-2^{-18})$ qui est un nombre modèle. La borne supérieure est $2(1-2^{-17})$. L'intervalle modèle final dans lequel R doit se trouver est :

$$2(1-2^{-18}), 2(1+2^{-17})$$

3 Dans ce cas P et Q sont des nombres de type réel universel et le calcul est effectué de façon exacte à la compilation. Le résultat est que R se trouve affecté de la valeur 2.0.

4

1313 =	16	(= mantisses possibles)
x	41	(= exposants possibles)
x	2	(= signes possibles)
+	1	(= zéro)

5

```
function HYPOTENUSE(X, Y : REEL) return REEL is
        PETIT : constant REEL := 2.0**(-2*REEL'MANTISSA);
begin
        if abs X < PETIT and abs Y < PETIT then
                return SQRT ((X/PETIT)**2 + (Y/PETIT)**2)*PETIT;
        else
                return SQRT (X**2+Y**2);
        end if;
end HYPOTENUSE;
```

Notons que 2.0**(-2*REEL'MANTISSE) est une expression de type réel universel.

6 Dans le cas du type GROSSIER nous avons demandé un chiffre décimal, ce qui implique une précision relative maximum de 1 sur 10. Si nous prenons B = 4, la précision relative variera de 1 sur 8 à 1 sur 16. Il y aura des points où les nombres binaires seront

plus loin les uns des autres que les nombres décimaux. En fait, autour de 10_000 les nombres modèles décimaux pour D = 1 sont :

8_000 9_000 10_000 20_000

tandis que les nombres modèles pour B = 4 sont :

7680 8192 9216 10240

Nous voyons alors que 8192 et 9216 sont distants de plus de 1000. Par conséquent, nous devons prendre *B* = 5 pour que la précision relative minimum soit 1 sur 16. Le résultat général suit.

7 Le rapport vaut 2^{B-1} ou 1/EPSILON. Ainsi, le trou autour de zéro est relativement plus dangereux pour les grandes valeurs de B.

Exercice 12.4

1 $^{1}/_{10}(1-2^{-12}), ^{1}/_{10}(1+2^{-14})$

Réponses 13

Exercice 13.1

1
```
generic
        type ITEM is private;
package PILES is
        type PILE(MAX : NATURAL) is limited private;
        procedure EMPILER(S : in out PILE; X : in ITEM);
        procedure DEPILER(S : in out PILE; X : out ITEM);
        function "="(S, T : PILE) return BOOLEAN;
private
        type VECTEUR_ITEM is array (INTEGER range <>) of INTEGER;
        type PILE(MAX : NATURAL) is
                record
                        P : VECTEUR_ITEM(1..MAX);
                        HAUT : INTEGER := 0;
                end record;
end;
```

Le corps est à peu près le même. Pour déclarer une pile nous devons d'abord instancier le paquetage.

```
package PILES_DE_BOOLEENS is new PILES (ITEM => BOOLEAN);
use PILES_DE_BOOLEENS;
```

```
S : PILE(MAX => 30);
```

2

```
generic
        type CHOSE is private;
package P is
        procedure TROC(A, B : in out CHOSE);
        procedure CAB(A, B, C : in out CHOSE);
end P;

package body P is
        procedure TROC(A, B : in out CHOSE) is
                C : CHOSE;
        begin
                C := A; A := B; B := C;
        end;

        procedure CAB(A, B, C : in out CHOSE) is
        begin
                TROC(A, B);
                TROC(A, C);
        end,
end P;
```

Exercice 13.2

1

```
function "not" is new SUIVANT (BOOLEAN);
```

2

```
generic
        type BASE is range <>;
package NOMBRES_RATIONNELS is
        type RATIONNEL is private;
        function "+"(X : RATIONNEL) return RATIONNEL;
        function "-"(X : RATIONNEL) return RATIONNEL;
        function "+"(X, Y : RATIONNEL) return RATIONNEL;
        function "-"(X, Y : RATIONNEL) return RATIONNEL;
        function "*"(X, Y : RATIONNEL) return RATIONNEL;
        function "/"(X, Y : RATIONNEL) return RATIONNEL;

        subtype BASE_POS is BASE range 1..BASE'LAST;
        function "/"(X : BASE; Y : BASE_POS) return RATIONNEL;
        function NUMERATEUR(R : RATIONNEL) return BASE;
        function DENOMINATEUR(R : RATIONNEL) return BASE_POS;
private
```

```
        type RATIONNEL is
                record
                        NUM : BASE;
                        DEN : BASE_POS;
                end record;
end;
```

3

```
generic
        type INDICE is (<>);
        type FLOTTANT is digits <>;
        type VEC is array (INDICE range <>) of FLOTTANT;
        type MAT is array (INDICE range <>, INDICE range <>) of
                                                                FLOTTANT;
function EXTERIEUR (A, B : VEC) return MAT;

function EXTERIEUR (A, B : VEC) return MAT is
        C : MAT(A'RANGE, B'RANGE);
begin
        for I in A'RANGE loop
                for J in B'RANGE loop
                        C(I, J) := A(I)*(B(J);
                end loop;
        end loop;
        return C;
end EXTERIEUR;

function EXTERIEUR_VECTEUR is new EXTERIEUR
                                    (INTEGER, REEL, VECTEUR, MATRICE);
```

4

```
package ENSEMBLE_DE is

        function CONSTRUIRE (X : LISTE) return ENSEMBLE is
                E : ENSEMBLE := VIDE;
        begin
                for I in X'RANGE loop
                        E(X(I)) := TRUE;
                end loop;
                return E;
        end CONSTRUIRE;

        function CONSTRUIRE (X : ELEMENTAIRE) return ENSEMBLE is
                E : ENSEMBLE := VIDE;
        begin
                E(X) := TRUE;
                return E;
        end CONSTRUIRE;
```

```
function DECOMPOSER (X : ENSEMBLE) return LISTE is
        L : LISTE(1..TAILLE(X));
        I POSITIVE := 1;
begin
        for E in ENSEMBLE'RANGE loop
                if X(E) then
                        L(I) := E;
                        I := I+1;
                end if;
        end loop;
        return L;
end DECOMPOSER;

function "+" (X, Y : ENSEMBLE) return ENSEMBLE is
begin
        return X or Y;
end "+";

function "*" (X, Y : ENSEMBLE) return ENSEMBLE is
begin
        return X and Y;
end "*";

function "-" (X, Y : ENSEMBLE) return ENSEMBLE is
begin
        return X xor Y;
end "-";

function "<" (X : ELEMENTAIRE; Y : ENSEMBLE) return BOOLEAN is
begin
        return Y(X);
end "<";

function "<="(X, Y : ENSEMBLE) return BOOLEAN is
begin
        return (X and Y) = X;
end "<=";

function TAILLE (X : ENSEMBLE) return NATURAL is
        N : NATURAL := 0;
begin
        for E in ENSEMBLE'RANGE loop
                if X(E) then
```

```
                    N := N+1;
                end if;
            end loop;
            return N;
        end TAILLE;

    end ENSEMBLE_DE;
```

Exercice 13.3

1

```
function G(X : REEL) return REEL is
begin
        return EXP(X)+X-7.0;
end;
...
function RESOUDRE_G is new RESOUDRE(G);
...
REPONSE : REEL := RESOUDRE_G;
```

2 En supposant :

```
type TAB_BOOLEEN is array (INTEGER range <>) of BOOLEAN;
```

nous avons :

```
function CONJONCTION is new APPLIQUER
                        (INTEGER, BOOLEAN, TAB_BOOLEEN, "and");
```

3 Un autre paramètre générique est nécessaire pour fournir une valeur pour zéro.

```
generic
        type INDICE is (<>);
        type ITEM is private;
        ZERO : in ITEM;
        type VEC is array (INDICE range <>) of ITEM;
function APPLIQUER (T, U : VEC) return ITEM;

function APPLIQUER (T, U : VEC) return ITEM is
        RESULTAT : ITEM := ZERO;
begin
        for I in T'RANGE loop
                RESULTAT := RESULTAT+T(I);
        end loop;
        return RESULTAT;
end APPLIQUER;
```

puis :

```
function CONJONCTION is new
        APPLIQUER (INTEGER, BOOLEAN, TRUE, TAB_BOOLEEN, "and");
```

4

```
generic
    type ITEM is limited private;
    type VECTEUR is array (INTEGER range <>) of ITEM;
    with function "="(X, Y : ITEM) return BOOLEAN is <>;
function EGALE (T, U : VECTOR) return BOOLEAN;

function EGALE (T, U : VECTOR) return BOOLEAN is
begin
    -- Exactement le même corps que dans l'exercice 9.2(3)
end EGALE;
```

Nous pouvons l'instancier par :

```
function "=" is new EGALE (PILE, TABLEAU_DE_PILE, "=");
```

ou simplement par :

```
function "=" is new EGALE (PILE, TABLEAU_DE_PILE);
```

dans ce cas le paramètre par défaut est utilisé.

5 La spécification de générique peut être :

```
generic
    type ITEM is private;
    type INDICE is (<>);
    type VECTEUR is array (INTEGER range <>) of ITEM;
    with function "<"(X, Y : ITEM) return BOOLEAN;
function TRI (A, B : VECTOR) return BOOLEAN;
```

Le corps de générique correspond étroitement à la procédure TRI de la section 11.3. Les types NOEUD et ARBRE sont déclarés dans les corps de tri car ils dépendent du type générique ITEM. L'incrémentation de I ne peut pas être effectuée avec "+" puisque le type d'indice peut ne pas être un entier, et nous devons donc utiliser INDICE'SUCC. Nous devons prendre soin de ne pas lever CONSTRAINT_ERROR si le tableau couvre la totalité des valeurs de INDICE.

Réponses 14

Exercice 14.1

1
```
procedure COURSES is

    task PRENDRE_SALADE;

    task body PRENDRE_SALADE is
    begin
        ACHETER_SALADE;
    end PRENDRE_SALADE;

    task PRENDRE_VIN;

    task body PRENDRE_VIN is
    begin
        ACHETER_VIN;
    end PRENDRE_VIN;

    task PRENDRE_VIANDE;

    task body PRENDRE_VIANDE is
    begin
        ACHETER_VIANDE;
    end PRENDRE_VIANDE;
begin
    null;
end COURSES;
```

Exercice 14.2

1
```
task body CONSTRUIRE_COMPLEXE is
    C : COMPLEXE;
begin
    loop
        accept PUT_RL (X : REEL) do
            C.RL := X;
        end;
        accept PUT_IM (X : REEL) do
            C.IM := X;
        end;
        accept PRENDRE_COMP (X : COMPLEXE) do
```

```
                X := C;
            end;
        end loop;
    end CONSTRUIRE_COMPLEXE;
```

2
```
    task body CONSTRUIRE_LIGNE is
        TAMPON : LIGNE;
    begin
        loop
            for I in TAMPON'RANGE loop
                accept DEPOSER (C : in CHARACTER) do
                    TAMPON(I) := C;
                end;
            end loop;
            accept PRENDRE (L : out LIGNE) do
                L := TAMPON;
            end;
        end loop;
    end CONSTRUIRE_LIGNE;
```

Exercice 14.3

1
```
    generic
        PREMIERE_FOIS : CALENDAR.TIME;
        INTERVALLE : DURATION;
        NOMBRE : INTEGER;
        with procedure P;
    procedure APPEL;

    procedure APPEL is
        use CALENDAR;
        PROCHAINE_FOIS : TIME := PREMIERE_FOIS;
    begin
        if PROCHAINE_FOIS < CLOCK then
            PROCHAINE_FOIS := CLOCK;
        end if;
        for I in 1..NOMBRE loop
            delay PROCHAINE_FOIS-CLOCK;
            P;
            PROCHAINE_FOIS := PROCHAINE_FOIS+INTERVALLE;
        end loop;
    end APPEL;
```

2 Le type DURATION exige au moins 24 bits.

Exercice 14.4

1

```
task body CONSTRUIRE_COMPLEXE is
        C : COMPLEXE;
        RL_PRESENT, IM_PRESENT : BOOLEAN := FALSE;
begin
        loop
                select
                        when not RL_PRESENT =>
                        accept DEPOSER_RL (X : REEL) do
                                C.RL := X;
                        end;
                        RL_PRESENT := TRUE;
                or
                        when not IM_PRESENT =>
                        accept DEPOSER_IM (X : REEL) do
                                C.IM := X;
                        end;
                        IM_PRESENT := TRUE;
                or
                        when RL_PRESENT and IM_PRESENT =>
                        accept PRENDRE_COMP (X : out COMPLEXE) do
                                X := C;
                        end;
                        RL_PRESENT := FALSE;
                        IM_PRESENT := FALSE;
                end select;
        end loop;
end CONSTRUIRE_COMPLEXE;
```

Une solution équivalente est :

```
task body CONSTRUIRE_COMPLEXE is
        C : COMPLEXE;
begin
        loop
                select
                        accept DEPOSER_RL (X : REEL) do
                                C.RL := X;
                        end;
                        accept DEPOSER_IM (X : REEL) do
                                C.IM := X;
                        end;
                or
                        accept DEPOSER_IM (X : REEL) do
```

```
                    C.IM := X;
                end;
                accept DEPOSER_RL (X : REEL) do
                    C.RL := X;
                end;
            end select;
            accept PRENDRE_COMP (X : out COMPLEXE) do
                X := C;
            end;
        end loop;
end CONSTRUIRE_COMPLEXE;
```

A première vue cela peut paraître une technique plus simple mais ne se prête pas à une extrapolation facile, même pour un petit nombre de composants, à cause de l'explosion combinatoire.

2

```
procedure LIRE (X : out ITEM; T : DURATION; OK : out BOOLEAN) is
begin
        select
                CONTROLE.DEBUT(LIRE);
        or
                delay T;
                OK := FALSE;
                return;
        end select;
        X := V;
        CONTROLE.FIN_LECTURE;
        OK := TRUE;
end LIRE;

procedure ECRIRE (X : in ITEM; T : DURATION; OK : out BOOLEAN) is
        use CALENDAR;
        DEBUT : TIME := CLOCK;
begin
        select
                CONTROLE.DEBUT(ECRIRE);
        or
                delay T;
                OK := FALSE;
                return;
        end select;
        select
                CONTROLE.ECRIRE;
        or
                delay T-(CLOCK-DEBUT);
                CONTROLE.FIN_ECRITURE;
```

```
                OK := FALSE;
                return;
        end select;
        V := X;
        CONTROLE.FIN_ECRITURE;
        OK := TRUE;
end ECRIRE;
```

Notons comment une courte attente limitée peut être imposée à un appel à ECRIRE.

Exercice 14.6

1

```
task TAMPON_ACTIF is
        entry DEPOSER(X : in ITEM);
        entry FIN;
        entry PRENDRE(X : out ITEM);
end;

task body TAMPON_ACTIF is
        N : constant := 8;
        T : array (1..N) of ITEM;
        I, J : INTEGER range 1..N := 1;
        COMPTEUR : INTEGER range 0..N := 0;
        TERMINAISON : BOOLEAN := FALSE;
begin
        loop
                select
                        when COMPTEUR < N =>
                        accept DEPOSER(X : in ITEM) do
                                T(I) := X;
                        end;
                        I := I mod N + 1
                or
                        accept FIN;
                        TERMINAISON := TRUE;
                or
                        when COMPTEUR > 0 =>
                        accept PRENDRE(X : out ITEM) do
                                X := T(J);
                        end;
                        J := J mod N + 1; COMPTEUR := COMPTEUR-1;
                or
                        when COMPTEUR = 0 and TERMINAISON =>
                        accept PRENDRE(X : out ITEM) do
```

```
                    raise FINI;
                end;
            end select;
        end loop;
    exception
        when FINI =>
            null;
    end TAMPON_ACTIF;
```

Cet exemple illustre le fait qu'il peut y avoir plusieurs instructions accept pour la même entrée dans une instruction select. L'exception FINI est propagée à l'appelant et termine aussi la boucle dans TAMPON_ACTIF avant d'être traitée discrètement. Bien sûr, il n'est pas nécessaire que l'exception soit traitée par TAMPON_ACTIF car les exceptions propagées hors des tâches sont perdues, mais il est plus clair de le faire.

Exercice 14.7

1 L'instruction select devient

```
select
    when EN_ATTENTE = 0 =>
    accept PREMIERE(E : ENSEMBLE; OK : out BOOLEAN) do
        ESSAYER (E, OK);
        if not OK then
            EN_ATTENTE := EN_ATTENTE+1;
        end if;
    end;
or
    accept LIBERER(E : ENSEMBLE) do
        LIBRE := LIBRE+E;
    end;
    accept ENCORE(E : ENSEMBLE; OK : out BOOLEAN) do
        ESSAYER (E, OK);
        if OK then
            EN_ATTENTE := EN_ATTENTE-1;
        end if;
    end;
end select;
```

2

```
package CONTROLEUR is
    procedure REQUETE(P : PRIORITE; D : DONNEE);
end;
```

```
package body CONTROLEUR is

        task CONTROLE is
                entry ENREGISTREMENT(P : PRIORITE);
                entry REQUETE(PRIORITE) (D : DONNEE);
        end;

        task body CONTROL is
                TOTAL : INTEGER := 0;
                EN_ATTENTE : array (PRIORITE) of INTEGER
                                                        := (PRIORITE => 0);
        begin
                loop
                        if TOTAL = 0 then
                                accept ENREGISTREMENT(P : PRIORITE) do
                                        EN_ATTENTE(P):=EN_ATTENTE(P)+1;
                                        TOTAL := 1;
                                end;
                        end if;
                        loop
                                select
                                        accept ENREGISTREMENT(P: PRIORITE) do
                                                EN_ATTENTE(P) :=
                                                        EN_ATTENTE(P)+1;
                                                TOTAL := TOTAL+1;
                                        end;
                                else
                                        exit;
                                end select;
                        end loop;

                        for P in PRIORITE loop
                                if EN_ATTENTE(P) > 0 then
                                        accept REQUETE(P) (D : DONNEE) do
                                                ACTION(D);
                                        end;
                                        EN_ATTENTE(P):=EN_ATTENTE(P)-1;
                                        TOTAL := TOTAL-1;
                                        exit;
                                end if;
                        end loop;
                end loop;
        end CONTROLE;
```

```
        procedure REQUETE(P : PRIORITE; D : DONNEE) is
        begin
                CONTROLE.ENREGISTREMENT(P);
                CONTROLE.REQUETE(P)(D);
        end REQUETE;

end CONTROLEUR;
```

La variable TOTAL tient le compte des requêtes en souffrance et le tableau EN_ATTENTE tient le compte pour chaque niveau de priorité. A chaque tour de boucle, la tâche attend un appel à ENREGISTREMENT si aucune requête n'est présente dans le système, elle traite tout appel en attente pour ENREGISTREMENT et, enfin, traite une requête de la plus haute priorité. Nous pourrions nous débarrasser du tableau EN_ATTENTE et parcourir les queues comme précédemment, mais il existe un léger risque d'attente active si un utilisateur a appelé ENREGISTREMENT mais n'a pas encore appelé REQUETE.

Enfin, notons que la solution ne fonctionnera pas si une tâche appelée est avortée ; nous pouvons contourner ce problème en utilisant des agents.

Exercice 14.8

1

```
package CORDONNIERS is
        procedure REPARER (A : ADRESSE; C : CHAUSSURES);
end;

package body CORDONNIERS is
        type TRAVAIL is
                record
                        REPONSE : ADRESSE;
                        ITEM : CHAUSSURES;
                end record;

        package P is new TAMPONS (100, TRAVAIL);
        use P;
        STOCK : TAMPON;

        task SERVEUR is
                entry REQUETE(A :ADRESSE; C : CHAUSSURES);
        end;

        task type REPARATEUR;
        PIERRE, PAUL, JACQUES : REPARATEUR;
```

```
        task body SERVEUR is
                PROCHAIN_TRAVAIL : TRAVAIL;
        begin
                loop
                        accept REQUETE(A : ADRESSE; C : CHAUSSURES) do
                                PROCHAIN_TRAVAIL := (A, C);
                        end;
                        DEPOSER(STOCK, PROCHAIN_TRAVAIL);
                end loop;
        end SERVEUR;

        task body REPARATEUR is
                MON_TRAVAIL : TRAVAIL;
        begin
                loop
                        PRENDRE(STOCK, MON_TRAVAIL);
                        REPARER(MON_TRAVAIL.ITEM);
                        MON_TRAVAIL.REPONSE(MON_TRAVAIL.ITEM);
                end loop;
        end REPARATEUR;

        procedure REPARER(A : ADRESSE; C : CHAUSSURES) is
        begin
                SERVEUR.REQUETE(A, C);
        end;
end CORDONNIERS;
```

Nous avons supposé que le type adresse est un accès à une boîte aux lettres pour gérer les chaussures. Notons une anomalie : le serveur accepte stupidement les chaussures avant d'avoir vérifié l'état du stock - s'il se révèle être plein, il est coincé. Globalement l'échoppe peut contenir 104 paires de chaussures - 100 dans le stock, 1 pour le serveur, et 1 par réparateur.

Réponses 15

Exercice 15.1

1

```
generic
        type ELEMENT is private;
procedure INV(ORIGINE, DESTINATION : STRING);
```

```
with DIRECT_IO;
procedure INV(ORIGINE, DESTINATION : STRING) is
        package ES is new DIRECT_IO(ELEMENT);
        use ES;
        ENTREE : FILE_TYPE;
        SORTIE : FILE_TYPE;
        X : ELEMENT;

begin
        OPEN(ENTREE, IN_FILE, ORIGINE);
        OPEN(SORTIE, OUT_FILE, DESTINATION);
        SET_INDEX(SORTIE, SIZE(ENTREE));
        while not END_OF_FILE(ENTREE) loop
                READ(ENTREE, X);
                WRITE(SORTIE, X);
                SET_INDEX(SORTIE, INDEX(SORTIE)-2);
        end loop;
        CLOSE(ENTREE);
        CLOSE(SORTIE);
end INV;
```

Exercice 15.2

1 Le résultat est montré entre guillemets pour mettre en évidence la mise en page. Les espaces sont indiqués par e. Dans la réalité bien sûr, il n'y a pas de guillemets et les espaces sont des espaces.

a) "TOTO"
b) "eee120"
c) "eeeee120"
d) "ee8#170#"
e) "-3.80000E+01"
f) "eeeee7.00E-2"

Réponses 16

Exercice 16.1

1	a) dynamique	INTEGER
	b) statique	INTEGER
	c) statique	entier universel

Exercice 16.4

1 a) L'ordre d'évaluation des opérandes I et F de "+" n'est pas défini, le résultat peut être :

```
I := 1+2                    -- I en premier
```

ou

```
I := 2+2                    -- F en premier
```

b) L'ordre d'évaluation de la destination T(I) et de la valeur F n'est pas défini, le résutat peut être :

```
T(1) := 2                   -- I en premier
```

ou

```
T(2) := 2                   -- F en premier
```

c) L'ordre d'évaluation des deux indices n'est pas défini, le résultat peut être :

```
TT(1,2) := 0                -- I en premier
```

ou

```
TT(2,2) := 0                -- F en premier
```

INDEX

Achevé d'imprimer
sur les presses de l'imprimerie
Arts Graphiques du Perche
28240 La Loupe
Dépôt légal Mars 1988
Imprimé en France